FINANCIAL MANAGEMENT

실무자가 알아야 할

재무관리

김성환 저

도서출판 시대가치

머리말

일반적으로 재무관리는 기업의 자금 조달 및 운용과 관련하여 현금관리, 자금관리, 재고자산관리, 부동산 관리, 구매계약 등 회계담당과 자금담당 등이 주로 하는 업무와 관련되어 있다. 그러나 현대의 재무관리는 단순히 기업의 자금 조달과 운용에 역할을 제한하고 있지 않다. 기업경영의 한 부분으로 필요한 재원의 조달과 투자 결정, 이와 관련된 다양한 내부 기능 간 조정과 의사결정 문제를 중심으로 기업 내부의 핵심기능으로 발전해 왔다.

본서는 필자의 20여 년의 현장실무 경험과 10여 년 이상 대학에서 강의 경험을 토대로, 학문과 실무, 이론과 현장을 『실무자가 알아야 할 재무관리』라는 제목으로 준비하였다. 제목에서 시사하는 것처럼 대학교 학부과정이나 대학원에서 교재로 사용하면서도 현장에서 접목할 수 있도록 현실에 가까운 다양한 예제와 데이터를 사용하였다. 재무관리가 간단한 계산기로 작업할 수 있는 부분보다 EXCEL 등 컴퓨터를 이용하여 작업하는 내용이 많기 때문에 EXCEL 명령어를 제시하여, 대부분의 기업 실무자들이나 학생들이 활용할 수 있도록 하였다.

본서의 구성은 다음과 같다.
제1부(제1장~제3장)에서는 재무관리의 의의, 기능 및 목표, 사회적 책임, 금융시장과 기업재무와의 관계, 재무관리의 학문적 발전과정 등을 소개한다. 기초개념이 되는 화폐의 시간가치와 할인율을 소개한 후 채권과 주식에 대한 현재가치평가 기법을 소개한다.

제2부(제4장~제5장)에서는 불확실한 상황에서의 위험과 수익률을 측정하는 기법을 소개한다. 자본자산가격결정모형(CAPM)과 차익가격결정이론(APT), 자본시장선(CML)과 증권시장선(SML) 등 전문적인 영역이긴 하지만 재무관리 이론에서 알아야 할 내용이기 때문에 전체적인 과정과 내용을 이해하는 것이 필요하다.

제3부(제6장~제7장)에서는 현대 재무관리에 있어서 가장 중요한 부분인 자본예산을 통하여 투자대안들을 찾아내고, 미래 현금흐름과 관련된 위험을 체계적으로 추정하고, 경제성을 기준으로 선택하는 원칙과 기준을 소개한다. 자본예산 편성 시 미리 준비되거나 검토될 사항과 현실에서 부닥치는 논점들을 정리한다.

제4부(제8장~제10장)에서는 자본조달 원천별로 그리고 전사적인 관점에서 자본비용을 산출하는 방법을 소개하고, 재무구조 변화에 따른 기업의 성과, 가치 및 자본비용에 미치는 영향을 분석하고, 고정비 등의 영향을 진단한다. 또한 재무비율 등을 이용한 재무분석 기법을 살펴본다.

제5부(제11장~제14장)에서는 최근 중요성이 높아지고 있는 금융시장과 연계하여 자금 조달 및 운용과 관련한 장기자본조달과 단기금융조달, 운전자본 및 현금 등 운용을 위한 다양한 방법과 관련한 금융상품을 소개한다. 끝으로 기업의 배당정책, 리스금융, 파생상품 및 기업의 인수합병(M&A) 등에 대하여도 이론을 바탕으로 실무적 관점에서 소개한다.

본서를 집필하기까지 현장에서 모시게 된 많은 상사님과 동료들, 그리고 대학교육에 필요한 내용을 늘 자상하게 지도하여 주신 선배 교수님과 대학, 대학원 교육과정에서 학생들에게 보다 나은 교재를 고민하고 함께 토론한 동료 및 후배 교수님에게도 감사의 말씀을 전한다.

초판이다 보니 수차례 검토에도 불구하고 미흡한 부분이 많을 것이라 생각하며, 일반 독자나 교수님들, 학생 여러분의 개선의견을 부탁드린다.

끝으로 본서가 출간되도록 도와준 도서출판 시대가치의 김광범 사장님 및 편집부 직원분들과 그 외 출판을 위해 도와주신 여러분들, 그리고 사랑하는 부모님, 아내와 아이들에게도 깊이 감사드린다.

2020년 여름
코로나와 경제위기로부터 모든 분들의 안녕을 빌며
저자 씀

차 례

제 1 부 재무관리의 기초

제 1 장 재무관리의 개요 — 3

제 1 절 재무관리의 의의 …… 4
1. 재무관리의 의의 / 4
2. 재무관리의 영역 / 5

제 2 절 재무관리의 기능 …… 6
1. 재무관리의 기능 / 6
2. 재무관리의 세부 기능 / 6

제 3 절 재무관리의 목표 …… 9
1. 기업가치의 극대화 / 9
2. 주주 부의 극대화 / 10
3. 회계적 이익 극대화 vs. 기업가치의 극대화 / 11

제 4 절 사회적 책임과 기업가치 …… 13
1. 주주 부의 극대화 목표와 기업의 사회적 책임 / 13
2. 기업에서의 대리인 문제 / 15
3. 기업지배구조와 투명성 / 15

제 5 절 재무관리와 금융시장 …… 17
1. 금융시장과 재무관리 / 17
2. 금융상품과 재무관리 / 18

제 6 절 재무관리의 발전 …… 19
1. 재무관리의 역사 / 19
2. 재무관리의 발전 / 20

핵심정리 / 22

연습문제 / 23

제 2 장 화폐의 시간가치 — 25

제 1 절 화폐의 시간가치 ······ 26

1. 화폐의 시간가치 / 26
2. 이자율 / 27
3. 복리 이자 / 28

제 2 절 미래가치와 현재가치 ······ 30

1. 미래가치와 현재가치 / 30
2. 미래가치를 위한 투자 / 31

제 3 절 연금의 가치 ······ 33

1. 연금의 현재가치 / 33
2. 연금의 미래가치 / 38
3. 정률성장연금 / 40

제 4 절 지급방식과 가치평가 ······ 42

1. 시장이자율과 연간 유효이자율 / 42
2. 복리기간과 가치평가 / 44
3. 고정 연금액 / 46

핵심정리 / 50

연습문제 / 52

제 3 장 채권과 주식의 가치평가 — 59

제 1 절 채권의 가치평가 ······ 60

1. 채권의 가치평가 / 60
2. 채권의 기간구조 / 68

제 2 절 주식의 가치평가 ······ 75

1. 배당평가모형 / 75
2. 성장률과 요구수익률 / 82
3. 이익평가 모형 / 85

제 3 절 시장비율에 의한 주식평가 ······ 87

1. 주가수익비율 / 88
2. 주가장부가비율 및 시가장부가비율 / 89
3. 주가현금흐름비율 / 90

핵심정리 / 91

연습문제 / 94

제 2 부 투자위험과 기대수익률

제 4 장 기대수익률과 위험의 측정 — 103

제 1 절 위험과 수익률의 측정 …… 104

1. 불확실성과 투자위험 / 104

제 2 절 투자안 선택 기준 …… 108

1. 위험에 대한 태도 / 108
2. 기대효용과 주관적 선택 기준 / 111
3. 지배원리 / 112
4. 효율적 프론티어 / 113

제 3 절 포트폴리오의 위험과 수익률 …… 114

1. 포트폴리오 위험과 수익의 측정 / 114
2. 상관계수와 포트폴리오 효과 / 117
3. 최소분산 포트폴리오 / 121

제 4 절 무위험자산과 자본시장선 …… 126

1. 무위험자산과 자본시장선 / 126
2. 무위험자산과 위험자산의 배분 / 130
3. 시장 포트폴리오와 분리정리 / 132

핵심정리 / 134

연습문제 / 136

제 5 장 자본자산가격결정모형 — 143

제 1 절 자본자산가격결정모형(CAPM) …… 144

1. 자본자산가격결정모형의 정의 / 144
2. 자본시장선과 증권시장선 비교 / 145
3. 베타와 투자위험 / 146

제 2 절 증권시장선 …… 152

1. 증권시장선의 도출 / 152

제 3 절 차익거래가격결정모형(APM) …… 155

1. 차익거래가격결정모형의 정의 / 155
2. 차익거래가격결정모형의 장단점 / 157
3. 파마-프렌치 요인모형 / 158

제 4 절 효율적 시장가설 161
1. 효율적 시장가설의 개념 / 161
2. 실증분석과 이상현상들 / 162
3. 효율적 시장가설의 재무관리적 의미 / 164
핵심정리 / 165
연습문제 / 168

제 3 부 자본예산

제 6 장 자본예산 181
제 1 절 자본예산의 의의 182
1. 자본예산의 개념 / 182
제 2 절 투자안별 경제성 평가방법 185
1. 순현재가치(NPV)법 / 185
2. 내부수익률(IRR)법 / 188
3. 수익성지수(PI)법 / 193
4. 회수기간(payback period)법 / 196
5. 회계적 이익률법 / 198
제 3 절 투자안 평가방법의 수정 200
1. 할인율(R)과 순현재가치의 관계 / 200
2. 피셔 수익률(Fisher's R)법 / 201
3. 수정내부수익률(MIRR)법 / 204
핵심정리 / 206
연습문제 / 209

제 7 장 자본예산 실무 215
제 1 절 자본예산의 실무 216
1. 자본예산의 실무적 어려움 / 216
제 2 절 현금흐름의 추정 220
1. 현금흐름의 측정 / 220
2. 시점별 증분현금흐름 고려사항 / 222

제 3 절 특수한 형태의 자본예산 평가 ······ 226
1. 사업기간이 다른 경우 / 226
2. 투자시점이 다른 경우 / 229
3. 자본배분 또는 예산제약 하에서의 투자안 조합 / 229
4. 물가상승률의 영향 / 233
제 4 절 불확실성 상황에서의 자본예산 ······ 234
1. 순현금흐름과 순현재가치 추정 / 235
2. 경영전략에서의 선택옵션과 자본예산 / 236
3. 민감도 분석 / 237
4. 회계적 손익분기점 분석 / 239
핵심정리 / 242
연습문제 / 245

제 4 부 재무구조와 자본비용

제 8 장 자본비용 ―――― 255
제 1 절 자본비용의 개념 ······ 256
제 2 절 자본비용의 측정 ······ 257
1. 가중평균자본비용 / 257
2. 가중평균자본비용 산출 기준 / 258
3. 가중평균자본비용(WACC)과 투자위험 / 261
제 3 절 자금원천별 자본비용 ······ 262
1. 타인자본비용 / 262
2. 우선주의 자본비용 / 264
3. 자기자본비용 / 266
제 4 절 한계자본비용과 최적자본예산 ······ 268
1. 투자기회선(IOS) / 268
2. 한계자본비용(MCC) / 268
3. 최적투자수준의 결정 / 269
핵심정리 / 271
연습문제 / 272

제 9 장 자본구조이론 277

제 1 절 부채와 자본구조 278

1. 자본구조의 개념 / 278
2. 부채사용의 효과 / 278

제 2 절 레버리지 분석 282

제 3 절 M&M의 자본구조이론 288

1. M&M의 초기 이론 / 288
2. M&M의 명제 / 289
3. M&M의 수정이론 / 292

제 4 절 M&M 이후 자본구조이론 295

1. 상충이론 / 295
2. 대리인 이론 / 297
3. 자본조달 순위이론 / 304
4. 밀러의 균형이론 / 305

제 5 절 자본구조의 현실 308

핵심정리 / 311

연습문제 / 314

제10장 재무분석 319

제 1 절 재무제표 320

1. 포괄손익계산서 / 320
2. 재무상태표 / 322
3. 현금흐름표 / 324

제 2 절 재무분석 325

1. 수익성 비율 / 326
2. 유동성 비율 / 330
3. 안정성 비율 / 332
4. 성장성 분석 / 335
5. 활동성 비율 / 337
6. 시장가치 비율 / 339
7. 생산성 비율 / 344
8. 산업 내 비교 재무분석 / 348

제 3 절 기업가치 분석 ········ 350
1. 투하자본수익률 / 350
2. 경제적 부가가치 / 354
3. 시장부가가치 / 356
제 4 절 ROI 분석과 듀퐁 시스템 ········ 359
1. ROI 분석의 의의 / 359
2. 듀퐁 분석(Du Pont analysis) / 361
제 5 절 재무분석의 한계 ········ 362
핵심정리 / 364
연습문제 / 368

제 5 부 자본조달과 재무관리

제11장 장기자본조달 ——— 375
제 1 절 회사채 발행 ········ 376
1. 회사채의 특성 / 376
2. 회사채 평가등급 및 투자위험 / 378
3. 회사채 발행 / 382
4. 자산유동화증권 / 385
5. 장기차입금 / 386
제 2 절 주식 발행 ········ 387
1. 자기자본 조달 / 387
2. 주식의 특징과 종류 / 387
3. 주식의 발행시장 / 388
4. 증자에 의한 주식발행 / 400
핵심정리 / 404
연습문제 / 407
제12장 단기자본운용 ——— 411
제 1 절 운전자본관리 ········ 412
1. 운전자본관리의 개념 / 412
2. 운전자본관리의 중요성 / 413

3. 운전자본관리의 목표 / 413
4. 운전자본 정책 / 414

제 2 절 현금관리 ······ 420
1. 현금관리의 필요성 / 420
2. 현금보유의 필요성 / 420
3. 현금관리 모형 / 421
4. 회수기간 지체관리 / 425
5. 단기 현금성 금융상품의 활용 / 426

제 3 절 신용관리 ······ 427
1. 신용매출 관리의 의의 / 427
2. 신용판매와 현금판매 / 428
3. 매출채권 회수기간 / 429

제 4 절 재고자산관리 ······ 430
1. 재고자산관리의 의의 / 430
2. 최적 재고수준 / 430

핵심정리 / 434

연습문제 / 436

제13장 배당정책 ······ 439

제 1 절 배당정책 ······ 440
1. 배당정책의 의의 / 440
2. 배당정책의 중요성 / 441
3. 배당의 유형과 절차 / 441

제 2 절 배당이론과 기업가치 ······ 445
1. M&M의 명제 1: 배당의 무관련이론 / 445
2. M&M의 자가배당이론: 배당 무관계론 / 447
3. M&M의 고객이론: 배당 무관계론 / 447
4. 배당성장모형: 배당 유관계론 / 448

제 3 절 불완전시장에서의 배당정책 ······ 449
1. 고배당 선호론 / 449
2. 자본이득 선호론 또는 저배당 선호론 / 451
3. 불완전시장에서의 배당정책 / 452

제 4 절 특수 배당정책 ······ 460
1. 주식배당 / 460

2. 자사주 매입 / 461
3. 주식분할과 주식병합 / 463
핵심정리 / 466
연습문제 / 468

제14장 특수 재무관리 ———— 473

제 1 절 리스금융 ······ 474
1. 리스금융의 개념 / 474
2. 리스금융의 장단점 / 474
3. 리스의 종류 / 475
4. 리스금융의 경제성 분석 / 476

제 2 절 파생상품과 위험관리 ······ 479
1. 파생상품의 개념 / 479
2. 위험의 헷징 vs. 위험의 확대 / 481
3. 선도계약과 선물거래 / 481
4. 옵 션 / 484
5. 스왑을 이용한 헷지전략 / 488

제 3 절 기업의 인수합병 ······ 490
1. 인수합병의 의의 / 490
2. 인수합병의 유형 / 491
3. 적대적 인수합병 방어전략 / 493
4. 인수합병, 기업인수 및 기업분리 / 494
5. 인수합병의 목적과 효과 / 495
핵심정리 / 498
연습문제 / 501

▪ 부록: 〈표 1〉 미래가치계수 / 508
〈표 2〉 연금의 미래가치계수 / 510
〈표 3〉 현재가치계수 / 512
〈표 4〉 연금의 현재가치계수 / 514
〈표 5〉 표준정규분포표 / 516
〈표 6〉 표준정규누적분포표 / 517

▪ 찾아보기 / 519

제 1 부

재무관리의 기초

제 1 장 재무관리의 개요
제 2 장 화폐의 시간가치
제 3 장 채권과 주식의 가치평가

제 1 부에서는

재무관리는 기업 등 다양한 형태의 조직에 있어서 기획, 연구개발, 조직 및 인사 관리, 생산 및 유통판매 등 조직 전반에 걸친 주요한 목표와 활동에 필요한 자금의 투입과 회수 및 운용, 생산요소의 구입 및 운용 등에 있어서 효율성과 수익성의 제고 및 위험관리 등을 위한 의사결정과정에서 재무적 관점에서 평가하고 지원하는 일련의 체계적이고 합리적인 기능을 말한다. 본 편에서는 재무관리의 기능과 관련한 다양한 내용을 제1장에서 소개한 후, 미래 현금흐름에 대한 추정과 미래 현금흐름의 현재가치 평가와 관련한 기본적 개념과 방법들을 소개한다.

제1장에서는 재무관리의 의의와 세부적인 기능, 기업을 기준으로 가치 제고 목표와 사회적 책임, 금융시장과 기업재무와의 관계, 재무관리의 학문적 발전과정 등을 소개한다.

제2장에서는 화폐의 시간가치와 이를 측정하는 데 필요한 할인율, 다양한 형태의 현금흐름에 대한 평가방법을 소개하고 적용한다.

제3장에서는 기업의 장기 자금조달의 보편적인 수단인 채권과 주식에 대한 가치평가 기법을 소개하고, 다양한 유형의 현금흐름에 맞는 가치평가 방식들과 개념들을 익힌다.

CHAPTER 1

재무관리의 개요

제1절 재무관리의 의의
제2절 재무관리의 기능
제3절 재무관리의 목표
제4절 사회적 책임과 기업가치
제5절 재무관리와 금융시장
제6절 재무관리의 발전

학습목표

재무관리란 단순히 기업의 자금 조달과 운용에 역할을 제한하고 있지 않다. 본 장에서는 기업의 핵심목표가 기업가치 제고라는 측면에서 기획, 연구개발, 조직 및 인사관리, 생산 및 유통판매 등 조직의 세부 기능들이 공동목표를 위하여 노력할 수 있도록 조정하고, 재원을 조달하고 운용하며, 필요시 전체 목표관리를 위하여 통제, 지휘하는 재무관리의 기능을 소개한다. 또한 전사적 기업가치를 극대화하는 노력의 일환으로서 기업의 사회적 책임과 금융시장과의 관계를 이해하고, 그리고 재무관리의 역할과 학문적 발전과정도 살펴본다.

제 1 절 재무관리의 의의

1. 재무관리의 의의

기업에 있어서 자금, 인력, 시설, 기술 등의 생산요소를 투입하여 재화 및 서비스를 생산한 다음 이를 시장에 판매하는 활동이 주요한 기능이다. 이러한 과정을 분석하고 개선하려는 노력을 주요한 과제로 추구하는 학문을 경영학이라고 할 수 있다. 경영학의 세부 기능은 연구개발, 생산, 마케팅 등 핵심 기능과 이를 전반적으로 지원·관리하는 차원에서 사업관리, 인사 및 시설관리, 회계 및 재무관리 등 전문적 지원 기능으로 분류할 수 있다.

재무관리(financial management)란 기업 등 다양한 형태의 조직에 있어서 주요한 자금의 투입과 회수 및 운용, 생산요소의 구입 및 운용, 다양한 재원의 효율적 운용을 통한 수익성의 제고 노력, 위험관리 등과 관련한 금전적·비금전적 의사결정과, 관련된 계획, 실행 및 관리활동을 포함한다.

이런 면에서 재무관리는 경영학의 주요한 부분 기능이기도 하지만 모든 조직형태의 운영과 개인의 생활 속에서 부와 위험을 관리하는 재무적·비재무적 의사결정 및 활동과 관련한 일상적 기능이라고 할 수 있다.

전통적으로 재무관리는 경제학의 한 부분으로 제한적 기능을 하다가 20세기 이후의 급속한 기업의 성장과 더불어 발전하였다. 기업 경영의 한 부분으로 필요한 재원을 조달하고 운용하는 과정과 이와 관련된 내부 의사결정 문제를 중심으로 기업 내부의 주요한 관리기능으로 발전해 왔다. 그러나 최근에는 기업뿐만 아니라 개인 및 가계, 개인사업자, 비영리조직, 정부 등 공공기관 등 경제적 주체와 더 나아가 조직 내부의 개인이나 하부 부서, 프로젝트 등 체계적인 관리와 성과 극대화를 위한 의사결정 단위 어디서나 필수적인 기능이 되었으며, 내부경영 관리시스템과 금융시장 등 외부환경이 고도화될수록 더욱 중시되고 있는 상황이다.

좁은 의미의 재무관리에서는 기업의 재무적 의사결정을 통해 기업의 가치를 극대화하는 데 목표를 두어 왔으며, 기업과 관련된 사업기회를 모색하고 사업기회와 관련된 현금흐름과 위험을 추정하고(plan), 관리하며(do), 성과와 가치를 평가(see)하는 전문적 기능이다. 기능적 측면에서 조직의 일상적 재원조달, 투자사업 관리, 재원 운용을 통한 효율성 및 수익성 제고, 위험관리 등을 통하여 기업의 가치를 극대화한다.

2. 재무관리의 영역

일반적으로 재무관리는 자금, 인력, 시설, 기술 등의 생산요소를 투입하여 재화 및 서비스를 생산한 다음 이를 시장에 판매하는 조직 활동의 하부기능으로서 조직이 필요로 하는 재원의 조달과 조달된 재원의 운용과정에서 효율성과 성과 및 위험 관리를 중심으로 한 절차 및 기법을 연구하는 학문분야이다. 좁은 의미에서의 재무관리(finance 또는 financial management)는 기업에 있어서의 재원의 조달 및 운용의 문제를 주요한 영역으로 하고 있어 기업재무(corporate finance)로 국한하기도 한다. 그러나 넓은 측면에서의 재무관리는 기업재무 영역 외에도 투자론, 금융시장론, 보험 및 위험관리, 파생상품 관리 등 금융시장과 관련한 영역과 관리 주체에 따라 개인재무관리, 비영리조직 재무관리, 프로젝트 관리 등을 포함하기도 한다. 따라서 넓은 의미에서 재무관리를 재무 또는 금융(finance)이라 부르기도 한다.

본서에서는 기업의 재무의사결정을 담당하는 재무관리자(financial manager)의 입장에서 기업재무를 중심으로 관련된 주식 및 채권의 평가와 관리, 포트폴리오 이론, CAPM, APT, 옵션, 선물 등 금융이론들과 기법들을 기업재무 실무에 최대한 연계하여 설명하고자 한다.

제 2 절 재무관리의 기능

1. 재무관리의 기능

기업의 재무담당자는 기업 전반의 자금흐름과 위험관리에 대한 책임을 진다. 이런 측면에서 기본적으로 자금의 조달과 지출 등 흐름과 관련한 시장상황에 대한 예측, 재원 소요 전망 및 조달, 투자 의사결정, 투자 성과의 측정 및 배당 등에 대한 의사결정을 하게 된다. 이러한 의사결정 과정에서 필요한 각종 기업 내·외부의 정보의 획득, 분석 및 관련 의사결정시스템의 구축 등 활동도 수행하게 된다. 이런 측면에서 재무관리의 기능은 핵심기능으로 투자 결정, 자본조달 결정, 재원운영관리 및 위험관리 등 네 가지로 정리할 수 있다.

2. 재무관리의 세부 기능

재무관리의 기능을 이해하기 쉽게 재무상태표(balance sheet)를 중심으로 설명하고자 한다. 재무상태표의 대변(credit, 오른쪽)은 자금조달의 형태나 원천을 나타내고, 차변(debit, 왼쪽)은 조달된 자금이 투자 또는 운용되는 상황을 나타내고 있기 때문이다. [그림 1-1]은 기업의 재무관리를 최고재무담당(CFO: chief

그림 1-1 최고재무담당(CFO)의 역할

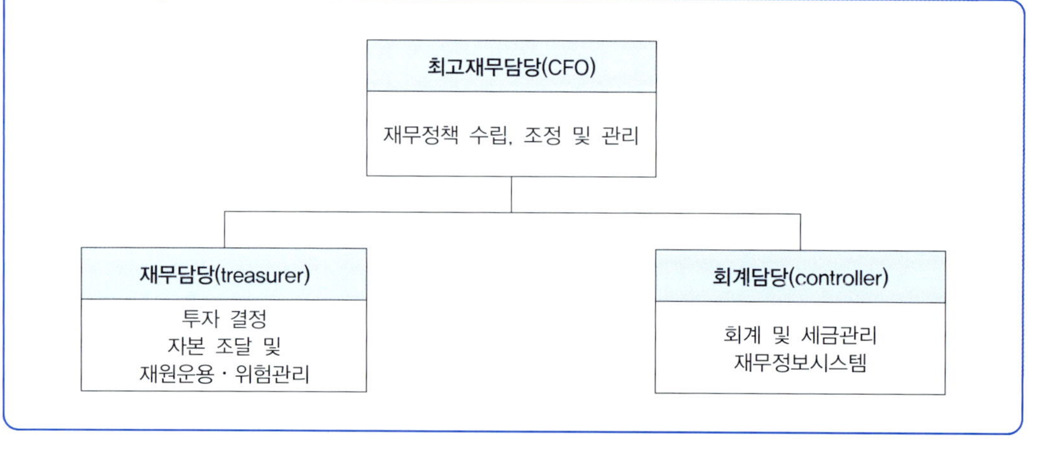

financial officer)의 역할을 보여주고 있다.

1) **투자 결정**(investment decision)

기업은 재원운용의 성과를 극대화하기 위하여 투자 대상을 선택하고 투자금액을 결정하고자 하는데, 이를 투자 결정(investment decision) 기능이라고 한다. 재무상태표(balance sheet)의 차변(왼쪽)은 기업이 보유하고 있는 자산을 표시하고 있는데, 이는 기업의 투자활동의 결과인 재원의 구성내역을 나타낸다. 재무관리에서는 특히 토지, 건물, 기계설비 등 고정자산 취득과 연구개발, 창업 및 타기업 등 출자 등 미래를 위한 장기적 관점에서 투자 결정과 관련된 자본예산(capital budgeting)의 대상이다.

2) **자본조달 결정**(financing decision)

기업의 성장 발전을 위한 투자에 필요한 재원을 언제 어디서 얼마나 조달할지, 자본조달 비용을 얼마로 할지 결정하게 되는데, 이는 자본조달 결정(financing decision) 기능이다. 재무상태표의 대변(오른쪽)에 기업이 조달한 자금을 원천과 만기 등에 따라 구분하여 나타내고 있다. 자본조달 기능은 기업운영에 필요한 최적자본구조(optimal capital structure) 관점에서 조달 규모와 방식을 결정함으로써 자본비용을 최소화하는 것이 주요한 의사결정 내용이 된다. 또한 최적자본구조 관점에서 기업의 미처분이익잉여금을 대상으로 배당과 유보이익으로 나누는 기업의 배당정책(dividend policy)도 자본조달 기능이라 할 수 있다.

3) **재원운용관리**(financial operation and management)

재무관리 측면에서 투자 결정과 자본조달 결정 못지않게 중요한 기능이 기업의 효율성 및 성과 제고를 위한 재원의 운용관리 기능이다. 학문적으로는 재무관리를 투자와 자금조달, 재무구조 결정 및 배당정책 중심으로 설명하여 왔다. 기업의 재무관리 기능 중 가장 핵심적인 기능이 재원운용 및 관리 기능이다. 많은 기업들이 투자와 자본조달에 성공하더라도 실제 재원의 효율적 운용과 관리에 실패하게 되면 기업은 심각한 문제에 직면하게 된다. 기업은 다양한 재원을 조달하고, 보유하며, 운용하는 과정에서 적정한 재원의 구성, 보유수준의 결정, 효율성 제고 및 경영성과 제고를 위한 지출 통제, 관련 정보의 획득 및 활용 등이 효율적이어야 기업의 다른 기능들이 정상적 기능을 발휘할 수 있게 된다.

이러한 관점에서 통합재원관리시스템(integrated financial management system)으로서 ERP(enterprise resource planning)의 구축이나 도입이 필요하며, 하부기능으로서 현금관리(cash management), 재고자산관리(inventory management), 운전자본관리(working capital management), 유동성관리(liquidity management) 등을 포함한다.

4) 위험관리(risk management)

최근 재무관리의 중심이 전통적인 회계정보 중심 관리에서 자본예산 관리나 이해관계자 관리, 재무예측, 위험관리 등으로 영역이 점차 넓어지고 있는 것은 전통적인 재무관리 영역이 기존의 관리 기법 및 시스템이 ERP의 도입, ICT 기술 등의 발전과 함께 통합되고 일상적인 기능이 되었기 때문이다. 반면 급격한 사업 및 경쟁환경의 변화에 따라 다양한 측면에서 예기치 않은 상황에 대한 대비 등을 위한 위험관리(risk management)나 다양한 금융상품을 이용한 전략적인 재원관리(strategic resource management)의 중요성이 크게 부각되고 있다. 좁은 의미에서의 위험관리는 자금의 조달 및 운용, 투자, 유동성 관리 등 전통적 의미에 국한되어 있다.

조그마한 실수나 착각, 도덕적 해이 등의 문제로 기업이 순식간에 파산하거나 심각한 타격을 받는 경우가 빈번하게 발생하고 있다. 이는 개인과 개인사업자 등의 투자 의사결정 등에서도 마찬가지이다.

기업의 재원관리에서도 전사적 위험관리는 무엇보다 중요한데, 이러한 관점에서 주주관리(investors relations) 등 이해관계자 관리(stakeholder relations management)가 중요한 의미를 지닌다고 볼 수 있다. 최근에는 기업의 사회적 책임(CSR: corporate social responsibility)과 윤리적 경영(ethical management)의 중요성이 더욱 부각되고 있는 상황이다. [그림 1-2]에서는 기업의 재무관리 기능을 기업 내부의 현금흐름이나 의사결정을 중심으로 보여주고 있다.

그림 1-2 재무관리 기능 도해

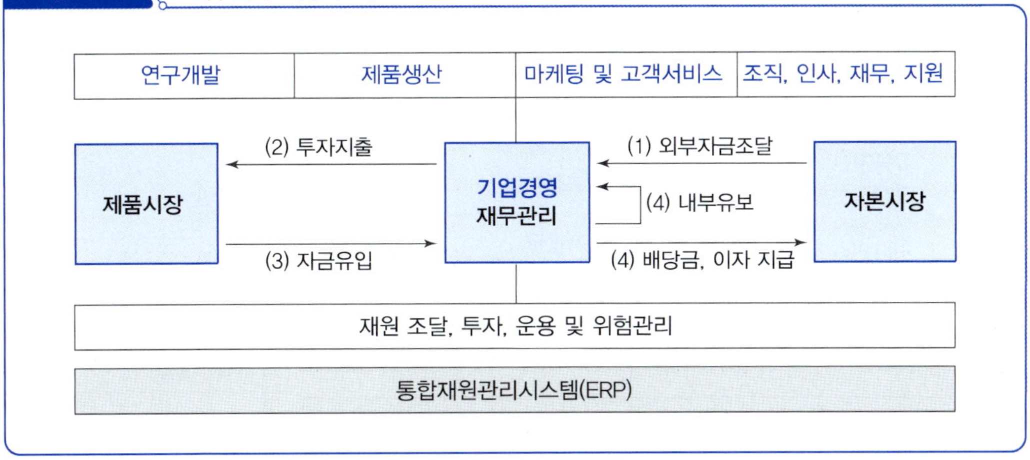

제 3 절 재무관리의 목표

재무관리의 목표는 기업가치의 극대화(maximization of firm value)나 주주 부의 극대화(maximization of shareholders' wealth)를 목표로 한다. 이를 위하여 재무담당은 낮은 자본비용으로 자금을 조달하여 높은 수익성이 기대되는 투자를 결정한다. 이러한 기업가치의 극대화와 주주 부의 극대화는 재무담당이 재무적 의사결정을 내릴 때 가장 핵심적인 판단기준이 된다.

1. 기업가치의 극대화

기업의 가치는 보유 자산의 현재가치와 기업이 자산운용을 통하여 창출할 미래 수익의 크기와 불확실성에 따라 결정된다. 기업의 가치는 수익창출능력에 따라 커지지만 그러한 수익창출의 불확실성, 즉 위험이 커질수록 작아진다. 일반적으로 기업의 가치는 시장에서 평가되는데 자산의 실제 가치를 평가하는 것은 쉽지 않은 일이다. 반대로 기업의 부채(liabilities)는 회계기준상 현재가치로 평가되어 계상되고, 잔여지분인 주주의 몫인 기업의 자기자본(owners' capital)은 시

그림 1-3 재무상태표와 자본조달

자 산		부채와 자본	
유동자산	200	유동부채	100
고정자산	400	고정부채	200
투자자산	200	자본금	200
기타자산	100	이익잉여금	400
자산 총계	900	부채와 자본 총계	900
재원의 운용: 투자 등		재원조달: 타인자본, 자기자본	

재원 운용

타인자본

자기자본

장부가치 = 주식수 × 주당 장부가치 = 600

시장가치 = 주식수 × 주가

장에서 시가로 평가된다. 결과적으로 부채와 자기자본의 시장평가 가액의 합은 기업의 자산가치(enterprise value)라고 한다. 재무상태표(balance sheet)에는 회계적으로 측정된 부채와 자기자본을 계상하는데, 회계적 자기자본을 장부가치(book value)라고 하며, 주식시장에서 평가된 자기자본을 시장가치(market value)라고 한다.

[그림 1-3]에서 보면 기업의 장부가치가 재무상태표의 자기자본에서 회계적으로 측정되지만, 실제 기업의 시장가치는 주식시장에서 평가되기 때문에 직접적인 관련성을 찾기가 쉽지만은 않다는 것을 알 수가 있다.

2. 주주 부의 극대화

기업의 자본조달은 크게 차입을 통한 채무와 주주의 자기자본 제공으로 나눌 수 있다. 주주는 기업의 주인이며 전체 가치에서 채무를 변제하고 난 후의 잔여가치(residual wealth)가 주주의 몫이 된다. 결과적으로 기업가치의 극대화는 부채 부분을 제외한 자기자본(장부가치)에 대한 시장가치(market value)의 극대화가 된다. 실무적으로 보면 기업가치가 총발행주식 수와 주가의 곱으로 환산되며, 대부분의 경우 총발행주식 수가 고정되어 있기 때문에 기업가치의 극대화는 시장에서 평가하는 주가를 극대화하는 것이라 할 수 있다.

한편, 기업의 주가는 특정 기업의 수익창출능력과 안정성, 재무적 성과와 위험, 시장에서의 경쟁력 및 성장 가능성, 인적자본과 물적자본의 가치, 기술력 및 경영 능력 등 다양한 비회계적 요인을 반영하고 있다. 회계기준에 의한 판단이나 거래증빙이 아닌 경영진의 노력, 인적자원, 시장 포지셔닝 등에 의하여 경쟁시장에서 얻게 될 수익창출능력에 대한 종합적인 평가지표이기 때문에 회계적 성과지표와는 상당한 차이가 있는 지표라고 할 수 있다.

3. 회계적 이익 극대화 vs. 기업가치의 극대화

회계적 이익 극대화는 기업가치 극대화와 일반적으로 매우 혼동하여 적용되는 개념이다. 기업가치는 주식시장에서의 수요와 공급에 의한 균형가격에 의한 주가를 기준으로 평가되지만 회계적 이익은 회계기준에 의한 이익을 측정하는 것이기 때문에 상당히 다른 개념이다.

주요한 차이를 정리하면 다음과 같다. 첫째, 회계적 이익은 회계기준이 인정하는 수익과 비용만을 반영한다. 결과적으로 기회비용이나 비회계적 수익과 비용을 반영하지 못한다. 극단적으로 보면 특허권이나 인적자산, 사업기회 등 실제가치를 반영하지 못한다. 교육훈련이나 연구개발 지출 등 미래형 투자는 단기적으로 비용처리가 원칙이기 때문에 기업의 가치와 회계적 이익은 단기적으로 반비례할 가능성도 크다.

둘째, 회계적 이익은 발생된 수익과 비용에 대한 불확실성 또는 위험을 반영하지 못한다. 미래에 받기로 한 금액과 이미 받은 금액은 실제로는 너무도 다른데, 계약서나 지출증빙에 따라 장부에 기재된 금액은 미래가치와 위험뿐만 아니라 실제가치를 반영하지 못하는 단점이 있다.

셋째, 회계적 이익은 기간손익을 계산하는 과정에서 고정자산 등을 국가나 산업 전체에 대하여 특정한 기간이나 방식을 통일하여 안분하는 방식을 적용하고 있는데, 이러한 방식은 실제 자산의 운용가치와는 큰 괴리가 있다고 할 수 있다.

예시 역사적 원가와 미래 현금창출능력

영어사전이 어떤 사람에게는 휴지보다 못한 것이 되는 것과 마찬가지로 사용자의 능력에 따라 가치를 창출하는 능력이 다르고, 결과적으로 평가가치도 극명하게 다를 수 있다. 가령 A기업이 보유한 지적재산권이 해당 기업에는 100억원 투자로 개발한 후 방치된 자산으로 남아 있다면, 실제가치가 0이거나 오히려 마이너스 요소에 불과하지만, 신제품을 개발 중인 B사가 A사의 신기술을 사업화할 수 있는 역량이 있다면, 해당 지적재산권은 여전히 애물단지에 불과하거나 경쟁시장에서의 위상을 바꿀 획기적 전략무기가 될 수도 있는 것이다. 그럼에도 불구하고, 각 기업들은 실제 지출된 금액을 기준으로 역사적 원가를 회계적으로 반영하고, 미래 현금창출 가능성에 따라 단순히 당해 연도의 비용으로 처리하거나, 이연자산으로 반영한 후, 3년 균등상각 등 회계적으로 비용 처리하게 된다. 즉, 역사적 원가는 해당 자산이나 지출의 미래 현금창출능력을 전혀 또는 거의 반영하지 못한다.

예시 발생주의 원칙과 자산화 회계처리

인적자원개발을 위한 교육비나 신기술 또는 신제품 개발을 위한 노력 등은 100년이나 10년의 미래를 결정하는 중요한 요소라는 것을 누구나 알지만, 회계기준에서는 그 가치를 객관적으로 증명하거나 확실한 근거가 없으면 단순한 경비의 지출로 보고하기 때문에 회계적으로는 당기순이익에 부정적인 요소로 평가대상이 된다. 이러한 문제를 줄이기 위하여 미래 수익 창출능력이 객관적으로 예상이 되는 연구개발투자인 경우 등 극히 제한적인 상황에서 자산화(assetization) 회계처리를 할 수 있다. 자산화 기준은 지출비용을 기준으로 하고, 당해 연도부터 일정기간(통상 3년간) 정액 균등상각(amortization)함으로써 자산화 회계처리도 당해 연도 비용으로 이익의 감소요인으로 작용하게 된다.

따라서 당기순이익 등 재무적 성과로 평가를 받는 조직에서는 부서장이나 기관장 또는 재무담당이 미래를 위한 투자를 하지 않게 하는 결정적인 요인이 된다. 즉, 그러한 유형의 관리자가 경영을 맡게 되면 초기에 일시적으로 장부상 이익이 늘지만, 장기적으로는 유능한 인력이 떠나고, 제품과 기업의 경쟁력도 잃게 되는 것이다. 이처럼 발생주의에 의한 회계적 이익은 객관적 증빙(영수증)을 토대로 산출되는 장점이 있는 반면 기업의 포지셔닝, 경영능력 등 객관적 거래증빙으로 평가되지 못하는 많은 요소가 제외된다. 특히, 미래 현금창출능력뿐만 아니라 위험과 기회비용을 고려하지 못하는 단점이 크다고 할 수 있다.

예시 자기자본의 극대화와 기업가치의 극대화

회계적 이익과 기업가치의 극대화가 일맥상통한다는 개념은 매우 위험한 주장이다. 장부상 100억으로 계상된 자산이 아무런 가치가 없을 수도 있으며, 반대로 감가상각이 완료된 자산이 경우에 따라서 엄청난 가치를 지니고 있을 수도 있다. 수익률 30%로 매도한 제품에 대한 자금회수가 실제로 0이거나 끊임없는 골칫덩어리로 오히려 계속 지출이 수반되는 음(−)의 자산이 될 가능성도 있다. 반면, 값싸게 적자를 보며 판 상품을 통하여 미래에 엄청난 현금 수입을 기대할 수도 있다. 이처럼 회계적 이익이나 평가기준으로 기업의 가치를 반영하는 것은 한계가 있다.

제 4 절 사회적 책임과 기업가치

1. 주주 부의 극대화 목표와 기업의 사회적 책임

주주의 부를 극대화하는 기업의 경영목표가 주주의 이익 극대화를 위하여 기업의 사회적 책임(CSR: corporate social responsibility)을 회피한다는 의미는 아니다. 기업은 종업원, 거래기업, 채권자, 소비자, 주주, 지역 및 국가 등 다양한 이해관계자(stakeholders)에 대한 사회적 책임을 지니고 있다. 최근 전 세계적으로 일자리 창출을 통한 복지증진이 많은 정부의 핵심 과제로 되어 있다. 그런 측면에서 기업을 통한 고용창출과 높은 수준의 급여나 안정적인 소득 기반 제공은 무엇보다 중요한 기업의 사회적 책임이라고 할 수 있다. 고용창출 외에도 공정하고 충분한 대우와 함께 안전한 근무환경을 제공하고 복지 지원을 하는 것도 중요한 사회환원 기능 중 하나이다. 최근 코로나 위기 상황에서 보듯이 기업의

그림 1-4 ESG를 통한 사회적 책임경영: 기업가치 추구 모형

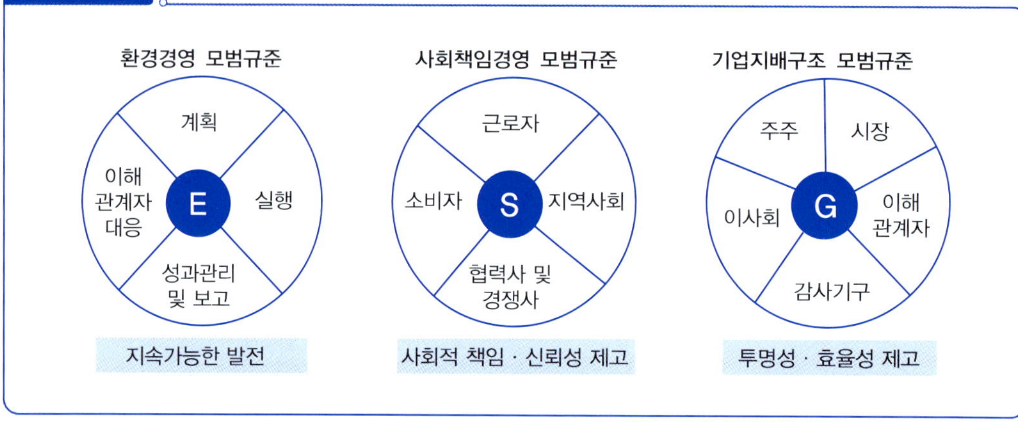

출처: 한국기업지배구조원, http://www.cgs.or.kr/business/best_practice.jsp

존속과 양질의 제품 및 서비스 제공은 소비자뿐만 아니라 사회 전체의 안정과 복지에 중요한 역할을 할 수 있다. 반면 부실하거나 비윤리적, 반환경적 제품 등은 해당 제품을 구매한 소비자 외에도 주변의 여러 사람이나 사회 전반에 심각한 문제를 유발할 수 있다.

그렇지만 기업이 사회적 책임을 완수하기 위해서는 부수적인 비용이 발생하기 때문에 많은 기업이 자발적으로 사회적 책임경영을 하지 않으려 한다. 경우에 따라서는 기업에 대하여 강제적으로 사회적 책임을 다하도록 강제화시킬 필요가 있다. 특히, 사회적 안녕을 해치거나 개인과 사회적 미풍양속을 해치거나 범죄를 유발할 수 있는 반사회적 제품이나 서비스, 환경오염 등과 관련한 경우 기업의 사회적 책임은 관련 법규에 의해 효과적으로 규제할 필요가 있을 것이다.

최근 세계적으로 기업의 사회적 책임에 대한 인식이 고조되면서 근로자, 고객, 협력사, 지역사회 등 다양한 이해관계자를 고려한 의사결정을 내리도록 요구받고 있다. 우리나라에서는 한국기업지배구조원에서 2011년부터 환경(environmental) 책임, 사회적(social) 책임과 지배구조(governance) 등 세부적인 ESG 평가로 확대되어 국내 상장기업과 금융기관들의 지속가능경영을 진단하고 개선토록 지원하고 있으며, 주요 국가에서 기업의 사회적 책임과 관련하여 사회적 책임지수를 측정하고 발표하고 있다([그림 1-4] 참조). 그럼에도 불구하고 사회적 책

임경영이 쉽지 않은 것은 기업의 경영환경이 날로 어려워지고 있는 상황에서 추가적으로 발생하는 비용을 받아들이기가 쉽지 않기 때문이다. 그러나 사회적 책임 활동을 하지 않을 경우 장기적으로 기업의 성장 발전을 저해하는 비용을 발생시킬 뿐만 아니라 경제위기 등 발생시에 위험요소로 작용할 수 있기 때문에 많은 기업들이 이러한 사회적 책임경영에 참여하고 있다.

2. 기업에서의 대리인 문제

젠센과 메클링(Jensen and Meckling, 1976)은 주주와 대리인인 전문경영자 간에 '대리인 문제(agency problem)'가 발생한다고 주장하였으며, 전문경영자의 사적인 이익추구를 방지하기 위해 인센티브 제도와 감시 등 제도적 장치가 필요하다고 하였다. 우선, 주주와 대리인인 전문경영자의 목표가 일치하도록 스톡옵션(stock option) 제도 등의 합리적인 보상체계(compensation scheme)를 만드는 게 중요하다. 스톡옵션제도는 자사 주식을 저렴한 가격으로 매입할 수 있는 권리를 부여함으로써 전문경영자가 기업의 가치를 극대화하도록 유인하는 인센티브 제도이다. 그러나 실제로는 스톡옵션제도가 경영자의 단기 업적주의나 장부조작을 조장할 가능성이 있어서 기업의 장기적 가치에 반드시 긍정적인 영향을 미치는 것은 아니라는 주장도 있다. 한편 전문경영자가 주주 부를 위한 노력을 게을리할 때 전문경영자의 교체를 통하여 기업가치 극대화를 강제화할 수 있다.

3. 기업지배구조와 투명성

기업지배구조(corporate governance)의 중요성은 너무도 잘 알려져 있다. 그것은 소수에 의하여 다양한 이해관계자를 대상으로 엄청난 영향을 미치기 때문이다. 기업의 주요한 의사결정에 참가하는 기업의 실질 소유자가 누군가에 따라 기업의 장기발전 또는 존속뿐만 아니라 국가와 지역사회 등도 많은 영향을 받게 된다.

지배구조는 일반적으로 주주의 구성과 지배권력의 집중과 견제기능을 의미하는데 주식소유가 잘 분산되어 있는 대기업들의 경우에도 실질적인 기업지배는 최대주주에 의해 이루어지거나 일부 전문경영자에 의해 이루어진다. 이러한 과정에서 소액주주들의 이익이 대주주나 전문경영자에 의해 훼손당할 가능성이 크다는 점이다. 우리나라의 대표적인 기업집단인 재벌의 경우 5~10%의 지분만으로 계열사에 대한 순환출자를 통해 많은 기업들을 쉽게 지배하고 있는 상황이다. 이러한 문제는 소유와 지배력의 괴리를 불러오고 소액주주들의 이익이 심하게 침해당하는 경우가 빈번히 발생하고 있다. 최근 롯데그룹이나 한진그룹 등에서 일어난 심각한 지배권력 다툼은 결과적으로 비정상적으로 과도한 기업지배권력의 집중 탓이라고 할 수 있다.

이러한 과정에서 기업의 경영이 합리적으로 개선되기도 하지만 투자자들에게 불투명한 경영에 대한 의혹을 야기함으로써 내재가치에 비해 주가가 크게 저평가될 수 있다.

글로벌 금융위기 등에서 늘 나타나고 지적되는 문제가 결국 지배구조의 불투명성과 기업에 대한 감시시스템의 부실인 것이다. 미국은 2002년도부터 사베인즈-옥슬리(Sarbanes-Oxley)법률을 통해 최고경영자(CEO)와 재무담당임원(CFO)의 일부 중요자료에 대한 서명을 법제화하였다. 우리나라의 경우 1999년 기업지배구조 모범규준을 제정하였으며, 2002년도에 한국기업지배구조개선지원센터를 설립하여 정기적으로 상장기업 지배구조에 대한 평가를 통해 바람직한 지배구조를 제시하고 정립하기 위한 노력을 하고 있다. [그림 1-4]에는 기업의 환경적 책임, 사회적 책임 및 바람직한 지배구조 등 사회적 책임경영을 통하여 기업의 가치 극대화를 지원한다는 한국기업지배구조원(2010년 개칭)의 비전을 제시하고 있다.

제 5 절 재무관리와 금융시장

1. 금융시장과 재무관리

금융시스템은 시장, 금융상품 그리고 금융기관 등으로 구성되어 실물경제를 지원하는 체제이다. 실물경제의 발전을 위해서 금융시스템도 함께 발전하여야 한다. 최근에는 실물경제의 붕괴나 발전의 견인차 역할을 하기도 하며, 실물경제와 분리된 다른 한 축으로서 금융시장이 독자적인 영역으로 발전하고 있기도 하다.

금융시장은 자금의 수요자와 공급자 사이에 자금을 제공하고 자금을 조달하는 거래가 이루어지는 시장을 말한다. 자금을 조달하는 방법에 따라 직접금융시장과 간접금융시장으로 나눌 수 있다. 직접금융시장(direct financial market)은 자금 수요자인 기업이나 정부가 직접 증권을 발행하여 자금을 조달하는 시장이며, 간접금융시장(indirect financial market)은 자금 공급자와 수요자 사이에 은행, 증권회사, 보험회사, 투자신탁 등의 금융기관이 중개자 역할을 하는 시장이다. [그림 1-5]에는 금융시장에서의 자금 수요자와 공급자 간 자금의 흐름을 직접금융과 간접금융으로 나누어 표시하고 있다.

재무관리적 측면에서 금융시장의 기능을 정리하면 다음과 같다.

첫째, 금융시장은 가계 등의 여유자금을 기업 등에게 공급하는 기능을 한다.

그림 1-5 금융시장의 기능

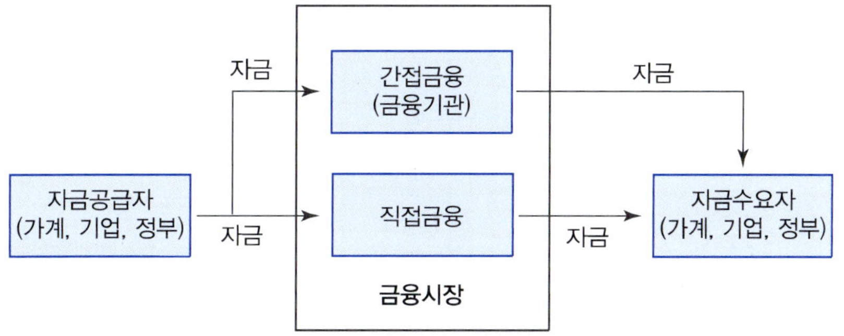

둘째, 금융시장은 생산성, 효율성, 수익성 등이 높은 기업에 투자자금을 공급함으로써 자원의 효율적인 배분을 촉진한다.

셋째, 금융시장은 기업의 영업위험이나 재무위험을 줄이는 수단을 제공하며, 여유자금의 운용 등을 위한 금융상품을 제공한다.

넷째, 금융시장은 기업의 자금조달이나 운용에 필요한 정보, 지식, 경험 등을 제공한다.

다섯째, 금융시장은 국가경제나 글로벌 경제 등의 변동에 대응하여 안정성을 제고함으로써 기업의 안정적 재원운용을 지원한다.

2. 금융상품과 재무관리

금융시장에서 자금의 수요자와 공급자 간에 다양한 금융상품이 개발되어 거래에 사용되고 있다. 자금조달 후 1년이 지나도 상환하지 않는 자금을 조달하는 시장을 자본시장(capital market)이라고 한다. 보통 3년, 5년, 10년 등 만기가 장기인 채권이나 발행 기업에게 상환 필요성이 없는 주식은 자본시장 상품이다.

반대로, 1년 이내에 상환할 만기가 도래하는 금융상품을 거래하는 시장을 자금시장(money market)이라고 한다. 이러한 기초 금융상품을 토대로 금융공학적 방법으로 고안된 상품을 거래하는 시장을 파생상품시장(derivative market)이라고 한다. [그림 1-6]에는 금융시장에서 거래되는 금융상품 기준으로 금융시장의 구조를 나타내고 있다.

그림 1-6 금융시장과 금융상품

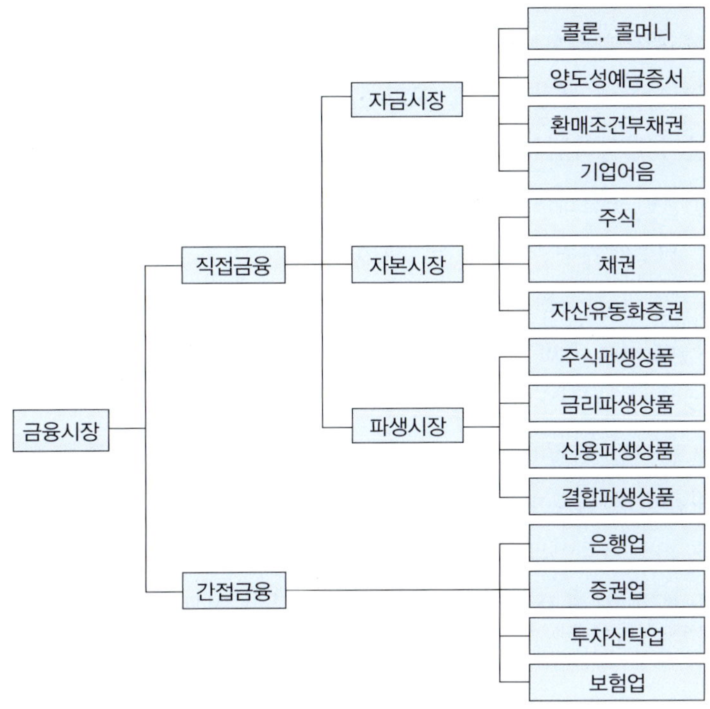

제 6 절 재무관리의 발전

1. 재무관리의 역사

재무관리는 전통적으로 경제학의 한 분야로 인식되고 연구되어 왔으며, 독립적인 학문으로 인정받기는 빨라야 1960년대 내지 1970년대 이후라고 볼 수 있다. 경영학과 기업의 발전과 함께, 1920년대 미국이 급속한 산업화 과정에서 기업규모가 커지고 기업에서의 자금 관리와 조달기능이 중요한 과제가 되면서 자금조달과 관리 측면의 기업 재무관리가 이뤄졌다. 1930년대 대공황 이후 기업의 존립에 초점을 둔 연구가 1950년대까지 지속되었으며, 투자규모의 합리성이나 재원의 합리적 배분문제 등에 대한 이론적 연구는 미흡한 상황이었다.

2차 세계대전 이후 미국 기업들이 대량생산체계에 들어가면서 경제학의 영향을 받아 재무관리도 수리계량 중심으로 발전하게 되었다. 기업의 투자에 관한 의사결정이론이 등장하였고, 1952년 마코위츠(Harry M. Markowitz)의 포트폴리오 이론이 등장하면서 재무관리는 논리적·학문적 기틀을 마련하게 되었다. 평균과 분산이라는 수리통계학적 방법을 사용함으로써 재무관리에서 중시되는 수익률과 위험관리의 개념이 도입되었다.

재무관리의 기능은 기업 발전과 함께 기업 내 재무기능의 확대로 인하여 재무담당임원(CFO: chief financial officer)의 역할 변화와 큰 관련이 있다. 앞의 [그림 1-1]에서 보듯이 전통적인 CFO의 기능은 자금과 관련된 역할(treasurer)과 통제와 관련된 역할(controller) 두 가지를 담당하는 통합 통제 및 조정자로서의 역할이 주요한 임무였다. 자금관리와 관련으로 기업의 현금과 신용관리업무, 재무기획, 자본지출업무 등을 들 수 있고, 통제관리와 관련으로 기업의 내부 회계기능과 보고, 외부적으로 주주총회 개최 등의 업무와 관련되어 있다. 최근에는 재무적 위험 등을 중심으로 기업의 위험을 전담하는 위험담당임원(CRO: chief risk officer)을 두는 기업도 점차 늘어나고 있다.

1980년대 이후 기업의 국내외 경쟁이 심화됨에 따라 구조조정과정을 통해 사업 매각과 인수합병을 통한 사업구조 개편(business restructuring)과 사업 프로세스 개선(BPR: business process reengineering)이 가속화되면서 최고경영자(CEO: chief executive officer) 기능과 분리하여 재무와 기업전략을 통합 관리하기 위한 CFO의 역할이 부상하게 되었으며, 주주중시 경영을 위하여 기업의 전략적 의사결정과 및 기업가치 제고를 책임질 CFO의 역할이 더욱 강화되었다. 다시 말해 CFO는 그 역할이 대폭 확대되고 강화되어 왔다.

2. 재무관리의 발전

최근 AI 등 4차 산업혁명을 맞이하여 기업 전반에 대한 재원과 자금의 흐름을 온라인으로 통합적으로 즉시 관리하는 기능이 발달하고 이러한 관점에서 통합재원관리시스템(IFMS: integrated financial management system) 구축이 필요하다. 최근 전사적통합재원관리(ERP: enterprise resource planning) 시스템을 통하여 현금, 재고자산, 생산, 원가관리, 인력 및 급여 관리, 출하 및 매출, 거래처 관리, 운전자본관리, 유동성 관리, 채권 및 채무관리, 세무 및 결산보고 등 부분적으로 고도화되던 기능을 통합하여 일괄적으로 관리함으로써 기업의 경영 프로세스 개선 및 효율성 제고에 활용되고 있다.

자본시장이 발달하고 기업활동에 있어서 직접금융의 필요성이 커지고 원활한 자금과 위험관리의 중요성이 부각되면서 기업의 재무관리는 금융시장 발전과 함께 점차 고도화되었다. 이러한 과정에서 개발된 다양한 관리기법들이 전통적인 기업뿐만 아니라 개인, 개인사업자 등의 관리 등의 영역으로 그 범위를 확대하고 있다. 이런 점에서 투자론, 파생상품론, 금융시장론, 개인재무설계, 국제 재무관리, 핀테크 등에 있어서 금융공학과 계량분석 기법이 개발 · 도입되고 있다. 이러한 과정에서 기업의 재무담당은 기업의 위험을 증대시키지 않으면서 효율적으로 사업을 확대 · 발전시키며, 전통적인 시설 및 자금관리, 회계, 세금관리 및 재무보고 영역을 떠나 전략적 차원에서 기업가치 극대화를 위한 사업기회의 발굴, 시장 예측, 투자 효율성 제고 및 위험관리 등의 역할과 기능을 강화해 나가고 있다.

핵심정리

1. 재무관리의 의의

- 재무관리(financial management) : 재원의 운용을 통한 수익성 제고 및 위험관리
- 협의의 재무관리 : 기업재무(corporate finance). 기업의 재원 조달, 운용 및 관리 기능
- 광의의 재무관리 : 재무 또는 금융(finance)

  기업재무+투자론, 금융시장론, 보험 및 위험관리, 파생상품관리 등

2. 재무관리의 기능 : 자본조달 결정, 투자 결정, 재원운영관리 및 위험관리

3. 최고재무담당(CFO: chief financial officer)의 역할

- 재무정책과 재무계획 총괄
- 재무담당 및 회계담당 업무 총괄

4. 위험관리

- 재무의 전문화, 집중화로 순간적인 실수로 수십 년 수백 년 기업이 일시에 도산 가능
- 주주관리 등 이해관계자 관리
- 기업의 사회적 책임(CSR) 경영, 윤리적 경영(ethical management) 등 강화

5. 재무관리의 목표

- 기업가치의 극대화(maximization of firm value) 또는 주주 부의 극대화(maximization of shareholders' wealth)
- 회계적 이익 극대화의 단점: 단기 지향성, 비회계적 가치, 시간과 위험 개념 무시

6. 사회적 책임경영

- 장기적 주주의 부를 극대화하기 위하여 기업의 사회적 책임(CSR) 경영 강화
- 종업원, 거래기업, 채권자, 소비자, 주주, 지역 및 국가 등 이해관계자에 대한 책임
  * 일자리 창출, 소비자 중심, 국가 및 지역사회의 발전 등 기업의 책임이 확대됨.
- ESG : 환경 책임, 사회적 책임, 지배구조 개선 등 종합적인 평가지표 관리
  * 대리인 문제와 보상체계, 기업 지배구조와 투명성 등 개선 필요

7. 금융시장과 재무관리

- 금융시장에서 자금을 조달하고 여유자금 등 운용
- 직접금융 : 기업이나 정부가 직접 증권을 발행하여 자금조달
- 간접금융 : 은행, 증권회사, 보험회사, 투자신탁 등의 금융기관의 중개로 자금조달
- 장기자금 : 만기가 1년 초과인 금융상품이나 계약을 통하여 자본시장에서 조달
- 단기자금 : 만기가 1년 이하인 금융상품이나 계약을 통하여 자금시장에서 조달

연습문제

1. 다음의 용어를 요약하여 설명하시오.

- 재무관리
- 기업재무
- 금융
- 재무관리의 기능
- 재무관리의 목표
- 기업가치
- 이익관리
- 장부/시장 가치
- 최고재무담당(CFO)
- 통합재원관리(ERP)
- 이해관계자 관리
- 금융시스템
- 금융시장
- 자본시장
- 자금시장
- 기업지배구조
- 기업의 사회적 책임
- ESG
- 대리인 문제
- 보상체계

2. 기업의 재무활동에 어떤 것이 있는지 설명하시오.

3. 단기적 회계 이익 극대화와 장기적 관점에서의 기업가치 극대화의 차이를 설명하시오.

4. 기업의 본질적 가치와 회계적 이익에 의한 평가가 다를 수밖에 없는 이유를 예를 들어 설명하시오.

5. 최고재무담당(CFO)의 역할을 기술하고 경영환경 변화에 따른 역할 변화를 전망하시오.

6. 대리인 문제의 개념을 정의하고, 재무관리 측면에서 성과에 미치는 영향을 토론하시오.

7. 기업의 사회적 책임을 기업가치 극대화 관점에서 기술하시오.

8. ESG 개념을 설명하고 기업의 재무관리에 미치는 영향을 기술하시오.

9. AI 등 4차 산업혁명 기술의 발전이 재무관리에 미치는 영향을 기술하시오.

10. ERP의 개념을 재무관리 기능과 효율성 측면에서 기술하시오.

11. 기업의 재무관리를 개인과 가정에서의 재무관리와 연계시켜 설명하여 보시오.

CHAPTER 2

화폐의 시간가치

제1절 화폐의 시간가치
제2절 미래가치와 현재가치
제3절 연금의 가치
제4절 지급방식과 가치평가

학습목표

본 장에서는 화폐의 시간가치와 이를 측정하는 방법, 필요한 할인율의 적용 및 계산방법, 다양한 형태의 현금흐름에 대한 평가방법을 소개하고 적용한다. 화폐는 유입・유출시점에 따라 그 가치가 다른데, 기본적으로 투자자의 현재선호, 미래 불확실성에 대한 위험회피, 물가상승 등에 대한 보상 등이 필요하기 때문이다. 현재가치를 미래가치로 환산하는 방법, 할인율과 투자 소요기간의 산출, 반대로 미래가치를 현재가치로 환산하는 방법, 영구연금, 정상연금, 선불연금 등 반복적인 현금흐름에 대한 가치평가 방법, 1기간 내 여러 차례 발생하는 경우에 있어서의 현재 및 미래가치, 유효이자율의 측정방법 등을 습득하고, 반복적인 패턴을 가진 현금흐름의 산출을 위한 공식의 도출과정을 설명한다. 또한 미래가치의 중요성을 설명하기 위하여, 개인재무설계에 필요한 미래 연금의 월별 납입액과 수령액 등을 계산하는 방법을 익힌다.

제 1 절 화폐의 시간가치

1. 화폐의 시간가치

화폐의 시간가치(time value of money)는 돈의 가치가 받는 시점에 따라 달라지는 것을 의미한다. 미래에 받는 돈은 지금 보유 중인 돈보다 가치가 낮다. 가령 현재 100만원과 1년 후 100만원 중 어느 것을 선택할 것인가 물으면 누구나 현재 100만원을 1년 후 100만원보다 선호할 것이다.

다음의 예는 좀 더 현실적인 문제이다.

예제 2-1

연간 5% 이자를 기대하는 투자자는 현재 100만원과 미래 105만원 중 어느 것을 선택할 것인가?

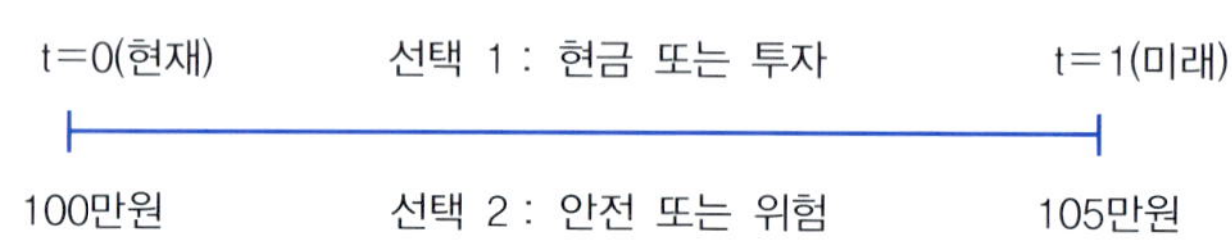

이러한 선택에는 현금을 보유할 것인가 아니면 미래를 위해 투자를 할 것인가 선택의 문제이며, 또 다른 측면에서는 미래를 위해 안전하게 현금을 보유하거나 소비지출 등 현재의 만족을 제고시키거나 아니면 타인에게 대출하고, 위험 등에 대한 대가로 5만원을 보상으로 받을 것인가 하는 선택의 문제이다.

5%의 이자는 이러한 선택을 하는 투자자의 기회비용으로 판단의 기준이 된다. 기준인 5% 수입인 5만원보다 많은 10%의 투자수익률이 있다면 당연히 10%를 택할 것으로 보인다. 그러나 투자위험이 다르다면 투자자가 5%보다 10%를 선호한다는 보장이 없다.

재무관리는 이런 면에서 투자론과 불가분의 관계에 있으며, 수익률과 위험에 대한 학문의 영역이며, 현실적인 문제를 다룬다.

2. 이자율

2.1 단리 이자

현재 보유 중인 현금을 은행에 저축하거나 다른 자산에 투자를 하게 되면 이자율이나 투자수익률에 의하여 미래에 받을 금액을 예상할 수 있다. 드물지만 매년 원금의 일정비율로만 증가하는 경우를 단리(simple interest rate)라고 한다. 매년 100만원에 대해 5%를 이자로 지급하는 경우, 이자는 매년 5만원으로 일정하다.

$$FV_t = PV_0(1 + t\,r)$$

참고로, 이자율(interest rate)은 현재와 미래의 화폐가치 차이 등을 설명하는 개념으로 다음과 같은 사항이 포함된다.

① 현재의 소비를 미래로 유보하는 데 따른 보상
② 인플레이션에 대한 보상
③ 미래 수입(회수)의 불확실성
④ 불충분한 현금 미보유에 따른 유동성 위험
⑤ 수익성 있는 다른 투자기회의 포기

예제 2-2

100만원을 3년간 단리 이자 10%로 저축하는 경우 예상되는 수령액은 얼마인가?

이 경우 매년 100만원에 대해 10%, 매년 10만원의 이자가 예상되므로 1년 후에는 110만원, 2년 후에는 120만원, 3년 후에는 130만원을 수령할 것으로 예상된다.

미래수령액 = 원금 + (원금 × 경과년수 × 이자율) = 100만원(1 + t년 × 이자율)
= 100만원 × (1 + 3년 × 10%) = 130만원
단리 이자 = 원금 × 경과년수 × 이자율 = 원금 100만원 × 3년 × 10% = 30만원

단리 이자를 통한 미래 수령액을 수식으로 표현하면 다음과 같다.

$$FV_t = PV_0(1 + t\,r) \tag{1}$$

여기서 FV_t는 미래가치(future value), PV_0는 현재가치(present value), t는 경과년수(number of payment periods), 그리고 r은 이자율(interest rate)을 의미한다. 통상적으로 별도 언급이 없는 한 이자율은 연간 명목이자율(annual nominal rate)이다.

3. 복리 이자

복리(compound interest rate)란 매기 일정비율 이자로 지급하면서, 미지급되어 계속 저축되는 이자에 대하여도 이자를 지급하는 경우이다. 이에 따라 매년 100만원에 대해 5%를 이자로 지급하는 경우, 이자는 처음에는 100만원에 대하여 5만원을 지급하지만, 다음 해에는 105만원에 대하여 5%의 이자를 지급하기 때문에 이자가 지수적으로 증가(exponentially increasing)한다.

$$FV_t = PV_0(1 + r)^t$$

지수(exponent) 개념이 도입되어 단순하게 계산되지 않지만, 거의 모든 금융거래나 현실적인 투자에서 이자나 이익금은 다시 다음연도에 투자원금으로 사용되기 때문에 복리 개념은 저축이나 투자에 있어서 통상적으로 적용하여야 한다.

예제 2-3

100만원을 매년 10%씩 3년간 복리로 저축하는 경우 예상되는 수령액은 얼마인가?

이 경우 처음 100만원에 대해 10%의 이자가 적용되므로 1년 후에는 110만원, 2년 후에는 110만원에 대한 10%의 이자 11만원이 증가하여 121만원, 3년 후에는 121만원에 대한 10%의 이자 12.1만원이 다시 증가하여 133.1만원이 된다. 앞서의 단리 저축액의 예상수령액 130만원 대비 복리효과로 3.1만원이 증가한 133.1만원을 수령하게 된다.

$$\begin{aligned} FV_t &= PV_0(1+r)(1+r)(1+r) \\ &= 100(1+10\%)(1+10\%)(1+10\%) \\ &= 133.1\text{만원} \end{aligned}$$

위 예제의 식을 일반화하면

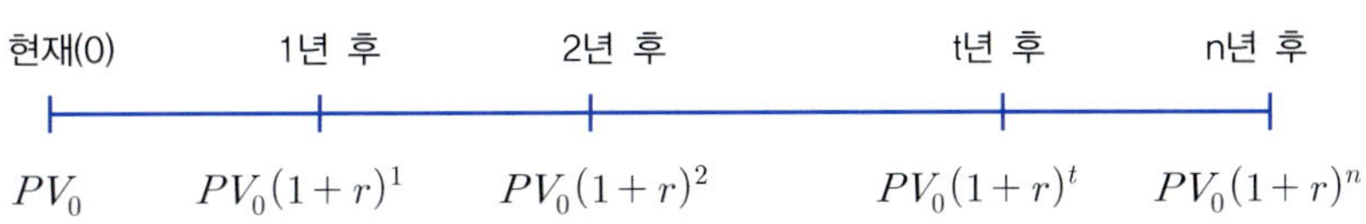

$$FV_t = PV_0(1+r)(1+r)(1+r)\cdots = PV_0(1+r)^t = PV \times FVIF(r,\ t)$$

$$FV_t = PV_0(1+r)^t \qquad (2)$$

여기서 FV_t는 미래가치(future value), PV_0는 현재가치(present value), t는 경과년수(number of payment periods), 그리고 r은 이자율(interest rate)을 의미한다. $(1+r)^t$은 미래가치이자인자(FVIF: future value interest factor)라고 하며, 이는 1원을 t기간 동안 기간당 r의 복리 이자율로 저축액의 만기 수령액이다.

엑셀의 내재 함수 기능을 이용하여 산출하는 방법을 제시하기로 한다.

FV(RATE,NPER,PMT,PV,TYPE) = FV(10%,3,0,-100,0) = 133.1만원

엑셀의 표현은 다소 다르다. FV는 미래가치, PV는 현재가치, NPER은 경과년수(number of payment periods), 그리고 RATE는 명목이자율(nominal interest rate)이다. TYPE는 지급액 PMT 또는 FV를 받는 시점이 기말이면 0, 아니면 1을 사용한다. 입력이 없으면 0을 기본값(default)으로 자동인식한다. 미래가치(FV)를 양(+)수로 파악하려면 현재가치(PV)에 음(-)수의 값을 입력하여야 한다. 기본적으로 현금유출에 대하여 음(-)수의 값을, 현금유입에 대하여 양(+)수의 값을 입력하면 혼선을 줄일 수 있다.

제 2 절 미래가치와 현재가치

1. 미래가치와 현재가치

저축하거나 다른 자산에 대한 투자를 통하여 미래에 받을 금액이 이자율이나 투자수익률에 따라 증가하지만, 미래에 받을 일정한 금액은 현재까지 지수적으로 할인된다.

$$PV_0 = FV_t/(1+r)^t$$

예제 2-4

10년 후 100만원을 매년 5%씩 할인하면 예상되는 현재 수령액은 얼마인가?

t=0(현재) r%(할인율)=5% t=10

PV=? FV=100만원

이 경우 10년(t=10) 후 가치 100만원에 대하여 할인율 r=5%를 적용하게 되면, 9년 후에는 100/(1+5%), 8년 후에는 $100/(1+5\%)^2$, 그리고 현재에는 100/(1

$+5\%)^{10}$이 된다.

$PV_0 = 100$만원$/(1+5\%)^{10} = 613,913$원

위 예제의 식을 일반화하면

$$PV_0 = FV_t/(1+r)^t = FV \times PVIF(r, t) \tag{3}$$

참고로 현재가치이자인자(PVIF: present value interest factor)는 $1/(1+r)^t$이다. 1원을 n기간 동안 매 기간당 r의 이자율로 할인한 금액이다. 엑셀의 함수기능을 이용하여 산출하는 방법을 제시하기로 한다.

PV(RATE,NPER,PMT,FV,TYPE) = PV(5%,10,0, − 1000000,0) = 613,913원

2. 미래가치를 위한 투자

2.1 투자수익률

저축하거나 다른 자산에 대한 투자금액과 이를 통하여 미래에 받을 금액이 정해지는 경우 그 이자율이나 투자수익률을 산출할 필요가 생긴다. 앞서의 공식을 이자율 r에 대하여 풀면 다음과 같은 공식이 도출된다.

$$r = \sqrt[t]{FV_t/PV_0} - 1$$

식 (3)을 $(1+r)^t$ 에 대하여 정리하면,

$$(1+r)^t = FV_t/PV_0 \tag{4}$$

식 (4)의 양변에 지수 $(1/t)$을 곱하여 정리하면

$$(1+r)^{t(1/t)} = (FV_t/PV_0)^{1/t} \rightarrow (1+r) = (FV_t/PV_0)^{1/t}$$

$$r = (FV_t/PV_0)^{1/t} - 1 = \sqrt[t]{FV_t/PV_0} - 1 \tag{5}$$

예제 2-5

10년간 저축하여 100만원이 200만원이 된다면 이자율은 얼마인가?

t=0(현재) r%(이자율) t=10

PV=100만원 FV=200만원

식 (5)를 적용하면

$$r = (FV_t/PV_0)^{1/t} - 1 = \sqrt[10]{200/100} - 1 = 9.54\%$$

엑셀의 함수 기능을 이용하여 산출하면

RATE(NPER,PMT,PV,FV,TYPE) = RATE(10,0, − 100,200,0) = 9.54%

2.2 투자기간

비슷한 관점에서 이자율이 정해진 경우 기간 수는 다음의 식에 의하여 산출된다.

$$t = \frac{\ln(FV/PV)}{\ln(1+r)}$$

식 (4)의 양변에 자연로그(natural logarithm) ln을 취하면,

$$\ln(1+r)^t = \ln(FV_t/PV_0) \rightarrow t\ln(1+r) = \ln(FV_t/PV_0)$$

$$t = \frac{\ln(FV_t/PV_0)}{\ln(1+r)} \tag{6}$$

예제 2-6

이자율 5%로 100만원이 200만원이 되려면 몇 년간 예치하여야 하나?

식 (6)을 적용하면

$$t = \frac{\ln(FV_t/PV_0)}{\ln(1+r)} = \frac{\ln(200/100)}{\ln(1+5\%)} = 14.21\text{년}$$

엑셀의 함수 기능을 이용하여 산출하면

NPER(RATE,PMT,PV,FV,TYPE) = NPER(5%,0, − 100,200,0) = 14.21년

제 3 절 연금의 가치

1. 연금의 현재가치

지금까지는 특정한 기간 동안 예치하는 1회성 투자나 저축에 대한 현재가치나 미래가치 평가에 대하여 알아보았다. 기업이나 개인, 가계에서의 수입이나 저축, 투자는 주기적으로 반복적이거나 불규칙하게 진행되는 경우가 많다. 이런 경우의 현금흐름에 대한 평가는 앞서의 산출식에 다수의 현금흐름을 적용하는 것과 다르지 않다. 다만 현금흐름이 일정한 패턴을 보이는 경우, 이를 연금(annuity)이라 하며, 연금의 현금흐름을 현재가치와 미래가치로 공식화하여 계산한다.

1.1 영구연금의 현재가치

대표적인 경우로 영구연금(perpetuities, perpetual annuities, console)의 현재가치 또는 미래가치를 평가해 보자. 연금의 현재가치는 다음과 같다.

$$PV_0^A = \frac{A}{r}$$

만일 영원히 특정 액수의 연금(annuity) A를 받는다면 그 가치는 얼마인가 하는 문제이다.

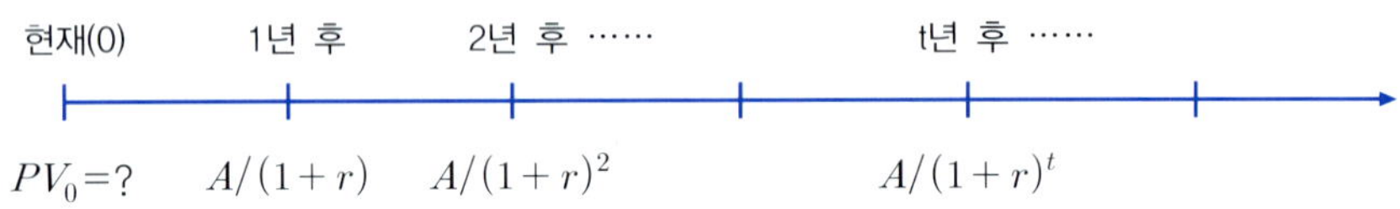

영구연금의 현재가치를 일반적인 수식으로 정리하면

$$PV_0^A = \frac{A}{1+r} + \frac{A}{(1+r)^2} + \frac{A}{(1+r)^3} + \cdots + \frac{A}{(1+r)^\infty} \tag{7}$$

식 (7)의 양변에 $(1+r)$을 곱한 뒤

$$PV_0^A(1+r) = A + \frac{A}{1+r} + \frac{A}{(1+r)^2} + \frac{A}{(1+r)^3} + \cdots + \frac{A}{(1+r)^\infty} \tag{7-1}$$

식 (7-1)에서 식 (7)을 빼면

$$PV_0^A(1+r) - PV_0^A = A$$

$$PV_0^A = \frac{A}{r} = A \times FVIFA(r, \infty) \tag{8}$$

예제 2-7

매년 말 연간 1,200만원을 영원히 받는다면 이 연금의 현재가치는? (이자율 5% 가정)

$$PV_0^A = \frac{A}{r} = \frac{1,200}{5\%} = 24,000\text{만원 }(2.4\text{억원})$$

엑셀의 함수 기능의 기간에 엄청나게 큰 수를 대입하여 산출하면 다음과 같다.

PV(RATE,NPER,PMT,FV,TYPE) = PV(5%,9999, − 1200,0,0) = 24,000만원

1.2 정상연금의 현재가치

일반적으로 연금은 일정기간 정해진 금액으로 일정기간 적립하는 형태를 취한다. 적금의 형태가 이런 경우이다. 연금의 현금흐름은 기말에 발생하는 것으로 가정하며, 기초에 불입하거나 수령하는 연금과 구분하기 위하여 정상연금(ordinary annuity)이라고 부른다. 이에 대한 현금흐름의 현재가치는 다음과 같다.

$$PV_0^A = \frac{A}{r}\left[1 - \frac{1}{(1+r)^t}\right]$$

이때 $\frac{1}{r}\left[1 - \frac{1}{(1+r)^t}\right]$는 연금의 현재가치이자인자(PVIFA: present value interest factor of annuity)이다.

만일 특정 연금액수 A를 t기간 동안 적립한다면 미래에 수령할 연금의 현재가치를 산출하는 방법을 살펴보자. 연금의 현재가치를 일반적인 수식으로 정리하면,

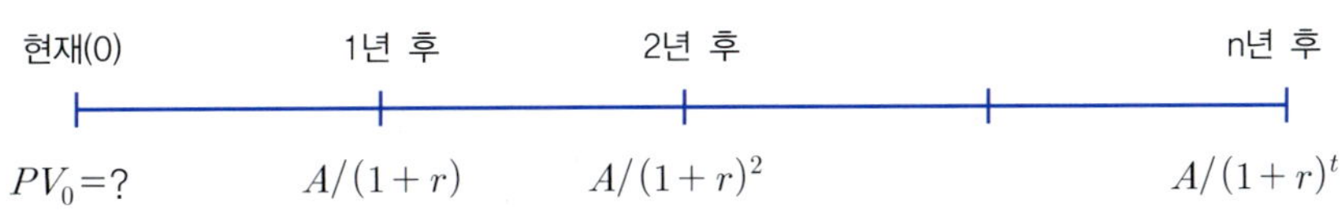

$$PV_0^A = \frac{A}{1+r} + \frac{A}{(1+r)^2} + \frac{A}{(1+r)^3} + \cdots + \frac{A}{(1+r)^t} \tag{9}$$

식 (9)의 양변에 $(1+r)$을 곱한 뒤

$$PV_0^A(1+r) = A + \frac{A}{1+r} + \frac{A}{(1+r)^2} + \frac{A}{(1+r)^3} + \cdots + \frac{A}{(1+r)^{t-1}} \tag{9-1}$$

식 (9-1)에서 식 (9)를 빼서 정리하면 연금의 현재가치는 식 (10)과 같이 정의된다. 좌변은 $PV_0^A(1+r) - PV_0^A = r \times PV_0^A$, 우변은 $A - A/(1+r)^t$이 된다.

양변을 r로 나누면 식 (10)이 된다.

$$PV_0^A = \frac{A}{r}\left[1 - \frac{1}{(1+r)^t}\right] = A \times PVIFA(r,\ t) \tag{10}$$

예제 2-8

매년 말 연간 100만원을 3년간 받는다면 이 연금의 현재가치는? (이자율 5% 가정)

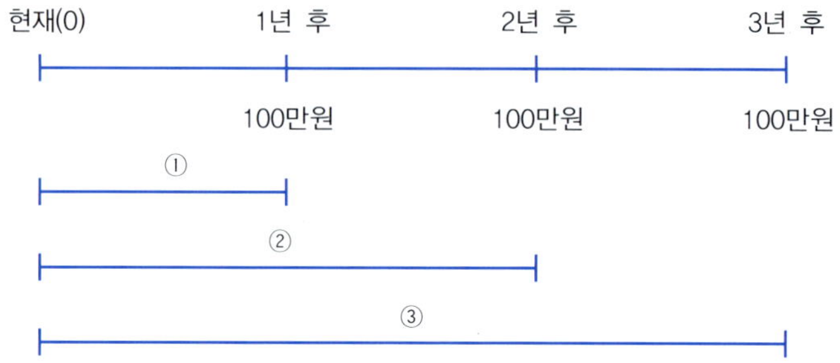

① 1년 후 100만원의 현재가치 : PV_0 = 100만원/$(1+r)$ +

② 2년 후 100만원의 현재가치 : PV_0 = 100만원/$(1+r)^2$ +

③ 3년 후 100만원의 현재가치 : PV_0 = 100만원/$(1+r)^3$

$$= \frac{A}{r}\left[1 - \frac{1}{(1+r)^n}\right] = \frac{100}{5\%}\left[1 - \frac{1}{(1+5\%)^3}\right] = 2,723,248\text{원}$$

수식을 이용하면 다음과 같이 간단히 정리된다.

$$PV_0^A = \frac{A}{r}\left[1 - \frac{1}{(1+r)^t}\right] = \frac{100}{5\%}\left[1 - \frac{1}{(1+5\%)^3}\right] = 2{,}723{,}248\text{원}$$

엑셀의 함수 기능을 사용하면 다음과 같다.

PV(RATE,NPER,PMT,FV,TYPE) = PV(5%,3, − 1000000,0,0) = 2,723,248원

1.3 선불연금의 현재가치

일반적으로 연금은 기말에 납입 또는 수령하는 경우를 정상연금(ordinary annuity)이라 하고, 기초에 연금의 현금흐름이 발생하는 것을 선불연금(annuity due)이라고 부른다. 선불연금의 현재가치는 다음과 같이 산출된다.

$$PV_0^{AD} = A\frac{1+r}{r}\left[1 - \frac{1}{(1+r)^t}\right]$$

이때 선불연금의 현재가치이자인자(PVIFAD: present value interest factor of annuity due)는 $\frac{1+r}{r}\left[1 - \frac{1}{(1+r)^t}\right]$이다.

만일 특정 연금액수 A를 t기간 동안 기초에 적립한다면 이 연금의 현재가치는 기말에 받는 연금과 어떠한 차이가 있을까? 기말에 수령하는 연금과 기초에 적립하는 연금은 다음 기초(이번 기말)에 받을 적립할 연금에 비하여 정확히 1기간 먼저 적립하는 것 이외에는 차이가 없다.

연금의 현재가치를 일반적인 수식으로 정리하면,

$$PV_0^{AD} = A + \frac{A}{1+r} + \frac{A}{(1+r)^2} + \frac{A}{(1+r)^3} + \cdots + \frac{A}{(1+r)^{t-1}} \quad (11)$$

$$= PV_0^A(1+r)$$

$$PV_0^{AD} = PV_0^A(1+r) = \frac{A(1+r)}{r}\left[1 - \frac{1}{(1+r)^t}\right]$$

$$= A \times PVIFAD(r,\ t) \quad (12)$$

앞서의 식 (10)과 비교하여 식 (12)는 분자에 A 대신 $A(1+r)$이 들어가 있다. 즉, 매년 말에 $A(1+r)$만큼 납입하는 것과 같다.

예제 2-9

매년 초에 연간 100만원을 3년간 받는다면 이 연금의 현재가치는? (이자율 5% 가정)

$$PV_0^A = \frac{A(1+r)}{r}\left[1-\frac{1}{(1+r)^t}\right]$$
$$= \frac{100(1+5\%)}{5\%}\left[1-\frac{1}{(1+5\%)^3}\right] = 2,859,410\text{원}$$

엑셀의 함수 기능을 사용하면 기초, 기말 나타내는 TYPE에 1을 지정함으로써 선불연금임을 나타내며, 그 함수식은 다음과 같다.

PV(RATE,NPER,PMT,FV,TYPE) = PV(5%,3, − 1000000,0,1) = 2,859,410원

2. 연금의 미래가치

일정기간 정해진 금액으로 기말에 적립하는 정상연금의 미래가치는 다음과 같다.

$$FV_0^A = \frac{A}{r}[(1+r)^t - 1]$$

이때 연금의 미래가치이자인자(FVIFA: future value interest factor of annuity)는 $\frac{1}{r}[(1+r)^t - 1]$이다. 이는 t기간 동안 매년 1원씩 기간당 r의 이자율로 복리로 적립한 연금의 수령액이다.

연금의 미래가치는 식 (10)의 연금의 현재가치에 미래가치이자인자(FVIF)인 $(1+r)^t$를 곱하여 정리하면 식 (11)과 같이 정의된다.

$$FV_0^A = PV_0^A(1+r)^t \rightarrow FV_0^A = \frac{A}{r}\left[1-\frac{1}{(1+r)^n}\right](1+r)^t$$

$$FV_0^A = \frac{A}{r}[(1+r)^t - 1] = A \times FVIFA(r,\ t) \tag{13}$$

예제 2-10

① 매년 말 연간 100만원을 3년간 받는다면 이 연금의 미래가치는? (이자율 5% 가정)

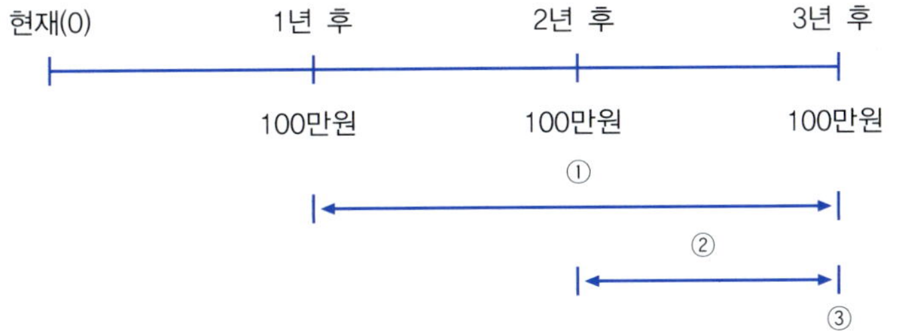

① 1년 후 100만원의 미래가치 : PV_0=100만원/$(1+r)^2$+

② 2년 후 100만원의 미래가치 : PV_0=100만원/$(1+r)$+

③ 3년 후 100만원의 미래가치 : PV_0=100만원

수식 (13)을 이용하면 다음과 같이 간단히 정리된다.

$$FV_0^A = \frac{A}{r}[(1+r)^t - 1] = \frac{100}{5\%}[(1+5\%)^3 - 1] = 3,152,500\text{원}$$

엑셀의 함수 기능을 사용하면 다음과 같다.

FV(RATE,NPER,PMT,PV,TYPE) = FV(5%,3, − 1000000,0,0) = 3,152,500원

② 만일 매년 초에 연금을 받는다면 위 연금의 미래가치는?

$$FV_0^A = \frac{A(1+r)}{r}[(1+r)^t - 1]$$

$$= \frac{100(1+5\%)}{5\%}[(1+5\%)^3 - 1] = 3,310,125\text{원}$$

FV(RATE,NPER,PMT,PV,TYPE) = FV(5%,3, − 1000000,0,1) = 3,310,125원

3. 정률성장연금

물가상승률 등을 고려하여 실질 납부액이나 실질 연금소득을 보장해주는 방향으로 연금이 설계되어 있는 경우가 많다. 이처럼 각종 투자이익, 소득, 배당, 이자 등의 크기가 물가상승률이나 시장이자율 등과 연계되어 증감하는 경우가 많다. 이런 경우 현재가치나 미래가치 진단이 필요하다.

3.1 영구성장연금

영구성장연금(perpetual growth annuity)의 현재가치는 다음과 같다.

$$PV_0^A = \frac{A(1+g)}{r-g}$$

우선 영구성장연금의 현금흐름을 분석해 보자. 지난 연말에 A를 받고 성장률이 g인 경우, 첫 번째 수령액 A_1은 $A(1+g)$이 되며 매년 증가한다.

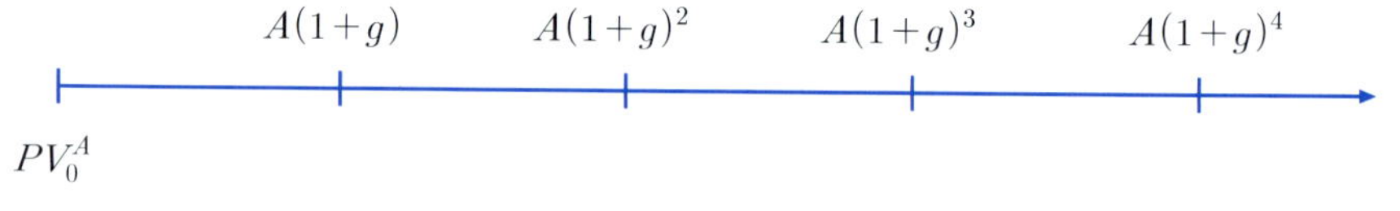

이 연금의 현재가치(present value of annuity)는

$$PV_0^A = \frac{A(1+g)}{1+r} + \frac{A(1+g)^2}{(1+r)^2} + \frac{A(1+g)^3}{(1+r)^3} + \cdots + \frac{A(1+g)^\infty}{(1+r)^\infty} \quad (14)$$

식 (14)의 양변에 $(1+r)/(1+g)$를 곱한 뒤

$$PV_0^A \frac{1+r}{1+g} = A + \frac{A(1+g)}{1+r} + \frac{A(1+g)^2}{(1+r)^2} + \frac{A(1+g)^3}{(1+r)^3} + \cdots + \frac{A(1+g)^\infty}{(1+r)^\infty} \quad (14\text{-}1)$$

식 (14-1)에서 식 (14)를 빼고 정리하면

$$PV_0^A \frac{1+r}{1+g} - PV_0^A = PV_0^A \left(\frac{1+r}{1+g} - 1 \right) = PV_0^A \left(\frac{1+r-1-g}{1+g} \right) = A$$

따라서 영구성장연금($r > g$ 가정)의 현재가치는 다음과 같다.

$$PV_0^A = \frac{A(1+g)}{r-g} = \frac{A_1}{r-g} \tag{15}$$

예제 2-11

① 이자율 5%, 성장률 3%인 경우 지난 연도 말 지급액 1,200만원인 영구연금의 현재가치는?

$$PV_0^A = \frac{A(1+g)}{r-g} = \frac{1,200(1+3\%)}{5\%-3\%} = 61,800\text{만원 (6.18억원)}$$

② 이자율 5%, 성장률 3%인 첫해 말 지급액이 1,200만원인 영구연금의 현재가치는?

$$PV_0^A = \frac{A_1}{r-g} = \frac{1,200}{5\%-3\%} = 60,000\text{만원 (6억원)}$$

$$FV_0^A = \frac{A(1+g)}{r-g} = \frac{1,200(1+3\%)}{5\%-3\%} = 61,800\text{만원 (6.18억원)}$$

이런 경우 처음에 받거나 지출하는 금액이 얼마인가를 정확히 파악하는 것이 매우 중요하다.

3.2 성장연금

일정기간 적립한 성장연금의 현재가치와 미래가치는 다음과 같다. 도출과정은 앞의 과정과 사실상 같으므로 생략하기로 한다. 연금의 미래가치는 현재가치에 미래가치이자요인(FVIF, $(1+r)^t$)을 곱한 것이다.

$$PV_0^A = \frac{A(1+g)}{r-g}\left[1-\left(\frac{1+g}{1+r}\right)^t\right]$$

$$FV_0^A = \frac{A(1+g)}{r-g}[(1+r)^t - (1+g)^t]$$

예제 2-12

① 1,200만원이 연간 3%로 성장하면 30년 만기 연금의 현재가치는? (이자율 5% 가정)

$$PV_t^A = \frac{A(1+g)}{r-g}\left[1-\left(\frac{1+g}{1+r}\right)^t\right]$$

$$= \frac{(1,200)(1+3\%)}{(5\%-3\%)}\left[1-\left(\frac{1+3\%}{1+5\%}\right)^{30}\right] = 27,092,267\text{원}$$

② 이 연금의 30년 후 수령 예상액은 얼마인가?

$$FV_t^A = (1+r)^t PV_t^A$$

$$= \frac{(1,200)(1+3\%)}{(5\%-3\%)}\left[1-\left(\frac{1+3\%}{1+5\%}\right)^{30}\right](1+5\%)^{30} = 117,091,218\text{원}$$

제 4 절 지급방식과 가치평가

1. 시장이자율과 연간 유효이자율

이제까지는 이자나 연금의 지급을 매년 말로 정의하고 산출하였다. 대부분의 이자나 연금의 납부나 지급은 월 단위이다. 물론 분기 단위나 반기 단위도 있으며, 연간 단위도 있다. 월분납 등으로 미리 내게 되면 실제 부담이 더 크게 된다. 반대로 받는 경우는 현재가치가 당연히 더 높게 평가된다. 연간 이자율(APR: annual percentage rate, annual nominal rate)로 산출된 1회분 연간 이자와 매월 납부하는 이자는 복리효과(compounding effect) 때문에 다르다. 이러한 경우 적용되는 개념이 연간 유효이자율(EAR: effective annual rate) 개념이다.

$$EAR = \left(1 + \frac{APR}{m}\right)^m - 1$$

여기서 연간 시장이자율(APR: annual percentage rate)은 일반적으로 사용하는 연간 명목이자율(annual nominal rate)이다. 연간 이자를 매 분기 나누어 지급하는 경우를 분석해 보자.

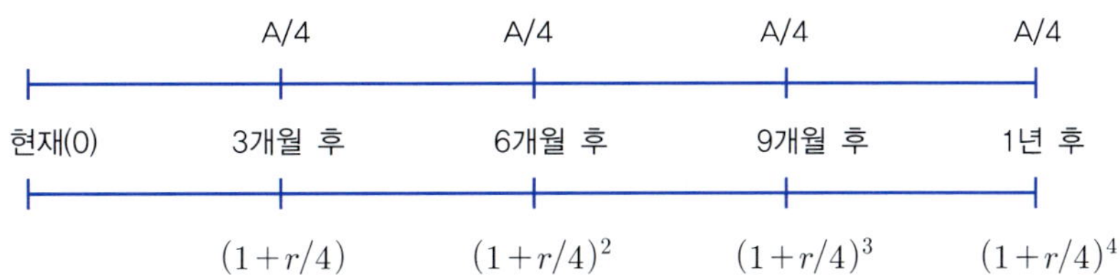

이 경우에 연간 유효이자율(EAR)은 실제로 연간 명목이자율(r 또는 APR)을 m번에 나누어, m번에 걸쳐서 복리로 지급하는 것과 같다. 분기인 경우에 m은 4가 된다. 이를 수식으로 표현하면

$$1 + EAR = \left(1 + \frac{APR}{m}\right)^m \tag{16}$$

다시 연간 유효이자율(EAR)에 대해서 정리하면

$$EAR = \left(1 + \frac{APR}{m}\right)^m - 1 = \left(1 + \frac{APR}{m}\right)^m - 1 \tag{17}$$

예제 2-13

1년간 이자율 8%를 매 분기 지급한다면 유효이자율은 얼마인가?

만일 100만원이 원금이라면 8%인 8만원을 연말에 일시불로 받는 경우에 실제 이자율이 8%이다. 그러나 만일 8%를 매 분기에 2%씩, 즉 2만원씩 분기 말에 받는다면 미리 받는 2만원에 대하여 은행에 같은 금리로 예치한다면 1년짜리 연금에 2만원을 분기당 2% 이자율로 매 분기 납부하는 것과 같으며, 복리효과

때문에 8.2432%가 되며, 금액적으로는 8만원보다 많은 82,432원이 되는 것이다. 분기별 복잡한 금액 계산과정을 생략하고 유효이자율만 산출하고 적용하는 것이 간편할 것이다.

$$EAR = \left(1+\frac{r}{m}\right)^{m} - 1 = \left(1+\frac{8\%}{4}\right)^{4} - 1 = 0.082432$$

엑셀의 함수 기능을 사용하면 다음과 같다.

EFFECT(NOMINAL_RATE,NPERY) = EFFECT(8%,4) = 8.2432%

NPERY는 연간 복리기간, 즉 1년에 이자를 지급하는 횟수이다.

2. 복리기간과 가치평가

복리에 의하여 이자 또는 연금 지급 또는 수령 주기가 다르면 유효이자율(EAR)이 다르기 때문에 실제 현금수령액이 다름을 보였다. 그러한 측면에서 화폐의 현재가치나 미래가치가 현금흐름 형태별로 다른 것이다. 이러한 관점에서 1년 단위가 아닌 현금흐름의 미래가치와 현재가치를 측정하기 위한 보다 일반적인 공식을 제시하고자 한다.

$$PV_0 = FV_n \Big/ \left(1+\frac{r}{m}\right)^{mt} \tag{18}$$

$$FV_t = PV_0\left(1+\frac{r}{m}\right)^{mt} \tag{18-1}$$

$$PV_0^A = \frac{A/m}{r/m}(1+EAR-r) \tag{18-2}$$

$$PV_0^A = \frac{A/m}{r/m}\left[1-\frac{1}{\left(1+\frac{r}{m}\right)^{mt}}\right] \tag{18-3}$$

$$FV_t^A = \frac{A/m}{r/m}\left[\left(1+\frac{r}{m}\right)^{mt}-1\right] \tag{18-4}$$

이러한 공식은 연간 이자율을 기간수로 나눔으로써 해당 기간의 이자율 *r/m*을 적용하는 대신 대응하는 연수에 *t*에 *m*을 곱하여 총 기간수를 조정하여 적용하고 있음을 알 수가 있다.

예제 2-14

① 3년 후 100만원의 현재가치는? (이자율 5%에 대한 월 복리 할인 가정)

$$PV_0^A = FV_t^A/(1+r/m)^m = 100/(1+5\%/12)^{36} = 860{,}976\text{원}$$

Excel: =PV(5%/12,3×12,0, −1000000,0)

② 100만원의 3년 후 미래가치는? (이자율 5%에 대한 월 복리 가정)

$$FV_t = PV_0\left(1+\frac{r}{m}\right)^{mt} = 100\left(1+\frac{5\%}{12}\right)^{36} = 1{,}161{,}472\text{원}$$

Excel: =FV(5%/12,3×12,0, −1000000,0)

③ 연간 120만원 대신 매월 10만원씩 납입하는 영구연금의 현재가치는? (명목이자율 5%)

$$PV_0^A = \frac{A/m}{r/m}(1+EAR-r) = \frac{120/12}{5\%/12}\left[(1+5\%/12)^{12}-5\%\right]$$
$$=24{,}022{,}688\text{원}$$

Excel: =PV(5%/12,99999,0, −100000,0)

④ 매월 말에 100만원씩 3년간 적립한다면 이 연금의 현재가치는? (이자율 5% 가정)

$$PV_0^A = \frac{A/m}{r/m}\left[1-\frac{1}{(1+r/m)^{mt}}\right] = \frac{100}{5\%/12}\left[1-\frac{1}{(1+5\%/12)^{36}}\right]$$
$$=33{,}365{,}701\text{원}$$

Excel: =PV(5%/12,3×12, −1000000,0,0)

⑤ 매월 말에 100만원씩 3년간 적립한다면 이 연금의 미래가치는? (이자율 5% 가정)

$$FV_t^A = \frac{A/m}{r/m}\left[\left(1+\frac{r}{m}\right)^{mt} - 1\right] = \frac{1,200/12}{5\%/12}\left[\left(1+\frac{5\%}{12}\right)^{36} - 1\right]$$

=38,753,336원

Excel: =FV(5%/12,3×12,−1000000,0,0)

3. 고정 연금액

3.1 연금 납부액

연금에 대한 만기금액이나 현재가치보다 더 관심이 높은 내용이 실제 납부액이나 수령액이다. 차량 등 고정자산 취득 시에 전체 차량 가격의 일정 금액을 납부(down payment, lump-sum payment)하고 남은 금액을 분납(installment)하게 되는데, 이러한 경우에도 통상적인 연금의 납부나 수령 주기처럼 월 1회 등으로 판단할 수 있다. 연금 납부액(payment) $A_m = \frac{A}{m}$은 다음과 같이 계산된다.

$$A_m = \frac{rFV}{m} / \left[\left(1+\frac{r}{m}\right)^{mt} - 1\right]$$

우선 미래에 받게 될 금액(FV)에 대하여 분납액 A를 결정하는 경우를 살펴보자.

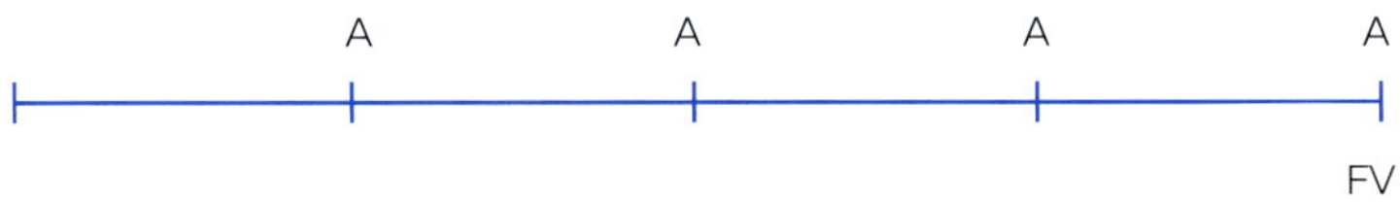

식 (18-4)를 연금 납부액 A_m에 대하여 풀면

$$A_m = \frac{rFV}{m} / \left[\left(1+\frac{r}{m}\right)^{mt} - 1\right] = FV/FVIFA(r/m,\ t \times m) \tag{19}$$

한편, 연간기준 납부액 A에 대하여 풀면

$$A = rFV / \left[(1+r)^t - 1\right] = FV/FVIFA(r,\ t) \tag{19-1}$$

예제 2-15

30년 후 일시불로 5억원의 연금을 받고자 할 경우 매월 얼마를 납입하여야 하나?

$$A_m = \frac{rFV}{m} / \left[\left(1+\frac{r}{m}\right)^{mt} - 1\right]$$

$$= \frac{5\%(500,000,000)}{12} / \left[\left(1+\frac{5\%}{12}\right)^{360} - 1\right] = 600,775\text{원}$$

엑셀의 함수는 PMT(RATE,NPER,PV,FV,TYPE)이다.

PMT(RATE,NPER,PV,FV,TYPE) = PMT(5%/12,360,0, −500000000,0) = 600,775원

3.2 연금 수령액

반대로 퇴직시까지 현재까지 누적된 연금수령 예상액을 퇴직 후 정기적으로 수령할 연금액을 산출할 수가 있다. 앞서와 마찬가지로 통상적으로 알려진 월 또는 분기납 등을 고려하도록 일반화된 식을 도출하면 다음과 같다.

$$A_m = \frac{rPV}{m} / \left[1 - \frac{1}{\left(1+\frac{r}{m}\right)^{mt}}\right]$$

현재 일정금액(PV)을 예치하거나 부동산 등을 담보로 연금형태로 일정금액을 정기적으로 수령하는 경우를 살펴보자.

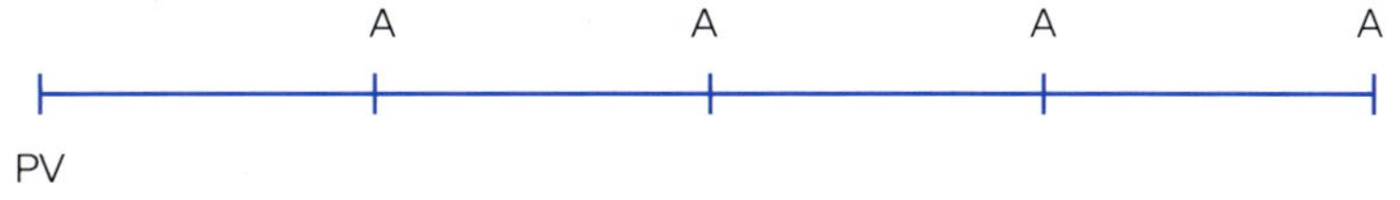

식 (18-3)을 연금수령(월정)액 A_m에 대하여 풀면

$$A_m = \frac{rPV}{m} / \left[1 - \frac{1}{\left(1+\frac{r}{m}\right)^{mt}}\right] = PV/PVIFA(r/m,\ t \times m) \tag{20}$$

연간기준 수령액 A에 대하여 풀면

$$A = rPV / \left[1 - \frac{1}{(1+r)^t}\right] = PV/PVIFA(r,\ t) \tag{20-1}$$

예제 2-16

퇴직 후 받은 5억원을 이자율 5% 기준으로 연금으로 30년간 받을 경우 매월 얼마를 받을 수 있나?

$$A_m = \frac{rPV}{m} / \left[1 - \frac{1}{\left(1+\frac{r}{m}\right)^{mt}}\right]$$

$$= \frac{5\%(500{,}000{,}000)}{12} / \left[1 - \frac{1}{\left(1+\frac{5\%}{12}\right)^{360}}\right] = 2{,}684{,}108\text{원}$$

엑셀의 함수는 PMT(RATE,NPER,PV,FV,TYPE)이다.

PMT(RATE,NPER,PV,FV,TYPE) = PMT(5%/12,360, −500000000,0,0)
= 2,684,108원

3.3 퇴직연금설계

앞서의 연금 납입액과 수령액을 토대로 간단한 퇴직연금설계를 하여 보자. 우선, 은퇴 후 노후생활기간을 35년간으로 가정하고 월 200만원의 연금생활을 고려하여 보자. 이자율은 5%, 소득생활을 30년 기준으로 초기 월 적립액 A를 산출하여 보자.

① 우선 은퇴 후 35년간 월 200만원 생활비를 위한 은퇴시점의 현재가치를 평가해 보자.

$$PV_0^A = \frac{A_m}{r/12}\left[1 - \frac{1}{(1+r/12)^{mt}}\right]$$

$$= \frac{2,000,000}{5\%/12}\left[1 - \frac{1}{\left(1+\frac{5\%}{12}\right)^{420}}\right] = 396,284,693\text{원}$$

엑셀 함수는 PV(RATE,NPER,PMT,FV,TYPE)이다.

PV(5%/12,420, −2000000,0,0) = 396,284,693원

② 약 4억원의 생활비 마련을 위하여 30년간의 월 적립금액을 산출하여 보기로 하자.

$$A_m = \frac{rFV}{m} / \left[\left(1+\frac{r}{m}\right)^{mt} - 1\right]$$

$$= \frac{5\%(396,284,693)}{12} / \left[\left(1+\frac{5\%}{12}\right)^{360} - 1\right] = 476,156\text{원}$$

엑셀 함수는 PMT(RATE,NPER,PV,FV,TYPE)이다.

PMT(RATE,NPER,PV,FV,TYPE) = PMT(5%/12,360,0, −396284693,0)
= 476,156원

핵심정리

1. 화폐의 시간가치

시간가치=이자 개념

* 이자의 함축적 의미: 위험과 기회비용에 대한 보상

2. 미래가치와 현재가치

현재가치: $PV_0 = FV_t/(1+r)^t$　　미래가치: $FV_t = PV_0\left(1+\dfrac{r}{m}\right)^{mt}$

이자율: $r = \sqrt[t]{\dfrac{FV_n}{PV_o}} - 1$　　경과기간: $t = \dfrac{\ln(FV_t/PV_0)}{\ln(1+r)}$

3. 연금의 현재가치와 미래가치

① 정상연금: 기말에 지급(수령)하는 연금

영구연금: $PV_0^A = \dfrac{A}{r}$

정상연금 현재가치: $PV_0^A = \dfrac{A}{r}\left[1 - \dfrac{1}{(1+r)^t}\right]$

정상연금 미래가치: $FV_t^A = \dfrac{A}{r}[(1+r)^t - 1]$

② 선불연금: 먼저 지급(수령)하는 선불연금은 정상연금의 $(1+r)$배

선불연금 현재가치: $PV_0^{AD} = A\dfrac{1+r}{r}\left[1 - \dfrac{1}{(1+r)^t}\right] = PV_0^A(1+r)$

선불연금 미래가치: $FV_t^{AD} = \dfrac{A(1+r)}{r}[(1+r)^t - 1] = FV_t^A(1+r)$

③ 정률성장연금

영구성장연금: $PV_0^A = \dfrac{A(1+g)}{r-g} = \dfrac{A_1}{r-g}$

성장연금 현재가치: $PV_t^A = \dfrac{A(1+g)}{r-g}\left[1 - \left(\dfrac{1+g}{1+r}\right)^t\right]$

성장연금 미래가치: $FV_t^A = (1+r)^t PV_t^A = \dfrac{A(1+g)}{r-g}[(1+r)^t - (1+g)^t]$

4. 복리기간과 유효이자율

유효이자율 : $EAR = \left(1 + \frac{r}{m}\right)^{m} - 1$ Excel 이용 : EFFECT(r/m,m)

5. 복리기간과 가치평가

현재가치 : $PV_0 = FV / \left(1 + \frac{r}{m}\right)^{mt}$

미래가치 : $FV_t = PV_0 \left(1 + \frac{r}{m}\right)^{mt}$

영구연금 : $PV_0^A = \frac{A/m}{r/m}(1 + EAR - r)$

연금 현재가치 : $PV_0^A = \frac{A/m}{r/m}\left[1 - \frac{1}{\left(1 + \frac{r}{m}\right)^{mt}}\right]$

연금 미래가치 : $FV_t^A = \frac{A_m}{r/m}\left[\left(1 + \frac{r}{m}\right)^{mt} - 1\right]$

6. 연금 납부액 또는 수령액

연금 납부액 : $A_m = \frac{rFV}{m} / \left[\left(1 + \frac{r}{m}\right)^{mt} - 1\right]$

연금 수령액 : $A_m = \frac{rPV}{m} / \left[1 - \frac{1}{\left(1 + \frac{r}{m}\right)^{mt}}\right]$

연습문제

1. 다음의 용어를 요약하여 설명하시오.

- 화폐의 시간가치
- 현재가치
- 미래가치
- 이자율
- 복리
- 현재가치이자요인
- 미래가치이자요인
- 연금
- 연금의 현재가치
- 정상연금
- 선불연금
- 정률성장연금
- 시장이자율
- 명목이자율(APR)
- 유효이자율(EAR)
- 복리기간

2. 미래가치 계산

100만원을 5년간 이자율 10%로 예상 수령액은 얼마인가?

① 단리로 저축하는 경우

② 복리로 저축하는 경우

3. 현재가치 계산

10년 후 1,000만원에 대하여 할인율 8%를 적용하는 경우 현재가치는 얼마인가?

4. 복리이자율

5년간 은행에 예치한 1,000만원이 1,300만원이 된다면 이자율은 얼마인가?

5. 예치기간

이자율 3%로 1,000만원이 1,500만원이 되려면 몇 년간 예치하여야 하나?

6. 연금 현재가치

매년 말 연간 2,000만원을 영원히 저축한다면 이 연금의 현재가치는? (이자율 4% 가정)

7. 정상연금과 선불연금의 현재가치

① 매년 말에 100만원씩 10년간 받는다면 이 연금의 현재가치는? (이자율 4% 가정)

② 매년 초에 100만원씩 10년간 받는다면 이 연금의 현재가치는? (이자율 4% 가정)

8. 정상연금과 선불연금의 미래가치

① 매년 말에 연간 1,000만원을 5년간 받는다면 이 연금의 미래가치는? (이자율 6% 가정)

② 매년 초에 연간 1,000만원을 5년간 받는다면 이 연금의 미래가치는? (이자율 6% 가정)

9. 영구성장연금의 현재가치

① 이자율 8%, 성장률 3%인 경우 지난해 말 지급액 500만원인 영구연금의 현재가치는?

② 이자율 8%, 성장률 3%인 경우 금년 말부터 지급액 500만원인 영구연금의 현재가치는?

10. 성장연금

① 첫해 말에 연간 600만원부터 매년 3%씩 증가하는 10년 만기 연금의 현재가치는 얼마인가? (시장이자율 8% 가정)

② 이 연금의 30년 후 수령 예상액은 얼마인가?

11. 유효이자율

연간 이자율 6%를 매월 기준으로 나누어서 지급한다면 유효이자율은 얼마인가?

12. 연금의 현재가치와 미래가치

① 10년 후 500만원의 현재가치는? (이자율 4%에 대한 월 복리 할인 가정)

② 500만원의 10년 후 미래가치는? (이자율 4%에 대한 월 복리 가정)

③ 연간 600만원 대신 매월 50만원씩 납입하는 영구연금의 현재가치는? (명목이자율 6%)

④ 매월 초에 50만원씩 10년간 적립한다면, 이 연금의 현재가치는? (이자율 6% 가정)

⑤ 매월 말에 50만원씩 10년간 적립한다면, 이 연금의 미래가치는? (이자율 6% 가정)

13. 은퇴설계1

① 20년 후 일시불로 2억원의 연금을 받고자 할 경우 매월 얼마를 납입하여야 하나? (이자율 3% 기준으로)

② 퇴직 후 받은 2억원을 이자율 3% 기준으로 연금으로 35년간 받을 경우 매월 얼마를 받을 수 있나?

14. 은퇴설계2

은퇴 후 노후생활기간을 40년으로 가정하고 월 200만원의 연금생활을 고려하여 보자. 이자율은 3%, 소득생활을 35년 기준으로 초기 월 적립액 A를 산출하여 보자.

① 우선 은퇴 후 40년간 월 200만원 생활비를 위한 은퇴시점의 현재가치를 평가해 보자.

② 약 4억원의 생활비 마련을 위하여 35년간 매월 적립금액을 산출하여 보자.

해 답

1. (생략)

2. 미래가치 계산

① 단리 $FV_t = PV_0(1+t\,r)$ =100만(1+5×10%)=1,500,000원

② 복리 $FV_t = PV_0(1+r)^t$ =100만(1+10%)^5=1,610,510원

3. 현재가치 계산

$PV_0 = FV_t/(1+r)^t =$ 1000만/(1+ 8%)^{10} =4,631,935원

4. 복리이자율

$r = (FV_t/PV_0)^{1/t} - 1 = \sqrt[5]{1300/1000} - 1$ =5.39%

5. 예치기간

$t = \dfrac{\ln(FV_t/PV_0)}{\ln(1+r)} = \dfrac{\ln(1500/1000)}{\ln(1+3\%)}$ =13.7년

6. 연금의 현재가치

$PV_0^A = \dfrac{A}{r} = \dfrac{2000}{4\%}$ =50,000만원 (5억원)

7. 정상연금과 선불연금의 현재가치

① 정상연금 $PV_0^A = \dfrac{A}{r}[1-\dfrac{1}{(1+r)^t}] = \dfrac{100}{4\%}[1-\dfrac{1}{(1+4\%)^{10}}]$ =8,110,896원

② 선불연금 $PV_0^{AD} = \dfrac{100(1+4\%)}{4\%}[1-\dfrac{1}{(1+4\%)^{10}}] = PV_0^A \times (1+4\%)$ =8,435,332원

8. 정상연금과 선불연금의 미래가치

① 정상연금 $FV_0^A = \dfrac{A}{r}[(1+r)^t - 1] = \dfrac{1000}{6\%}[(1+6\%)^5 - 1]$ =56,370,930원

② 선불연금 $FV_0^{AD} = \dfrac{A(1+r)}{r}[(1+r)^t - 1] = \dfrac{1000(1+6\%)}{6\%}[(1+6\%)^5 - 1]$ =59,753,185원

9. 영구성장연금의 현재가치

① 유형 1: $PV_0^A = \dfrac{A(1+g)}{r-g} = \dfrac{500(1+3\%)}{8\%-3\%}$ =10,300만원 (1억 3백만원)

② 유형 2: $PV_0^A = \frac{A_1}{r-g} = \frac{500}{8\%-3\%}$ =10,000만원 (1억원)

10. 성장연금

① 현재가치 $PV_t^A = \frac{A(1+g)}{r-g}\left[1-\left(\frac{1+g}{1+r}\right)^t\right] = \frac{600}{(8\%-3\%)}\left[1-\left(\frac{1+3\%}{1+8\%}\right)^{10}\right]$ =45,300,802원

② 미래가치 $FV_t^A = (1+r)^t PV_t^A = \frac{600}{(8\%-3\%)}\left[1-\left(\frac{1+3\%}{1+8\%}\right)^{10}\right](1+8\%)^{10}$ =97,801,034원

11. 유효이자율

$EAR = \left(1+\frac{r}{m}\right)^m - 1 = \left(1+\frac{6\%}{12}\right)^{12} - 1$ =6.17%

12. 연금의 가치

① 현재가치 $PV_0^A = FV_t^A/(1+r/m)^m = 500/(1+4\%/12)^{120}$ =3,353,830원

② 미래가치 $FV_t = PV_0\left(1+\frac{r}{m}\right)^{mt} = 500\left(1+\frac{4\%}{12}\right)^{120}$ =7,454,163원

③ 월납입 영구연금 $PV_0^A = \frac{A/m}{r/m}(1+EAR-r) = \frac{600/12}{6\%/12}((1+6\%/12)^{12}-6\%)$

=100,167,781원

④ 월납입 연금 현재가치 $PV_0^A = \frac{A/m}{r/m}\left[1-\frac{1}{(1+r/m)^{mt}}\right] = \frac{50}{6\%/12}\left[1-\frac{1}{(1+6\%/12)^{120}}\right]$

=45,261,910원

⑤ 월납입 연금 미래가치 $FV_t^A = \frac{A/m}{r/m}\left[\left(1+\frac{r}{m}\right)^{mt}-1\right] = \frac{50}{6\%/12}\left[\left(1+\frac{6\%}{12}\right)^{120}-1\right]$

=82,349,372원

13. 은퇴설계1

① 월납입액 $A_m = \frac{rFV}{m}\left[\left(1+\frac{r}{m}\right)^{mt}-1\right] = \frac{3\%(200,000,000)}{12}\left[\left(1+\frac{3\%}{12}\right)^{240}-1\right]$

=609,195원

② 월수령액 $A_m = \frac{rPV}{m}/\left[1-\frac{1}{\left(1+\frac{r}{m}\right)^{mt}}\right] = \frac{3\%(200,000,000)}{12}/\left[1-\frac{1}{\left(1+\frac{3\%}{12}\right)^{420}}\right]$

=769,700원

14. 은퇴설계2

① 월납입액 $PV_0^A = \frac{A_m}{r/12}\left[1 - \frac{1}{(1+r/12)^{mt}}\right] = \frac{2,000,000}{3\%/12}\left[1 - \frac{1}{(1+3\%/12)^{480}}\right]$

$= 414,768,581$원

② 월수령액 $A_m = \frac{rFV}{m} / \left[\left(1 + \frac{r}{m}\right)^{mt} - 1\right] = \frac{3\%(414,768,581)}{12} / \left[\left(1 + \frac{3\%}{12}\right)^{420} - 1\right]$

$= 365,083$원

CHAPTER 3

채권과 주식의 가치평가

제1절 채권의 가치평가
제2절 주식의 가치평가
제3절 시장비율에 의한 주식평가

학습목표

본 장에서는 기업의 장기 자금조달의 보편적인 수단인 채권과 주식에 대한 가치평가 기법을 소개한다. 채권과 주식으로부터의 다양한 유형의 현금흐름에 맞는 가치평가 방식들과 개념들을 익힌다. 우선 타인자본조달의 수단인 채권으로부터의 현금흐름 형태에 따라 할인채, 이표채에 대한 가치평가를 배우고, 채권수익률과 표면이자율, 만기 등의 변동과, 다양한 위험요소와 채권수익률의 기간구조 등의 변화가 채권가격에 미치는 영향을 파악한다. 또한 기업의 주요한 자기자금 조달수단인 주식에 대한 가치평가를 배당으로부터의 현금흐름, 특히 배당무성장, 배당성장모형을 적용한 주가 평가방법을 터득한다. 또한 배당성장률을 계산하여 주가를 산출하는 방법, 그리고 반대로 주가와 배당정보 등을 이용하여 주주의 요구수익률인 자기자본을 도출하는 방법을 습득한다. 배당이 없는 기업에 대하여 이익과 이익성장 기회를 이용한 주가 평가방법 등을 익히고, PER, PBR, PCR 등 주가배수비율을 이용한 간편한 주가 평가방법을 익히며, 그 방법들의 장단점을 살펴본다.

제 1 절 채권의 가치평가

1. 채권의 가치평가

1.1 채권의 가치

① 순수할인채

채권의 가치는 일반적으로 표면이자율(coupon rate)에 따라 정기적으로 받는 이자, 또는 이표(C: coupon)와 만기일(maturity date)에 받는 액면가(F: face value, par value)의 현재가치로 구성된다. 이때 이자가 없는 채권을 순수할인채(pure discount bond), 또는 할인채(discount bond)라고 한다. 이자가 없으므로 액면가만 시장이자율 또는 금리로 할인한 현재가치가 할인채의 가격(B_0)이 된다.

B_0: 채권가격. 채권으로부터의 현재가치 F: 액면가(face value, par value)

$$B_0 = \frac{F}{(1+r)^t} = F \times PVIF(r,\ t) \tag{1}$$

예제 3-1

액면가 100,000원, 만기가 5년, 시장이자율이 연 5%인 경우 이 할인채의 가격을 구하시오.

$$B_0 = \frac{100{,}000}{(1+5\%)^5} = 78{,}353\text{원}$$

엑셀의 함수 기능을 사용하면 다음과 같다.

PV(RATE,NPER,PMT,FV,TYPE) = PV(5%,5,0, − 100000,0) = 78,353원

② 이표채

이자를 받는 채권을 이표채(coupon bond)라고 하며, 채권 만기일까지의 이자 및 액면가의 현금흐름에 대하여 만기수익률(YTM: yield to maturity)이라는 할인율로 적용하여 현재가치로 계산한 것이 채권의 가격(B_0)이 된다.

B_0: 채권가격. 채권으로부터의 현재가치

C: 이자, 또는 이표(coupon)　　F: 액면가(face value, par value)

따라서 이자와 액면가 둘 다 있는 일반적인 채권의 가치는 다음과 같이 식 (2)로 나타낼 수 있다.

$$B_0 = \sum_{1}^{t} \frac{C_t + F_t}{(1+r)^t} = \frac{C}{1+r} + \frac{C}{(1+r)^2} + \frac{C}{(1+r)^3} + \dots + \frac{C+F}{(1+r)^t} \tag{2}$$

$$= \frac{C}{r}\left[1 - \frac{1}{(1+r)^t}\right] + \frac{F}{(1+r)^t} = C \times PVIFA(r,\ t) + F \times PVIF(r,\ t) \tag{3}$$

만일 만기가 5년인 표면이자 5%, 액면가 10만원인 채권을 매입하면, 매년 액면가의 5%인 5,000원을 매년 말 이자로 받게 되고, 만기인 5년차 말에는 이자와 액면가 포함, 모두 105,000원을 받게 된다.

예제 3-2

액면가 100,000원, 만기가 5년, 표면이자율이 연 5%이고 이자(표면이자)는 연 1회 지급한다. 이 채권의 가격을 구하시오.

① 할인율 또는 시장이자율과 표면이자율이 같은 경우

$$B_0 = \frac{5{,}000}{1+5\%} + \frac{5{,}000}{(1+5\%)^2} + \frac{5{,}000}{(1+5\%)^3} + \frac{5{,}000}{(1+5\%)^4} + \frac{5{,}000 + 100{,}000}{(1+5\%)^5} = 100{,}000\text{원}$$

$$B_0 = \frac{5,000}{5\%}\left[1 - \frac{1}{(1+5\%)^5}\right] + \frac{100,000}{(1+5\%)^5} = 100,000\text{원}$$

엑셀의 함수 기능을 사용하면 다음과 같다.

PV(RATE,NPER,PMT,FV,TYPE) = PV(5%,5, − 5000, − 100000,0) = 100,000원

② 반년마다 이자를 지급하는 경우, 이자는 반으로 줄고 기간 수는 2배가 된다.

$$B_0 = \frac{2,500}{1+2.5\%} + \frac{2,500}{(1+2.5\%)^2} + \frac{2,500}{(1+2.5\%)^3} + \cdots + \frac{2,500 + 100,000}{(1+2.5\%)^{10}} = 100,000\text{원}$$

PV(RATE,NPER,PMT,FV,TYPE) = PV(2.5%,10, − 2500, − 100000,0) = 100,000원

③ 반년마다 이자를 지급하는데 시장이자율이 4%로 내린 경우

$$B_0 = \frac{2,500}{1+2\%} + \frac{2,500}{(1+2\%)^2} + \frac{2,500}{(1+2\%)^3} + \cdots + \frac{2,500 + 100,000}{(1+2\%)^{10}} = 104,491\text{원}$$

PV(RATE,NPER,PMT,FV,TYPE) = PV(2%,10, − 2500, − 100000,0) = 104,491원

④ 반년마다 이자를 지급하는데 시장이자율이 6%로 오른 경우

$$B_0 = \frac{2,500}{1+3\%} + \frac{2,500}{(1+3\%)^2} + \frac{2,500}{(1+3\%)^3} + \cdots + \frac{2,500 + 100,000}{(1+3\%)^{10}} = 95,735\text{원}$$

PV(RATE,NPER,PMT,FV,TYPE) = PV(3%,10, − 2500, − 100000,0) = 95,735원

1.2 채권의 수익률

1) 채권수익률의 개념

채권을 매입하고, 만기까지 보유하거나 중도에 매도하는 경우에 채권의 수익률을 계산할 필요가 있다. 채권의 수익률에는 표면이자율, 경상수익률, 채권의 만기수익률 등 여러 가지가 있다. 별도의 설명이 없는 한 채권을 만기까지 보유할 경우 얻게 되는 만기수익률(YTM: yield to maturity)을 의미한다. 이표채에는

만기상환금액인 액면가(par value), 상환만기(maturity), 표면이자율(coupon rate)이 기재되어 있다.

① 표면이자율: 연간 지급 이자를 액면가로 나눈 이자율(coupon rate)이다. 이자는 일정기간(발행 후 3개월, 6개월, 1년 등)마다 분할 지급된다. 예를 들어 원금 100만원에 액면에 적힌 이자율 5%인 채권이 있다면, 표면이자는 연간 5만원이며, 반기마다 2.5만원씩 받게 된다.

$$표면이자율 = \frac{연간\ 이자}{액면가} \times 100\%$$

② 경상수익률: 연간 표면이자를 채권구입가격으로 나눈 단기 수익률(current yield)이다.

$$경상수익률 = \frac{연간\ 이자}{매입가격} \times 100\%$$

③ 채권의 만기수익률(YTM): 시장금리 등 상황에 따라 변하는데 채권수익률 또는 채권금리라고도 부른다. 가령, 1년 만기 이표채에 대한 만기수익률은 아래 식과 같다. 기간이 긴 경우, 정확한 수익률은 채권 만기수익률(YTM: yield to maturity) 산출식 부분을 참고하기 바란다.

$$만기수익률(YTM) = \frac{이자소득 + 자본이득}{매입가격} \times 100\%$$

2) 채권수익률 계산

만기수익률은 경상수익률과 자본이득률로 구분할 수 있다. 전자는 매기 발생하는 이자소득과 관련이 있고, 후자는 매도가격(만기까지 보유 시 액면가)과 매입가격과의 차이로 인한 자본이득과 관련이 있다. 만기보유 채권의 매입가격이 액면가보다 낮다면 자본이득(capital gain)이 발생하고, 반대이면 자본손실(capital loss)이 발생한다. 투자원금은 유통시장에서의 매입가격으로 상환될 액면가와는 다르다. 일반적으로 매입 후 만기까지 보유하는 경우를 기준으로 채권의 만기수익률(YTM: yield to maturity)이라고 하는데, 이를 기업의 측면에서 보면 채권을 통한 자본조달비용, 즉 타인자본조달비용(cost of debt capital)이라고 볼 수 있다. 식 (4)를 YTM에 대하여 풀면 된다.

$$B_0 = \sum_{t=1}^{n} \frac{C_t + F_t}{(1+YTM)^t} = \frac{C_t}{1+YTM} + \frac{C_t}{(1+YTM)^2} + \cdots + \frac{C_n + F_n}{(1+YTM)^n} \tag{4}$$

YTM: 채권의 만기수익률(yield to maturity)

이러한 수익률 계산은 고차방정식으로 엑셀이나 전문가용 계산기가 없으면 계산이 불가능하다. 엑셀기능은 매우 간단하다.

이자가 없는 순수할인채의 만기수익률은 다음 식에서 계산된다.

$$B_0 = \frac{F}{(1+YTM)^n}; \quad YTM = \sqrt[n]{\frac{F}{B_0}} - 1 \tag{4-1}$$

예제 3-3

액면가 100,000원, 매입가격 93,500원, 만기가 5년인 채권의 수익률은 구하시오.

① 채권가격이 93,500원이며, 만기까지 이자 지급이 없는 경우 순수할인채 수익률은?

$$93,500 = \frac{100,000}{(1+YTM)^5}; \text{ YTM} = 1.35\%$$

RATE(NPER,PMT,PV,FV,TYPE) = RATE(5,0, −93500,100000,0) = 1.35%

② 연 1회 지급하는 표면이자율이 연 5%인 이표채의 만기수익률은?

$$93,500 = \frac{5,000}{1+YTM} + \frac{5,000}{(1+YTM)^2} + \cdots + \frac{5,000 + 100,000}{(1+YTM)^5}; \text{ YTM} = 6.57\%$$

RATE(NPER,PMT,PV,FV,TYPE) = RATE(5,5000, −93500,100000,0) = 6.57%

③ 위 채권을 3년 후 채권가격 97,000원을 받고 매각한 경우 채권의 투자수익률은?

$$93,500 = \frac{5,000}{1+YTM} + \frac{5,000}{(1+YTM)^2} + \frac{5,000 + 97,000}{(1+YTM)^3}; \text{ YTM} = 6.52\%$$

RATE(NPER,PMT,PV,FV,TYPE) = RATE(3,5000, − 93500,97000,0) = 6.52%

④ 3년 6개월 후 채권가격 98,000원을 받고 매각한 경우, 이 채권의 경상수익률, 자본이득률 및 투자수익률을 구하시오.

투자수익률(YTM) = 6.61%

= 경상수익률 + 자본이득률 = 6.61% = 5.35% + 1.26%

경상수익률 = 5,000/93,500 = 5.35%

$$93,500 = \frac{5,000}{1+YTM} + \frac{5,000}{(1+YTM)^2} + \frac{5,000}{(1+YTM)^3} + \frac{2,500+98,000}{(1+YTM)^{3.5}};$$

YTM = 6.61%

RATE(NPER,PMT,PV,FV,TYPE) = RATE(3.5,5000, − 93500,98000,0) = 6.61%

1.3 채권수익률과 채권가격과의 관계

채권발행기업이 채무불이행 상태에 빠지지 않는다면 채권가치는 기본적으로 표면이자율(c), 액면가(F), 채권의 요구수익률(r)에 의해서 결정된다. 표면이자율과 액면가는 채권발행 시점부터 만기까지 고정되지만, 만기와 채권수익률은 가변적이다. 시간이 경과함에 따라 만기까지 남은 기간은 점차 짧아지고, 채권수익률은 시장이자율 수준, 만기 차이 혹은 원리금 상환의 위험 정도에 따라 변하기 때문이다. 결과적으로 단기적으로 채권의 이론적 가치에 가장 큰 요소는 채권수익률(r)이다.

[그림 3-1]에는 채권수익률과 채권가격과의 관계를 나타내고 있다. 앞서의 예제에서 사용한 액면가 10만원, 매년 말 표면이자율 5%을 제공하는 만기 3년 채권에 대하여 시장이자율(또는 채권의 만기수익률)이 ① 당초 5%에서 2%로 하락하는 경우 ② 5%에서 8%로 상승하는 경우에 있어서 채권가격의 변화를 비교하여 제시하고 있다. 또한 만기 효과를 비교하기 위하여 5년 만기 채권에 대하여 시장이자율(또는 채권의 만기수익률)이 ③ 5%에서 2%로 하락하는 경우 ④ 5%에서 8%로 상승하는 경우를 구분하여 채권가격의 변화를 제시하고 있다.

그림 3-1 채권수익률과 채권가격 관계

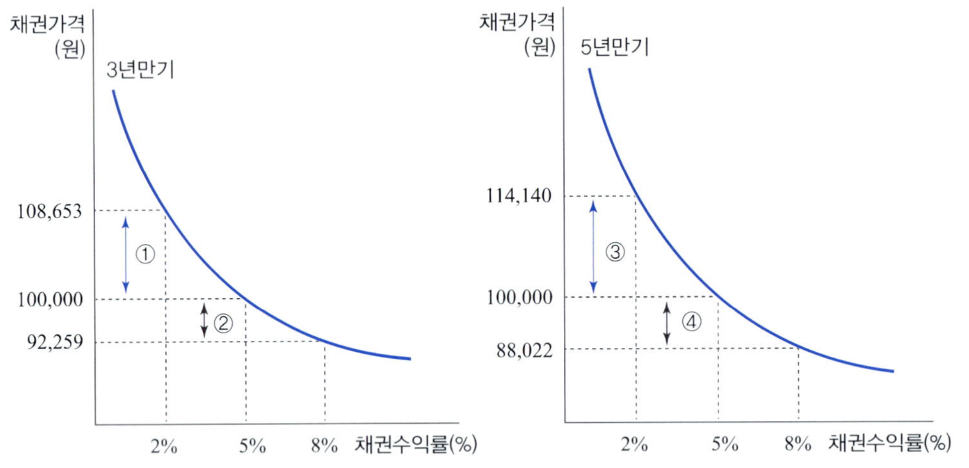

※ 실제거리와는 차이가 있음

1) 채권 만기 3년의 경우

채권수익률(%)	채권가격(원)	채권가격의 변화(원)	채권의 종류
① 2% (−3%)	108,653	+8,063 (+8.06%)	할증채권
5%	100,000		액면가채권
② 8% (+3%)	92,259	−7,741 (−7.74%)	할인채권

2) 채권 만기 5년의 경우

채권수익률(%)	채권가격(원)	채권가격의 변화(원)	채권의 종류
③ 2% (−3%)	114,140	+14,140 (+14.14%)	할증채권
5%	100,000		액면가채권
④ 8% (+3%)	88,022	−11,978 (−11.98%)	할인채권

이러한 변화를 구체적으로 정리하여 보면 다음과 같은 관계를 도출할 수 있다.

첫째, 채권가격과 채권수익률의 관계는 반비례 관계가 있다. 즉, 채권수익률이 하락하면 채권가격이 상승하고, 반대로 채권수익률이 상승하면 채권가격이

하락한다.

둘째, 동일한 수준의 채권수익률 변동(가령 5%에서 2%로 하락 또는 5%에서 8%로 상승)하는 경우에 이자율의 절대적 수준이 낮은 경우(2%와 5% 사이)가 높은 경우(5%와 8% 사이)보다도 가격변동률이 크다. 예시된 3년 만기 채권에 대하여 이자율이 3%p 하락한 경우 채권가격이 8.65% 상승하는 반면 이자율이 3%p 상승한 경우 채권가격이 7.74% 하락한다. 간단히 말해 동일 채권수익률에서 1% 하락 또는 상승하는 경우, 하락이 상승하는 경우보다 채권가격에 미치는 상대적 영향이 크다.

셋째, 동일한 채권에 대하여도 만기가 긴 채권에 있어서의 가격변동폭이 만기가 짧은 채권보다 상대적으로 가격변동폭이 크다. 위에서 언급한 3년 만기 채권에서는 예시된 이자율이 3%p 하락한 경우 채권가격이 8.65% 상승하는 반면 5년 만기 채권에서는 예시된 이자율이 3%p 하락한 경우 채권가격이 14.14% 상승하여 상대적인 변동폭이 크다고 할 수 있다. 이자율이 상승하는 경우에도 만기가 5년인 경우에 있어서 채권수익률 변동이 채권가격 변동에 미치는 영향이 11.98% 하락(3년인 경우 7.74%)으로 상대적 영향이 크다.

1.4 채권시장 이자율 간 관계와 채권가격 간 관계

아래에는 채권시장에서 이자율 간 관계가 채권가격과 액면가격 간의 관계를 제시하고 있다. 앞서의 예에서 보듯이 표면이자율(5%)과 시장이자율(또는 채권수익률, 5%)인 경우, 채권가격이 10만원으로 액면가격과 동일함을 알 수 있다. 이러한 채권을 액면가채권(par bond)이라고 한다. 반면, 표면이자율(5%)보다 시장이자율이 낮은(또는 채권수익률, 4%) 경우, 채권가격이 10만원 이상으로 액면가격보다 높아짐을 알 수 있다. 이러한 채권을 할증채권(premium bond)이라고 한다. 반대로, 표면이자율(5%)보다 시장이자율이 높은(또는 채권수익률, 6%) 경우, 채권가격이 10만원 이하로 액면가격보다 낮아짐을 알 수 있다. 이러한 채권을 할인채권(discount bond)이라고 한다.

그림 3-2 채권 이자율 간 관계와 채권가격 간 관계

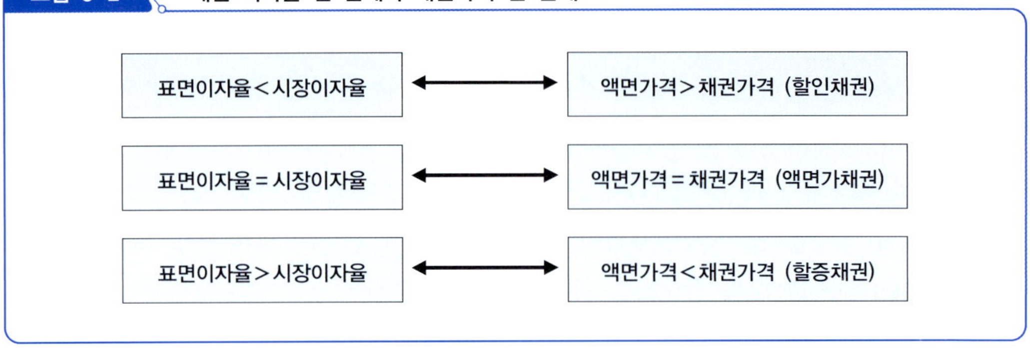

2. 채권의 기간구조

2.1 기간구조의 의의

채권의 기간구조(term structure) 혹은 수익률 곡선(yield curve)은 채권의 남은 기간을 제외한 다른 조건이 같은 채권들에 대해 일정 시점에서 남은 기간과 채권 수익률 간의 관계를 나타낸 것이다. 기간구조 분석을 통하여 자산운용 차원에서 채권의 듀레이션 측정, 포트폴리오 전략 수립 등에 활용하며, 각종 금융상품에 관한 이자율 측정이나 현금흐름 등 가치평가 과정에서의 할인율 측정에 필요한 지침이 될 수 있다.

2.2 수익률 곡선의 형태

[그림 3-3]에는 만기에 따른 여러 가지 형태의 수익률 곡선(yield curve)을 나타내고 있다. 수익률 곡선은 같은 수준의 신용위험(credit risk)을 지닌 채권들의 수익률과 다양한 만기 간의 관계를 나타낸 그래프이다. 이처럼 동일 만기의 다른 채권 간의 차이나 동일한 투자수단에 대하여 만기가 다른 채권의 금리차이를 스프레드(spread)라고 한다.

우선, ① 우상향(upward sloping)하는 상승형 곡선은 장기수익률이 높고 단기수익률이 낮은 형태이다. ② 우하향(downward sloping, inverted curve)하는 하락형 곡선은 단기수익률이 높고 장기수익률이 낮은 형태이다. 장기적으로 금리하

그림 3-3 채권수익률 곡선

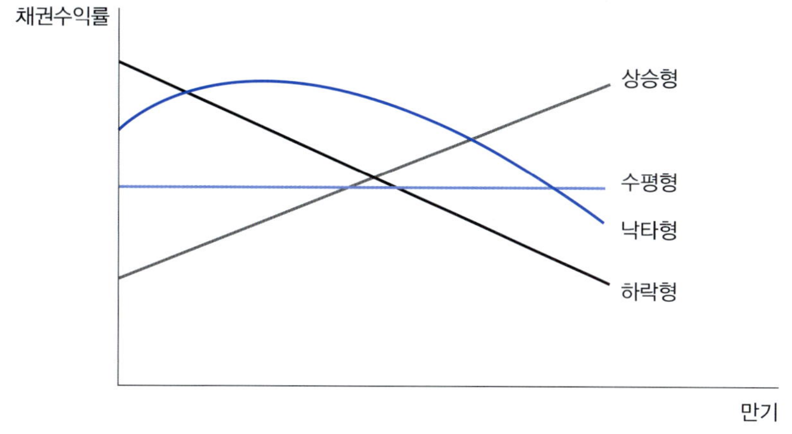

락이 예상되지만, 단기적으로 경기 활황기 등 이유로 높은 시장금리가 유지되는 상황이다. ③ 수평(flat)형 수익률 곡선은 장단기 채권의 유동성 프리미엄과 수익률 하락폭이 동일한 수준일 경우이며, 우상향이나 우하향으로 변화하기 전 과도기 현상일 가능성이 크다. 마지막으로 ④ 낙타(hump)형 수익률 곡선은 만기가 길어질수록 통상적인 상태로 수익률이 상승하다 일정 시점 이후 감소하는 현상을 보이는데 일정기간은 유동성 프리미엄 효과가 상대적으로 크고, 장기적으로는 수익률이 하향 안정화될 것으로 보는 경우이다.

2.3 만기구조에 따른 역사적 변동

[그림 3-4]에는 미국 채권시장의 주요한 수익률을 1960년 1월부터 2020년 초까지 그래프로 나타내고 있다. 이를 토대로 다음과 같은 사실을 확인할 수 있다.

① 만기가 다른 채권수익률도 전반적으로 함께 움직이는 패턴을 보인다.
② 단기 시장이자율이 낮으면 상대적으로 장기 채권수익률이 높아 채권수익률 곡선의 기울기가 상승할 가능성이 크다. 반대로 단기 시장이자율이 높으면 상대적으로 장기 채권수익률이 낮아 채권수익률 곡선의 기울기가 하락할

그림 3-4 **채권 만기 이자율과 회사채 위험**

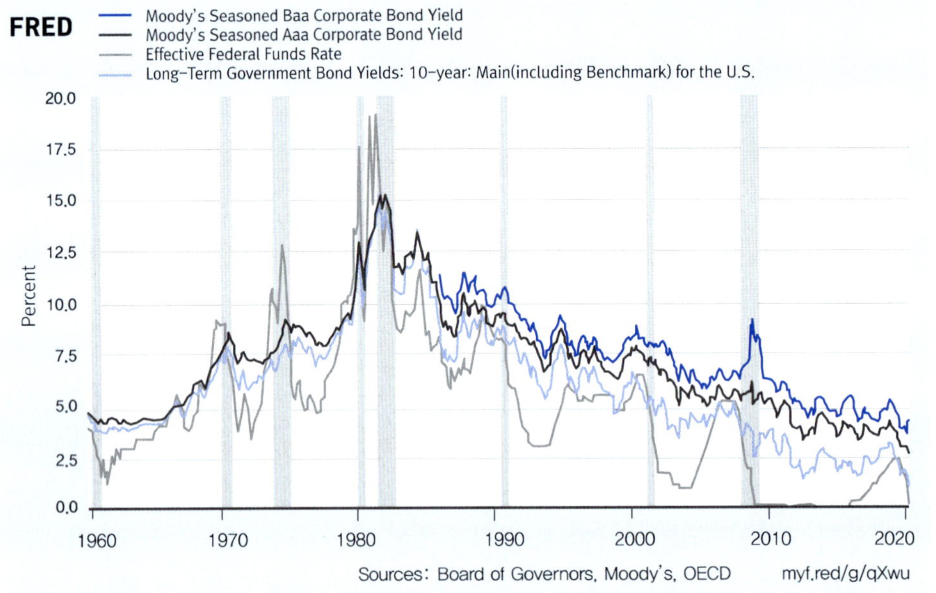

출처: Board of Governors of the Federal Reserve System, *Banking and Monetary Statistics, 1960-2020*, FRB of St. Louis FRED DB : https://fred.stlouisfed.org/series/DBAA#0

가능성이 크다. 과거에는 단기적으로 인플레이션이 심각한 상황에서 발생하였다.

③ 만기에 따라 수익률 곡선은 거의 항상 상향한다.

[그림 3-5]에는 시장이자율의 변동에 따른 기업의 채권, 채무에 미치는 영향을 나타내고 있다. 시장이자율의 상승은 이자수익과 만기 액면가가 고정된 채권을 매입한 투자자에겐 위험이 되며, 자금을 차입한 기업에 직접적인 위험으로 작용한다. 반대로 시장이자율의 하락은 이자수익과 만기 액면가가 고정된 채권을 매입한 투자자에겐 상대적으로 유리한 상황이 되며, 금융비용의 하락으로 차입기업의 경영성과가 개선될 수 있다.

정확한 시장이자율 전망에 기초하여 채권 · 채무 포트폴리오의 만기구성을 시장이자율 하락, 시장이자율 상승 및 불분명한 상황으로 나누어 전략을 수립할

그림 3-5 시장이자율 변동에 따른 차입포트폴리오 구성

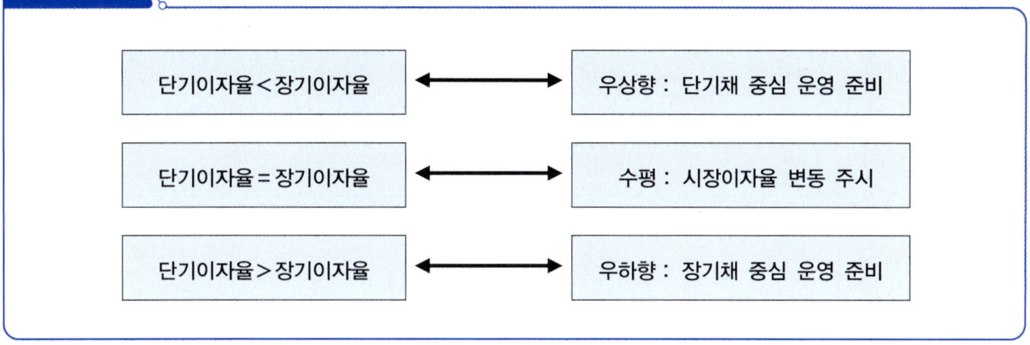

필요가 있다. 시장이자율 전망이 불투명할 경우 포트폴리오를 상승국면 진입 단계에서 단기채 중심으로, 하강국면 진입시 장기채 중심으로 변경시킬 수 있도록 대비하여야 한다. 이는 기업에서의 채권 · 채무관리에서 반드시 고려가 필요한 중요한 요소가 된다.

2.4 기간구조에 대한 이론

만기의 장단에 따라 채권수익률의 차이가 발생하는 원인에 대한 이론을 기대이론(expectation theory), 시장분할이론(market segmentation theory) 및 유동성 프리미엄이론(liquidity premium theory)으로 정리할 수 있다. 이러한 이론들은 채권시장에서의 세 가지 현상, 즉 ① 채권수익률의 병행 현상 ② 단기 시장수익률이 낮(높)을 때 장기적으로 우상(하)향 ③ 전체적으로 우상향 곡선 형태임을 설명할 수 있어야 한다.

① 기대이론

기대이론(expectation theory)은 장기채에 대한 현재 시장수익률, 즉 현물이자율(spot rate)이 시장의 미래 시점의 연도별 이자율, 즉 선도이자율(forward rate)에 대한 전망에 의해 결정된다는 이론이다. 시장에서의 선도이자율이 상승할 것으로 전망될 때, 수익률 곡선은 만기가 길어질수록 상향세를 보이고, 반대로 선도이자율이 장기적으로 하락할 것으로 기대될 때, 수익률 곡선은 만기가 길어질수록 하락세를 보인다.

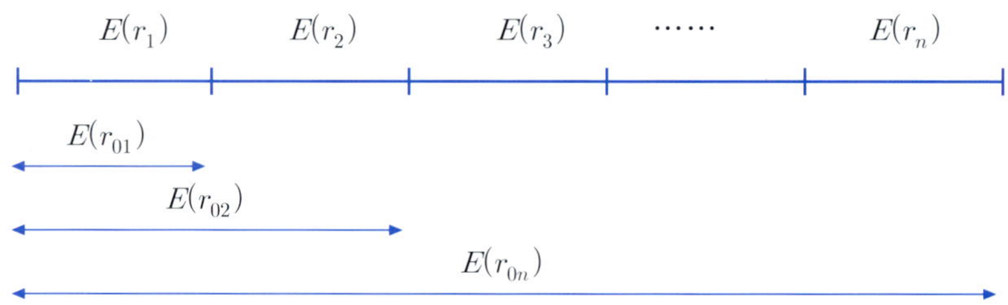

$$(1+r_{0n})^n = (1+r_1)(1+r_2)(1+r_3)\cdots(1+r_n) \tag{5}$$

$$r_{0n} = \sqrt[n]{(1+r_1)(1+r_2)\cdots(1+r_n)} - 1 \tag{6}$$

r_n: =n년 후 해당 연도의 선도이자율

r_{0n}: =만기가 n년인 채권의 현물이자율

예제 3-4

채권 매입 후 예상되는 연도별 선도이자율이 $r_1=5\%$, $r_2=6\%$, $r_3=7\%$, $r_4=8\%$, $r_5=9\%$로 추정된다. 채권의 만기기간별로 현물이자율을 계산하시오.

1년물: $r_{01} = \sqrt[1]{(1+5\%)} - 1 = 5\%$

2년물: $r_{02} = \sqrt[2]{(1+5\%)(1+6\%)} - 1 = 5.499\%$

GEOMEAN(1+5%,1+6%)−1=5.499% (Excel 이용)

3년물: $r_{03} = \sqrt[3]{(1+5\%)(1+6\%)(1+7\%)} - 1 = 5.997\%$

GEOMEAN(1+5%,1+6%,1+7%)−1=5.997%

4년물: $r_{04} = \sqrt[4]{(1+5\%)(1+6\%)(1+7\%)(1+8\%)} - 1 = 6.494\%$

GEOMEAN(1+5%,1+6%,1+7%,1+8%)−1=6.494%

5년물: $r_{05} = \sqrt[5]{(1+5\%)(1+6\%)(1+7\%)(1+8\%)(1+9\%)} - 1 = 6.789\%$

GEOMEAN(1+5%,1+6%,1+7%,1+8%,1+9%)−1=6.789%

그림 3-6 미래이자율 전망(기대이론)에 따른 채권수익률

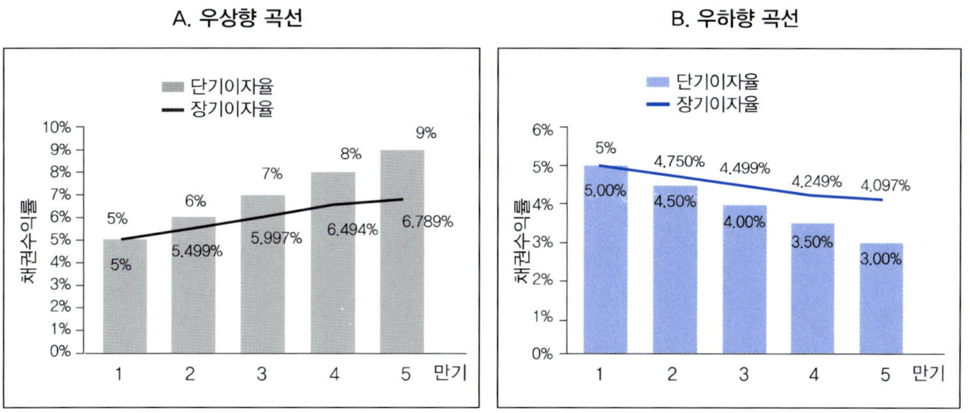

이러한 기대이론은 ① 채권수익률의 병행 현상 ② 단기 시장수익률이 낮(높)을 때 장기적으로 우상(하)향하는 현상은 잘 설명할 수 있지만 ③ 전체적으로 우상향 곡선 형태인 현상을 설명하지 못한다. [그림 3-6]에서는 이자율 전망에 따른 채권의 만기별 수익률을 제시하고 있다.

② 시장분할이론

시장분할이론(market segmentation theory)은 단기채 시장과 장기채 시장의 수요자와 공급자가 달라 서로 다른 시장이라는 이론이며, 각 시장마다 수요와 공급에 의하여 균형 시장이자율과 채권거래량이 결정되며, 결과적으로 만기에 따라 서로 다른 수준의 채권수익률이 결정된다는 이론이다.

이러한 시장분할이론은 ① 채권수익률의 병행 현상 ② 단기 시장수익률이 낮(높)을 때 장기적으로 우상(하)향하는 현상에 대하여 설명하지 못하지만, ③ 전체적으로 우상향 곡선 형태인 현상을 설명할 수 있다. [그림 3-7]에서는 시장별 균형에 채권시장별 수익률 구조를 나타내고 있다. 시장이 분할된 것으로 가정하기에 만기에 따른 균형의 연속성을 설명하기가 쉽지 않다.

그림 3-7 만기에 따른 채권시장별 채권수익률

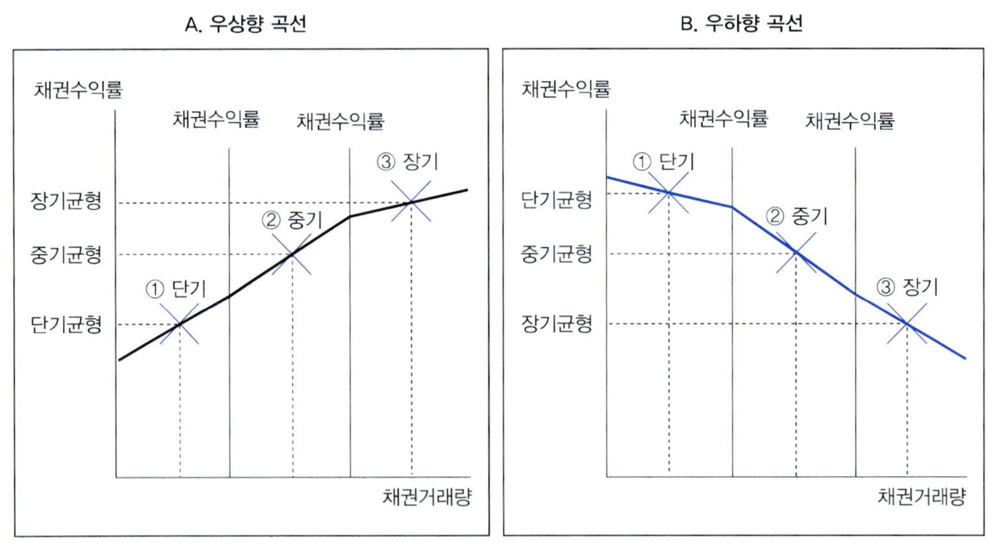

③ 유동성 프리미엄이론

유동성 프리미엄이론(liquidity premium theory)은 장기채일수록 다양한 관점에서 미래 현금흐름의 불확실성이 커지므로 투자자는 유동성 프리미엄을 요구하게 되어 장기채의 수익률이 단기채보다 높아진다는 이론이다. 투자자가 위험을 회피하고 단기 유동성을 선호하므로 단기채 시장에서 초과수요가 존재하는 반면, 주요 수요자인 기업은 장기차입을 원하므로 장기채의 초과공급이 존재하여 채권 만기가 길어질수록 유동성 프리미엄이 커진다는 주장이다.

이러한 유동성 프리미엄 이론은 앞서의 3가지 현상, 즉 ① 채권수익률의 병행현상 ② 단기 시장수익률이 낮(높)을 때 장기적으로 우상(하)향하는 현상 ③ 전체적으로 우상향 곡선 형태인 현상을 모두 설명할 수 있다. [그림 3-8]에서는 유동성 프리미엄의 존재를 가정한 후, 시장의 기대 이자율 등을 반영한 우상향, 우하향하는 채권 만기구조를 보여주고 있다.

그림 3-8 유동성 프리미엄에 의한 채권수익률

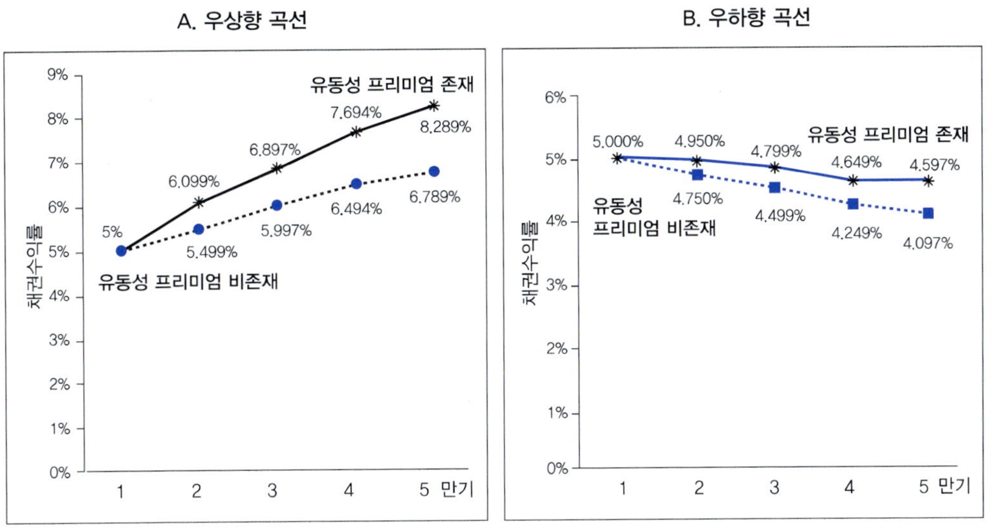

제 2 절 주식의 가치평가

1. 배당평가모형

주식의 배당평가모형(dividend model)은 주식으로부터의 배당현금흐름의 현재가치를 기준으로 주식의 가치를 평가하는 모형이다. 일반적으로 매기 말에 배당금(D: dividend)을 받고 언제든지 매도함으로써 현금유입이 발생한다. 장기적으로 배당금이 증가하게 되는데 이를 평가하는 모형을 고든의 배당성장모형(Gordon's dividend growth model)이라고 한다.

1.1 제로성장 배당모형

가장 간단한 모형으로 동일한 주당배당금(D: dividend per share)과 할인율을 적용한 제로성장 배당모형(zero growth dividend model)을 소개하면 다음과 같다.

P_0: 주식 매입가격

D: 배당금(D: dividend per share)

만일 영원히 동일 액수의 배당금(dividend) D를 받는다면

$$P_0 = \frac{D}{1+r} + \frac{D}{(1+r)^2} + \frac{D}{(1+r)^3} + \cdots + \frac{D}{(1+r)^\infty} \tag{7}$$

주식을 영원히 보유하는 대신 중간에 가격 P_t에 주식을 매도하게 되면 식 (7)은 다음과 같이 수정된다.

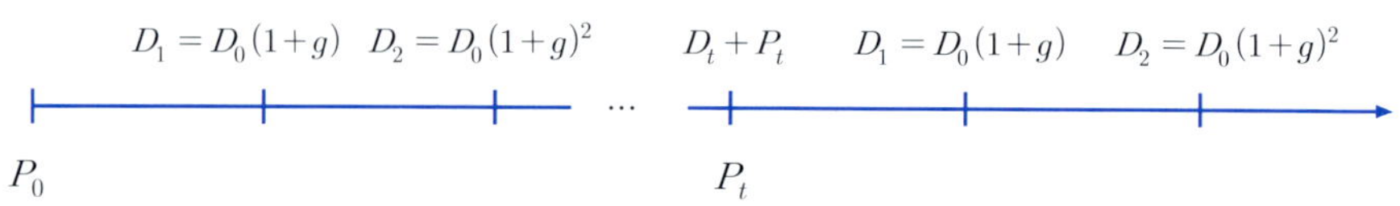

P_t: 주식 매도가격

$$P_0 = \frac{D}{1+r} + \frac{D}{(1+r)^2} + \cdots + \frac{D+P_t}{(1+r)^t} \tag{7-1}$$

이 경우에도 영원히 동일 액수의 배당금(dividend) D를 받는다면, 주식 매도가격(P_t)은 매입 이후 배당금을 통한 현금흐름의 현재가치가 된다. 즉,

$$P_t = \frac{D}{1+r} + \frac{D}{(1+r)^2} + \frac{D}{(1+r)^3} + \cdots + \frac{D}{(1+r)^\infty} \tag{7-2}$$

만일 영원히 동일 액수의 배당금(dividend) D를 받는다면, 중도에 매각하는 주식의 가치도 식 (7)로 평가됨을 알 수 있다.

한편, 식 (7)의 양변에 $(1+r)$을 곱한 뒤

$$P_0(1+r) = D + \frac{D}{1+r} + \frac{D}{(1+r)^2} + \frac{D}{(1+r)^3} + \cdots + \frac{D}{(1+r)^\infty} \tag{7-3}$$

식 (7-3)에서 식 (7)을 빼면 배당성장률이 0인 기업의 주가는 $P_0 = \frac{D}{r}$이 된다.

$$P_0(1+r) - P_0 = D$$

$$P_0 = \frac{D}{r} = D \times FVIFA(r, \infty) \tag{8}$$

우선주는 이러한 영구배당 모형의 특징을 지니기 때문에 위 식을 사용하여 가치평가를 하면 된다.

예제 3-5

매년 말 1,200원의 배당을 받는다면 이 기업의 적정 주가는? (자기자본비용 5% 가정)

$$P_0 = \frac{D}{r} = \frac{1,200}{5\%} = 24,000\text{원}$$

엑셀의 함수 기능의 기간에 엄청나게 큰 수를 대입하여 산출하면 다음과 같다.

PV(RATE,NPER,PMT,FV,TYPE) = PV(5%,9999, − 1200,0,0) = 24,000원

1.2 배당성장모형

매년 물가가 오르듯이 기업 규모나 주가도 성장하는 것이 일반적이다. 이런 경우 배당금은 주가의 일정 비율로 지급하는 경우가 많다. 이런 관계로 배당금이 매년 $g\%$ 성장한다고 가정하면 기업의 주식 평가가치는 배당금 수령액의 현재가치의 합이 된다. 물론 배당성장률이 0%인 경우도 문제가 되지 않는다.

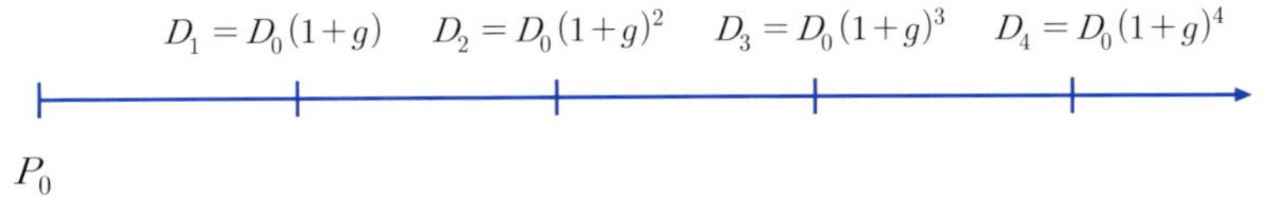

따라서 성장하는 배당흐름의 현재가치는

$$P_0 = \frac{D_0(1+g)}{1+r} + \frac{D_0(1+g)^2}{(1+r)^2} + \frac{D_0(1+g)^3}{(1+r)^3} + \cdots + \frac{D_0(1+g)^\infty}{(1+r)^\infty} \tag{9}$$

식 (9)의 양변에 $(1+r)/(1+g)$를 곱한 뒤

$$P_0\left(\frac{1+r}{1+g}\right) = D_0 + \frac{D_0(1+g)}{1+r} + \frac{D_0(1+g)^2}{(1+r)^2} + \frac{D_0(1+g)^3}{(1+r)^3} + \cdots + \frac{D_0(1+g)^\infty}{(1+r)^\infty} \tag{9-1}$$

식 (9-1)에서 식 (9)를 빼고 정리하면

$$P_0\left(\frac{1+r}{1+g}\right) - P_0 = D_0 \rightarrow P_0\left(\frac{1+r}{1+g} - 1\right) = D_0 \rightarrow P_0\left(\frac{1+r-1-g}{1+g}\right) = D_0$$

이에 따라, 영구적으로 일정한 배당률로 성장하는 기업의 주식 가치평가액은 다음과 같다.

$$P_0 = \frac{D_0(1+g)}{r-g} = \frac{D_1}{r-g} \tag{10}$$

예제 3-6

① 직전년도 배당금 1,200원인 기업의 적정 주가는? (할인율 5%, 성장률 3%인 가정)

$$P_0 = \frac{1,200(1+3\%)}{5\%-3\%} = \frac{1,236}{5\%-3\%} = 61,800\text{원}$$

② 위 경우, 첫해 말 지급 예상 배당금이 1,200원인 기업의 적정 주가는?

$$P_0 = \frac{D_1}{r-g} = \frac{1,200}{5\%-3\%} = 60,000\text{원}$$

1.3 다단계 배당성장모형

보다 일반적으로 일정 기간은 배당이 일정치 않다가 그 이후 기업의 배당정책이 안정화될 수 있다. 이런 경우 할인율이나 성장률 등을 기간에 따라 달리 적용할 수 있다. 간단한 예로 처음 몇 년간은 성장률이 일정하지 않고, 그 이후 배당금이 매년 $g\%$ 성장한다고 가정하면 기업의 주식 평가가치는 배당금 수령액의 현재가치의 합이 된다.

1) 불규칙 배당모형

다음 모형은 $t+1$년차부터 배당이 $g\%$씩 성장하는 모형을 평가하기로 하자. 첫해 배당은 D_1, 둘째 해 배당은 D_2, 그리고 t기 이후에는 $D_{t+1}=D_t(1+g)$, $D_{t+2}=D_t(1+g)^2$ $\cdots$ $D_\infty=D_t(1+g)^\infty$이 된다.

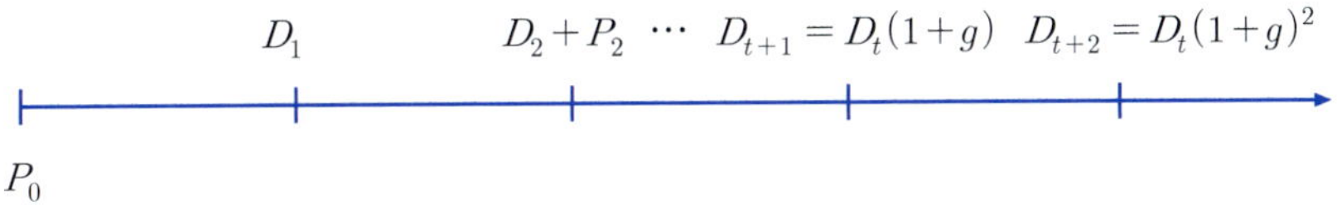

$$P_0=\frac{D_1}{1+r}+\frac{D_2}{(1+r)^2}+\cdots+\frac{D_t(1+g)}{(1+r)^t}+\frac{D_t(1+g)^2}{(1+r)^{t+1}}+\cdots \tag{11}$$

그런데 D_{t+1}부터의 배당금 현재가치는 제 t기 말에 매도할 주식의 평가가치, 즉 P_t가 된다.

$$P_t=\frac{D_t(1+g)}{r-g} \tag{11-1}$$

이를 식 (11)에 대입하면 식 (12)와 같다.

$$P_0=\frac{D_1}{1+r}+\frac{D_2}{(1+r)^2}+\cdots+\frac{D_t(1+g)}{(r-g)(1+r)^t} \tag{12}$$

2) 2단계 배당성장모형

또한 일정 시점(t)까지는 매년 g_1% 성장하고, 다음부터는 g_2% 성장하는 경우를 살펴볼 수 있다. 성장 1단계 및 성장 2단계의 현재가치를 각각 계산한다. 그런데 t년 이후 2단계 성장단계의 평가가치는 t시점에서 P_t가 된다. 이를 다시 t년간 할인함으로써 현재가치 P_0가 된다. 1단계와 2단계의 가치를 모두 합하여 주식가치를 계산한다. 이 경우 첫 번째 단계와 두 번째 단계에 서로 다른 성장률과 할인율을 적용하면 다음과 같다. 기업의 성장률이 다르므로 할인율도 다르다고 가정하는 것이 더욱 현실적이다.

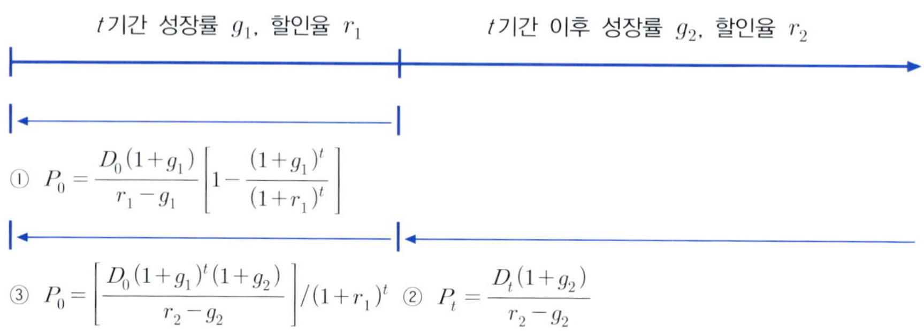

① 1단계: t기간 동안 성장률이 g_1%, 할인율이 r_1%라면, 이 배당금의 현재가치는

$$P_0 = \frac{D_0(1+g_1)}{(r_1-g_1)(1+r_1)^2}\left[1-\frac{(1+g_1)^t}{(1+r_1)^t}\right] \tag{13}$$

② 2단계: t기간 이후 성장률이 g_2%, 할인율이 r_2%라면, 이 배당금의 t시점에서의 현재가치는

$$P_t = \frac{D_0(1+g_1)^t(1+g_2)}{r_2-g_2} = \frac{D_t(1+g_2)}{r_2-g_2} \tag{14}$$

③ 3단계: 2단계 t시점에서의 주식가치를 현재가치로 다시 할인율 r_1%를 사용하여 다시 t기간 동안 할인하면 2단계 영구성장 부분의 주식가치는 식

(15)가 된다.

$$P_0 = \frac{D_0(1+g_1)^t(1+g_2)}{(r_2-g_2)(1+r_1)^t} = \frac{D_t(1+g_2)}{(r_2-g_2)(1+r_1)^t} \tag{15}$$

따라서, 이러한 2단계 성장모형의 주식가치는 ①+③, 즉 식 (16)이 된다.

$$P_0 = \frac{D_0(1+g_1)}{r_1-g_1}\left[1-\frac{(1+g_1)^t}{(1+r_1)^t}\right] + \frac{D_t(1+g_2)}{(r_2-g_2)(1+r_1)^t} \tag{16}$$

또는

$$P_0 = \frac{D_0(1+g_1)}{r_1-g_1}\left[1-\frac{(1+g_1)^t}{(1+r_1)^t}\right] + \frac{D_0(1+g_1)^t(1+g_2)}{(r_2-g_2)(1+r_1)^t} \tag{16-1}$$

예제 3-7

① 주식 매입 후 3년간 예상 배당금이 1,200원, 1,250원 및 1,300원을 지급하다가 그 이후 성장률 3%인 기업의 적정 주가는? (할인율 5% 가정)

$$P_0 = \frac{1,200}{1+5\%} + \frac{1,250}{(1+5\%)^2} + \frac{1,300}{(1+5\%)^3} + \frac{1,300(1+3\%)}{(5\%-3\%)(1+5\%)^3} = 61,234\text{원}$$

② 지난해 지급 배당금이 1,200원이 처음 5년간은 2%씩 성장(할인율 5%)하다가 이후부터 3%씩 성장(할인율 6%)하는 기업의 적정 주가는?

$$P_0 = \frac{1,200(1+2\%)}{5\%-2\%}\left[1-\frac{(1+g_1)^t}{(1+5\%)^5}\right] + \frac{1,200(1+2\%)^5(1+3\%)}{(6\%-3\%)(1+5\%)^5} = 223,078\text{원}$$

2. 성장률과 요구수익률

2.1 배당성장률의 계산

배당성장률(dividend growth rate)은 기업의 재무정보에 의하여 산출할 수도 있다. 배당성장률은 크게 2가지 방법으로 추정할 수 있다. 첫 번째는 기업의 재투자수익률과 내부유보율을 이용하는 방법이고, 두 번째는 과거 배당금을 이용한 성장률의 평균을 적용하는 방법이다. 두 번째 방법은 간편한 장점이 있기는 하지만 실무적으로 적당하지 않은 경우가 있다. 배당금을 아예 지급하지 않거나 아주 형식적인 수준으로 지급하는 우리나라의 경우, 배당 자료를 이용하여 성장률을 추정하는 것은 바람직하지 않은 결과를 얻을 수가 있다. 이런 경우 첫 번째 방식을 이용하는 것이 더욱 바람직하다.

만일 기업의 재투자수익률(ROE: return on equity)이 *R*이라면, 기업의 전체적인 이익이나 주당순이익(EPS: earnings per share)도 *R*만큼 증가하게 될 것이다. 기업의 배당성향(DPR: dividend payout ratio $=1-f$)이나 내부유보율(retention ratio, f)은 대부분 일정기간 정해진다. 이런 경우 기업의 배당성장률은 다음과 같이 계산된다.

당기 DPS = 전기 DPS + DPS 증가액
= 전기 DPS + 재투자수익률 × 수익률 유보액
= 전기 DPS + 재투자수익률(*R*: ROE) × 내부유보율(f) × 전기 DPS

이를 정리하면

$$DPS_1 = (1+g)DPS_0 = (1+fR)DPS_0 \tag{17}$$

g: 배당성장률; 내부유보율 f = (1 − 배당성향); *R*: 재투자수익률(ROE)

결과적으로 기업의 배당성장률은 다음과 같이 요약된다.

$$\text{배당성장률: } g = fR \tag{18}$$

배당성장률을 주식가치 평가에 적용하기 위하여 다음의 공식들을 적용한다.

$$\text{기하평균 성장률(이론적): } g = \sqrt[n]{(1+g_1)(1+g_2)\cdots(1+g_n)} - 1 \quad (18\text{-}1)$$

$$\text{산술평균 성장률(실무적): } g = \frac{g_1 + g_2 + \cdots + g_n}{n} \quad (18\text{-}2)$$

이에 따라 배당성장모형 식 (10)은 다음 식 (10-1)과 같이 수정할 수 있다.

$$\text{배당성장모형: } P_0 = \frac{D_0(1+fR)}{r-fR} \quad (10\text{-}1)$$

예제 3-8

① 지난 3년간 1,200원, 1,250원, 1,300원을 배당한 기업이 있다. 이 기업의 과거 자료를 이용하여 배당의 평균성장률을 구하시오.

$g_1 = (1,250 - 1,200)/1,200 = 4.167\%$, $g_2 = (1,300 - 1,250)/1,250 = 4.000\%$

산술평균 성장률 $= (4.167\% + 4\%)/2 = 4.08333\%$

기하평균 성장률 $= \sqrt[2]{(1+g_1)(1+g_2)} - 1$

$= \sqrt[2]{(1+4.167\%)(1+4\%)} - 1 = 4.08330\%$

GEOMEAN(1 + 4.167%, 1 + 4%) − 1 = 4.08330%

② 재투자수익률 목표 12%, 내부유보율 40%를 기준으로 이 기업의 배당성장률을 구하시오.

$g = fR = (40\%)(12\%) = 4.80\%$

③ 전기 배당금 1,300원을 기준으로, 향후 성장률 4.8%인 기업의 적정 주가는? (할인율 5%)

$$P_0 = \frac{1,300(1+4.8\%)}{5\% - 4.8\%} = 681,200\text{원}$$

2.2 요구수익률 또는 자기자본비용의 계산

기업의 많은 정보가 대부분 알려져 있거나 쉽게 구할 수 있다. 반면, 투자에서의 현재가치를 산출하는 과정에서 적용하는 할인율은 산출하기가 쉽지 않다. 이때 적용하는 할인율은 투자자가 요구하는 최소수익률인데 이를 요구수익률이라고 하며, 통상적으로 RRR(required rate of return)이라고 약칭한다. 기업의 주주가 주식으로부터 바라는 최소수익률은 결과적으로 기업이 주주에게 보상해 줄 자기자본비용(cost of equity capital)이 된다. 배당성장모형에 따른 주식의 평가가치는 식 $P_0 = \frac{D_1}{r-g}$에 의하여 정의된다. 이 식을 할인율 r에 대하여 풀면, 기업의 자기자본비용(R_E)을 구할 수 있다.

$$r = R_E = \frac{D_1}{P_0} + g = \text{배당수익률} + \text{배당성장률} \tag{19}$$

r: 요구수익률(RRR: required rate of return) D: 주당배당금
P: 주식 매입가격 g: 배당성장률

참고로 주주들 관점에서 요구수익률인 자기자본비용을 아래의 자본자산가격결정모형(CAPM)의 증권시장선(SML)을 이용하여 구하기도 한다. 이 부분은 제8장 자본비용 부분에서 상세히 설명하기로 한다.

$$R_E = E(R_i) = r_f + [E(r_m) - r_f]\beta_i \tag{20}$$

예제 3-9

① 지난 3년간 배당성장률이 4.8%인 기업이 있다. 연초에 25,000원을 주고 주식을 샀으며, 연말 배당금이 1,300원이 예상된다면, 이 기업의 자기자본비용(R_E)은 얼마인가?

$$r = R_E = \frac{D_1}{P_0} + g = \frac{1{,}300}{25{,}000} + 4.8\% = 5.2\% + 4.8\% = 10\%$$

② 배당성장률이 6%로 예상된다면 이 기업의 1년 후 주식가치를 평가하시오. (할인율 10%)

$$P_1 = \frac{1,300}{10\% - 6\%} = 32,500원$$

③ 이 기업에 대한 1년간의 투자수익률을 구하고, 수익률을 배당수익률과 자본이득률로 구분하여 산출하시오. (할인율 10%)

$$r = R_E = \frac{D_1}{P_0} + \frac{P_1 - P_0}{P_0} = \frac{1,300}{25,000} + \frac{32,500 - 25,000}{25,000}$$

$$= 5.2\% + 30.0\% = 35.2\%$$

(배당수익률) + (자본이득률)

투자수익률의 대부분이 자본이득(capital gains)에서 발생하는데, 과거 배당성장률 4.8%보다 높아진 6%의 배당성장률에 기인한다고 볼 수 있다.

3. 이익평가 모형

기업의 본질적 가치는 이익의 창출 역량이라고 볼 수 있다. 배당모형은 배당금 이외의 현금흐름이 존재하거나 배당금을 지급하지 않는 등 배당이 주주에게로의 현금흐름을 잘 설명하지 못하는 경우 한계가 존재한다. 기업의 주당이익이 모두 주주에게 귀속된다면 배당모형을 적용하면 된다. 그렇지 아니한 경우 주당순이익(EPS: earnings per share)을 적용할 수 있다.

주식가치를 이익의 성장기회(growth opportunity)에 따라 ① 무성장(NGO: no growth opportunity) 이익의 경우와 ② 성장기회(GO: growth opportunity) 이익의 경우로 나누어, 순현재가치(NPV: net present value)를 산출한다. 이에 따라 무성장 이익의 순현재가치(NPVNGO: NPV of no growth opportunity)와 성장기회 이익의 순현재가치(NPVGO: NPV of growth opportunity)라고 정의한다.

1) 무성장 이익의 현재가치: NPVNGO

$$P_0 = NPVNGO = \frac{E}{1+r} + \frac{E}{(1+r)^2} + \frac{E}{(1+r)^3} + \cdots = \frac{E}{r} \quad (21)$$

* NPVNGO: 무성장 이익의 순현재가치(NPV of no growth opportunity)

2) 성장기회 이익의 순현재가치: NPVGO

$$P_0 = NPVNGO + NPVGO \tag{22}$$

$$NPVGO = \frac{NPV_1}{1+r} + \frac{NPV_1(1+g)}{(1+r)^2} + \frac{NPV_1(1+g)^2}{(1+r)^3} + \cdots$$

$$= \frac{NPV_1}{r-g} \tag{23}$$

* NPVGO: 성장기회 이익의 순현재가치(NPV of growth opportunity)

여기서 투자로부터의 현금유입액은 무한한 fRE_1의 합계액 $\sum_{t=1}^{INF} \frac{fRE_1}{(1+r)^t} = \frac{fRE_1}{r}$ 이며 투자액은 fE_1이다. 이를 정리하면

$$NPV_1 = \sum_{t=1}^{INF} \frac{fRE_1}{(1+r)^t} - fE_1 = \frac{fRE_1}{r} - fE_1 = \frac{fE_1}{r}(R-r) \tag{24}$$

식 (24)를 식 (23)에 대입하면

$$NPV(GO) = \frac{NPV_1}{r-g} = \frac{1}{r-g} \times \frac{fE_1(R-r)}{r} = \frac{E_1}{r}\left[\frac{f(R-r)}{r-g}\right] \tag{25}$$

내부성장률 $g = fR$이고 식 (22)는 식 (21)과 식 (25)의 합이므로 성장기회를 가진 주식가치는 무성장 기업의 현재가치와 성장기회의 현재가치의 합으로 구성된다.

$$P_0 = \frac{E_1}{r} + \frac{NPV_1}{r-g} = \frac{E_1}{r} + \frac{E_1}{r}\left[\frac{f(R-r)}{r-g}\right] \tag{26}$$

E_1: 1기말 주당순이익(EPS) R: 재투자수익률(ROE)
r: 요구수익률(자기자본비용) f: 내부유보율 ($f = 1 -$ 배당성향)
g: 배당성장률($g = fR$)

예제 3-10

① 기업의 주당순이익이 연간 1,500원인 기업의 할인율이 5%인 기업의 주식가치는?

$$P_0 = \frac{E}{r} = \frac{1,500}{5\%} = 30,000\text{원}$$

② 이 기업의 재투자수익률(ROE)이 12%이고 내부유보율 40%인 경우, 기업의 이익성장률은?

$$g = fR = 40\% \times 12\% = 4.8\%$$

③ 이 기업의 주식가치는?

$$P_0 = \frac{E_1}{r} + \frac{E_1}{r}\left[\frac{f(R-r)}{r-fR}\right] = \frac{1,500}{5\%} + \frac{1,500}{5\%}\left[\frac{40\%(12\%-5\%)}{5\%-40\%(12\%)}\right] = 450,000\text{원}$$

$= 30,000$원(무성장 기업의 가치) $+ 420,000$원(성장기회의 가치)

제 3 절 시장비율에 의한 주식평가

지금까지 기업의 주가를 배당금이나 주당순이익 등 미래현금흐름의 현재가치를 기준으로 평가하는 방법을 적용하였다. 그러나 실제 배당금이나 기업의 주당순이익은 회계적 정보를 이용하는 측면이나 재무정책적으로 기업 간에 상당한 차이를 보이는 경우가 있어서 기업의 실제 가치를 평가하는 데 많은 한계가 있다. 이러한 경우, 기업의 주가나 PER, PBR 등 시장비율을 이용하는 상대적 평가방법을 적용할 수 있다. 이러한 평가방법은 다음과 같은 장점이 있다.

① 대부분 자료는 이미 알려진 과거 자료이기 때문에 획득이 용이하다.
② 주가정보를 사용하여 주가를 추정하기 때문에 관련성이 높고 이해가 쉽다.
③ 유사기업들과 비교하여 대상 기업의 객관적 가치를 추정하기 때문에 투자자 관점에서 활용하기에 용이하다.

그러나 이 방법은 다음과 같은 단점이 있다.

① 비율 산출은 의미가 있으나, 비율을 통한 추정처럼 주당순이익이나 주당장부가에 비례하여 주가가 증가하지 않을 수 있다.

② 과거 정보와 다른 기업의 미래 상황변화를 반영하기 어렵다.

③ 단순한 비율 비교이기 때문에 실제 주가에 미치는 영향 변수에 대한 검토가 불가능하다.

1. 주가수익비율

주가수익비율(PER: price-to-earnings ratio, P/E ratio)은 기준시점 주가를 주당순이익(EPS: earnings per share)으로 나눈 비율로서 주가가 주당순이익의 몇 배 수준인가를 나타내며, 이익 승수(earnings multiplier)라고도 한다.

$$PER_0 = \frac{\text{주가}(P_0)}{\text{주당순이익}(EPS_0)}$$

PER와 추정 EPS를 알게 되면 적정 주가를 추정할 수 있다.

$$P_1 = EPS_1 \times PER_0 \tag{27}$$

이처럼 주가수익비율은 산업 내 평균이나 벤치마킹 기업과 비교되기도 하지만 동일 기업의 주당순이익 변화로 인한 2××0년 이후 적정 주가 수준을 추정할 수 있다. 동일한 주당순이익을 기록하고 있더라도 기업 간 차이가 나는 이유는 이익의 질(quality in earnings)이 다르기 때문이며, 미래 성장률과 자본비용 차이, 적용하는 회계기준이나 기업경영의 효율성 등에서 차이가 원인이 될 수 있다.

예제 3-11

2××9년도 말 K자동차의 경우 PER가 9.83(배)이다. 주식가격은 44,300원, 주당순이익이 4,506원이었다. 2××0년도 이 회사의 예상 주당순이익이 5,000원이라면 주가수익비율 기준으로 연도 말 주가 예상치는 얼마인가?

$$P_1 = EPS_1 \times PER_0 = 5{,}000\text{원} \times 9.83\text{배} = 49{,}150\text{원}$$

2. 주가장부가비율 및 시가장부가비율

주가장부가비율(PBR: price-to-book ratio, P/B ratio)은 기준시점 주가를 주당장부가(BPS: book value per share)로 나눈 비율로서 주가가 주당순이익의 몇 배 수준인가를 나타낸다. 총액기준 시가장부가비율(MBR: market-to-book ratio, M/B 비율)은 주식당 주가장부가비율(PBR)과 동일한 의미이다.

$$PBR_0 = \frac{\text{주가}(P_0)}{\text{주당장부가}(BPS_0)}$$

이에 따라 PBR과 추정 BPS를 알게 되면 주가 추정이 가능하다.

$$P_1 = BPS_1 \times PBR_0 \tag{28}$$

주가장부가비율도 산업 내 평균이나 벤치마킹 기업과 비교되기도 하지만 동일기업의 주당장부가 변화로 인한 2××0년 이후 적정 주가 수준을 전망할 수 있다. 동일한 주당장부가라도 기업 간 차이가 나는 이유는 자산의 노후화, 이용도 및 운용 효율성 등에 차이가 발생하기 때문이다.

예제 3-12

2××9년도 말 K자동차의 경우 PBR이 0.61(배)이다. 주식가격은 44,300원, 주당장부가가 72,277원이었다. 2××0년도 이 회사의 예상 주당장부가가 80,000원이라면 주가장부가비율 기준으로 연도 말 주가 예상치는 얼마인가?

$$P_1 = BPS_1 \times PBR_0 = 80{,}000\text{원} \times 0.61\text{배} = 48{,}800\text{원}$$

3. 주가현금흐름비율

주가현금흐름비율(PCR: price-to-cash flow ratio, P/C ratio)은 주가를 주당영업현금흐름(CPS: cash flow per share)으로 나눈 비율이다.

$$PCR_0 = \frac{\text{주가}(P_0)}{\text{주당영업현금흐름}(CPS_0)}$$

이에 따라 PCR을 알고 있는 상황에서 추정 CPS를 알 수 있으면, 주가를 추정할 수 있다.

$$P_1 = CPS_1 \times PCR_0 \tag{29}$$

주가현금흐름비율도 산업 내 평균이나 벤치마킹 기업과 비교되기도 하지만 동일 기업의 주당영업현금흐름의 변화로 인한 2××0년 이후 적정 주가 수준을 전망할 수 있다. 동일한 주당영업현금흐름이라도 기업 간 주가현금흐름비율에 차이가 나는 이유는 제품의 장기 시장경쟁력, 시장 성장전망 및 영업 효율성 등 현금창출능력에 차이가 발생하기 때문이다.

예제 3-13

2××9년도 말 K자동차의 경우 PCR이 4.97(배)이다. 주식가격은 44,300원, 주당현금흐름이 8,907원이었다. 2××0년도 이 회사의 예상 주당현금흐름이 10,000원이라면 주가현금흐름비율 기준으로 연도 말 주가 예상치는 얼마인가?

$$P_1 = CPS_1 \times PCR_0 = 10{,}000\text{원} \times 4.97\text{배} = 49{,}700\text{원}$$

핵심정리

1. 채권의 가치평가

• 할인채 : $B_0 = \dfrac{F}{(1+r)^t} = \mathrm{F} \times \mathrm{PVIF}$

• 이표채 : $B_0 = \sum_{1}^{t} \dfrac{C_t + F_t}{(1+r)^t} = \dfrac{C}{1+r} + \dfrac{C}{(1+r)^2} + \dfrac{C}{(1+r)^3} + \cdots + \dfrac{C+F}{(1+r)^t}$

$$= \frac{C}{r}\left[1 - \frac{1}{(1+r)^t}\right] + \frac{F}{(1+r)^t} = C \times PVIFA(r,\ t) + F \times PVIF(r,\ t)$$

2. 채권의 수익률

• 표면이자율(coupon rate) $= \dfrac{\text{연간 이자}}{\text{액면가}} \times 100\%$

• 채권수익률(YTM: yield to maturity) = 경상수익률 + 자본이득률

$$B_0 = \sum_{1}^{t} \frac{C_t + F_t}{(1+YTM)^t} = \frac{C}{1+YTM} + \frac{C}{(1+YTM)^2} + \cdots + \frac{C+F}{(1+YTM)^t}$$

– 경상수익률(current yield) $= \dfrac{\text{연간 이자}}{\text{매입가격}} \times 100\%$

– 자본이득률(capital gains yield) = 채권수익률(YTM) – 경상수익률

3. 이자율과 채권가격 간 관계 정리

• 표면이자율 < 시장이자율 ⇔ 액면가격 > 채권가격 (할인채권)

• 표면이자율 = 시장이자율 ⇔ 액면가격 = 채권가격 (액면가채권)

• 표면이자율 > 시장이자율 ⇔ 액면가격 < 채권가격 (할증채권)

4. 채권의 만기구조

• 만기구조(수익률곡선) : 만기와 채권의 채권수익률 간의 관계

– 우상향(일반적) : 단기 시장이자율이 낮고 장기는 높아지는 현상

– 우하향(가끔) : 단기 시장이자율이 높아 장기적으로 점차 낮아지는 현상

5. 기간구조에 대한 이론

- 기대이론 : 매 기간 이자율 전망에 따라 장기 이자율이 변동함
- 시장분할이론 : 단기, 장기 등 시장의 균형에 의하여 만기별 이자율이 결정됨
- 유동성 프리미엄이론 : 단기 유동성 선호에 따라 장기 채권에 대하여 프리미엄 존재

6. 배당성장 주식평가

- 제로성장 배당모형 : $P_0 = \dfrac{D}{r}$
- 배당성장모형 : $P_0 = \dfrac{D_0(1+g)}{r-g} = \dfrac{D_1}{r-g}$
- 2단계 배당성장모형 : $P_0 = \dfrac{D_0(1+g_1)}{r_1-g_1}\left[1-\dfrac{(1+g_1)^t}{(1+r_1)^t}\right] + \dfrac{D_0(1+g_1)^t(1+g_2)}{(r_2-g_2)(1+r_1)^t}$

7. 배당성장률 계산

- 배당성장률 : $g = fR$ (f: 내부유보율, R: 재투자수익률)
- 기하평균 성장률(이론적) : $g = \sqrt[n]{(1+g_1)(1+g_2)\cdots(1+g_n)} - 1$
- 산술평균 성장률(실무적) : $g = \dfrac{g_1+g_2+\cdots+g_n}{n}$
- 배당성장모형 : $P_0 = \dfrac{D_0(1+fR)}{r-fR}$

8. 할인율 또는 자기자본비용 계산

- 배당성장모형 이용 : $r = R_E = \dfrac{D_1}{P_0} + g$ = 배당수익률 + 배당성장률
- 증권시장선(SML) : 자본자산 $R_E = E(R_i) = r_f + [E(r_m) - r_f]\beta_i$

9. 이익성장 가치평가

- 이익 무성장 주식 : $P_0 = \dfrac{E}{r}$
- 이익 성장 주식 : $P_0 = \dfrac{E_1}{r} + \dfrac{NPV_1}{r-g} = \dfrac{E_1}{r} + \dfrac{E_1}{r}\left[\dfrac{g-fr}{r-g}\right]$

f: 내부유보율 R: 재투자수익률 $g = fR$

10. 시장비율에 의한 평가

- 주가수익비율 : $PER_0 = \frac{주가(P_0)}{주당순이익(EPS_0)} \rightarrow P_1 = EPS_1 \times PER_0$

- 주가장부가비율 : $PBR_0 = \frac{주가(P_0)}{주당장부가(BPS_0)} \rightarrow P_1 = BPS_1 \times PBR_0$

- 주가현금흐름비율 : $PCR_0 = \frac{주가(P_0)}{주당영업현금흐름(CPS_0)} \rightarrow P_1 = CPS_1 \times PCR_0$

연습문제

1. 핵심용어

다음의 용어를 요약하여 설명하시오.

- 액면가
- 순수할인채권
- 할인채
- 이표
- 이표채
- 표면이자율
- 채권수익률
- 타인자본비용
- 할증채권
- 액면가채권
- 경상수익률
- 자본이득률
- 기간구조
- 수익률 곡선
- 스프레드
- 현물이자율
- 선도이자율
- 기대이론
- 시장분할이론
- 유동성 프리미엄이론
- 배당평가모형
- 주당배당금
- 제로성장 배당모형
- 배당성장모형
- 다단계 배당성장모형
- 배당성장률
- 내부유보율
- 재투자수익률
- 자기자본비용
- 요구수익률
- 배당성향
- 주가수익비율
- 이익평가모형
- 무성장 이익
- 성장기회 이익 순현재가치
- 주당순이익
- 주가장부가비율
- 주당장부가
- 주가현금흐름비율
- 주당영업현금흐름

2. 채권가격의 평가

액면가 100만원, 만기가 5년인 채권의 가격을 구하시오.

① 순수할인채: 이표가 없으며, 시장이자율이 4%인 경우

② 이표채: 연 1회 지급하는 표면이자율이 3%이고, 시장이자율이 3%인 경우

③ 시장이자율의 상승: 연 1회 지급하는 표면이자율이 3%이고, 시장이자율이 4%인 경우

④ 분기 1회 지급하는 표면이자율이 3%이고, 시장이자율이 4%인 경우

3. 채권수익률 계산

① 순수할인채 만기수익률: 5년 만기 액면가 1,000,000원인 순수할인채의 수익률을 구하시오.

② 이표채의 수익률: 매입가격이 923,500원이고 연 1회 이자 지급하는 연 5% 이표채의 경상수익률과 만기수익률을 구하시오.

③ 이표채 투자수익률: 위 채권을 3년 후 채권가격 957,000원을 받고 매각한 경우, 이 채권의 투자수익률을 구하시오.

④ 분기별 이표채 투자수익률: 위 채권이 분기별 이표채라면 2년 3개월 후 965,000원에 매각하였을 때 채권의 투자수익률을 구하시오.

4. 현물이자율과 선도이자율

채권 매입 후 예상되는 연도별 선도이자율이 $r_1=2.50\%$, $r_2=2.80\%$, $r_3=3.20\%$, $r_4=3.50\%$로 추정된다. 만기 4년의 현물이자율을 계산하시오.

5. 배당모형

① 제로성장: 매년 2,000원의 주당배당금을 받는다면 이 기업의 적정 주가는? (자기자본비용 4% 가정)

② 배당성장: 직전년도 주당배당금이 2,000원인 경우 주가는? (할인율 5%, 성장률 4%인 가정)

③ 불규칙 배당성장: 주식 매입 후 3년간 예상 배당금이 2,000원, 2,050원 및 2,100원을 지급하다가 그 이후 성장률 4%인 기업의 적정 주가는? (할인율 5% 가정)

④ 2단계 배당성장: 지난해 지급 배당금이 2,000원이 처음 4년간은 3%씩 성장(할인율 5%)하다가 이후부터 4%씩 성장(할인율 7%)하는 기업의 적정 주가는?

6. 배당성장률

① 평균 성장률 계산(과거 자료 활용): 지난 3년간 주당 1,800원, 1,900원, 2,100원을 배당한 기업이 있다. 이 기업의 과거 자료에 의한 배당의 산술 및 기하평균 성장률을 구하시오.

② 평균 성장률 계산(내부유보율 및 재투자수익률 활용): 재투자수익률 목표 12.0%, 내부유보율 70%를 기준으로 이 기업의 배당성장률을 구하시오.

③ 성장률과 주가: 전기 주당배당금 2,100원을 기준으로, 향후 성장률 8.4%인 기업의 적정 주가는? (할인율 10%)

7. 자기자본비용

① 자기자본비용 : 지난 3년간 배당성장률이 6.8%인 기업이 있다. 연초에 50,000원을 주고 주식을 샀으며, 연말 배당금이 2,100원이 예상된다면, 자기자본비용(R_E)은 얼마인가?

② 배당성장률과 주식가치 : 배당성장률이 6%로 예상된다면 이 기업의 1년 후 주식가치를 평가하시오. (할인율 10%)

③ 배당수익률과 자본이득률 : 이 기업에 대한 1년간의 예상 투자수익률을 구하고, 배당수익률과 자본이득률로 구분하시오.

8. 이익성장 모형

① 무성장 기업의 가치 : 기업의 주당순이익이 연간 2,500원인 기업의 할인율이 10%인 기업의 주식가치는?

② 내부성장률 : 이 기업의 재투자수익률(ROE)이 12%이고 내부유보율 70%인 경우, 기업의 이익성장률은?

③ 이익성장 기회의 가치 : 이익 성장을 하는 기업의 주식가치는?

9. 시장비율 평가

2××9년도 말 S자동차의 경우, 주식가격은 64,300원, 주당순이익(EPS), 주당장부가(BPS) 및 주당현금흐름(CPS)이 각각 3,300원, 82,000원 및 5,500원이었다. 2××0년도 이 회사의 예상 주당순이익, 주당장부가 및 주당현금흐름 기준으로 주가대비 비율(PER: 주가수익비율, PBR: 주가장부가비율 및 PCR: 주가현금흐름비율)을 산출(소수점 2자리 반올림)하고, 이를 토대로 연도 말 주가를 추정하시오.

구 분	전기 성과	전기 주가	시장비율	당기 성과	주가 전망	참고
주당이익	3,300	64,300		4,000		EPS
주당장부가	82,000	64,300		92,000		BPS
주당현금흐름	5,500	64,300		5,900		CPS

해 답

1. (생략)

2. 채권가격의 평가

① 순수할인채

$$B_0 = \frac{1,000,000}{(1+4\%)^5} = 821,927\text{원}$$

PV(RATE,NPER,PMT,FV,TYPE) = PV(4%,5,0, − 1000000,0) = 821,927원

② 이표채

$$B_0 = \frac{30,000}{1+3\%} + \frac{30,000}{(1+3\%)^2} + \cdots + \frac{30,000+1,000,000}{(1+3\%)^5} = 1,000,000\text{원}$$

$$B_0 = \frac{30,000}{3\%}\left[1 - \frac{1}{(1+3\%)^5}\right] + \frac{1,000,000}{(1+3\%)^5} = 1,000,000\text{원}$$

PV(RATE,NPER,PMT,FV,TYPE) = PV(3%,5, − 30000, − 1000000,0) = 1,000,000원

③ 시장이자율 상승

$$B_0 = \frac{30,000}{1+4\%} + \frac{30,000}{(1+4\%)^2} + \cdots + \frac{30,000+1,000,000}{(1+4\%)^5} = 955,482\text{원}$$

$$B_0 = \frac{30,000}{4\%}\left[1 - \frac{1}{(1+4\%)^5}\right] + \frac{1,000,000}{(1+4\%)^5} = 955,482\text{원}$$

PV(RATE,NPER,PMT,FV,TYPE) = PV(4%,5, − 30000, − 1000000,0) = 955,482원

④ 분기별 이자지급

$$B_0 = \frac{7,500}{1+1\%} + \frac{7,500}{(1+1\%)^2} + \cdots + \frac{7,500+1,000,000}{(1+1\%)^{20}} = 956,240\text{원}$$

$$B_0 = \frac{7,500}{1\%}\left[1 - \frac{1}{(1+1\%)^{20}}\right] + \frac{1,000,000}{(1+1\%)^{20}} = 956,240\text{원}$$

PV(RATE,NPER,PMT,FV,TYPE) = PV(1%,20, − 7500, − 1000000,0) = 956,240원

3. 채권수익률 계산

① 순수할인채 만기수익률

$$923,500 = \frac{1,000,000}{(1+YTM)^5};\ \text{YTM} = 1.60\%$$

RATE(NPER,PMT,PV,FV,TYPE) = RATE(5,0, − 923500,1000000,0) = 1.60%

② 이표채의 수익률

경상수익률 = 50,000/923,500 = 5.41%

$$923{,}500 = \frac{50{,}000}{1+YTM} + \frac{50{,}000}{(1+YTM)^2} + \cdots + \frac{50{,}000 + 1{,}000{,}000}{(1+YTM)^5};\ \text{YTM} = 6.86\%$$

RATE(NPER,PMT,PV,FV,TYPE) = RATE(5,50000, −923500,1000000,0) = 6.86%

③ 이표채 투자수익률

$$923{,}500 = \frac{50{,}000}{1+YTM} + \frac{50{,}000}{(1+YTM)^2} + \frac{50{,}000 + 957{,}000}{(1+YTM)^3};\ \text{YTM} = 6.55\%$$

RATE(NPER,PMT,PV,FV,TYPE) = RATE(3,50000, −923500,957000,0) = 6.55%

④ 분기별 이표채 투자수익률

$$923{,}500 = \frac{12{,}500}{1+YTM} + \frac{12{,}500}{(1+YTM)^2} + \cdots + \frac{12{,}500 + 965{,}000}{(1+YTM)^9};\ \text{YTM} = 3.31\%$$

RATE(NPER,PMT,PV,FV,TYPE) = RATE(9,12500, −923500,965000,0) = 3.31%

4. 현물이자율과 선도이자율

4년물: $r_{04} = \sqrt[4]{(1+2.5\%)(1+2.8\%)(1+3.2\%)(1+3.5\%)} - 1 = 3.00\%$

GEOMEAN(1 + 2.5%,1 + 2.8%,1 + 3.2%,1 + 3.5%) − 1 = 3.00%

5. 배당모형

① 제로성장

$$P_0 = \frac{D}{r} = \frac{2{,}000}{4\%} = 50{,}000\text{원}$$

PV(RATE,NPER,PMT,FV,TYPE) = PV(4%,9999, −2000,0,0) = 50,000원

② 배당성장

$$P_0 = \frac{2{,}000(1+4\%)}{5\%-4\%} = \frac{2{,}080}{5\%-4\%} = 208{,}000\text{원}$$

③ 불규칙 배당성장

$$P_0 = \frac{2{,}000}{1+5\%} + \frac{2{,}050}{(1+5\%)^2} + \frac{2{,}100}{(1+5\%)^3} + \frac{2{,}100(1+4\%)}{(5\%-4\%)(1+5\%)^3} = 192{,}426\text{원}$$

④ 2단계 배당성장

$$P_0 = \frac{2{,}000(1+3\%)}{5\%-3\%}\left[1-\left(\frac{1+3\%}{1+5\%}\right)^4\right] + \frac{(2{,}000)(1+3\%)^4(1+4\%)}{(7\%-4\%)(1+5\%)^4} = 645{,}144\text{원}$$

6. 배당성장률

① 평균 성장률 계산 : 과거 자료 활용

$g_1 = (1{,}900 - 1{,}800)/1{,}800 = 5.556\%$, $g_2 = (2{,}100 - 1{,}900)/1{,}900 = 10.526\%$

산술평균 성장률 = (5.556% + 10.526%)/2 = 8.041%

기하평균 성장률 = $\sqrt[2]{(1+5.556\%)(1+10.526\%)} - 1 = 8.012\%$

② 평균 성장률 계산 : 내부유보율 및 재투자수익률

$g = fR = (70\%)(12.0\%) = 8.4\%$

③ 성장률과 주가

$$P_0 = \frac{2,100(1+8.4\%)}{10\%-8.4\%} = 142,275원$$

7. 자기자본비용

① 자기자본비용

$$r = R_E = \frac{D_1}{P_0} + g = \frac{2,100}{50,000} + 6.8\% = 4.2\% + 6.8\% = 11.0\%$$

② 배당성장률과 주식가치

$$P_0 = \frac{2,100}{10\%-6\%} = 52,500원$$

③ 배당수익률과 자본이득률

$$r = R_E = \frac{D_1}{P_0} + \frac{P_1 - P_0}{P_0} = \frac{2,100}{50,000} + \frac{52,500-50,000}{50,000}$$

$$= 4.2\% + 5.0\% = 9.2\%$$

(배당수익률)+(자본이득률)

8. 이익성장 모형

① 무성장 기업의 가치

$$P_0 = \frac{E}{r} = \frac{2,500}{10\%} = 25,000원$$

② 내부성장률

$g = fR = 70\% \times 12\% = 8.4\%$

③ 이익성장 기회의 가치

$$P_0 = \frac{E_1}{r} + \frac{E_1}{r}\left[\frac{f(R-r)}{r-fR}\right] = \frac{2,500}{10\%} + \frac{2,500}{10\%}\left[\frac{70\%(12\%-10\%)}{10\%-70\%(12\%)}\right] = 46,875원$$

=25,000원(무성장 이익의 가치)+21,875원(이익의 성장기회 가치)

9. 시장비율 평가

구 분	전기 성과	전기 주가	시장비율	당기 성과	주가 전망	참고
주당이익	3,300	64,300	**19.48**	4,000	**77,920**	EPS
주당장부가	82,000	64,300	**0.784**	92,000	**72,141**	BPS
주당현금흐름	5,500	64,300	**11.69**	5,900	**68,976**	CPS

$$PER_0 = P_0 / EPS_0 = 64{,}300\text{원} / 3{,}300\text{원} = 19.48\text{배}$$

$$\rightarrow\ P_1 = EPS_1 \times PER_0 = 4{,}000\text{원} \times 19.48\text{배} = 77{,}920\text{원}$$

$$PBR_0 = P_0 / BPS_0 = 64{,}300\text{원} / 82{,}000\text{원} = 0.784\text{배}$$

$$\rightarrow\ P_1 = BPS_1 \times PBR_0 = 92{,}000\text{원} \times 0.784\text{배} = 72{,}141\text{원}$$

$$PCR_0 = P_0 / CPS_0 = 64{,}300\text{원} / 5{,}500\text{원} = 11.69\text{배}$$

$$\rightarrow\ P_1 = CPS_1 \times PCR_0 = 5{,}900\text{원} \times 11.69\text{배} = 68{,}976\text{원}$$

제2부

투자위험과 기대수익률

제4장 기대수익률과 위험의 측정

제5장 자본자산가격결정모형

제 2 부에서는

재무관리는 위험 수준이 상이한 투자를 통하여 미래의 재무적 성과를 높이는 투자사업과 관련이 높다. 이런 측면에서 본 편에서는 불확실한 상황에서의 투자를 통한 미래 현금흐름을 추정하고, 그에 따라 통계기법을 적용하여 위험과 수익률을 측정하는 기법을 배우게 된다. 특히, 현대 재무관리이론의 꽃이라 할 수 있는 자본자산가격결정모형과 그 이후에 발표된 후속 이론들을 소개하기로 한다. 또한 이론이 가지는 현실적인 문제점들을 도출하고, 새로운 대안을 검토하기로 한다.

제4장에서는 개별투자의 위험과 수익률, 위험에 대한 태도, 그리고 복수의 투자사업 포트폴리오에 대한 이론 및 위험과 수익의 측정, 무위험 투자를 고려한 자본시장선(CML) 도출 및 최적 자본배분 과정을 소개하기로 한다.

제5장에서는 불확실한 투자에 대한 이론으로서 자본자산가격결정모형(CAPM)과 차익가격결정이론(APT), 자본시장선(CML)과 증권시장선(SML)을 소개하고, 위험수준이 다른 투자안에 대하여 투자자들의 요구수익률인 자기자본비용을 측정하는 기법을 배운다.

CHAPTER 4

기대수익률과 위험의 측정

제1절 위험과 수익률의 측정
제2절 투자안 선택 기준
제3절 포트폴리오 위험과 수익률
제4절 무위험자산과 자본시장선

학습목표

투자란 미래에 보다 큰 수익을 기대하고 사업이나 주식 등 금융자산에 시간이나 노력, 재무적·비재무적 자산을 희생하는 경제적 활동이다. 우리 주변의 대부분의 시설물이나 경제활동은 이러한 주요한 투자의사결정 결과나 과정이라고 할 수 있다. 경제주체의 주요한 의사결정은 상당기간 그 수익과 비용의 영향이 지속되고 위험이 수반되며 다른 대안들 중에 선택하는 과정이나 그러한 선택을 실행하는 활동으로 볼 수 있다.
본 장에서는 재무관리 이론 중에서 가장 기본이 되는 개별투자의 위험과 수익률, 위험에 대한 태도, 그리고 복수의 투자사업 포트폴리오에 대한 이론 및 위험과 수익의 측정, 무위험 투자를 고려한 자본시장선 도출 및 최적 자본배분에 대하여 알아보고자 한다. 보다 투자론과 관련한 사항이 많아 재무관리에 관련한 필수적인 내용 위주로 요약되어 있으니 보다 세부적인 사항은 투자론 과목 등을 통하여 학습하길 바란다.

제 1 절 위험과 수익률의 측정

1. 불확실성과 투자위험

1.1 불확실성과 위험

미래의 상태가 호황인가 불황인가를 확실히 알 수 없고 그 결과가 다를 때 불확실성(uncertainty)이 존재한다고 한다. 기업의 투자활동은 주식투자보다 더 큰 위험에 노출될 수 있다. 막대한 초기투자를 요구하며, 기업 간 경쟁이나 기술발전 등에 의하여 그 성과를 예측하는 데 너무도 많은 불확실성을 갖고 있기 때문이다. 사업이나 투자 등에 수반되는 불확실성을 위험(risk)이라고 정의한다.

본 장에서는 전통적인 개별투자와 포트폴리오에 대한 위험과 수익률 측정에 관한 이론을 기업재무, 특히 프로젝트나 사업관리 측면에서 기본적인 내용을 학습하는 데 목적이 있다.

사업에 대한 투자위험 분석은 경제상황 호황, 불황 등에 대한 확률을 추정하고, 그 상황에 따른 사업으로부터의 현금흐름 또는 수익의 변동을 파악함으로써 수익률을 높이고, 관련 위험을 파악하거나 관리하는 데 주요한 의미가 있다. 재무관리 이론상 위험은 예측된 결과로부터의 오차를 의미하며, 수익성이 예측보다 더 나은 경우도 더 나쁜 경우와 마찬가지로 인식한다. 위험에 대한 선호도 개인에 따라 다르며, 통계적 기법을 이용하여 표준편차나 분산을 사용하기로 한다. 즉, 표준편차나 분산의 크기가 투자안의 위험인 것이다. 분산은 실현될 수익과 기댓값과의 차이로 정의된다.

1.2 기대수익률과 분산

개별투자별 기대수익률(expected return)은 개별투자에 대하여 각 상황별(i) 수익률의 가중평균으로 계산된다,

$$E(R) = \sum_{i=1}^{m} p_i R_i \tag{1}$$

단, $E(R)$: 사업에 대한 기대수익률

p_i : 상황(i)이 일어날 확률 $i = 1, 2, 3, 4 \cdots m$

R_i : 사업에 대한 상황(i)에 예상되는 수익률

위험을 나타내는 분산(variance, σ^2)은 평균과의 편차를 제곱한 가중합으로 구한다. 표준편차(standard deviation, σ)는 분산의 제곱근으로 측정한다.

$$Var(R) = \sigma^2 = E[(R) - E(R)]^2 = \sum_{i=1}^{m} p_i [R_i - E(R)]^2 \qquad (\text{분산: } \sigma^2) \tag{2}$$

$$\sigma = \sqrt{\sigma^2} = \sqrt{\sum_{i=1}^{m} p_i [(R - E(R_i)]^2} \qquad (\text{표준편차: } \sigma) \tag{3}$$

[그림 4-1]에서는 표준편차로 평가되는 투자위험을 평균수익률을 중심으로 확률로 표시하였다. 평균 또는 기대수익률 $E(R)$을 중심으로 표준편차 ±1을 이격한 범위 내에서 68.3%, ±2를 이격한 범위 내에서 95.4%, 그리고 ±3을 이격한 범위 내에서 99.7%가 존재한다는 것이다. 이처럼 정규분포(normal distribution)를 기준으로 한 투자 분석방법을 VaR(Value at Risk)이라고 한다.

$$P[E(R) \pm \sigma] = P[E(R) - \sigma, E(R) + \sigma] = 68.3\%$$

$$P[E(R) \pm 2\sigma] = P[E(R) - 2\sigma, E(R) + 2\sigma] = 95.4\%$$

$$P[E(R) \pm 3\sigma] = P[E(R) - 3\sigma, E(R) + 3\sigma] = 99.7\%$$

가령, 평균수익률이 10%이고 표준편차가 5%인 투자로부터 10% 이상의 수익률을 얻을 확률은 50%, 20% 이상의 수익률을 얻을 확률은 2.3%이다. 20% 수익률은 $+2\sigma$ 표준편차에 해당한다. 표준편차 $+2\sigma$는 평균수익률과의 (20% − 10%) 차이를 표준편차 5%로 나눈 값이다.

그림 4-1 투자위험과 수익률 분포

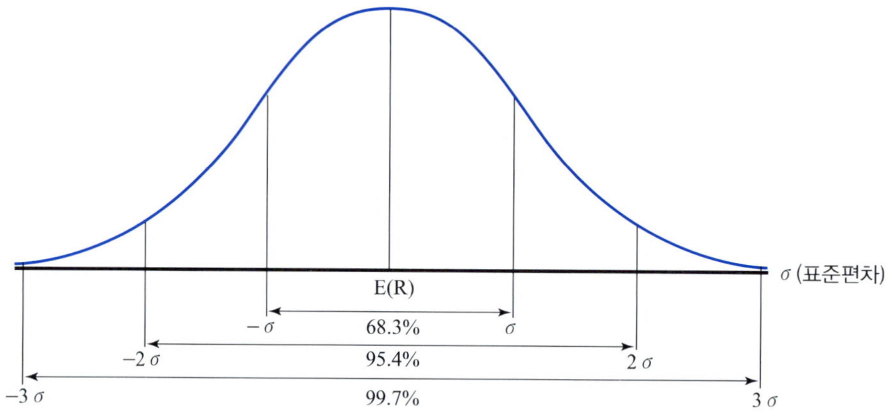

$$P[R \geq 20\%] = P[Z \geq (R - E(R))/\sigma] = P[Z \geq 2 = (20\% - 10\%)/5\%] = 2.3\%$$

Excel의 정규분포(normal distribution)를 이용하여 풀면 다음과 같다.

1 − NORM.DIST(값,평균,표준편차,누적) = 1 − NORM.DIST(20%,10%,5%, TRUE) = 2.3%

표준정규분포(standard normal distribution)를 이용하면 다음과 같다.

1 − NORM.S.DIST(Z값,누적) = 1 − NORM.DIST(2,TRUE) = 2.3%

예제 4-1

투자사업별 수익률 분포를 이용하여 다음에 답하시오.

미래상황(i)	확률(P_i)	수익률 (R_i)			
		사업 1	사업 2	사업 3	사업 4
낙관	0.2	30%	41.0%	−9.0%	45.0%
중립	0.5	10%	11.0%	5.0%	15.0%
비관	0.3	−10%	−19.0%	11.0%	−15.0%

① 사업 1과 사업 2에 대하여 투자사업별로 기대수익률을 계산하시오.

$$E(R_1) = \sum_{i=1}^{m} p_i R_{1i} = (0.2)(30\%) + (0.5)(10\%) + (0.3)(-10\%) = 8.0\%$$

$$E(R_2) = \sum_{i=1}^{m} p_i R_{2i} = (0.2)(41\%) + (0.5)(11\%) + (0.3)(-19\%) = 8.0\%$$

② 사업 1과 사업 2에 대하여 투자사업별로 표준편차를 이용하여 위험을 계산하시오.

$$Var(R_1) = \sigma_1^2 = (0.2)(30\% - 8\%)^2 + (0.5)(10\% - 8\%)^2 + (0.3)(-10\% - 8\%)^2$$
$$= 1.96\%$$
$$\sigma_1 = \sqrt{1.96\%} = 14.0\%$$
$$Var(R_2) = \sigma_2^2 = (0.2)(41\% - 8\%)^2 + (0.5)(11\% - 8\%)^2 + (0.3)(-19\% - 8\%)^2$$
$$= 4.41\%$$
$$\sigma_2 = \sqrt{4.41\%} = 21.00\%$$

③ 사업 1과 사업 2에 대하여 수익과 위험을 기준으로 투자안을 선택하시오.

사업 1과 사업 2의 수익률을 비교하면, 평균은 두 사업 모두 8% 동일한 수익률을 기대한다. 반면 표준편차 기준 사업 1의 위험은 14.0%로 사업 2의 위험은 21.00%인데 반하여 1.5배 이상으로 높다. 따라서, 위험회피자에게 사업을 선택하라면 위험이 낮은 사업 1을 선택할 것으로 판단된다. 그러나 이러한 판단에는 위험에 대한 투자자의 선호도가 중요한 영향을 미친다.

④ 사업 1에 대하여 기대수익률을 중심으로 표준편차 ±1, ±2, ±3의 범위와 기대확률을 제시하시오. 이 경우 투자로부터 15% 이상의 손실을 입을 확률을 구하시오.

$$P(E(R) \pm \sigma) = P(8\% - 14\%, 8\% + 14\%) = P(-6\%, 22\%) = 68.3\%$$

$$P(E(R) \pm 2\sigma) = P(8\% - 2 \times 14\%, 8\% + 2 \times 14\%) = P(-20\%, 36\%) = 95.4\%$$

$$P(E(R) \pm 3\sigma) = P(8\% - 3 \times 14\%, 8\% + 3 \times 14\%) = P(-34\%, 50\%) = 99.7\%$$

투자손실률이 −15%보다 더 심각한 확률은 5.0%이다.

$$P[R \le -15\%] = P[Z \le [-15\% - 8\%)]/14\%] = P[Z \le -1.643] = 5.0\%$$

Excel의 정규분포(normal distribution)를 이용하여 풀면 다음과 같다.

NORM.DIST(값,평균,표준편차,누적) = NORM.DIST(− 15%,8%,14%,TRUE) = 5.0%

표준정규분포(standard normal distribution)를 이용하면 다음과 같다.

NORM.S.DIST(Z값,누적) = NORM.DIST(− 1.643,TRUE) = 5.0%

제 2 절 투자안 선택 기준

1. 위험에 대한 태도

위험에 대한 대가가 주어졌을 때나 상황이 주어졌을 때, 투자자들의 판단은 많은 개인이나 개인이 속한 조직의 특성에 따라 위험을 기피하는 태도가 다르다. 앞 절의 <예제 4-1>의 경우에도 상대적으로 낙관적인 투자자들은 20% 확률이나 30%의 확률로 19% 손실을 입을 수 있음을 고려하지 않고 높은 41% 수익률을 기대하며, 사업 2를 선택할 가능성도 있다.

위험에 대한 투자자의 선호도는 개인의 효용함수에 따라 선택하는 행동의 결과로 받게 되는 금액에 대한 태도이다. 일반적으로 금액의 크기가 증가할수록 만족도 또는 효용(utility)이 증가하지만 그 증가의 양상은 개인마다 다를 것이다. [그림 4-2]에서는 수익과 위험에 대한 태도를 그래프로 나타내고 있다. 위험에 대한 태도는 크게 3가지로 나누어진다.

1) 위험중립자

선형 효용함수를 가지며, 확실한 현금과 공정한 게임의 기대수익이 같으면 두 경우를 동일한 것으로 받아들인다는 것이다. 선형 효용함수는 공정한 게임의 기대수익을 나타낸다.

그림 4-2 투자자의 위험에 대한 태도와 효용함수

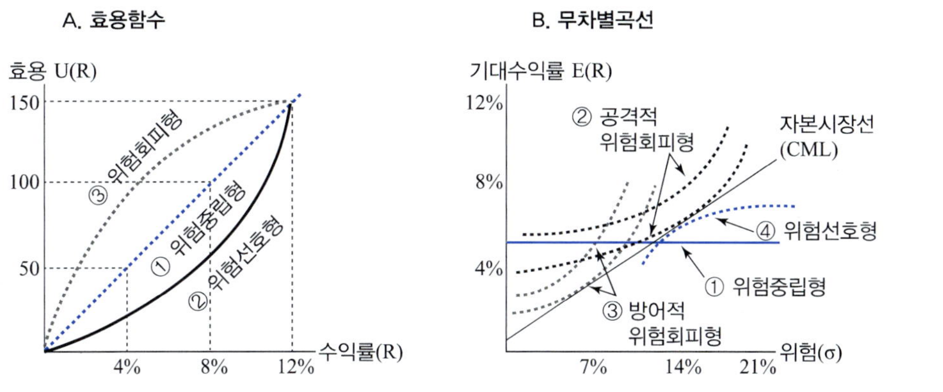

$$E[U(R_0)] = (0.5)U(R_0 + \theta) + (0.5)U(R_0 - \theta) = U[E(R_0)] \quad (4)$$

만일 8% 수익률을 기준으로 상승 4%, 하락 4%가 각각 50%의 확률로 예상된다면, 식 (4)의 좌측항은 12%의 효용인 150과 4%의 효용인 50%에 대하여 각각 50%의 확률로 기대효용 $E[U(R_0)]$은 100이 된다.

$$E[U(8\%)] = (0.5)[U(8\% + 4\%)] + (0.5)[U(8\% - 4\%)] = (0.5)[150 + 50] = 100$$

한편, 우측항은 12%와 4%에 대한 기대수익률, $E(R_0) = 8\%$이며, $U[E(R_0)]$는 100이 된다.

$$U[E(8\%)] = U[(0.5)(8\% + 4\%) + (0.5)(8\% - 4\%)] = 100$$

결과적으로 수익률의 기대효용 $E[U(R_0)]$은 100이며, 기대수익률의 효용 $U[E(R_0)]$ 또한 100이다. 이러한 효용함수를 가진 사람들을 위험중립형(risk neutral) 투자자라고 한다. 만일 1년에 차량사고로 인한 손실의 추정액이 100만원인 경우 100만원을 보험료로 내는 결정이나 보험을 들지 않고 운에 맡기는 결정을 동일하게 인식하는 경우 효용함수는 위험에 평행한 선형이 된다.

2) 위험선호자

위험선호자(risk lover)는 확실한 수익률에 대하여 원점에 대하여 볼록(convex)한 모양의 효용함수를 갖고 있으며 공정한 게임의 기대수익률이 확실한 투자의 수익률보다 작더라도 높은 투자수익률의 불확실한 기회를 위하여 게임에 참가할 것이다.

$$E[U(R_0)] = (0.5)U(R_0 + \theta) + (0.5)U(R_0 - \theta) > U[E(R_0)] \quad (5)$$

위 사례의 경우 좌측항은 기대효용 $E[U(R_0)]$은 100이 되지만, 원점에 대하여 볼록한 함수는 기대수익률인 8%에 대하여 100보다 작은 효용을 갖는다. 이러한 효용함수를 지닌 투자자는 확실한 8% 대신 12%나 4%의 불확실한 성과에 대한 추가적인 위험을 갖는 게임에 참가하게 된다.

$$E[U(R_0)] = 100 > U[E(R_0)] \quad (5\text{-}1)$$

만일 100만원 투자로 기대수익이 100만원 미만임을 알면서도 로또(lotto)를 사거나 카지노 게임에 참가한다면 위험선호자라고 할 수 있다.

3) 위험회피자

위험회피자(risk averter)는 확실한 수익률에 대하여 원점에 대하여 오목(concave)한 모양의 효용함수를 갖고 있으며 공정한 게임의 기대수익률이 확실한 투자의 수익률과 같거나 다소 높더라도 불확실한 투자수익률을 회피하기 위하여 게임에 불참할 것이다.

$$E[U(R_0)] = (0.5)U(R_0 + \theta) + (0.5)U(R_0 - \theta) < U[E(R_0)] \quad (6)$$

위 사례의 경우 좌측항 기대효용은 100이지만 우측항 $U[E(R_0)]$은 100보다 크다. 이러한 효용함수를 지닌 투자자는 확실한 8%를 불확실한 12%나 4%를 회피하려 할 것이며, 필요한 경우 추가적인 비용도 감수하려 할 것이다.

$$E[U(R_0)] = 100 < U[E(R_0)] \quad (6\text{-}1)$$

만일 1년에 차량사고로 인한 손실의 추정액이 50만원인데도 50만원 이상, 가령 100만원의 보험료로 대형사고에 대비하는 보험가입자는 위험회피자라고 할 수 있다.

2. 기대효용과 주관적 선택 기준

위험회피형인 투자자의 기대효용 E[u(·)]은 기대수익률 E(R)과 부의 확실성을 나타내는 분산 σ^2의 함수로 다음과 같이 나타낼 수 있다.

$$E[U(R)] = U[E(R), \sigma^2] \tag{7}$$

투자자들은 일반적으로 높은 기대수익률을 선호하고, 낮은 분산을 선호한다. 그러므로 위의 효용함수는 기대수익률이 클수록, 분산은 적을수록 기대효용이 증가하는 특성을 갖는다. 이와 같이 보다 큰 기대수익률과 보다 적은 위험(분산 또는 표준편차)을 선호하는 의사결정기준을 평균 · 분산기준(mean-variance criterion)이라고 한다.

투자결정의 성과는 불확실한 미래의 현금흐름으로 나타나기 때문에 미래의 성과를 정확하게 알지 못하므로 확률분포의 특성을 파악하게 된다. 미래의 투자성과가 정규분포를 이루는 경우 확률분포의 이산성을 분산이나 표준편차로 측정하게 되므로 효용함수를 평균과 분산에 의해 측정하며, 효용과 분산의 반비례 관계에 따라 다음과 같이 하나의 예로 나타낼 수 있다.

$$U[E(R), \sigma^2] = E(R) - (1/2)a\sigma^2 \tag{7-1}$$

위 식에서 a는 투자자의 위험에 대한 태도를 나타내는 양(+)의 상수로서 위험의 회피도(risk aversion)가 클수록 커진다.

3. 지배원리

분산으로 측정된 위험과 평균 수익률에 대한 분포를 토대로 개별 사업에 대하여도 선택과 탈락을 결정할 수 있다. 이러한 선택기준으로 지배원리(principles of dominance)가 있으며, 지배원리는 투자자들이 동일 수준의 위험 하에서는 높은 수익을 기대할 수 있는 사업이나 자산을 선호하고, 반대로 동일 수준의 수익 하에서는 낮은 위험이 기대되는 경우 우세한 투자(dominant investment)로 선택한다는 원칙이다.

예제 4-2

투자사업별 수익률과 위험분포를 보고 지배원리를 적용하여 보시오.

구 분	사업 1	사업 2	사업 3	사업 4	사업 5
기대수익률	8.00%	8.00%	4.00%	12.00%	4.00%
표준편차	14.00%	21.00%	7.00%	21.00%	14.00%

[동일한 수익률 조합: (사업 1, 사업 2), (사업 3, 사업 5)] – 사업 2 및 사업 5 탈락

동일한 수준의 기대수익률에서 사업 2는 사업 1보다 표준편차가 커서 상대적으로 더 큰 위험한 사업이기 때문에 지배원리상 '열세 사업(dominated project)'으로 탈락한다. 마찬가지로 사업 5는 사업 3보다 표준편차가 커서 지배원리에 의하여 탈락한다.

[동일한 위험도 조합: (사업 1, 사업 5), (사업 2, 사업 4)] – 사업 2 및 사업 5 탈락

사업 1과 사업 5는 동일한 수준의 위험이 예상되지만, 기대수익률이 사업 1은 8.0%인데 비하여 사업 5는 4%에 불과하다. 지배원리에 의하여 사업 5는 사업 1에 대하여 열세 사업이 된다. 사업 2와 사업 4는 동일한 수준의 위험이 예상되지만, 기대수익률이 사업 2는 8.0%인데 비하여 사업 4는 12%이다. 마찬가지로 지배원리에 의하여 사업 2는 사업 4에 대하여 열세 사업이 된다.

결과적으로 사업 1부터 사업 5까지 중에서 사업 2 및 사업 5가 탈락하게 된다. 이 결과는 [그림 4-3]의 A. 지배원리에서 나타내고 있다.

그림 4-3 평균-분산과 지배원리

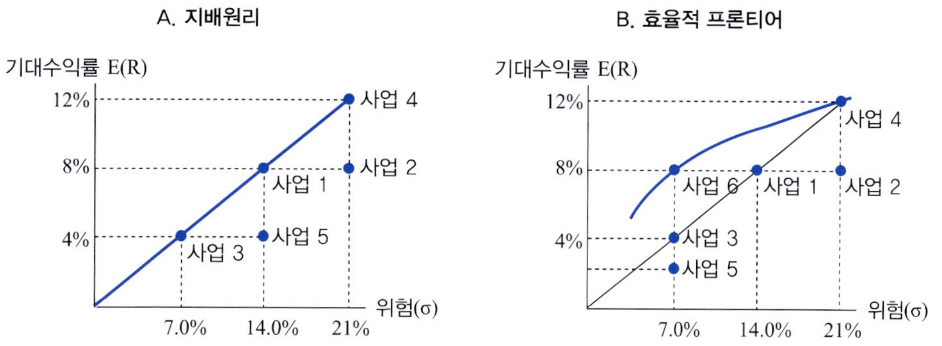

4. 효율적 프론티어

한편, [그림 4-3]의 B에서는 경영진 입장에서 보다 수익성이 높고, 위험도가 낮은 새로운 투자사업 6을 찾아냈다고 하자. 해당 사업을 기대수익률 8% 및 위험도 7% 수준에서 달성가능할 것이라고 전망하게 된다면, 기존에 상대적으로 효율적이던 사업 1과 사업 3도 열세 사업으로 탈락하게 됨을 확인할 수 있다. 지배원리에 의하여 열세 사업으로 분류되지 않은 사업 4와 사업 6을 연결하는 효율적 투자곡선을 찾아낼 수 있다. 이 곡선을 효율적 프론티어(efficient frontier)라고 한다.

제 3 절 포트폴리오의 위험과 수익률

1. 포트폴리오 위험과 수익의 측정

포트폴리오(portfolio)란 여러 자산이나 사업 등을 동시에 보유하거나 실행하는 것을 의미한다. 포트폴리오의 위험과 수익도 개별 사업과 마찬가지로 구성 사업들의 평균 기대수익률과 분산 및 표준편차로 측정된다. 그러나 포트폴리오의 수익은 투자비중에 의하여 구성하고 있는 개별투자의 가중평균 기대수익률로 산출된다.

$$E(R_P) = \sum_{i=1}^{n} w_i E(R_i) \tag{8}$$

단, $E(R_P)$: 사업 포트폴리오에 대한 기대수익률

w_i : 사업 i에 대한 투자 비중(weight) $\quad i = 1, 2, 3, 4 \cdots n$

R_i : 사업 i로부터 예상되는 기대수익률

우선 2개의 사업으로 구성된 포트폴리오의 경우를 살펴보고 일반화하여 보자. 포트폴리오에 대한 기대수익률은 아래와 같이 구할 수 있다.

$$E(R_P) = \sum_{i=1}^{2} w_i E(R_i) = w_1 E(R_1) + w_2 E(R_2) \tag{8-1}$$

포트폴리오의 위험은 다소 복잡하다. 위험을 나타내는 분산(variance, σ^2)은 평균과의 편차를 제곱한 가중합으로 구한다. 표준편차(standard deviation, σ)는 분산의 제곱근으로 측정한다.

$$Var(R_P) = \sum_{i=1}^{n}\sum_{j=1}^{n} w_i w_j \sigma_{ij} = \sum_{i=1}^{n} w_i^2 \sigma_i^2 + \sum_{i=1}^{n}\sum_{j=1}^{n} w_i w_j \sigma_{ij} \ (i \neq j) \tag{9}$$

마찬가지로 우선 2개의 사업으로 구성된 포트폴리오의 분산은 아래와 같이 정의된다.

$$Var(R_P) = \sigma_P^2 = E[(R_i) - E(R_i)]^2 = \sum_{i=1}^{n} [w_i R_i - w_i E(R_i)]^2 \tag{9-1}$$

$$= E[w_1^2 [R_1 - E(R_1)]^2 + w_2^2 [R_2 - E(R_2)]^2 + 2w_1 w_2 [R_1 - E(R_1)][(R_2 - E(R_2)]$$

식 (9)에서 $\sigma_{ij}\,(i \neq j)$는 수익률 간 공분산(covariance)으로, 두 사업(사업 1, 사업 2)의 수익률 간 공분산 $Cov(R_1, R_2)$은 다음과 같이 정의된다. 이 경우 i는 미래에 일어날 사건(event, i=1, 2, 3, ⋯ *m*)을 의미한다.

$$Cov(R_1, R_2) = \sigma_{12} = \sum_{i=1}^{m} P_i [R_{1i} - E(R_1)][R_{2i} - E(R_2)] \tag{10}$$

또한 두 사업의 수익률 간 상관계수 $Corr(R_1, R_2) = \rho_{12}$와 공분산의 관계는 다음과 같다. $Cov(R_1, R_2) = \sigma_{12}$를 두 사업별 수익률에 대한 표준편차의 곱, 즉 $\sigma_1 \sigma_2$으로 나누면 상관계수(correlation coefficient)인 ρ_{12}가 된다. 공분산은 상관계수와 두 표준편차의 곱으로 아래와 같이 식 (11)과 식 (11-1)이 성립한다.

$$Corr(R_1, R_2) = \rho_{12} = \frac{Cov(R_1, R_2)}{\sqrt{Var(R_1)\,Var(R_2)}} = \frac{\sigma_{12}}{\sigma_1 \sigma_2} \tag{11}$$

$$\sigma_{12} = \rho_{12} \sigma_1 \sigma_2 \tag{11-1}$$

한편 2가지 사업 간 포트폴리오 위험에 대하여 식 (9-1)을 통상적인 통계적 기호를 이용해 표현하면 식 (12)와 같이 간단히 나타낼 수 있다.

$$Var(R_P) = \sigma_P^2 = w_1^2 \sigma_1^2 + w_2^2 \sigma_2^2 + 2w_1 w_1 \sigma_{12} \tag{12}$$

$$\sigma_P^2 = w_1^2 \sigma_1^2 + w_2^2 \sigma_2^2 + 2\rho_{12} w_1 w_1 \sigma_2 \sigma_2 \tag{12-1}$$

예제 4-3

앞서의 사례에서 사업 1(기대수익률 8%, 표준편차 14%)과 사업 2(기대수익률 4%, 표준편차 7%)에 대하여 60% 대 40% 비율로 투자하기로 한다.

① 포트폴리오의 수익률을 산출하시오.

$$E(R_P)=\sum_{i=1}^{2} w_i R_i=(0.6)(8\%)+(0.4)(4\%)=6.4\%$$

② 다음 표를 이용하여 사업 1과 사업 2의 수익률 간 공분산과 상관계수를 측정하시오.

미래상황(i)	확률(P_i)	수익률(R_i)	
		사업 1	사업 2
낙관	0.2	30.0%	−9.0%
중립	0.5	10.0%	5.0%
비관	0.3	−10.0%	11.0%

$$\begin{aligned} Cov(R_1, R_2) &= \sum_{i=1}^{3} P_i[R_{1i}-E(R_1)][R_{3i}-E(R_3)]=(0.2)(30\%-8\%)(-9\%-4\%) \\ &\quad +(0.5)(10\%-8\%)(5\%-4\%)+(0.3)(-10\%-8\%)(11\%-4\%) \\ &= -0.940\% \end{aligned}$$

$$\rho_{12}=\frac{Cov(R_1,R_2)}{\sigma_1\sigma_2}=\frac{\sigma_{12}}{\sigma_1\sigma_2}=\frac{-0.940\%}{(14\%)(7\%)}=-95.92\%$$

③ 두 투자사업 간 상관계수 −95.92%를 이용하여 투자사업의 위험을 측정하시오.

$$\begin{aligned} \sigma_P^2 &= w_1^2\sigma_1^2+w_2^2\sigma_2^2+2\rho_{12}w_1w_1\sigma_2\sigma_2 \\ &= (0.6)^2(14\%)^2+(0.4)^2(7\%)^2+2(0.6)(0.4)(-0.9592)(14\%)(7\%) \\ &=0.5584\%;\ \sigma=7.47\% \end{aligned}$$

사업 1과 사업 2의 수익률 간에는 거의 −1에 가까운 상관계수가 존재한다. 이에 따라 거의 완전한 수준의 포트폴리오 효과를 거둘 수 있다고 판단된다. 수익률은 두 사업 간 투자자금의 비율과 사업 수익률과의 가중평균이지만 위험은 두 사업위험 14%와 7%의 가중평균 11.20%보다 훨씬 낮은 수준인 7.47%에 불과하다. 분산투자로 인하여 4.73%p의 위험감소 효과를 볼 수 있다.

2. 상관계수와 포트폴리오 효과

여러 사업에 분산투자하면 전체 위험은 각 자산들의 위험을 가중평균한 것보다는 줄어드는 위험감소 효과가 존재하는데, 이를 포트폴리오 효과(portfolio effect)라고 한다. 포트폴리오 효과는 사업의 수익률 간 상관계수(correlation coefficient)는 +1과 −1의 사이에 존재한다. 단순한 가중평균이 되는 상관계수 1인 경우를 제외하고는 포트폴리오 위험은 반드시 감소한다. [그림 4-4]에는 두 수익률 간 존재하는 다양한 관계를 상관계수를 몇 가지 유형으로 나누어 나타내고 있다. 상관계수가 0인 경우는 3가지 경우인 것을 확인하기 바란다.

식 (12)를 상관계수에 따라 다시 정리하면 다음과 같다. 특히, 두 투자안 간의 상관계수가 1인 경우 식 (12)의 포트폴리오 위험은 $\sigma_p = w_1\sigma_1 + w_2\sigma_2$로 두 투자안의 개별위험의 단순한 가중평균이 된다는 것이다. 이 경우에만 포트폴리오의 위험을 감소시키는 효과가 나타나지 않는다.

$$Var(R_P) = \sigma_P^2 = w_1^2\sigma_1^2 + w_2^2\sigma_2^2 + 2\rho_{12}w_1w_1\sigma_2\sigma_2$$

$$\rho_{12} = +1\text{인 경우}, \ \sigma_P = w_1\sigma_1 + w_2\sigma_2 \tag{13}$$

$$Var(R_P) = \sigma_P^2 = w_1^2\sigma_1^2 + w_2^2\sigma_2^2 + 2w_1w_2\sigma_1\sigma_2 = (w_1\sigma_1 + w_2\sigma_2)^2 \tag{13-1}$$

그림 4-4 상관관계 예시

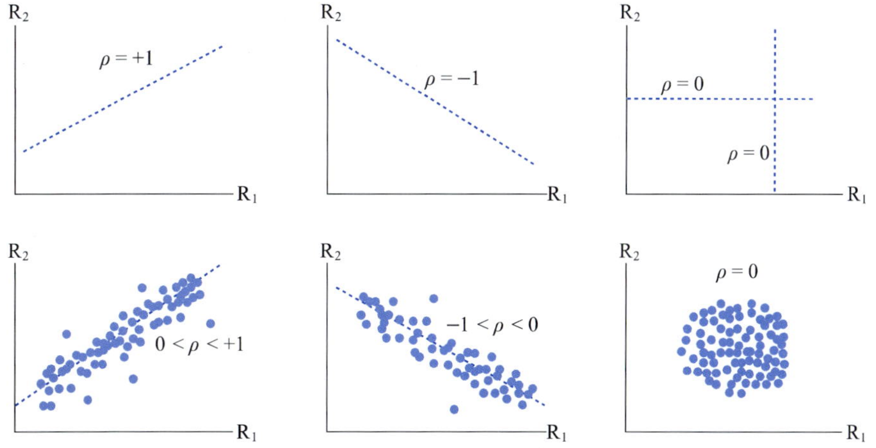

이와는 반대로 두 투자안 간의 상관계수가 -1인 경우, 식 (12)는 $\sigma_p^2 = (w_1\sigma_1 - w_2\sigma_2)^2$가 되고, $\sigma_p = |w_1\sigma_1 - w_2\sigma_2|$이 된다. 즉, 두 투자안의 수익률이 반대방향으로 비례적으로 움직이는 경우 포트폴리오 위험은 개별투자별 위험과 투자가중치의 곱으로 정의되는 투자위험의 차이로 산출되며, 투자비중에 따라 투자위험이 0이 될 수도 있다.

$$\rho_{12} = -1\text{인 경우, } \sigma_P = |w_1\sigma - w_2\sigma_2| \tag{13-2}$$

한편, 두 투자안의 수익률 간의 상관계수가 -1이나 $+1$이 아닌 경우 식 (12)는 2차 함수 형태의 곡선이 된다. 특히, 상관계수가 0인 경우에도 $\sigma_p^2 = w_1^2\sigma_1^2 + w_2^2\sigma_2^2$이 되어, 포트폴리오 위험이 감소하게 된다. 착각하기 쉬운 주장이 투자안의 상관계수가 0이 된다고 해서 서로 다른 투자안에 대한 포트폴리오 효과가 사라지는 것은 아닌 것이다. 투자안에 대한 포트폴리오 효과가 없는 경우는 상관계수가 1이 되는 경우뿐이다.

$$\rho_{12} = 0\text{인 경우, } \sigma_P = \sqrt{w_1^2\sigma_1^2 + w_2^2\sigma_2^2} \tag{13-3}$$

결과적으로 포트폴리오 투자위험은 두 투자안이 위험을 서로 상쇄하는 방향으로 설계하는 것이 가장 바람직하다는 것이다.

한편, 두 투자안 간의 상관계수가 -1이나 $+1$이 아닌 경우 식 (12)는 곡선인 2차 함수가 된다. 특히, 상관계수가 0인 경우에는 식 (13-3)과 같이 $\sigma_p^2 = w_1^2\sigma_1^2 + w_2^2\sigma_2^2$이 되어, 여전히 포트폴리오 위험이 감소하는 효과를 거두게 된다.

<표 4-1>에는 사례의 두 개별사업(사업 1, 사업 2)에 대하여 투자비중을 달리하는 다양한 조합에 대하여 상관계수를 달리한 경우의 포트폴리오 위험과 수익률의 관계를 나타내고 있다. 사업 1에 대한 33.3%의 투자비중은 상관계수가 -1인 경우에 최소분산 포트폴리오(MVP: minimum variance portfolio)의 포트폴리오 위험과 수익률이다. 사업 1에 대한 12.5%의 투자비중은 두 사업의 측정 상관계수인 95.12%를 토대로 한 최소분산 포트폴리오의 포트폴리오 위험과 수익률이다. 투자비중이 100%를 넘는 경우는 차입하여 보유재원 비중을 초과하여 투자

〈표 4-1〉 포트폴리오 위험과 수익률: 상관계수 및 포트폴리오 투자 분석 (단위: %)

투자비중		포트폴리오 수익률(R_P)	포트폴리오 위험(σ_P): 상관계수별 수준에 따라				
w_1	$w_2=1-w_1$		$\rho_{12}=-1$	$\rho_{12}=+1$	$\rho_{12}=0$	$\rho_{12}=-0.50$	$\rho_{12}=-0.95$
120.0*	-20.0	8.80	15.400	18.200	16.858	17.542	18.147
100.0	0.0	8.00	14.000	14.000	14.000	14.000	14.000
80.0	20.0	7.20	12.600	9.800	11.287	11.629	9.846
60.0	40.0	6.40	11.200	5.600	8.854	9.495	5.719
40.0	60.0	5.60	9.800	1.400	7.000	7.795	1.818
33.3**	66.7	5.33	9.333	0.000	6.600	7.379	1.116
20.0	80.0	4.80	8.400	2.800	6.261	6.859	2.956
12.5***	87.5	4.50	7.875	4.375	6.370	6.778	4.474
0.0	100.0	4.00	7.000	7.000	7.000	7.000	7.000

*: 사업 1에 100% 보유자산 이외에 20%를 추가 차입 투자하는 경우
**: 최소분산 포트폴리오(MVP: 상관계수 -1일 경우)
***: MVP: 상관계수 -0.9592일 경우

하는 경우이고, 반대로 투자비중이 음(-)인 경우는 공매(空賣, short selling)를 통하여 없는 자산은 선매도하고, 추후에 매입하는 거래를 이용하는 상황이 된다. 통상적으로 수익률이 높은 자산에 위험을 감수하고 투자함으로써 높은 수익률을 기대할 수 있다. 위 표에서 사업 1에 120% 투자를 통하여 100% 사업 1에 투자하여 기대수익률 8%보다 높은 8.8%의 기대수익률을 예상할 수 있다. 이는 이른바 몰빵(100% 투자) 이상의 위험한 투자로서 이론적으로나 실무적으로 바람직한 투자행태는 아니다.

[그림 4-5]에서는 상관계수의 변화에 따른 포트폴리오의 위험감소 및 기대수익률의 증가에 미치는 영향을 나타내고 있다. 사용한 수치는 사업 1과 사업 2의 기대수익률을 사용한 것이며, 최소분산 포트폴리오의 상관계수도 본 예제의 수치를 사용하였다.

투자안의 상관계수가 0인 경우에도 포물선으로 만들어지는 포트폴리오 효과가 존재한다는 점이다. 일반적으로 보면, 두 자산의 수익률의 상관계수는 극단적인 상황을 제외하고는 1보다 작기 마련이므로 포트폴리오를 구성하기만 하면 투자위험의 감소현상이 나타난다고 보는 것이다.

그림 4-5 **사업 포트폴리오와 상관계수**

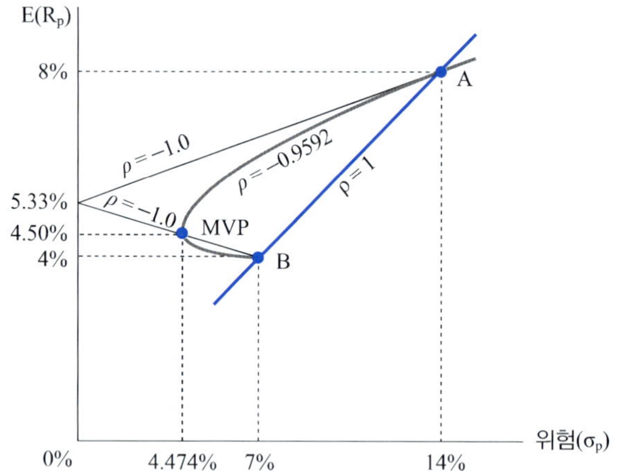

예제 4-4

사업 1과 사업 2에 대하여 각각 60% 및 40% 투자를 가정하고, 상관계수 −1, −0.5, 0 및 1에 대하여 투자사업 포트폴리오의 위험을 측정하시오.

① $\rho = -1$

$\sigma_P^2 = (0.6)^2(14\%)^2 + (0.4)^2(7\%)^2 - 2(0.6)(0.4)(14\%)(7\%) = 0.314\%$

$\sigma = 5.60\% = |(0.6)(14\%) - (0.4)(7\%)|$

② $\rho = -0.5$

$\sigma_P^2 = (0.6)^2(14\%)^2 + (0.4)^2(7\%)^2 - 2(0.5)(0.6)(0.4)(14\%)(7\%) = 0.549\%$

$\sigma = 7.41\%$

③ $\rho = 0$

$\sigma_P^2 = (0.6)^2(14\%)^2 + (0.4)^2(7\%)^2 = 0.784\%$

$\sigma = 8.854\%$

④ $\rho = +1$

$\sigma_P^2 = (0.6)^2(14\%)^2 + (0.4)^2(7\%)^2 + 2(0.6)(0.4)(14\%)(7\%) = 1.254\%$

$\sigma = 11.20\% = (0.6)(14\%) + (0.4)(7\%)$

3. 최소분산 포트폴리오

3.1 최소분산 포트폴리오

사업 포트폴리오 분석을 통하여 사업 다각화 방안은 사업의 미래와 함께 전사적 위험을 줄이고 사업 수익성도 개선할 수 있음을 포트폴리오 이론을 통하여 증명하고 있다.

수리적인 기법을 이용하여 포트폴리오 구성에 필요한 사업의 조합을 결정하는 방법이다. 실제로 주어진 위험수준에 대하여 최고의 수익률을 달성하거나 또는 주어진 조합에서 위험을 최소화하는 최소분산 포트폴리오(MVP: minimum variance portfolio)를 구성하는 것이다. 투자분석에서 가장 중요한 문제 하나가 사업으로 인한 파급효과를 진단하는 것이다. 개별 사업은 늘 위험하기 때문에 여러 사업에 자산을 분배함으로써 위험을 줄이고 수익률을 보다 안정적으로 확보하는 것이 중요하다. 이처럼 분산투자를 통하여 개별 투자의 위험을 가중평균한 것보다는 줄어들고 보다 높은 투자수익률을 달성할 수 있는 포트폴리오 효과(portfolio effect)를 누릴 수 있다.

다수의 사업에 대한 포트폴리오의 위험을 최소화하는 사업 포트폴리오를 구성하여 보자. 이 과정은 재원 제약조건하에 투자 포트폴리오의 위험인 분산($Var(R_P)$)을 최소화(minimize)하는 문제를 푸는 것과 같다고 할 수 있다.

$$\text{목적식: Minimize}_{w_i,\ w_j} \quad Var(R_P) = \sum_{i=1}^{n}\sum_{j=1}^{n} w_i w_j \sigma_{ij} = \sum_{i=1}^{n} w_i^2 \sigma_i^2 + \sum_{\substack{i=1 \\ i \neq j}}^{n}\sum_{j=1}^{n} w_i w_j \sigma_{ij} \tag{14}$$

$$\text{제약식:} \quad \sum_{i=1}^{n} w_i = 1 \tag{15}$$

식 (14)와 식 (15)는 각각 위험에 대한 2차 함수와 제약식이다. 따라서, 목적식을 투자비율 w_i에 대하여 편미분하고 위험 극소화를 위한 필요조건 $\frac{d\sigma_P^2}{dw_i} = 0$을 적용할 수 있다. 이해하기 쉽게 2가지 사업만 있는 것으로 가정하면 식 (16)이 된다.

$$\frac{d\sigma_P^2}{dw_1} = 2w_1\sigma_1^2 - 2(1-w_1)\sigma_1^2 + 2\sigma_{12} - 4w_1\sigma_{12} = 0 \tag{16}$$

위험자산 1에 대한 투자비율 w_1에 대하여 정리하면 최소분산 포트폴리오(MVP: minimum variance portfolio)를 위한 최적투자비중(w_1, w_2)이 구해진다.

$$w_1^* = \frac{\sigma_2^2 - \sigma_{12}}{\sigma_1^2 + \sigma_2^2 - 2\sigma_{12}} = \frac{\sigma_2^2 - \rho_{12}\sigma_1\sigma_2}{\sigma_1^2 + \sigma_2^2 - 2\rho_{12}\sigma_1\sigma_2} \tag{17}$$

$$w_2^* = 1 - w_1^* \tag{17-1}$$

예제 4-5

앞서의 사례에서 사업 1과 사업 2에 대하여 분산투자하고자 한다면, 최소분산을 위한 사업예산 배분비율을 도출해 보자. 사업 1의 기대수익률은 8%, 표준편차는 14%, 사업 2의 기대수익률은 4%, 표준편차는 7%, 그리고 두 사업 수익률 간 상관계수는 −0.9592이다.

① 이 사업 포트폴리오 간 공분산을 구하시오.

$$Cov(R_1, R_2) = \rho_{12}\sigma_1\sigma_2 = (-0.9592)(14\%)(7\%) = -0.940\%$$

② 사업 1과 2에 대한 최소분산 포트폴리오 투자비중을 구하시오.

$$w_1^* = \frac{\sigma_2^2 - \rho_{12}\sigma_1\sigma_2}{\sigma_1^2 + \sigma_2^2 - 2\rho_{12}\sigma_1\sigma_2} = \frac{\sigma_2^2 - \sigma_{12}}{\sigma_1^2 + \sigma_2^2 - 2\sigma_{12}}$$

$$= \frac{(7\%)^2 - (-0.9592)(14\%)(7\%)}{(14\%)^2 + (7\%)^2 - 2(-0.9592)(14\%)(7\%)} = 0.125 = 1/8$$

$$w_2^* = 1 - w_1^* = 1 - 0.125 = 0.875$$

③ 이 투자 포트폴리오에 대한 투자수익률과 위험을 산출하시오.

$$E(R_P) = \sum_{i=1}^{n} w_i R_i = (0.125)(8\%) + (0.875)(4\%) = 4.50\%$$

$$\sigma_P^2 = (0.125)^2(14\%)^2 + (0.875)^2(7\%)^2 - 2(0.9592)(0.125)(0.875)(14\%)(7\%)$$

$$= 0.200\%; \quad \sigma = 4.47\%$$

만일 두 사업의 수익률 간 상관계수가 −1이라면, 무위험 포트폴리오를 구성할 수 있으며, 목적함수인 포트폴리오 위험을 최소화하고, 제약식을 적용하면 식 (18-1)이 도출된다.

$$\text{Minimize} \quad Var(R_P) = \sigma_P^2 = w_1^2\sigma_1^2 + w_2^2\sigma_2^2 - 2w_1w_2\sigma_1\sigma_2 = (w_1\sigma_1 - w_2\sigma_2)^2$$

$$\frac{d\sigma_P^2}{dw_1} = 2[w_1\sigma_1 - (1-w_1)\sigma_2](\sigma_1 + \sigma_2) = 0 \quad (18)$$

$$w_1\sigma_1 - (1-w_1)\sigma_2 = 0 \quad (18\text{-}1)$$

다시 투자비율 w_1에 대하여 정리하면 상관계수가 −1인 두 사업에 관한 최소분산 포트폴리오(MVP: minimum variance portfolio)가 구해진다.

$$w_1^* = \sigma_2/(\sigma_1 + \sigma_2) \quad (19)$$

$$w_2^* = \sigma_1/(\sigma_1 + \sigma_2) = 1 - w_1^* \quad (19\text{-}1)$$

예제 4-6

앞서의 사례에서 사업 1과 사업 2의 수익률간 상관계수가 −1이며, 사업 1의 기대수익률은 8%, 표준편차는 14%, 사업 2의 기대수익률은 4%, 표준편차는 7%이다.

① 최소분산을 위한 사업예산 투자비율을 도출해 보자.

$$w_1^* = \sigma_2/(\sigma_1 + \sigma_2) = 7\%/(14\% + 7\%) = \frac{1}{3} = 0.333$$

$$w_2^* = \frac{2}{3}$$

② 이 투자 포트폴리오에 대한 투자수익률과 위험을 산출하시오.

$$E(R_P) = \sum_{i=1}^{n} w_i R_i = (1/3)(8\%) + (2/3)(4\%) = 5\frac{1}{3}\%$$

$$\sigma_P = |w_1\sigma_1 - w_2\sigma_2| = \left|\frac{1}{3}(14\%) - \frac{2}{3}(7\%)\right| = 0$$

결과적으로 상관계수가 -1인 경우, 두 사업의 투자위험에 반비례하여 투자재원을 안분투자하면 무위험 포트폴리오를 구현할 수 있다.

3.2 포트폴리오 투자와 비체계적 위험

앞서의 사례를 보면 두 투자사업이나 자산 간 수익률의 상관계수가 1이 아니라면, 포트폴리오 효과에 의하여 투자위험이 감소하고, 투자사업 수익률이 증가할 수 있음을 알 수 있었다. 이에 포트폴리오를 더 많은 투자사업과 자산에 대하여 확대하면 포트폴리오의 위험과 수익률에 대해서 더 큰 효과를 기대할 수 있다. 일반 투자사업은 무리하게 투자사업을 확장하기는 어렵지만 자본시장에서는 자본의 n개의 주식에 분산투자가 가능하다.

n개 투자사업에 투자를 한다면 포트폴리오 수익률과 위험은 다음과 같이 산출된다.

$$E(R_P) = \sum_{i=1}^{n} w_i E(R_i) = w_1 E(R_1) + w_2 E(R_2) + \cdots + w_n E(R_n) \tag{20}$$

$$Var(R_P) = \sum_{i=1}^{n}\sum_{j=1}^{n} w_i w_j \sigma_{ij} = \sum_{i=1}^{n} w_i^2 \sigma_i^2 + \sum_{i=1}^{n}\sum_{j=1}^{n} w_i w_j \sigma_{ij} \quad (i \neq j) \tag{21}$$

충분히 분산된 투자 포트폴리오의 사업별 투자비중을 동일한 것으로 가정한다면, $w_i = \dfrac{1}{n}$이 된다. 이에 따라 포트폴리오 기대수익률은 단순 평균 수익률이 된다.

$$E(R_P) = \sum_{i=1}^{n} w_i E(R_i) = [E(R_1) + E(R_2) + \cdots + E(R_n)]/n \tag{22}$$

한편 포트폴리오 위험은 n이 커짐에 따라 식 (23-1)에서 앞서의 개별사업별 위험은 사라지므로, 식 (24)에서와 같이 투자사업 간 공분산의 조합만 남게 된다.

$$Var(R_P) = \sum_{i=1}^{n}\sum_{j=1}^{n} w_i w_j \sigma_{ij} = \sum_{i=1}^{n} w_i^2 \sigma_i^2 + \sum_{i=1}^{n}\sum_{j=1}^{n} w_i w_j \sigma_{ij} \quad (i \neq j) \tag{23}$$

$$= \sum_{i=1}^{n} \left(\frac{1}{n}\right)^2 \sigma_i^2 + \sum_{i=1}^{n}\sum_{j=1}^{n} \left(\frac{1}{n}\right)\left(\frac{1}{n}\right)\sigma_{ij} = n\left(\frac{1}{n}\right)^2 \sigma_i^2 + \frac{n(n+1)}{n^2}\sigma_{ij} \tag{23-1}$$

그림 4-6 **시장 포트폴리오와 비체계적 위험**

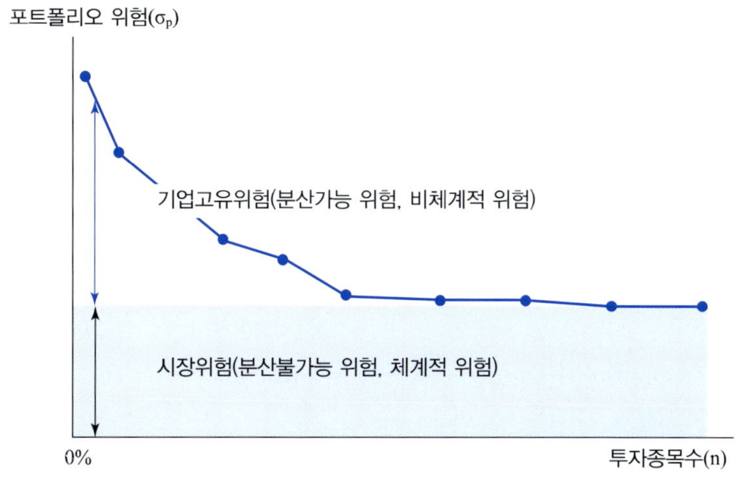

$$Var(R_P) = \sum_{i=1}^{n}\sum_{j=1}^{n} w_i w_j \sigma_{ij} \quad (i \neq j) \tag{24}$$

[그림 4-6]에서는 분산투자를 하는 종목 수가 늘어감에 따라 변하는 포트폴리오 위험을 보여주고 있다. 일정 수준에까지 종목 수의 증가에 의하여 없어지는 위험이 존재하며, 그 이상에서는 아무리 분산투자하여도 없어지지 않는 위험수준이 존재한다. 전자는 기업의 고유위험(idiosyncratic risk)이며, 비체계적 위험(non-systematic risk) 또는 분산가능 위험(diversifiable risk)이라고 한다. 후자는 시장위험(market risk)이며, 체계적 위험(systematic risk) 또는 분산불가능 위험(non-diversifiable risk)이라고 한다.

결과적으로 투자자산의 항목수가 충분하게 되면, 개별 투자안의 위험 분석은 의미가 없어지므로 시장 포트폴리오의 위험에 대한 개별 투자안의 위험과의 관계를 분석함으로써 상대적 위험의 크기를 측정하여야 한다.

예제 4-7

투자사업 간 공분산 매트릭스를 이용하여 사업 간 상관계수를 산출하시오.

구 분	사업 1	사업 2	사업 3
표준편차	14.00%	30.00%	20.00%
사업 1	1.96%	4.00%	-2.00%
사업 2	4.00%	9.00%	5.00%
사업 3	-2.00%	5.00%	4.00%

$$\rho_{12} = \frac{\sigma_{12}}{\sigma_1 \sigma_2} = \frac{4\%}{(14\%)(30\%)} = 95.24\%$$

$$\rho_{13} = \frac{\sigma_{13}}{\sigma_1 \sigma_3} = \frac{-2\%}{(14\%)(20\%)} = -71.43\%$$

$$\rho_{23} = \frac{\sigma_{23}}{\sigma_2 \sigma_3} = \frac{5\%}{(30\%)(20\%)} = 83.33\%$$

위험관리 측면에서 포트폴리오 이론상 사업 1과 사업 3의 조합이 가장 바람직하다.

제 4 절 무위험자산과 자본시장선

1. 무위험자산과 자본시장선

위험이 존재하는 자본시장에서 충분한 투자분산이 되는 경우, 시장전체의 체계적 위험만이 문제가 된다는 측면에서 자본시장 간 포트폴리오 구성을 살펴보자. 위험자산으로 이루어진 효율적인 포트폴리오의 하나인 A투자안과 무위험자산에 투자하는 경우의 기대수익률과 위험은 다음과 같다.

$$E(R_P) = w_F R_F + w_A E(R_A) \tag{25}$$

그림 4-7 최적 포트폴리오와 자본시장선

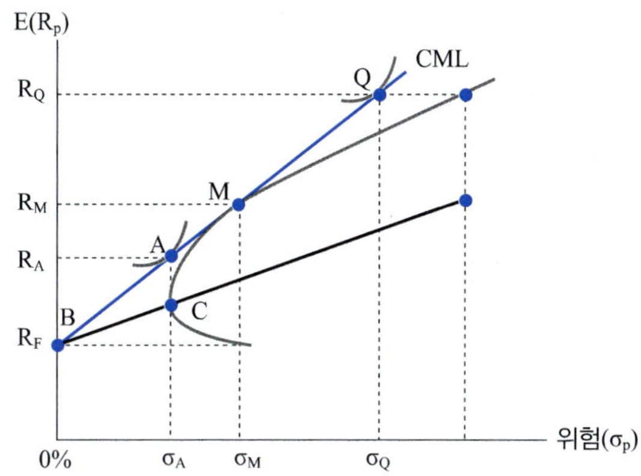

$$\sigma_P^2 = w_F^2\sigma_F^2 + w_A^2\sigma_A^2 + 2w_F w_A \sigma_F \sigma_A \sigma_{FA} \quad (\sigma_F = 0,\ \sigma_{FA} = 0) \tag{26}$$

$$\rightarrow \sigma_P = w_A \sigma_A \tag{27}$$

그런데, $w_F + w_A = 1$이며, $w_A = \sigma_P/\sigma_A$, $w_F = 1 - \sigma_P/\sigma_A$이므로, 이를 식 (25)에 대입한 후 정리하면 식 (28)이 된다.

$$E(R_P) = w_F R_F + w_A E(R_A) = (1 - \sigma_P/\sigma_A)R_F + (\sigma_P/\sigma_A)E(R_A)$$

$$E(R_P) = R_F + \frac{E(R_A) - R_F}{\sigma_A}\sigma_P = R_F + w_A[E(R_A) - R_F] \tag{28}$$

[그림 4-7]에는 무위험자산과 위험자산의 결합을 나타내는 자본시장선을 보여주고 있다. 즉, 포트폴리오의 기대수익률은 포트폴리오의 위험에 선형적으로 비례하게 되므로 위험자산과 무위험자산이 결합하는 경우 포트폴리오의 기대수익률과 위험에 분산효과가 없음을 나타낸다. 지배원리에 따라 무위험자산 B와 위험자산의 집단 중 M을 결합하면 가장 효율적이라는 것을 알 수 있다. 이에 따라 효율적인 B와 M을 연결하기 위하여 A 대신 M을 대입하면 선형 식 (29)가 도출되며, 이를 자본시장선(CML: capital market line)이라 한다.

$$E(R_P) = R_F + \frac{E(R_M) - R_F}{\sigma_M}\sigma_P \tag{29}$$

위 식 (29)는 위험자산과 무위험자산에 대한 투자로부터의 기대수익률을 나타낸 것이다. 기본적으로 위험자산에 대한 투자비중이 높을수록 기대수익률이 클 것이다. 결과적으로 위 식은 두 유형의 투자자산에 대한 배분으로부터 발생할 위험과 기대수익률의 관계에 관한 것으로 자본배분선(CAL: capital allocation line)이라고도 부른다. 자본배분선의 절편은 무위험수익률(R_F)이며, 기울기는 위험보상비율(RVAR: reward to variability ratio)이며, 분모에 표준편차를 이용하여 나누어 측정한 비율로 일반적으로 샤프 비율(Sharpe ratio)이라고 한다.

$$RVAR_P = \frac{E(R_P) - R_F}{\sigma_P} \tag{30}$$

이 기울기($RVAR_P$)는 포트폴리오 ***P***에 대한 위험프리미엄, $E(R_P) - R_F$을 표준편차(σ_P)로 나눈 값으로서, 위험부담의 대가에 대한 상대적 크기를 의미한다. 즉, 투자위험이 1% 증가할 때, 투자로부터 기대수익률이 얼마나 증가하는지 나타내며, 증가비율이 클수록 효율적이다. 변동계수(CV: coefficient of variation) 또는 상대적 표준편차(RSD: relative standard deviation)는 표준편차를 평균 또는 기대값으로 나누어 산출하는데 개념적으로는 유사하다.

$$CV_P = \frac{\sigma_P}{\mu_P} = \frac{\sigma_P}{E(R_P)} \tag{30-1}$$

예제 4-8

① 위험 포트폴리오 A의 기대수익률이 12%이고 표준편차가 15%이며, 무위험수익률이 3%이다. 만일 무위험자산에 20% 투자하고, 위험 사업에 80% 투자한다면 이 포트폴리오의 기대수익률과 위험을 구하시오.

$$\sigma_P = w_A \sigma_A = (0.8)(15\%) = 12.0\%$$

$$방법\ 1:\ E(R_P) = R_F + \frac{E(R_A) - R_F}{\sigma_A}\sigma_P$$

$$= 3\% + \frac{12\% - 3\%}{15\%}12\% = 10.2\%$$

$$방법\ 2:\ E(R_P) = w_F R_F + w_A E(R_A)$$

$$= (0.2)(3\%) + (0.8)(12\%) = 10.2\%$$

$$방법\ 3:\ E(R_P) = R_F + w_A[E(R_A) - R_F]$$

$$= 3\% + (0.8)(12\% - 3\%) = 10.2\%$$

② 이 경우 위험 포트폴리오에 대한 보상비율($RVAR$) 또는 샤프 비율을 구하시오.

$$RVAR_P = \frac{12\% - 3\%}{15\%} = 0.6$$

예제 4-9

포트폴리오 위험과 기대수익률(무위험수익률 3%)에 관한 자료이다.

구 분	사업 1	사업 2	사업 3	사업 4
기대수익률	8.00%	16.00%	18.00%	20.00%
표준편차	5.00%	18.00%	14.00%	12.00%

① 위험보상비율(RVAR, 샤프 비율)을 산출하고 비교하시오.

$$RVAR_1 = \frac{8\% - 3\%}{5\%} = 1.00$$

$$RVAR_2 = \frac{16\% - 3\%}{18\%} = 0.72$$

$$RVAR_3 = \frac{18\% - 3\%}{14\%} = 1.07$$

$$RVAR_4 = \frac{20\% - 3\%}{12\%} = 1.42$$

사업 4, 사업 3, 사업 1 및 사업 2의 순서로 효율성이 점차 낮아진다. 위험에 대한 보상비율 기준으로는 사업 4를 채택하는 것이 가장 바람직하다.

② 변동계수(CV)를 기준으로 사업의 위험도(변동성)를 진단하시오.

$$CV_1 = \frac{5\%}{8\%} = 0.625$$

$$CV_2 = \frac{18\%}{16\%} = 1.125$$

$$CV_3 = \frac{14\%}{18\%} = 0.777$$

$$CV_4 = \frac{12\%}{20\%} = 0.600$$

사업 2, 사업 3, 사업 1 및 사업 4의 순서로 높은 상대적 변동성을 보인다. 사업 2는 변동성이 커서 상대적으로 더 위험하고, 사업 4가 상대적으로 가장 안전하다. 기대수익률도 높으므로 가장 바람직한 방안으로 보인다.

2. 무위험자산과 위험자산의 배분

앞서 [그림 4-7]에는 무위험자산과 위험 포트폴리오의 결합 포트폴리오 위험을 최소화한 자본시장선(CML)을 나타내고 있다. 선분 Q－M－B 위의 투자안은 다른 어떤 투자안보다 효율적인 투자안 결합이며, 주어진 수익률에서 가장 적은 위험으로 또는 주어진 위험에서 가장 높은 수익률을 얻는 투자안의 집합을 나타낸다.

결과적으로 마코위츠가 도출한 위험투자 간 효율적 프론티어(efficient frontier)는 무위험자산을 투자대상에 포함시키면 보다 효율적 프론티어인 자본시장선(CML)에 의하여 대체되며, 투자자는 위험 선호도에 따라 자본시장선 상의 최적 조합을 선택하게 되는 것이다. [그림 4-7]에서는 가장 위험을 회피하는 투자자는 B에 투자하고, 위험선호도가 높아질수록 A, M 및 Q 등으로 수용하는 투자위험의 크기를 점차 늘릴 것이다.

투자사업에서 기대되는 수익률과 동반되는 위험에 대한 태도는 투자자마다 다르다. 이를 효용함수로 나타내면 위험회피형의 투자자 효용은 수익의 증가함수이며, 위험에 대하여는 감소함수이다. 가령 위험회피형(risk aversive) 투자자의 효용함수가 다음과 같다면

$$U_P(\bullet) = E(R_P) - \frac{1}{2}a\sigma_P^2 \tag{31}$$

a는 투자자의 위험회피도(risk aversion measurement)이다. 가령 위험회피도가 2라면 기대수익 한 단위의 증가는 분산 1단위의 증가로 상쇄됨을 의미한다.

한편, 위험 포트폴리오에 w_A만큼 투자하고 무위험 포트폴리오에 $(1-w_A)$만큼 투자한다면 최종 포트폴리오 기대수익률과 위험의 관계가 다음과 같다.

$$E(R_P) = R_F + w_A[E(R_A) - R_F]$$

$$\sigma_P^2 = w^2\sigma_A^2$$

이를 위 식 (31)에 대입하면,

$$\begin{aligned} \text{Max}\, U_P(\bullet) &= E(R_P) - \frac{1}{2}a\sigma_P^2 \\ &= R_F + w_A[E(R_A) - R_F] - \frac{1}{2}aw_A^2\sigma_A^2 \end{aligned} \tag{32}$$

효용을 극대화하기 위한 위험자산에 대한 투자비율 w_A를 구하기 위하여, 위 식을 w_A에 대하여 미분하여 0으로 놓고 풀면 최적해인 w_A^*는 다음과 같이 기대수익에 대해서는 증가관계, 위험과 위험회피도에 대해서는 역의 관계로 나타난다.

$$w_A^* = \frac{E(R_A) - R_F}{a\sigma_A^2} \tag{33}$$

예제 4-10

① 위험 포트폴리오 A의 기대수익률이 12%이고 표준편차가 15%이며, 무위험수익률이 3%이다. 만일 효용함수가 $\text{Max } U_P(\bullet) = E(R_P) - \frac{1}{2}a\sigma_P^2$이며, 위험회피도가 2인 투자자라면 위험 포트폴리오 A에 대한 최적 투자비중(w_A)을 산출하시오.

w_A에 대하여 미분하고 1차 필요조건을 0으로 두고 풀고 대입하면

$$w_A^* = \frac{12\% - 3\%}{2(15\%)^2} = 0.2 \qquad w_F^* = 1 - w_A^* = 0.8$$

② 이 포트폴리오의 기대수익률과 위험을 구하시오.

$$\sigma_P = w_A \sigma_A = (0.2)(15\%) = 3\%$$

$$E(R_P) = R_F + \frac{E(R_A) - R_F}{\sigma_A}\sigma_P = 3\% + \frac{12\% - 3\%}{15\%}3\% = 5.4\%$$

3. 시장 포트폴리오와 분리정리

위험자산 중에서 무위험자산과 결합하여 가장 효율적인 포트폴리오 M을 시장 포트폴리오(market portfolio)라고 한다. 이는 자본시장에 참여하는 모든 투자자들의 합리적인 투자의사결정의 결과로서 위험은 극소화하면서 기대수익을 극대화하고자 하면 위험자산 간의 분산투자로서 자본시장선 상에 존재하는 투자안이 된다. 전체 투자자금의 일부를 무위험자산에 투자할 경우는 B에서 낮은 위험도에 낮은 수익률을 달성할 수 있다. 이는 실제로 은행에 예치하는 투자로써 대출 포트폴리오(lending portfolio)가 된다. 반대로 전체 투자자금을 초과하여 자금을 차입하여 시장 포트폴리오에 투자할 경우는 M보다 더 높은 위험을 감수하면서 더 높은 기대수익률을 추구하며 투자안 Q와 같은 차입 포트폴리오(borrowing portfolio)를 구성한다.

토빈은 투자자들의 위험에 대한 태도에 상관없이 오로지 위험 포트폴리오 M

과 무위험 포트폴리오 B만으로 마코위츠(Markowitz)의 효율적 투자 포트폴리오보다 더 효율적인 투자 포트폴리오를 구성할 수 있으므로 합리적인 투자자들은 무위험자산과 시장 포트폴리오 간 투자비율을 선택하는 것이 필요하며, 위험에 대한 상대적인 선호도에 의해서 결정된다고 하였다. 이를 토빈의 분리정리(Tobin's separation theorem)라고 부른다. 결과적으로 투자자들은 주식형 펀드와 채권형 펀드를 위험선호도에 따라 적정한 비율로 선택한다는 것이다. 투자안 A, B, M 및 Q는 모두 최적 포트폴리오이며, 투자자의 위험선호도에 따른 결과이다. A에 비하여 Q에 투자하는 투자자는 상대적으로 위험선호형 투자자라고 할 수 있다.

이러한 분리정리는 우선, 정보력이 부족한 투자자들도 효율적인 자본시장에서는 소극적으로 시장 포트폴리오와 안정적인 무위험 채권 펀드 투자를 통하여 합리적인 투자위험 관리와 수익률 관리를 할 수 있다는 것이다. 그러나 자본시장선은 오직 균형상태에 있는 포트폴리오만을 대상으로 하기 때문에 개별 사업이나 투자자산에 대한 기대수익과 위험의 관계를 제대로 설명하지 못한다는 한계점이 있다.

핵심정리

1. 개별투자 위험

- 기대수익률 : $E(R) = \sum_{i=1}^{m} p_i R_i$ (i는 여러 가지 사건 또는 상황임)
- 분산 : $Var(R) = \sigma^2 = E[(R) - E(R)]^2 = \sum_{i=1}^{m} p_i [R_i - E(R)]^2$
- 표준편차 : $\sigma = \sqrt{\sigma^2} = \sqrt{\sum_{i=1}^{m} p_i [(R - E(R_i)]^2}$
- 공분산 : 편차 : $Cov(R_1, R_2) = \sigma_{12} = \sum_{i=1}^{m} p_i [R_{1i} - E(R_1)][R_{2i} - E(R_2)]$
- 상관계수 : $Corr(R_1, R_2) = \rho_{12} = \sigma_{12} / (\sigma_1 \sigma_2)$

2. 포트폴리오 위험

- 기대수익률 : $E(R_P) = \sum_{i=1}^{n} w_i E(R_i)$ (i는 여러 가지 투자사업 또는 투자상품임)
- $E(R_P) = \sum_{i=1}^{2} w_i E(R_i) = w_1 E(R_1) + w_2 E(R_2)$
- 분산 : $Var(R_P) = \sigma_P^2 = w_1^2 \sigma_1^2 + w_2^2 \sigma_2^2 + 2\rho_{12} w_1 w_1 \sigma_2 \sigma_2$
- 공분산 : $Cov(R_1, R_2) = \sigma_{12} = \rho_{12} \sigma_1 \sigma_2$
- 상관계수 : $\rho_{12} = \dfrac{Cov(R_1, R_2)}{\sqrt{Var(R_1)\, Var(R_2)}} = \dfrac{\sigma_{12}}{\sigma_1 \sigma_2}$

3. 포트폴리오 효과

1) 투자 종목이 2개인 경우

$\rho_{12} = +1$인 경우, $\sigma_P = w_1 \sigma_1 + w_2 \sigma_2$ (위험 감소 효과 없음)

$\rho_{12} = -1$인 경우, $\sigma_P = |w_1 \sigma - w_2 \sigma_2|$ (위험 감소 효과 최대)

$\rho_{12} = 0$인 경우, $\sigma_P = \sqrt{w_1^2 \sigma_1^2 + w_2^2 \sigma_2^2}$

2) 투자 종목이 n개인 경우

$$Var(R_P) = \sum_{i=1}^{n}\sum_{j=1}^{n} w_i w_j \sigma_{ij} = \sum_{i=1}^{n} w_i^2 \sigma_i^2 + \sum_{i=1}^{n}\sum_{j=1}^{n} w_i w_j \sigma_{ij} \quad (w_i = 1/n \text{ 가정})$$

$$= \sum_{i=1}^{n} \left(\frac{1}{n}\right)^2 \sigma_i^2 + \sum_{i=1}^{n}\sum_{j=1}^{n} \left(\frac{1}{n}\right)\left(\frac{1}{n}\right) \sigma_{ij} = \underset{(i=j)}{n\left(\frac{1}{n}\right)^2 \sigma_i^2} + \underset{(i \neq j)}{\frac{n(n+1)}{n^2} \sigma_{ij}}$$

$$Var(R_P) = \frac{n(n+1)}{n^2}\sigma_{ij}\ (i \neq j)$$: 수익률 간 공분산($i \neq j$)의 평균에 수렴

개별투자건별 분산은 소멸됨

4. 최소분산 포트폴리오(MVP: minimum variance portfolio)

1) $-1 < \rho_{12} < 1$인 경우

$$w_1^* = \frac{\sigma_2^2 - \sigma_{12}}{\sigma_1^2 + \sigma_2^2 - 2\sigma_{12}} = \frac{\sigma_2^2 - \rho_{12}\sigma_1\sigma_2}{\sigma_1^2 + \sigma_2^2 - 2\rho_{12}\sigma_1\sigma_2}$$

2) $\rho_{12} = -1$인 경우

$$w_1^* = \sigma_2/(\sigma_1 + \sigma_2)$$

5. 자본시장선(펀드분리=무위험 투자+위험 투자)

- 기대수익률 : $E(R_P) = w_F R_F + w_A E(R_A)$
- 자본시장선(CML: capital market line) : $E(R_P) = R_F + \frac{E(R_M) - R_F}{\sigma_M}\sigma_P$
- 포트폴리오 위험 : $\sigma_P = w_A \sigma_A$
- 위험보상비율 : $RVAR_P = \frac{E(R_P) - R_F}{\sigma_P}$ (reward to variability, 샤프 비율)
- 변동계수 : $CV_P = \frac{\sigma_P}{\mu_P} = \frac{\sigma_P}{E(R_P)}$ (CV: coefficient of variation)
- 효용곡선 : $U_P(\bullet) = E(R_P) - \frac{1}{2}a\sigma_P^2$ (예시: a=투자자의 위험회피도)
- 위험자산에 대한 최적투자비중 : $w_A^* = \frac{E(R_A) - R_F}{a\sigma_A^2}$

연습문제

1. 핵심용어

다음의 용어를 요약하여 설명하시오.

- 위험
- 분산, 표준편차
- 기대수익률
- 위험 선호/중립/회피
- VaR(Value-at-Risk)
- 위험중립자
- 평균 · 분산기준
- 지배원리
- 열세 사업
- 효율적 프론티어
- 위험과 효용곡선
- 포트폴리오 효과
- 공분산
- 상관계수
- 최소분산 포트폴리오
- 공매
- 기업고유위험
- 비체계적 위험
- 체계적 위험
- 시장위험
- 위험자산
- 통제가능 위험
- 분산가능 위험
- 분산불가능 위험
- 무위험자산
- 자본시장(배분)선
- 변동계수
- 위험보상비율
- 샤프 비율
- 시장수익률
- 무위험수익률
- 위험회피도
- 토빈의 분리정리
- 최적 포트폴리오
- 대출 포트폴리오
- 차입 포트폴리오

2. 개별사업별 기대수익률과 위험

투자사업별 수익률 분포를 이용하여 다음에 답하시오.

미래상황(i)	확률(P_i)	수익률(R_i)	
		사업 1	사업 2
낙관	0.2	40.0%	55.0%
중립	0.4	20.0%	14.0%
비관	0.4	−20.0%	−23.0%

① 사업 1과 사업 2에 대하여 투자사업별로 기대수익률을 계산하시오.

② 사업 1과 사업 2에 대하여 투자사업별로 표준편차를 이용하여 위험을 계산하시오.

③ 사업 1과 사업 2에 대하여 수익과 위험을 기준으로 투자안을 선택하시오.

④ Excel의 NORM.DIST 또는 NORM.S.DIST 명령어를 사용하여 사업 1과 사업 2에서 각각 10% 이상의 손실을 입을 확률을 계산하시오.

⑤ 사업 1과 사업 2의 수익률 간 공분산과 상관계수를 구하고 투자방안을 말해 보시오.

⑥ 사업 1과 사업 2의 수익률 간 최소분산 포트폴리오 투자비중을 구하시오.

3. 지배원리, 상관계수 및 포트폴리오 효과

다음은 사업별 수익과 위험에 대한 분포를 제시하고 있다.

구 분	사업 1	사업 2	사업 3	사업 4	사업 5
기대수익률	8.00%	7..40%	4.00%	12.00%	7.40%
표준편차	24.00%	29.00%	7.00%	24.00%	34.00%
투자비중			30.00%	70.00%	

① 지배원리에 의하여 효율적인 사업들을 선택하시오.

② 포트폴리오의 수익률과 위험을 산출하시오.

③ 사업 1과 사업 3에 대하여 각각 30% 및 70% 투자를 가정하고, 상관계수 −1, −0.5, 0 및 1에 대하여 투자사업 포트폴리오의 위험을 측정하시오.

4. 공분산 매트릭스와 최소분산 포트폴리오

① 투자사업 간 공분산 매트릭스를 이용하여 사업 간 상관계수를 산출하시오.

구 분	사업 1	사업 2	사업 3
표준편차	28.00%	35.00%	50.00%
사업 1	7.84%	−8.00%	−6.00%
사업 2	−8.00%	12.25%	5.00%
사업 3	−6.00%	5.00%	25.00%

② 투자사업 간 상관계수와 공분산 매트릭스를 이용하여 가장 바람직한 투자조합과 최소분산 포트폴리오의 구성방안을 설명하시오.

③ 위 MVP에 대한 사업 1(개별 수익률 10%)과 사업 2(개별 수익률 6%)의 포트폴리오 기대수익률과 위험을 산출하시오.

5. 최소분산 포트폴리오

사업 1과 사업 2의 기대수익률 간 상관계수가 −1이다. 또한 사업 1의 기대수익률은 16%, 표준편차는 15%, 사업 2의 기대수익률은 6%, 표준편차는 10%이다.

① 최소분산을 위한 포트폴리오 투자비율을 도출하시오.

② 이 투자 포트폴리오에 대한 투자수익률과 위험을 산출하시오.

6. 무위험자산과 최적 자본배분

① 위험 포트폴리오 A의 기대수익률이 15%이고 표준편차가 25%이며, 무위험수익률이 4%이다. 만일 무위험 자산에 20% 투자하고, 위험 사업에 80% 투자한다면 이 포트폴리오의 기대수익률과 위험을 구하시오.

② 이 경우 위험 포트폴리오에 대한 보상비율(RVAR) 또는 샤프 비율을 구하시오.

③ 아래 효용함수에 따라 효용을 극대화하려는 투자자(위험회피도 2)의 위험 포트폴리오 A에 대한 최적 투자비중(w_A)을 산출하시오.

$$U_P(\bullet) = E(R_P) - \frac{1}{2}a\sigma_P^2 \quad (a\text{: 위험회피도})$$

④ 이 포트폴리오의 기대수익률과 위험을 구하시오.

7. RVAR(샤프 비율), 변동계수와 투자안 선택

사업별로 기대수익률과 위험에 대한 자료이다. 무위험수익률을 4%로 가정한다.

구 분	사업 1	사업 2	사업 3	사업 4
기대수익률	15.00%	24.00%	18.00%	25.00%
표준편차	12.00%	18.00%	14.00%	18.00%

① 위험보상비율(RVAR) 또는 샤프 비율을 산출하고 상대적 효율성을 진단하시오.

② 변동계수(CV)를 기준으로 사업의 상대적 위험도를 진단하시오.

해 답

1. (생략)

2. 개별사업별 기대수익률과 위험

① 사업별 기대수익률

$$E(R_1) = \sum_{i=1}^{3} p_i R_{i1} = (0.2)(40\%) + (0.4)(20\%) + (0.4)(-20\%) = 8.0\%$$

$$E(R_2) = \sum_{i=1}^{m} p_i R_{i2} = (0.2)(55\%) + (0.4)(14\%) + (0.4)(-23\%) = 7.4\%$$

② 투자사업별 위험

$$Var(R_1) = \sigma_1^2 = (0.2)(40\% - 8\%)^2 + (0.4)(20\% - 8\%)^2 + (0.4)(-20\% - 8\%)^2 = 5.76\%$$

$$\sigma_1 = \sqrt{5.76\%} = 24.0\%$$

$$Var(R_2) = \sigma_2^2 = (0.2)(55\% - 7.4\%)^2 + (0.4)(14\% - 7.4\%)^2 + (0.4)(-23\% - 7.4\%)^2 = 8.40\%$$

$$\sigma_2 = \sqrt{8.4\%} = 29.0\%$$

③ 투자안 평가

사업 1과 사업 2의 평균 수익률을 비교하면, 각각 8.0%와 7.4% 수준임. 표준편차 기준 사업 1의 위험은 24.0%로 사업 2의 위험 29.0%보다 낮음. 따라서 위험기피자는 위험이 낮고 수익성이 높은 사업 1을 선택할 것으로 판단됨. 그러나 위험을 선호하는 투자자는 20%의 확률로 55%가 예상되는 사업 2를 택할 가능성도 있음. 크게 위험하지 않으며, 수익성이 나쁘지 않은 선택일 수 있음.

④ Excel 이용 : 10% 이상의 손실을 입을 가능성 진단

사업 1 :

NORM.DIST(값,평균,표준편차,누적) = NORM.DIST(−10%,8%,24%,TRUE) = 22.7%

NORM.S.DIST(Z값,누적) = NORM.DIST(−0.75,TRUE) = 22.7%

사업 2 :

NORM.DIST(값,평균,표준편차,누적) = NORM.DIST(−10%,7.4%,29%,TRUE) = 27.4%

NORM.S.DIST(Z값,누적) = NORM.DIST(−0.60,TRUE) = 27.4%

* Z = (−10% − 7.4%)/29% = −0.60

⑤ 공분산과 상관계수

$$\sigma_{12} = (0.2)(40\% - 8\%)(55\% - 7.4\%) + (0.4)(20\% - 8\%)(14\% - 7.4\%) + (0.4)(-20\% - 8\%)(-23\% - 7.4\%) = 6.40\%$$

$$\rho_{12} = \frac{Cov(R_1, R_2)}{\sigma_1 \sigma_2} = \frac{\sigma_{12}}{\sigma_1 \sigma_2} = \frac{6.4\%}{(24\%)(29\%)} = 92.0\%$$

선택된 두 사업 간에는 높은 상관관계(92%)가 존재하여 바람직한 포트폴리오 투자방안이 될 수 없음. 공분산 또는 상관계수가 음(−)인 사업 간 조합 필요

⑥ 최소분산 포트폴리오 투자

$$w_1^* = \frac{\sigma_2^2 - \rho_{12}\sigma_1\sigma_2}{\sigma_1^2 + \sigma_2^2 - 2\rho_{12}\sigma_1\sigma_2} = \frac{(29\%)^2 - (0.92)(24\%)(29\%)}{(24\%)^2 + (29\%)^2 - 2(0.92)(24\%)(29\%)} = 149.17\%$$

$$w_2^* = 1 - w_1^* = -49.17\%$$

사업 1에 보유예산을 초과해 150% 정도 보유하고, 사업 2는 공매(short selling)를 통해 (−)의 보유상태.

* 공매 : 가치하락을 예상하여 보유하지 않는 주식을 매도하고 추후에 매입하여 충당함.

3. 지배원리, 상관계수 및 포트폴리오 효과

① 지배원리와 효율적 투자

− 지배사업 : 사업 4 (사업 1 탈락) ← 동일 위험에 수익성은 사업 4가 높음.
사업 2 (사업 5 탈락) ← 동일 기대수익률에 위험은 사업 2가 낮음.
사업 3 ← 동일한 수준의 위험이나 기대수익률로 탈락 여부 판단이 어려움.
타사업보다 위험도 가장 낮고 기대수익률도 가장 낮음.

② 포트폴리오 수익률

$$E(R_P) = \sum_{i=1}^{2} w_i R_i = (0.4)(4\%) + (0.7)(12\%) = 9.6\%$$

③ 상관계수 수준별 투자 포트폴리오 위험

1) $\rho = -1$인 경우, $\sigma = 14.7\%$

$$\sigma_P^2 = (0.3)^2(7\%)^2 + (0.7)^2(24\%)^2 - 2(0.3)(0.7)(7\%)(24\%)$$
$$= |(0.3)(7\%) - (0.7)(24\%)| = 2.16\%$$

2) $\rho = -0.5$인 경우, $\sigma = 15.9\%$

$$\sigma_P^2 = (0.3)^2(7\%)^2 + (0.7)^2(24\%)^2 - 2(0.5)(0.3)(0.7)(7\%)(24\%) = 2.51\%$$

3) $\rho = 0$인 경우, $\sigma = 16.9\%$

$$\sigma_P^2 = (0.3)^2(7\%)^2 + (0.7)^2(24\%)^2 = 2.86\%$$

4) $\rho = +1$인 경우, $\sigma = 18.9\%$

$$\sigma_P^2 = (0.3)^2(7\%)^2 + (0.7)^2(24\%)^2 + 2(0.3)(0.7)(7\%)(24\%)$$
$$= (0.3)(7\%) + (0.7)(24\%) = 3.57\%$$

4. 공분산 매트릭스와 최소분산 포트폴리오

① 공분산과 상관계수

$$\rho_{12} = \frac{\sigma_{12}}{\sigma_1\sigma_2} = \frac{-8\%}{(28\%)(35\%)} = -81.63\%$$

$$\rho_{13} = \frac{\sigma_{13}}{\sigma_1 \sigma_3} = \frac{-6\%}{(28\%)(50\%)} = -42.86\%$$

$$\rho_{23} = \frac{\sigma_{23}}{\sigma_2 \sigma_3} = \frac{-6\%}{(35\%)(50\%)} =- 28.57\%$$

② 최소분산 포트폴리오의 구성방안

선택조합: 상관계수 기준 가장 큰 음(−)수인 (사업 1, 사업 2) 조합 선택

사업 1에 대한 최소분산 포트폴리오 투자비중

$$w_1^* = \frac{\sigma_2^2 - \sigma_{12}}{\sigma_1^2 + \sigma_2^2 - 2\sigma_{12}} = \frac{(35\%)^2 - (-8\%)}{(28\%)^2 + (35\%)^2 - 2(-8\%)} = 56.1\%$$

사업 2에 대한 최소분산 포트폴리오 투자비중

$$w_2^* = 1 - w_1^* = 43.9\%$$

③ MVP의 기대수익률과 위험

$$E(R_P) = (0.561)(10\%) + (0.439)(6\%) = 8.24\%$$

$$\sigma_P^2 = (0.561)^2(28\%)^2 + (0.439)^2(35\%)^2 - 2(0.651)(0.439)(8\%)$$

$$= 0.8879\%; \quad \sigma = 9.42\%$$

5. 최소분산 포트폴리오

① 최소분산 포트폴리오 투자비율

$$w_1^* = \sigma_2 / (\sigma_1 + \sigma_2) = 10\% / (15\% + 10\%) = 0.4, \quad w_2^* = 1 - w_1^* = 0.6$$

② 최소분산 투자수익률 및 위험

$$E(R_P) = \sum_{i=1}^{n} w_i R_i = (0.4)(16\%) + (0.6)(6\%) = 10\%$$

$$\sigma_P = |w_1\sigma_1 - w_2\sigma_2| = |(0.4)(15\%) - (0.6)(10\%)| = 0\%$$

결과적으로 상관계수가 −1인 경우, 두 사업의 투자위험에 반비례하여 투자재원을 안분 투자하면, 무위험 포트폴리오 구현 가능

6. 무위험자산과 최적 자본배분

① 무위험자산 도입의 효과: 위험 및 기대수익률

$$\sigma_P = w_A \sigma_A = (0.7)(25\%) = 17.5\%$$

$$E(R_P) = R_F + \frac{E(R_A) - R_F}{\sigma_A}\sigma_P = 4\% + \frac{15\% - 4\%}{25\%}17.7\% = 11.7\%$$

② 위험에 대한 보상비율($RVAR$, 샤프 비율)

$$RVAR_P = \frac{15\% - 4\%}{25\%} = 11/25 = 0.444$$

③ 최적 자본배분 비율

$$\text{Max}\, U_P(\bullet) = E(R_P) - \frac{1}{2}a\sigma_P^2 = R_F + w_A[E(R_A) - R_F] - \frac{1}{2}aw_A^2\sigma_A^2$$

$$w_A^* = \frac{15\% - 4\%}{2(25\%)^2} = 0.44 \qquad w_F^* = 1 - w_A^* = 0.56$$

④ 최적 포트폴리오 기대수익률 및 위험

$$\sigma_P = w_A\sigma_A = (0.44)(25\%) = 11\%$$

$$E(R_P) = R_F + \frac{E(R_A) - R_F}{\sigma_A}\sigma_P = 4\% + \frac{15\% - 4\%}{25\%}11\% = 8.84\%$$

7. RVAR(샤프 비율), 변동계수와 투자안 선택

① $RVAR_1 = \frac{15\% - 4\%}{12\%} = 0.917,\ RVAR_2 = \frac{24\% - 4\%}{18\%} = 1.111$

$$RVAR_3 = \frac{18\% - 4\%}{13\%} = 1.077,\ RVAR_4 = \frac{25\% - 4\%}{13\%} = 1.167$$

RVAR을 기준으로 사업의 효율성이 사업 4 → 사업 2 → 사업 3 → 사업 1로 점차 낮아짐.

② 변동계수(CV)와 상대적 위험도

$$CV_1 = \frac{12\%}{15\%} = 0.800,\ CV_2 = \frac{18\%}{24\%} = 0.750$$

$$CV_3 = \frac{14\%}{18\%} = 0.777,\ CV_4 = \frac{18\%}{25\%} = 0.720$$

사업 1 → 사업 3 → 사업 2 → 사업 1로 상대적 위험도(변동성)가 낮아짐.

사업 1 등에 높은 수익률이 보상되거나 위험관리가 되지 않는 한 사업 4가 가장 바람직함.

CHAPTER 5

자본자산가격결정모형

제1절 자본자산가격결정모형(CAPM)
제2절 증권시장선
제3절 차익거래가격결정모형(APM)
제4절 효율적 시장가설

학습목표

투자이론에서 가장 핵심적인 이론이 성과판단의 기준이 되는 자본비용에 대한 이론이다. 특히, 불확실한 시장상황에 대하여 투자에 대한 기대수익률과 내재된 위험과의 관계가 무엇보다 중요하다. 본 장에서는 자본자산가격결정모형(CAPM)에 대한 소개와 대안으로 제시된 차익거래가격결정모형(APM)을 간단히 소개하고자 한다. 앞장에서 제시된 자본시장선(CML)과 비교하여 증권시장선(SML)의 차별성을 제시하고, 이론과 실무적으로 주식 등 데이터를 이용하여 자기자본비용(cost of equity capital)을 도출하고 측정하는 방법을 배우기로 한다. 마지막으로 효율적 시장가설(EMH)을 소개하고, 주식시장의 효율성에 대한 내용을 소개함으로써 주식가치를 통한 기업가치의 극대화에서의 한계점 등을 검토하고자 한다. 보다 세부적인 사항은 투자론 과목 등을 통하여 보완 학습하길 바란다.

제 1 절 자본자산가격결정모형(CAPM)

1. 자본자산가격결정모형의 정의

마코위츠(Markowitz, H. M.)에 의하여 1952년 포트폴리오 선택이론(portfolio selection theory)이 도출된 이후 자본시장에서 합리적인 투자자들이 주어진 위험에서 기대수익률을 극대화하거나 유사한 관점에서 목표수익을 위한 위험극소화를 위한 일련의 이론적 연구가 진행되었으며, 자본자산가격결정모형(CAPM: capital asset pricing model)이 개발되었다(Sharpe, 1964; Lintner, 1965; Mossin, 1966). 이 CAPM 모형은 주식이나 채권 등 자본자산들의 기대수익률과 위험과의 관계를 이론적으로 정립시켰으며 현재 재무학(finance) 또는 재무경제학(financial economics)의 근간이 된다. 샤프(Sharpe)의 모형에 적용한 가정은 다음과 같다.

① **완전자본시장(perfect capital market)** : 모든 투자자의 완전경쟁으로 각 투자자는 시장에서 가격순응자(price-taker)이다. 또한 거래비용, 세금, 정보에 대한 비용이 없고, 공매는 무제한으로 가능하다.

② **효율적 프론티어(efficient frontier)** : 모든 투자자들은 마코위츠의 효율적 프론티어(efficient frontier)를 위험 포트폴리오로 선택한다.

③ **무위험자산(risk-free asset)의 가정** : 시장에는 무위험자산이 존재하며, 모든 투자자들이 무위험이자율로 언제든지 차입과 대출이 가능하다.

④ **동일 예측의 가정** : 모든 투자자들이 자산의 미래 수익률과 위험에 대한 확률분포를 동일하게 예측한다.

⑤ **1기간 모형(one-period model)** : 투자기간은 1기간이며, 자본시장이 초과수요나 초과공급이 없는 균형상태이다.

CAPM에 의하면 모든 투자자는 시장에 존재하는 모든 위험자산을 포함하는 시장포트폴리오(M)를 최적으로 선택한다.

2. 자본시장선과 증권시장선 비교

효율적인 완전시장에서 무위험자산과 시장포트폴리오를 연결하는 선을 자본배분선(CAL: capital allocation line)이라 한다. 주어진 수익률에서 가장 적은 위험으로 또는 주어진 위험에서 가장 높은 수익률을 얻는 가장 효율적인 최적 투자안의 집합을 자본시장선(CML: capital market line)이라 한다.

마코위츠가 도출한 위험투자 간 효율적 프론티어(efficient frontier)는 무위험자산이 투자대상에 포함시키면 보다 효율적 프론티어인 자본시장선(CML)에 의하여 대체된다(그림 5-1, A 참조).

또한 투자자는 자본시장이 균형을 이룰 때, 개별 자산의 기대수익률은 그 자산의 체계적 위험을 나타내는 베타계수(β coefficient)와 선형적으로 증가하는 관계를 가지며, 이 선을 증권시장선(SML: security market line)이라고 한다(그림 5-1, B 참조).

자본시장선에 따르면 투자자의 위험 선호도에 따라 가장 위험을 회피하는 투자자는 포트폴리오 B에 투자하고, 위험 선호도가 높아질수록 포트폴리오 A, M 및 Q 등으로 수용하는 투자위험의 크기를 점차 늘리며, 위험수준에 따라 기대수익률이 선형적으로 증가한다는 것이다.

그림 5-1 자본시장선과 증권시장선

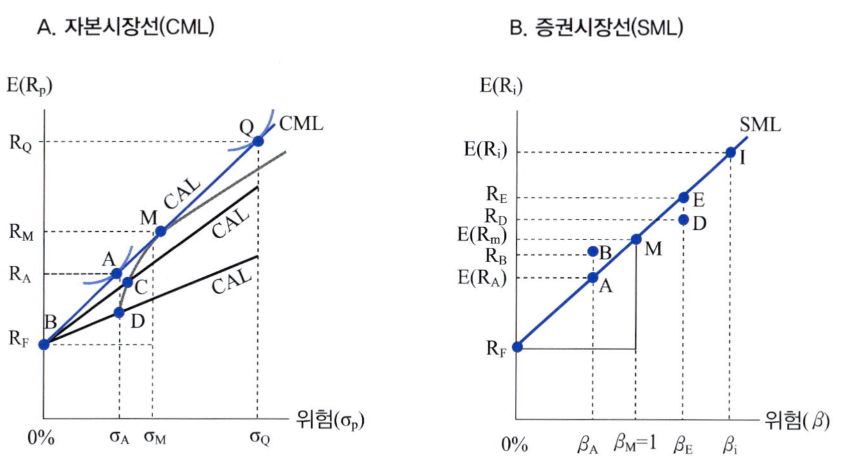

〈표 5-1〉 자본시장선(CML)과 증권시장선(SML) 비교

구 분	자본시장선(CML)	증권시장선(SML)
위험 측정	표준편차 또는 분산	베타(증권특성선의 기울기)
위험의 속성	포트폴리오 위험	개별 위험(체계적+비체계적)
포트폴리오의 효율성	비효율적 투자안 배제	비효율적 투자안 포함
투자자 입장	무위험자산과 위험자산 간 배분	투자건별 초과수익률 항목 파악
재무관리자 입장	내부 재무 데이터 활용	증권시장 데이터 활용
장점	용이한 측정 및 선호도 반영	객관적 측정 가능
단점	주관적 위험 평가	전문적인 자료 분석능력 필요

반면 증권시장선에 따르면 투자자의 위험 선호도에 따라 체계적 위험인 베타 수준을 높이거나 낮추는 투자를 하며, 가장 위험을 회피하는 투자자는 제로 베타를 선택함으로써 무위험수익률을 추구하고, 위험 선호도가 높아질수록 A, M, E 및 I 등으로 수용하는 투자위험의 크기를 점차 늘리며, 대응하는 기대수익률이 선형적으로 증가한다는 것이다.

3. 베타와 투자위험

체계적 위험인 베타는 증권시장 포트폴리오(M)의 수익률(R_m)과 개별 투자자산의 수익률(R_i) 간 최소자승법(ordinary least square method)에 의한 선형회귀선, 이른바 증권특성선(SCL: security charaterristic line)의 기울기이다. 즉 다음 식 (1)에 의하여 통계적으로 측정되는 기울기를 베타계수(beta coefficient)라고 한다.

$$R_{it} = \alpha_i + \beta_i R_{mt} + \epsilon_{it} \tag{1}$$

R_{it} : 개별 투자자산 i의 시점 t에서의 수익률

α_i : 선형회귀선(증권특성선)의 y축 절편(intercept, alpha coefficient)
시장수익률이 0일 때 기대되는 개별 증권 i의 평균 초과수익률

β_i : 선형회귀선(증권특성선)의 기울기(slope, beta coefficient)
시장수익률이 증분에 대한 개별 증권 i의 수익률 변동의 민감도

R_{mt} : 증권시장 포트폴리오(M)의 시점 t에서의 수익률(R_m)
ϵ_{it} : 개별 투자자산 i의 시점 t에서의 수익률에 대한 회귀추정의 오차

베타는 증권특성선(SCL)의 기울기이다. 이는 시장포트폴리오 수익률의 변동성(σ_m^2) 대비 개별 투자자산 수익률과 시장포트폴리오 수익률 간 공분산(σ_{im})의 비율로 산출되는 것이다. 베타가 전체 시장수익률에 대한 특정 주가의 민감도를 나타낸다. 베타가 1보다 크면 경기에 민감하게 반응하는 공격주가 되고, 반대이면 경기방어주가 된다. 베타는 증권특성선의 기울기로 다음의 식에 의하여 추정한다.

$$\beta_i = \frac{\sum_{t=1}^{T}[R_{mt} - E(R_m)][R - E(R_i)]/(n-1)}{\sum_{t=1}^{T}[R_{mt} - E(R_m)]^2/(n-1)} = \frac{\sigma_{im}}{\sigma_m^2} \qquad (2)$$

σ_{im}: 개별 투자자산 i와 시장포트폴리오(M)의 수익률 간 공분산
σ_m^2: 개별 투자자산 i 시장수익률의 분산

식 (2)를 공분산과 상관계수의 정의를 토대로 다시 정리하면 식 (2-1)이 된다.

$$\beta_i = \frac{\sigma_{im}}{\sigma_m^2} = \frac{\rho_{im}\sigma_i\sigma_m}{\sigma_m^2} = \rho_{im}\frac{\sigma_i}{\sigma_m} \qquad (2\text{-}1)$$

ρ_{im}: 개별 투자자산 i와 시장포트폴리오(M)의 수익률 간 상관계수

결과적으로 베타계수는 체계적 위험(systematic risk)인 시장위험(market risk)의 변동에 의하여 발생하는 위험을 진단한다.

한편 식 (1)을 이용한 회귀분석으로부터 다음 회귀식의 y축 절편을 구할 수 있다. 이 절편은 주식시장 수익률이 0인 상황에서도 특정 주식으로부터 얻게 되는 평균수익률을 의미한다.

$$\hat{\alpha}_i = \overline{R_i} + \hat{\beta}_i \overline{R_m} \qquad (2\text{-}2)$$

$\hat{\alpha}_i$: 개별 투자자산 i에 대한 y축 절편. 시장수익률이 0인 경우 평균수익률
$\overline{R_i}$: 개별 투자자산 i의 평균수익률
$\overline{R_m}$: 주식시장 포트폴리오(M)의 평균수익률

식 (2-1)과 식 (2-2)를 이용하여 추정회귀선을 식 (3)과 같이 정리할 수 있다.

$$\widehat{R_{it}} = \widehat{\alpha_i} + \widehat{\beta_i} R_{mt} \quad (\text{\^{}는 회귀 추정치임}) \tag{3}$$

$$R_{it} = \widehat{\alpha_i} + \widehat{\beta_i} R_{mt} + \epsilon_{it} \tag{3-1}$$

또한 식 (1)과 식 (3)으로부터 투자수익률의 분산을 다음과 같이 구할 수 있다.

$$\sigma_i^2 = \beta_i^2 \sigma_m^2 + \sigma_{ie}^2 \tag{4}$$

σ_i^2: 개별 증권 i 수익률의 분산

β_i: 베타계수

σ_{ie}^2: 개별 증권 i 회귀추정 잔차항의 분산

또한 식 (4)와 같은 의미에서 포트폴리오 위험은 다음과 같이 표현된다.

$$\sigma_p^2 = \beta_p^2 \sigma_m^2 + \sigma_{p\epsilon}^2 = \text{체계적 위험(시장위험)} + \text{비체계적 위험(잔차위험)} \tag{4-1}$$

즉, 포트폴리오 위험은 시장과 연계된 체계적 위험인 $\beta_p^2 \sigma_m^2$과 비체계적 위험인 $\sigma_{p\epsilon}^2$으로 나눌 수 있다. 전자는 분산불가능한 시장위험(market risk)이고, 후자는 분산가능한 잔차위험(residual risk)이다.

예제 5-1

다음은 2018년도 우리나라 증권시장의 월별 자료이다.

연 월	SS전자	K자동차	KOSPI	CD금리(연간)
2018.01	-2.10%	3.38%	3.93%	1.66%
2018.02	-5.86%	-0.87%	-5.57%	1.65%
2018.03	4.49%	-10.26%	0.76%	1.65%
2018.04	7.40%	6.55%	2.80%	1.65%
2018.05	-4.41%	-6.07%	-3.74%	1.65%
2018.06	-8.33%	-0.97%	-4.08%	1.65%
2018.07	-0.86%	2.72%	-1.34%	1.65%
2018.08	4.65%	1.10%	1.20%	1.65%
2018.09	-4.22%	9.09%	0.87%	1.65%
2018.10	-9.12%	-21.18%	-14.36%	1.68%
2018.11	-1.31%	7.13%	3.26%	1.71%
2018.12	-7.83%	9.98%	-2.70%	1.91%

① 엑셀을 이용하여 2018년도 월별 SS전자, K자동차, KOSPI 수익률 및 CD금리의 연간 평균수익률, 위험(표준편차) 및 베타계수를 구하시오.

연 월	SS전자	K자동차	KOSPI	CD금리(연간)
수익률	-2.29%	0.05%	-1.58%	1.68%
표준편차	5.21%	8.60%	4.86%	0.07%
Y절편	-1.14%	2.07%	0.00%	1.68%
베타계수	0.7279	1.2775	1.0000	0.0012

엑셀함수 평균수익률 =AVERAGE(데이터구간 B2:B13)
표준편차 =STDEV.P(데이터구간 B2:B13)
Y절편($\widehat{\alpha_i}$) =INTERCEPT(Y축자료 B2:B13, X축자료 B2:B13)
베타계수($\widehat{\beta_i}$) =SLOPE(Y축자료 B2:B13, X축자료 B2:B13)

② 위 자료를 이용하여 SS전자와 K자동차의 증권특성선을 적고, 그 의미를 기술하시오.

SS전자 : $R_{st} = -1.14\% + (0.7279)R_{mt} + \epsilon_{st}$

SS전자의 경우, KOSPI 시장수익률이 0인 경우 평균수익률이 -1.14%로 KOSPI 시장평균보다 평균적으로 약 1% 이상 더 낮은 평균수익을 얻는다는 의미이며, 베타계수가 0.7279이기 때문에 KOSPI 시장수익률 10% 상승시 해당 기업의 주가가 약 7.3% 상승한다는 의미이다. 또한 베타계수가 1보다 작기 때문에 이 기업은 KOSPI 시장에서 경기 방어주의 역할을 하고 있다.

K자동차 : $R_{kt} = 2.07\% + (1.2775)R_{mt} + \epsilon_{kt}$

K자동차의 경우, 시장수익률이 0인 경우 평균수익률이 2.07%로 KOSPI 시장평균보다 평균적으로 약 2% 이상 더 높은 평균수익을 얻는다는 의미이며, 베타계수가 1.2775이기 때문에 시장수익률 10% 상승시 해당 기업의 주가가 약 12.8% 상승한다는 의미이다. 또한 베타계수가 1보다 크기 때문에 이 기업은 KOSPI 시장에서 경기 공격주의 역할을 하고 있다.

③ 위 자료를 이용하여 SS전자와 시장수익률(KOSPI) 간 공분산 0.172%를 이용하여 베타계수와 상관계수를 산출하고 그 의미를 설명하시오.

$\beta_s = \sigma_{sm}/\sigma_m^2 = (0.172\%)/(5.21\%)^2 = 0.7279$

$\rho_{sm} = \sigma_{sm}/(\sigma_s\sigma_m) = (0.20\%)/(5.21\%)(4.86\%) = 0.6793 \ (R^2 = \rho_{sm}^2 = 0.4614)$

전체적으로 SS전자의 주가수익률은 KOSPI시장의 주가수익률 변동성의 70% 정도의 변동성의 원인이 되거나 영향을 받는 것으로 판단된다.

④ SS전자 주가수익률의 변동성을 체계적 위험과 비체계적 위험으로 나누어 설명하시오.

총위험 : $\sigma_s^2 = (5.21\%)^2 = 0.271\%$

체계적 위험 : $\beta_s^2\sigma_m^2 = (0.7279)^2(4.86\%)^2 = 0.125\%$

비체계적 위험 : $\sigma_{se}^2 = (0.7279)^2(4.86\%)^2 - (5.21\%)^2 = 0.146\%$

전체적으로 SS전자의 분산기준 총위험이 0.271%이며, 체계적 위험이 0.125%, 비체계적 위험이 0.146%로 구성된다.

그림 5-2 증권특성선

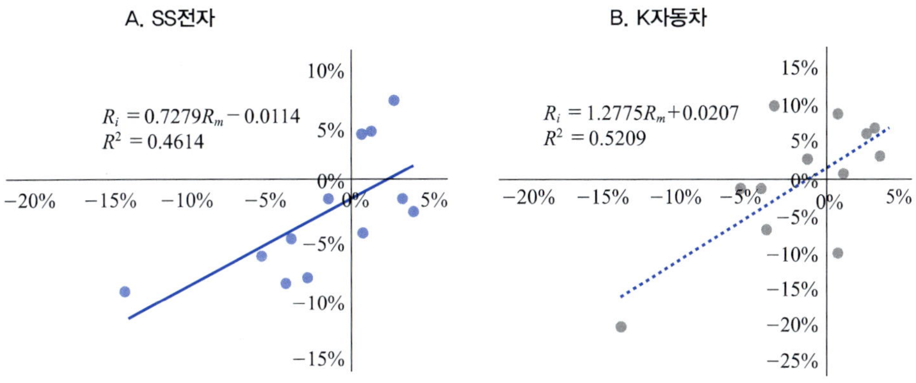

[그림 5-2]에는 앞서의 예제에 사용한 2018년도 주가수익률 자료를 이용하여 SS전자와 K자동차의 증권특성선을 보여주고 있으며, 엑셀로 공식을 사용하여 산출한 계수들과 그래프에서 자동으로 표시된 수치들이 동일함을 확인할 수 있다. 실무적인 관점에서 보면 수익률 간 관계를 직선으로 표시하기엔 관측수가 부족하고 예측오류가 커서 1년간 자료로 기업의 베타를 산출하는 것이 다소 무리가 있다고 판단된다. 특히 1년간 기업의 주가수익률이나 KOSPI 수익률이 음수(−)인 경우가 많아 수익률−위험 상충관계가 성립하지 않기 때문에 자본시장선(CML)이나 증권시장선(SML)을 적용하기엔 근본적으로 문제가 있을 수 있음을 확인할 수 있다.

제 2 절 증권시장선

1. 증권시장선의 도출

증권시장선(SML: security market line)은 자본시장선(CML)의 도출과 동일한 과정으로 인식하면 된다. 차이점은 위험에 대하여 베타계수를 표준편차(분산) 대신 사용하여 개별 투자수익률을 추정한다는 점이다. 무위험수익률 R_f와 시장수익률 R_m이 개별 투자에 대한 기대수익률 E(R_i) 추정에 사용하는 수식은 [그림 5-1] B의 그림에서 절편과 기울기로 도출하는 것이 이해도 쉽다. 증권특성선의 기울기를 적용하면 개별 투자에 대한 기대수익률은 다음과 같다.

$$E(R_i) = R_f + \frac{[E(R_m) - R_f]}{\beta_m - 0}\beta_i \tag{5}$$

시장베타 β_m이 1이므로 증권시장선(SML)은 식 (6)과 같이 간단하게 정리된다. 증권시장선에 의하여 추정된 개별 증권의 수익률은 시장 투자자의 수요와 공급에 의한 균형수익률(equilbrium rate of return)이다. 주식시장에 상장된 기업의 주주로부터의 기대수익률(expected return)이며, 기업의 재무담당에게는 주주의 요구수익률(RRR: required rate of return)이 된다.

$$E(R_i) = R_f + [E(R_m) - R_f]\beta_i \tag{6}$$

$E(R_i)$: 개별 투자 i에 대한 기대수익률
R_f: 무위험수익률
R_m: 시장수익률
β_i : 개별 투자 i에 대한 베타(위험)

위험을 비용으로 간주하면 동일한 위험수준에서 수익률이 높을수록 보다 나은 투자안이 된다. 이를 증권시장선의 기울기로 측정이 가능한데, 이를 변동성보상률($RVOL$: reward to volatility ratio)이라고 부른다. 위험지수로 베타계수를 이용하여 측정한 비율로 트레이너 비율(Treynor ratio)이라고도 한다.[1)]

$$RVOL_i = \frac{E(R_i) - R_f}{\beta_i} \tag{7}$$

이 기울기($RVOL_i$)는 개별 투자 i에 대한 위험프리미엄, $E(R_i) - R_f$을 베타계수(β_i)로 나눈 값으로서, 위험부담에 대한 대가의 상대적 크기를 의미한다. 즉, 투자위험이 1% 증가할 때, 투자로부터의 기대수익률이 증가하는 비율을 나타내며, 클수록 효율적이다.

예제 5-2

① 시장수익률이 15%이고 무위험수익률이 3%인 경우, 베타계수가 1.2인 투자자산 A에 대한 SML상의 요구수익률을 구하시오.

$$E(R_A) = R_f + [E(R_m) - R_f]\beta_A = 3\% + (15\% - 3\%)(1.2) = 17.4\%$$

② A의 시장가격이 10,000원인데 연말 배당금 지급이 5%, 예상주가가 11,000원으로 예상된다. 이 경우 이 자산에 대한 과대, 과소 여부를 확인하시오.

$$R_A = \frac{D_1 + P_1 - P_0}{P_0} = \frac{500 + 11,000 - 10,000}{10,000} = 15.0\%$$

투자자산 A에 증권시장선에서 요구하는 균형수익률이 17.4%인데 반하여, 실제 수익률이 15%에 불과하여 요구(균형)수익률이 2.4%(17.4% − 15.0%) 과대평가되어 있어서 보유 주식이 있으면 매도가 권고된다.

③ 만일 A의 배당성장률이 12%인 경우, 내재가치를 추정하고 과대, 과소 여부를 결정하시오.

$$P_0 = \frac{D_1(1+g)}{R_A - g} = \frac{500(1+12\%)}{17.4\% - 12\%} = 10,370\text{원}$$

1) 참고로 자본시장선의 기울기는 샤프 비율로 불리며 위험지수에 표준편차를 사용하며 위험보상률(RVAR: reward to variability ratio)이라고 한다.

현재 시장주가 10,000원은 추정된 내재가치보다 370원 낮아 과소평가되어 있으며, 매입이 권고되며 추가 상승이 전망된다.

예제 5-3

포트폴리오 위험과 기대수익률(시장수익률 12%, 무위험수익률 4%)에 관한 자료이다.

구 분	증권 1	증권 2	증권 3	증권 4
개인 수익률 전망	15.0%	12.0%	22.0%	20.0%
베타계수	1.5	0.8	2.5	2.0

① 증권시장선에 의한 요구(기대)수익률을 산출하고, 수익률 전망과 비교하여 과대, 과소 여부를 판단하시오.

$E(R_1) = 4\% + (12\% - 4\%)(1.5) = 16.0\% > 15.0\%$ (1% 과대평가)

$E(R_2) = 4\% + (12\% - 4\%)(0.8) = 10.4\% < 12.0\%$ (1.6% 과소평가)

$E(R_3) = 4\% + (12\% - 4\%)(2.5) = 24.0\% > 22.0\%$ (2% 과대평가)

$E(R_4) = 4\% + (12\% - 4\%)(2.0) = 20.0\% = 20.0\%$ (적정평가)

② 트레이너 비율인 변동성보상률(RVOL)을 이용하여 가장 바람직한 투자안을 선택하시오.

$$RVOL_1 = \frac{15.0\% - 4.0\%}{1.5} = 7.33\%$$

$$RVOL_2 = \frac{12.0\% - 4.0\%}{0.8} = 10.00\%$$

$$RVOL_3 = \frac{22.0\% - 4.0\%}{2.5} = 7.20\%$$

$$RVOL_4 = \frac{20.0\% - 4.0\%}{2.0} = 8.00\%$$

증권 2 → 증권 4 → 증권 1 → 증권 3의 순서로 변동성 대비 보상률(RVOL)이 점차 낮아짐. 따라서 트레이너 지수 또는 RVOL 기준으로는 증권 2가 가장 바람직한 투자임.

제 3 절 차익거래가격결정모형(APM)

1. 차익거래가격결정모형의 정의

통계기법의 발달로 하나의 현상을 다양한 요인에 의하여 설명하고자 개발된 가격결정모형이 차익거래가격결정모형(APM: arbitrage pricing model)이다(Ross, 1976). CAPM의 가정도 너무 비현실적이긴 하지만 시장가격이 하나의 요인에 대하여 선형적 관계를 보인다는 것이 지나치게 단순한 것이다. 자본자산의 가격이 체계적 위험, 즉 시장요인에 의해서만 결정된다는 CAPM의 주장은 이해하기는 좋아도 받아들이기에는 많은 한계가 있다.

차익거래가격결정모형(APM)은 무위험수익률(R_f)에다 다양한 요인(F_k)에 의하여 추정한다.

$$R_i = R_f + \beta_{i1}F_{i1} + \beta_{i2}F_{i2} + \beta_{i3}F_{i3} + \cdots + \beta_{iK}F_{iK} + \epsilon_i \tag{8}$$

$$i = 1, 2, 3 \cdots m \,(\text{포트폴리오 } i);\; k = 1, 2, 3 \cdots K(\text{공통요인 } k)$$

위 식에서 β_i는 요인 i에 대한 민감도이며, 체계적 위험 F_i은 요소별 위험 프리미엄 요인이며, 포트폴리오별 기대수익률에서 무위험자산수익을 차감한 수익률이라고 보면 된다.

$$\begin{aligned} E(R_i) &= R_f + \beta_{i1}[E(R_{F1}) - R_f] + \beta_{i2}[E(R_{F2}) - R_f] + \cdots + \beta_{iK}[E(R_{FK}) - R_f] \quad (8\text{-}1) \\ &= R_f + \lambda_1\beta_{i1}\lambda_1 + \lambda_2\beta_{i2} + \lambda_3\beta_{i3} + \cdots + \lambda_K\beta_{iK} \end{aligned}$$

균형상태에서는 체계적 위험 1단위에 대한 위험 프리미엄은 포트폴리오에 상관없이 단일 비율(상수)이 될 때 차익거래의 기회가 사라진다. 만일 균형상태를 벗어나면 유리한 포트폴리오의 수요가 증가하여 수익률 하락으로 이어져 균형으로 복귀한다.

$$\frac{E(R_{F1}) - R_f}{\beta_{F1}} = \frac{E(R_{F2}) - R_f}{\beta_{F2}} = \cdots = \frac{E(R_{FK}) - R_f}{\beta_{FK}} = \lambda_k \tag{9}$$

λ_k: 요인 k에 대한 민감도이며, 체계적 위험 1단위에 대한 위험 프리미엄(상수)

균형상태의 수익률에 대해 식 (9)를 정리하면

$$E(R_{Fk}) = R_f + \lambda_k \cdot \beta_k \qquad [\lambda_k = E(R_{ik}) - R_f] \tag{9-1}$$

포트폴리오별로 주어진 상황하에서 요인별 위험도나 민감도를 판단하는 것은 엄밀히 말해서 회귀분석을 하고 추정을 하면 된다. 이러한 과정에서 요인별로 민감도가 통계적 유의성이 있는지 없는지를 검증하는 절차를 갖게 된다. 이러한 과정을 계산식으로 푼다는 것은 앞서의 CAPM에 의한 시장요인만으로도 매우 복잡하다는 것을 확인한 바 있다. 본서에는 다음 절에서 파마-프렌치(Fama-French) 5요인 분석을 통하여 요인분석의 예제를 설명하고자 한다.

예제 5-4

다음과 같이 다수의 공통요인이 존재한다.

구 분	기대수익률	요인 1 민감도	요인 2 민감도	무위험수익률
포트폴리오 A	15.0%	0.6	1.0	5%
포트폴리오 B	30.0%	1.7	2.0	5%

① 위험 프리미엄 요인 1과 요인 2를 계산하시오.

포트폴리오 A: $15\% = 5\% + 0.6F_{i1} + F_{i2}$

포트폴리오 B: $30\% = 5\% + 1.7F_{i1} + 2F_{i2}$

연립방정식을 풀면 $F_{i1} = 10\%, F_{i2} = 4\%$

② 위험요인별 시장수익률을 산출하시오.

요인 1에 대한 위험 프리미엄: $E(R_{F1}) - 5\% = 10\%;\ E(R_{F1}) = 15\%$

요인 2에 대한 위험 프리미엄: $E(R_{F2}) - 5\% = 4\%;\ E(R_{F2}) = 9\%$

③ 차익거래가격결정모형을 도출하시오.

$E(R_i) = 0.05 + 0.1\beta_{i1} + 0.04\beta_{i1}$

④ 포트폴리오에 각각 40% : 60% 투자하는 경우에 투자수익률과 위험요인별 민감도를 산출하시오. 동일한 위험수준에서 투자수익률이 28%인 경우 차익거래가 가능한지를 설명하시오.

$E(R_P) = (0.4)(15\%) + (0.6)(30\%) = 24\%$

$\beta_{P1} = (0.4)(0.6) + (0.6)(1.7) = 1.26$

$\beta_{P1} = (0.4)(1.0) + (0.6)(2.0) = 1.6$

동일한 수준에서 투자수익률이 4% 높은 투자기회가 있으면, 현재 투자 포트폴리오를 매도하고, 높은 수익률의 투자 포트폴리오를 매수한다.

2. 차익거래가격결정모형의 장단점

자본자산가격결정모형(CAPM)과 차익거래가격결정모형(APM)은 금융자산의 가격결정에 관한 가장 핵심적인 모델이다. 사용하는 요인적 관점에서 보면 CAPM은 APM의 특수한 형태라고 보면 된다. CAPM에서의 시장포트폴리오의 초과수익($R_m - R_f$)과, APM에 있어서의 요인포트폴리오 초과수익($\lambda_1 = R_{P1} - R_f$)이 투자자산이나 포트폴리오의 초과수익률($R_i - R_f$)과 선형적 관계에 있다는 점에서 공통점이 있다. 그러나 CAPM과 APM의 다른 점을 요약하면 다음과 같다.

① APM은 CAPM과 달리 투자자의 위험회피도나 수익률 분포 등에 대한 가정이 없다.

② CAPM의 경우 시장에서의 정보 공유나 의사결정의 동질성이 요구되지만, APM의 경우는 차익거래로 인하여 시장균형을 유도할만한 수의 투자자들이 필요하다.

③ CAPM은 평균-분산 기준과 지배원리를 따르며, APM은 무투자, 차익거래가 원리이다.

④ 수익률에 영향을 미치는 요소로 CAPM에는 체계적 위험인 β계수가 유일하지만, APM에는 많은 시장 요인들이 도입가능하다.

⑤ 무위험수익률이 CAPM에 필수적이지만, APM에는 논리적으로 도출된 결과이다.

3. 파마-프렌치 요인모형

파마와 프렌치(Fama and French, 2015)는 시장요인(MKT), 규모요인(SMB), 가치요인(HML), 수익성요인(RMW), 투자성향요인(CMA)으로 구성된 5요인 모형을 통하여 미국의 NYSE, AMEX, NASDAQ 기업들의 시계열 수익률을 추정하였다. 그전의 3요인 모형(1993)에서 2가지 모형을 추가하였다. 초기 시장모형인 CAPM(Sharpe, 1964; Lintner, 1965; Mossin, 1966)과 규모요인(SMB)과 가치요인(HML)을 도입한 ICAPM(Merton, 1973)을 반영하였다. 이러한 요인모형들은 통계학의 발전과 함께 기존 모형의 예측능력을 보완하기 위한 위험요인들의 반영을 위한 노력의 일환이라고 볼 수 있다.

① 샤프-린트너(Sharpe-Lintner)의 시장모형

시장모형(CAPM, 1964, 1965)은 증권시장선(SML)을 다소 변형시켜, 시장요인인 시장프리미엄($R_{mt}-R_t^f$)에 대하여 증권(i)의 초과수익률($R_{i,t}-R_t^f$)이 매 시점(t) 얼마나 민감하게 반응하는지를 체계적 위험을 측정하는 1요인 회귀분석 모형으로 식 (10)과 같다.

$$R_{i,t}-R_t^f=\alpha_i+\beta_{i,MKT}\left(R_{mt}-R_t^f\right)+\epsilon_{i,t} \tag{10}$$

$R_{i,t}-R_t^f$: 증권 i에 대한 t시점 기간 수익률과 무위험수익률의 차이. 초과수익률
$\beta_{i,MKT}$: 증권 i의 초과수익률이 시장위험 프리미엄에 대한 민감도
$R_{mt}-R_t^f$: i시점 시장수익률과 무위험수익률의 차이. 시장요인

② 파마-프렌치(Fama-French)의 3요인 모형

파마-프렌치의 3요인 모형(3 factor model, 1993)은 CAPM에 의한 시장요인(market factor) 이외에 머튼(Merton, 1973)의 ICAPM(inter-temporal CAPM)에서 유의한 위험요인으로 검증된 규모요인(SMB)과 가치요인(HML)에 의한 시장포트폴리오 수익률 스프레드를 특정 주식의 초과수익률에 미치는 영향을 설명하고자 개발되었다. 추가된 규모요인(SMB: small minus big)은 중위수를 기준으로 나누어진 포트폴리오(소규모 및 대규모 기업)의 시장 주가수익률 간 차이를 사용하였으며, 가치요인(HML: high minus low)은 장부가치 대 시장가치 비율(book to market ratio: B/M ratio, 또는 B/P ratio: BPS/Price)을 기준으로 상위 30%와 하위 30% 포트폴리오의 시장 주가수익률 간 차이를 사용하였다. 시장에서의 체계적 3요인을 통하여 특정 주식의 초과수익률에 얼마나 민감하게 반응하는지에 관한 파마-프렌치 요인모형은 식 (11)과 같다.

$$R_{i,t} - R_t^f = \alpha_i + \beta_{i,MKT} MKT_t + \beta_{i,SMB} SMB_t + \beta_{i,HML} HML_t + \epsilon_{i,t} \quad (11)$$

MKT_t : 시장요인에 의한 위험 프리미엄. $R_{mt} - R_t^f$

SMB_t : 기업 규모요인에 대한 위험 프리미엄. $Small(R_{mt}) - Big(R_{mt})$

HML_t : 기업 가치요인에 대한 위험 프리미엄. $High\,B/M(R_{mt}) - Low\,B/M(R_{mt})$

$\beta_{i,SMB}$: 규모요인에 의한 포트폴리오 간 프리미엄에 보이는 증권 i 초과수익률의 민감도 계수

$\beta_{i,HML}$: 가치요인에 의한 포트폴리오 간 프리미엄에 보이는 증권 i 초과수익률의 민감도 계수

③ 카하트(Carhart)의 4요인 모형

파마-프렌치의 3요인 모형(3 factor model, 1993)에 따른 시장요인(MKT), 규모요인(SMB)과 가치요인(HML) 외에 카하트(Carhart, 1997)가 초과수익률에 대한 기업의 모멘텀(MOM: momentum) 또는 UMD(up minus down)이라는 추세요소를 반영한 모형이다. 카하트의 연구는 펀드를 대상으로 하였기 때문에 모멘텀의 측정이 펀드의 성과의 지속성이 펀드 규모에 의하여 평가된다. 이에 따라 10분위수로 구분하고, 상위 10% 포트폴리오와 하위 10% 포트폴리오의 초과수익률 간에는 통계적으로 유의한 확연한 차이가 있음을 확인하였다. 펀드시장에서의 모멘텀 3요인의 영향이 추가로 반영되어 특정 주식의 초과수익률에 얼마나 민감하게 반응하는지에 관한 카하트의 4요인 모형은 식 (12)와 같다.

$$\begin{aligned} R_{i,t} - R_t^f = {} & \alpha_i + \beta_{i,MKT} MKT_t + \beta_{i,SMB} SMB_t + \beta_{i,HML} HML_t \\ & + \beta_{i,UMD} UMD_t + \epsilon_{i,t} \end{aligned} \quad (12)$$

UMD_t : 펀드 성과의 모멘텀 요인에 대한 위험 프리미엄. $Up(R_{mt}) - Down(R_{mt})$

$\beta_{i,UMD}$: 모멘텀 요인에 의한 과거 1년 기준 상승추세 포트폴리오와 하락추세 포트폴리오 간 프리미엄에 보이는 증권 i 초과수익률의 민감도 계수

4요인 모형에 따르면, 초과수익률 기준으로 펀드매니저의 성과는 장기적으로 평균에 수렴하는 경향을 보이지만 최상위 및 최하위 펀드매니저의 장기적 성과는 상대적으로 최상위 성과 포트폴리오 매니저에게 유의하게 높게 나타난다는 것이다.

④ 파마–프렌치(Fama–French)의 5요인 모형

파마–프렌치의 3요인 모형[3 factor model, 1993; 시장요인(MKT), 규모요인(SMB), 가치요인(HML)]에 2가지 요소를 추가하였다. 첫 번째는 기업 수익성의 강건성(RMW: robust minus weak)을 영업이익률 기준으로 반영하였다. 두 번째로는 기업 투자의 보수성(CMA: conservative minus aggressive) 요소를 반영하였다. 이렇게 해서 파마–프렌치는 특정 증권의 초과수익률을 설명하는 5요인을 다음과 같은 회귀모형 식 (13)으로 진단한다.

$$R_{i,t} - R_t^f = \alpha_i + \beta_{i,MKT} MKT_t + \beta_{i,SMB} SMB_t + \beta_{i,HML} HML_t + \beta_{i,RMW} RMW_t + \beta_{i,CMA} CMA_t + \epsilon_{i,t} \quad (13)$$

RMW_t : 기업 수익성의 강건성에 대한 프리미엄. $Robust(R_{mt}) - Weak(R_{mt})$
영업이익률 = 영업이익(t)/자기자본($t-1$)
영업이익 = 매출액 – 영업비용 – 이자비용

CMA_t : 기업 투자의 보수성에 대한 프리미엄
$Conservative(R_{mt}) - Aggressive(R_{mt})$. 투자액($t$)/총자산($t-1$)

$\beta_{i,RMW}$: 과거 1년 기준 수익성에 따라 두 포트폴리오 간 프리미엄에 보이는 증권 i 초과수익률의 민감도 계수

$\beta_{i,CMA}$: 과거 1년 기준 투자의 보수성과 공격성 등 투자요인에 따른 포트폴리오 간 프리미엄에 보이는 증권 i 초과수익률의 민감도 계수

주식수익률 추정 모형 개발 등 투자에 대한 성과 측정의 적정성과 정확성을 제고하기 위한 끊임없는 연구 노력들이 진행 중이다. 최근에는 금융기법, 금융시장, 머신러닝 등의 도입에 힘입어 새로운 분석기법이나 예측모형들이 개발되고 있다. 이는 주가나 주식수익률에 대한 정확한 예측이나 핵심 위험요소 파악이 쉽지 않음을 의미할 수도 있다.

제 4 절 효율적 시장가설

1. 효율적 시장가설의 개념

파마(Fama)의 효율적 시장가설(EMH: efficient market hypothesis)은 자본시장의 많은 정보들은 금융자산 가격에 즉각 제대로 반영된다는 가설로서 크게 3가지로 구성된다.

첫째, 이미 발생한 사건이나 존재하는 역사적 정보는 현재 자산가격에 완전히 정확하게 반영되어 있다는 가설로 약형 효율적 시장가설(weak form EMH)이라고 한다. 이에 따라 자본시장과 기업 등에 대한 각종 분석기법을 통하여 시장의 평균수익률을 초과하는 수익률을 얻을 수 없다는 가설이다.

둘째, 공개되는 모든 정보가 자본시장 가격에 즉각적으로 적정하게 반영된다는 가설로 준강형 효율적 시장가설(semi-strong form EMH)이라고 한다. 이에 따라 기업 등이 발표하거나 제공되는 일체에 대한 기본적 분석이나 차트나 통계기법 등을 기술적 분석을 통하여도 지속적으로 초과수익률을 얻을 수 없다는 가설이다.

셋째, 현재 시점에 예측되거나 내부거래자 등에게 알려진 내부정보도 현재 주가에 반영되어 있다는 가설로 강형 효율적 시장가설(strong form EMH)이라고 한다. 이에 따라 주식시장이나 기업에 미래 행위나 사건에 대한 예측, 기업 내부자만 알 수 있는 정보의 획득이나 분석을 통하여도 시장의 평균수익률을 초과하는 수익률을 얻을 수 없다는 가설이다.

효율적 시장가설에 따르면 시장보다 더 많은 위험을 감수하지 않고 시장수익률을 초과하는 수익률을 지속적으로 얻을 수 없다는 것이다. 그러나 현실적으로 일부 투자행태를 통하여 시장수익률을 초과하는 이익을 얻는다는 연구결과가 넘치고 있는 것은 시장효율성 가설을 반증하는 것이다. 별도로 언급하겠지만, 기업의 재무정책상 중요한 자본비용 추정에 있어 증권시장 자료를 사용하게 되면, 이론적인 용이성보다 심각한 실무적 복잡성이나 비현실적, 비이론적인 상황에 봉착하게 될 수도 있다. 본 장의 마지막 절에서 관련 내용을 검토하고 대안을 제시해 보기로 한다.

2. 실증분석과 이상현상들

① 효율적 시장

시장이 효율적이라면 정보분석의 의미가 없으며, 사건이 발생한 이후 주가가 안정적으로 유지되어야 하며, 랜덤워크(random walk) 현상을 보여야 한다. 이에 대한 선행연구와 그 한계점은 앞 절에서 언급한 파마와 스턴(Fama and Stern, 2016)의 언급을 참조하기 바란다. 간단히 말해서 시장은 효율적이지 않으며, 효율성이 존재한다고 해도 일시적이거나 방법론상 한계로 제대로 비효율성을 진단하지 못한 결과로 받아들일 수 있다.

일반적으로 금융시장의 주가는 물가상승률이나 시장금리 또는 기업의 수익률 등에 거시적 환경이나 미시적 기업성과 등에 의하여 영향을 받는다. 랜덤워크는 규칙을 모르는 투자자의 눈에 보이는 착각이며, 규칙을 아는 투자자에겐 투자성과를 높이기 위한 주요한 정보라는 것이다. 파마-프렌치 모형이나 이를 연구에 사용하는 경우는 암묵적으로 주요한 시장정보나 기업정보의 초과수익률에 미치는 영향을 실증적으로 검증하거나 인정하고 있는 경우이다.

② APM모형의 검증

롤과 로스(Roll and Ross, 1980)는 미국증시에서 거래되고 있는 1,260개 주식의 일간 수익률 데이터를 사용하여 알파벳순으로 30개씩 묶어 42개의 포트폴리오를 만들고 요인분석을 사용하여 요인계수를 추정하였다. 그리고 각 주식의 평균수익률을 요인계수에 대하여 회귀분석하여 위험별 프리미엄 λ_k의 크기를 측정하였으며, GNP 성장률, 월간 제조업 생산지수의 증가율, 인플레이션, 시장이자율, 고용지수 등이 공통요인으로 주식수익률에 통계적으로 유의한 영향을 미친다고 하였다.

기업정보와 시장정보를 동시에 이용한 연구로 파마-프렌치 모형을 예로 들 수 있는데, 이들의 효과를 모형에 반영하고 유의미한 것으로 인정받는다는 것은 해당 시장이 비효율적이라는 실증적 증거이다. 파마의 언급(2016)처럼 시장이 효율적이라는 증거들은 드물기도 하지만, 그러한 효율성이 장기적으로 존재한다는 것은 더욱 증명이 어렵다는 것이다. 설사 증명이 된 경우에도 방법론상 문제에 의하여 주장에 한계가 있다는 것이다. 파마-프렌치의 3요인 모형도 그 예중의 하나이다.

주가수익률에는 시장의 체계적 위험에 규모 효과, 가치평가 효과가 체계적인 영향요소로 작용하고 있으며, 결코 랜덤워크하지 않다는 점이다. 최근에는 모멘텀 효과, 수익성 효과, 투자효과 등 다른 요인에 의하여도 장기적으로도 시장에 영향을 미치는 등 시장 비효율성에 대한 증거가 제시되고 있다.

③ 이상현상들

증권시장에는 주가나 주가수익률 등이 랜덤하게 움직인다는 주장에 반해서 수많은 전문가 집단의 연구나 분석 결과가 제시되고 있다. 실제로 그러한 전문성은 학자의 연구 영역을 벗어나기도 하지만 완전시장의 가정 등은 투자자나 시장이 완전하지 않기 때문에 시장에서는 이론과 달리 많은 이상현상들(anomalies)이 존재하는 이유이다. 그러한 이유와 사례를 들어보자

첫째, 회계적 정보의 유의미성이다. 기업의 재무구조나 재무적 성과, 지배구조 등은 기업의 주가수익률 등에 영향을 미치는 중요한 요인이다. 어닝쇼크(earning shock), 이익관리(earnings management) 등은 시장에서의 비효율적 반응이 반복적으로 일어나고 있음을 의미한다.

둘째, 시장정보의 유의미성이다. 주식시장의 주가나 주가수익률은 분석방법에 따라 일정한 패턴을 보인다는 점이다. 요일효과, 주말효과, 크리스마스랠리, 1월효과 등은 주식시장에서의 투자자들의 행동적 특성이나 체계적 패턴이 있음을 반영하고 있다.

셋째, 시장평가의 비효율성이다. 시장에서의 가치평가나 주가수익률은 평가에서의 불완전성을 내포하고 있다. 가장 기본적으로 정보의 비대칭(asymmetric information)과 관련한 현상이 원인이 되어 정보 제공과 소통 및 해석이 달라서 시장반응이 동일하지 않다는 점이다. 저PER주, 저PBR주, 소형주, 재벌기업주, 가족기업주, IPO주 등에 대한 저평가 또는 고평가 현상 등도 시장평가에서의 편향성이 존재함을 실증적으로 제시하고 있다.

넷째, 투자자들의 집단행동 특성이다. 시장에는 불확실한 정보를 해결하지 못하는 이질적 투자자와 전문가 집단들이 존재한다. 이런 경우 시장 참가자들은

동료들이나 시장에서의 집단적 행동에 따라 행동하는 경향이 있는데, 투자심리(sentiment), 모멘텀(momentum), 허딩(herding) 또는 군집효과(clustering), 동료효과(peer effect), 전염효과(contagion effect) 등 수많은 현상들이 존재한다.

3. 효율적 시장가설의 재무관리적 의미

파마(Fama, 1998)에 따르면 시장이 이론대로 효율적이라는 증거는 드물며, 시장이 효율적이라는 것은 우연이거나 착각이거나 방법론적인 불완전성에 의한 결과일 가능성이 크다. 장기적인 이상현상(anomalies)의 존재는 비효율성의 증거로 제시된다. 사후 가격변동이 사건 정보를 제대로 반영한다는 연구도 극소수이거나 거의 없다. 시장이 효율적이라는 연구결과의 대부분이 기술적 방법론(techniques)에 민감하기 때문에 약간의 방법론상 수정에 의하여 연구결과가 부정당한다는 점이다.

파마는 주식시장의 주가수익률을 제대로 예측하는 것이 대부분 기교(mostly art)이며, '아주 작은 부분이 과학적(a little bit of science)'이라고 하였다(Fama and Stern, 2016).[2] 이러한 주장의 배경은 자본시장에서의 다양한 가격결정모형과 이후 수정 모형이 반세기 이상 진행되어 왔지만 실증분석에서 지지를 받지 못했다는 점이다. 또한 자본비용 추정이 이론처럼 쉽지 않고 정확하지도 않다는 것이다. 미국의 경우에 시장위험의 추정이 2~10%에 이른다는 것은 그 추정 자체의 신뢰성과 유용성에 대하여 그 한계(doubts on their reliability and practical usefulness)를 실증적으로 제시하는 것이다.

---

2) https://papers.ssrn.com/sol3/papers.cfm?abstract_id=2902370

핵심정리

1. 자본자산가격결정모형(CAPM)

• 가정 : ① 완전자본시장 ② 효율적 프론티어 ③ 무위험자산 가정
④ 동일 예측의 가정 ⑤ 1기간 균형 모형

• 자본시장선과 증권시장선

구 분	자본시장선(CML)	증권시장선(SML)
위험 측정	표준편차 또는 분산	베타(증권특성선의 기울기)
위험의 속성	포트폴리오 위험	개별 위험(체계적+비체계적)
포트폴리오의 효율성	비효율적 투자안 배제	비효율적 투자안 포함
투자자 입장	무위험자산과 위험자산 간 배분	투자건별 초과수익률 항목 파악
장 점	용이한 측정 및 선호도 반영	객관적 측정 가능
단 점	주관적 위험 평가	전문적인 자료 분석능력 필요

• 증권특성선(SCL)

$$R_{it} = \alpha_i + \beta_i R_{mt} + \epsilon_{it}$$

• 베타계수(beta coefficient) : 증권특성선의 기울기

$$\beta_i = \frac{\sigma_{im}}{\sigma_m^2} = \frac{\rho_{im}\sigma_i\sigma_m}{\sigma_m^2} = \rho_{im}\frac{\sigma_i}{\sigma_m}$$ ($\beta_i > 1$: 공격주, $\beta_i = 1$: 시장위험, $\beta_i < 1$: 방어주)

• 위험의 구성 : $\sigma_i^2 = \beta_i^2\sigma_m^2 + \sigma_{ie}^2$ = 체계적 시장위험+비체계적 잔차위험

2. 증권시장선(SML)

• 요구수익률(RRR) : $E(R_i) = R_f + [E(R_m) - R_f]\beta_i$

• 변동성 보상비율 : 트레이너 비율(Treynor ratio) $RVOL_i = \dfrac{E(R_i) - R_f}{\beta_i}$

• 요구수익률(RRR: SML 시장균형가격) > 예상수익률(투자자 개인 추정) : 과대평가

• 요구수익률(RRR: SML 시장균형가격) < 예상수익률(투자자 개인 추정) : 과소평가

3. 차익거래가격결정모형(APM)

• APM : $E(R_i) = R_f + \beta_{i1}[E(R_{F1}) - R_f] + \beta_{i2}[E(R_{F2}) - R_f] + \cdots + \beta_{iK}[E(R_{FK}) - R_f]$

$$= R_f + \lambda_1 \beta_{i1} \lambda_1 + \lambda_2 \beta_{i2} + \lambda_3 \beta_{i3} + \cdots + \lambda_K \beta_{iK}$$

• 요인별 위험프리미엄 : $\lambda_k = E(R_{ik}) - R_f$ (요인 k에 대한 민감도)

$i = 1, 2, 3 \cdots m$ (포트폴리오 i); $k = 1, 2, 3 \cdots K$(공통요인 k)

• 균형조건 : $\dfrac{E(R_{F1}) - R_f}{\beta_{F1}} = \dfrac{E(R_{F2}) - R_f}{\beta_{F2}} = \cdots = \dfrac{E(R_{FK}) - R_f}{\beta_{FK}} = \lambda_k$

• APM 장점 : ① APM은 위험회피도나 수익률 분포 가정 불필요
② 완전시장 가정 불필요
③ 무투자, 차익거래
④ 다요인 모형
⑤ 무위험수익률의 존재가 논리적으로 도출됨

4. 주식수익률 평가모형

① Sharpe-Lintner의 시장모형

$$R_{i,t} - R_t^f = \alpha_i + \beta_{i,MKT}\left(R_{mt} - R_t^f\right) + \epsilon_{i,t}$$

② Fama-French의 3요인 모형

$$R_{i,t} - R_t^f = \alpha_i + \beta_{i,MKT} MKT_t + \beta_{i,SMB} SMB_t + \beta_{i,HML} HML_t + \epsilon_{i,t}$$

MKT_t : 시장요인에 의한 위험프리미엄. $R_{mt} - R_t^f$

SMB_t : 기업 규모요인에 대한 위험프리미엄. $Small(R_{mt}) - Big(R_{mt})$

HML_t : 가치요인에 대한 위험프리미엄. $High\,B/M(R_{mt}) - Low\,B/M(R_{mt})$

③ Carhart의 4요인 모형

$$R_{i,t} - R_t^f = \alpha_i + \beta_{i,MKT} MKT_t + \beta_{i,SMB} SMB_t + \beta_{i,HML} HML_t + \beta_{i,UMD} UMD_t + \epsilon_{i,t}$$

UMD_t : 펀드 성과의 모멘텀 요인에 대한 위험프리미엄. $Up(R_{mt}) - Down(R_{mt})$

④ Fama-French 5요인 모형

$$R_{i,t} - R_t^f = \alpha_i + \beta_{i,MKT} MKT_t + \beta_{i,SMB} SMB_t + \beta_{i,HML} HML_t + \beta_{i,RMW} RMW_t + \beta_{i,CMA} CMA_t + \epsilon_{i,t}$$

RMW_t: 기업 수익의 강건성 요인에 대한 위험 프리미엄. $Robust(R_{mt}) - Weak(R_{mt})$

CMA_t : 투자 위험요인에 대한 프리미엄. $Conservative(R_{mt}) - Aggressive(R_{mt})$

5. 효율적 시장가설(EMH)

- 약형 EMH : 과거 정보 모두 주가에 반영
- 준강형 EMH : 공개정보 즉각 정확하게 반영
- 강형 EMH : 미래 및 내부자 등 비공개정보 반영

① 효율적 시장 : 주가 랜덤워크(random walk). 초과수익률 달성 불가능

② 비효율적 시장 : 체계적인 위험요인 존재. 포트폴리오에 따라 수익률 차이

- APM 검정: Roll and Ross(1980) 시장요인 외 GNP 성장률 등 공통요인 존재
- Fama-French 모형: 시장요인, 기업규모, 기업가치 평가 등 영향 존재
- 요일효과, 주말효과, 크리스마스 랠리, 1월 효과 등 이상현상(anomalies) 존재

재무관리 측면 : 자본비용의 추정이 복잡하고 정확하지 않음. 구조적인 문제가 있음.

－주식시장의 변동성과 비효율성 존재

연습문제

1. 핵심용어

다음의 용어를 요약하여 설명하시오.

- 자본자산가격결정모형(CAPM)
- 자본시장선
- 증권시장선
- 효율적 프론티어
- 무위험자산
- 베타계수
- 증권특성선
- 최소자승법
- 공분산
- 상관계수
- 체계적 위험
- 시장위험
- 잔차위험
- 포트폴리오 수익률
- 포트폴리오 위험
- 기대수익률
- 요구수익률
- 변동성 보상비율
- 트레이너 비율
- 젠센의 알파
- 과대/과소 평가
- 차익거래
- 차익거래가격결정모형(APM)
- 위험 프리미엄 요인
- 민감도
- 공통요인
- Fama-French 모형
- 시장요인
- 규모요인
- 가치요인
- 수익성요인
- 투자 보수성
- 회귀추정
- Sharpe-Lintner 모형
- Carhart 4요인 모형
- 모멘텀
- 영업이익률
- 효율적 시장가설
- 약형 가설
- 준강형 가설
- 강형 가설
- 랜덤워크 가설
- 이상현상
- 정보의 비대칭성

2. 자본자산가격결정모형

다음은 2019년도 우리나라 증권시장의 월별 자료이다.

연 월	SS전자	K자동차	KOSPI	CD금리(연간)
2019.01	2.84%	2.84%	7.72%	1.87%
2019.02	7.67%	9.60%	-0.43%	1.87%
2019.03	-0.37%	-2.30%	-2.53%	1.90%
2019.04	1.87%	1.87%	2.90%	1.89%
2019.05	-5.36%	-5.36%	-7.63%	1.84%
2019.06	3.77%	3.77%	4.26%	1.80%

연 월	SS전자	K자동차	KOSPI	CD금리(연간)
2019.07	1.37%	1.37%	-5.11%	1.68%
2019.08	-4.29%	-4.29%	-2.84%	1.49%
2019.09	5.43%	5.43%	4.73%	1.54%
2019.10	6.42%	6.42%	0.99%	1.46%
2019.11	5.03%	5.03%	0.21%	1.52%
2019.12	2.05%	2.05%	5.12%	1.53%

① 엑셀을 이용하여 2019년도 월별 SS전자, K자동차, KOSPI 수익률 및 CD금리(연간)에 대한 평균수익률, 위험(표준편차) 및 베타계수를 구하시오.

연 월	SS전자	K자동차	KOSPI	CD금리(연간)
수익률				
표준편차				
Y절편				
베타계수				

② 위 자료를 이용하여 SS전자와 K자동차의 증권특성선을 적고, 그 의미를 기술하시오.

③ 아래 자료를 이용하여 SS전자와 시장수익률(KOSPI) 간 공분산 0.0954%를 이용하여 베타계수와 상관계수를 산출하고 그 의미를 설명하시오.

구 분	SS전자	K자동차	KOSPI	CD금리(연간)
표준편차	3.83%	4.23%	4.38%	0.17%
베타계수	0.497	0.515	1.000	0.000

④ K자동차 주가수익률의 변동성을 체계적 위험과 비체계적 위험으로 나누어 설명하시오.

3. 자본시장선: 요구수익률과 과대/과소평가 진단

① 시장수익률이 15%이고 무위험수익률이 4%인 경우, 베타계수가 1.2인 투자자산 A에 대한 SML상의 요구수익률(RRR)을 구하시오.

② A의 시장가격이 50,000원인데 연말 배당금 지급이 1,500원, 예상주가가 54,000원으로 예상된다. 이 경우 이 자산에 대한 과대, 과소 여부를 확인하시오.

③ 만일 A의 배당성장률이 5%인 경우, 내재가치를 추정하고 과대, 과소 여부를 결정하시오.

4. 자본시장선과 증권시장선의 도출

주식 A와 시장수익률의 상황별 분포를 이용하여 다음에 답하시오.

미래상황(i)	확률(P_i)	수익률(R_i)	
		주식 A(R_{iA})	시장수익률(R_{im})
낙 관	0.2	40.0%	25.0%
중 립	0.4	15.0%	15.0%
비 관	0.4	-10.0%	-15.0%

① 주식 A와 시장의 기대수익률을 계산하시오.

② 주식 A와 시장수익률의 표준편차를 이용하여 위험을 계산하시오.

③ 주식 A와 시장수익률의 공분산, 상관계수 및 베타를 계산하시오.

④ 주식 A에 대한 자본시장선(CML)과 증권시장선(SML)을 도출하시오.

⑤ 주식 A에 대한 요구수익률을 계산하고 과대, 과소 평가를 확인하시오.

5. 위험에 대한 보상

주식 A의 기대수익률은 15%, 베타는 2, 무위험자산인 국채의 무위험수익률은 3%라고 하자.

① 주식 A에 40%를 투자하고 무위험자산에 60%를 투자하여 구성한 포트폴리오(P)의 기대수익률을 구하시오.

② 균형시장에서의 시장 위험프리미엄과 시장의 기대수익률을 계산하시오.

③ 시장이 균형상태에 있을 때, 주식 B의 기대수익률이 12.8%라면 베타는 얼마인가?

6. 베타, 공분산 및 분산(표준편차) 간 관계

공분산 행렬

구 분	SS전자	K자동차	KOSPI	CD금리(연간)
표준편차	5%	4%	3%	0.4%
베타계수	0.8	1.2	1.00	0.00

① SS전자와 K자동차 수익률 간 상관계수를 구하시오. (두 수익률 간 공분산 2.5% 가정)

② SS전자 및 K자동차 수익률과 KOSPI 시장수익률과의 상관계수를 구하시오.

③ SS전자 및 K자동차 수익률과 KOSPI 시장수익률과의 공분산을 구하시오.

7. 자본시장선과 증권시장선

과거 10년간 증권시장의 자료가 다음과 같다.

구 분	SS전자	K자동차	KOSPI	CD금리(연간)
평균수익률	9%	7%	6%	3%
표준편차	5%	4%	3%	0.4%
베타계수	0.8	1.2	1.00	0.00

① SS전자와 K자동차를 효율적인 시장 포트폴리오로 가정하고 자본시장선(CML)을 구하고, 과대, 과소를 평가하시오.

② SS전자와 K자동차를 효율적인 시장 포트폴리오로 가정하고 증권시장선(SML)을 구하고, 과대, 과소를 평가하시오.

8. 요구수익률과 변동성보상비율

개별 증권의 예상수익률(시장수익률 8%, 무위험수익률 2%)에 관한 자료이다.

구 분	증권 1	증권 2	증권 3	증권 4
예상 수익률	15.0%	5.5%	16.7%	4.0%
베타계수	1.6	0.8	2.2	0.5

① 증권시장선에 의한 요구수익률을 산출하고, 수익률 전망과 비교하여 과대, 과소 여부 및 투자 여부를 판단하시오.

② 트레이너 비율인 변동성보상비율(RVOL)을 이용하여 가장 바람직한 투자안을 선택하시오.

9. 포트폴리오 수익률과 위험

개별 증권의 예상수익률과 위험에 대한 자료이다.

구 분	증권 1	증권 2	증권 3	시장수익률
투자비중	20%	40%	40%	위험시장 : 8%
예상 수익률	15.0%	7.5%	7.0%	무위험시장 : 3%
베타계수	2.0	1.2	0.5	

① 위 포트폴리오 투자에 대한 수익률과 베타 위험을 측정하시오.

② 증권시장선을 이용하여 증권별 요구수익률을 계산하고 과대, 과소 여부를 평가하시오.

③ 트레이너 비율인 변동성보상비율(RVOL)을 이용하여 현재 투자안을 평가하시오.

10. 차익거래가격결정모형(APM)

다음과 같이 다수의 공통요인이 존재한다.

구 분	기대수익률	요인 1 민감도	요인 2 민감도	무위험수익률
포트폴리오 1	11.0%	0.8	2.0	3%
포트폴리오 2	15.0%	1.2	0.5	3%

① 위험 프리미엄 요인 1과 요인 2를 계산하시오.

② 위험요인별 시장수익률을 산출하시오.

③ 차익거래가격결정모형을 도출하시오.

④ 포트폴리오 1과 2에 각각 60% : 40% 투자하는 경우에 투자수익률과 위험요인별 민감도를 산출하시오. 동일한 위험수준에서 수익률이 15%인 경우 차익거래가 가능한지를 설명하시오.

해 답

1. (생략)

2. 자본자산가격결정모형

① KOSPI 수익률 및 CD금리(연간)의 평균수익률, 위험(표준편차) 및 베타계수

연 월	SS전자	K자동차	KOSPI	CD금리(연간)
수익률	2.20%	2.20%	0.62%	1.70%
표준편차	3.83%	4.23%	4.38%	0.17%
Y절편	1.90%	1.88%	0.00%	1.70%
베타계수	0.4974	0.5151	1.0000	0.0024

엑셀함수 평균수익률 =AVERAGE(데이터구간 B2:B13)
표준편차 =STDEV.P(데이터구간 B2:B13)
Y절편($\hat{\alpha}_i$) =INTERCEPT(Y축자료 B2:B13, X축자료 B2:B13)
베타계수($\hat{\beta}_i$) =SLOPE(Y축자료 B2:B13, X축자료 B2:B13)

② 증권특성선

SS전자 : $R_{st} = 1.90\% + (0.4994) R_{mt} + \epsilon_{st}$

SS전자의 경우, 시장수익률이 0인 경우 평균수익률이 1.90%로 KOSPI 시장평균보다 평균적으로 약 1% 이상 더 낮은 평균수익을 얻는다는 의미. 베타계수가 0.4994이기 때문에 시장수익률 10% 상승시 해당 기업의 주가가 약 5% 상승. 또한 베타계수가 1보다 작기 때문에 이 기업은 KOSPI 시장에서 경기 방어주의 역할

K자동차 : $R_{kt} = 1.88\% + (0.5151) R_{mt} + \epsilon_{kt}$

K자동차의 경우, 시장수익률이 0인 경우 평균수익률이 1.88%로 KOSPI 시장평균보다 평균적으로 약 2% 이상 더 높은 평균수익을 얻음. 베타계수가 0.5151이기 때문에 시장수익률 10% 상승시 해당 기업의 주가가 약 5.2% 상승. 또한 베타계수가 1보다 작기 때문에 이 기업은 KOSPI 시장에서 경기 방어주의 역할

③ 베타계수와 상관계수

구 분	SS전자	K자동차	KOSPI	CD금리(연간)
표준편차	3.83%	4.23%	4.38%	0.17%
베타계수	0.497	0.515	1.000	0.000

$$\beta_s = \sigma_{sm}/\sigma_m^2 = (0.0954\%)/(4.38\%)^2 = 0.497$$

$$\rho_{sm} = \sigma_{sm}/(\sigma_s \sigma_m) = (0.0954\%)/(3.83\%)(4.38\%) = 0.569$$

전체적으로 SS전자의 주가수익률은 KOSPI시장의 주가수익률 변동성의 60% 정도의 변동성의 원인이 되거나 영향을 받는 것으로 판단된다.

④ 체계적 위험과 비체계적 위험

총위험 : $\sigma_k^2 = (4.23\%)^2 = 0.179\%$

체계적 위험 : $\beta_k^2 \sigma_m^2 = (0.5151)^2 (4.38\%)^2 = 0.051\%$

비체계적 위험 : $\sigma_{ke}^2 = (0.5151)^2 (4.38\%)^2 - (4.23\%)^2 = 0.128\%$

개별 주식의 위험의 거의 대부분 비체계적 위험으로 설명된다.

3. 자본시장선: 요구수익률과 과대/과소평가 진단

① 요구수익률(RRR)

$$E(R_A) = R_f + [E(R_m) - R_f]\beta_A = 4\% + (12\% - 4\%)(1.2) = 13.6\%$$

② 과대, 과소 여부

$$R_A = \frac{D_1 + P_1 - P_0}{P_0} = \frac{1{,}500 + 54{,}000 - 50{,}000}{50{,}000} = 11.0\% < 13.6\% \text{ (과대평가)}$$

③ 내재가치 및 과대, 과소 여부

$$P_0 = \frac{D_1(1+g)}{R_A - g} = \frac{1{,}500(1+5\%)}{11\% - 5\%} = 26{,}250\text{원} < 50{,}000\text{원 (과대평가)}$$

4. 자본시장선과 증권시장선의 도출

① 기대수익률

$$E(R_A) = \sum_{i=1}^{3} p_i R_{iA} = (0.2)(40\%) + (0.4)(15\%) + (0.4)(-10\%) = 10.0\%$$

$$E(R_m) = \sum_{i=1}^{3} p_i R_{im} = (0.2)(25\%) + (0.4)(15\%) + (0.4)(-15\%) = 5.0\%$$

② 위험 계산

$$\sigma_A^2 = (0.2)(40\% - 10\%)2 + (0.4)(15\% - 10\%)2 + (0.4)(-10\% - 10\%)2 = 3.50\%$$

$$\sigma_A = \sqrt{3.50\%} = 18.71\%$$

$$\sigma_m^2 = (0.2)(25\% - 5\%)2 + (0.4)(15\% - 5\%)2 + (0.4)(-15\% - 5\%)2 = 2.80\%$$

$$\sigma_m = \sqrt{2.80\%} = 16.73\%$$

③ 공분산, 상관계수와 베타 계산

$$\sigma_{Am} = (0.2)(40\% - 10\%)(25\% - 5\%) + (0.4)(15\% - 10\%)(15\% - 5\%)$$

$$+(0.4)(-10\%-10\%)(-15\%-5\%)=3.0\%$$

$$\rho_{Am}=\frac{Cov(R_A, R_m)}{\sigma_A\sigma_m}=\frac{\sigma_{Am}}{\sigma_A\sigma_m}=\frac{3.0\%}{(18.71\%)(16.73\%)}=95.8\%$$

$$\beta_{Am}=\frac{\sigma_{Am}}{\sigma_m^2}=\frac{3.0\%}{2.8\%}=1.07$$

④ 자본시장선(CML)과 증권시장선(SML)

CML : $E(R_A)=R_f+\frac{[E(R_m)-R_f]}{\sigma_m}\sigma_A=5\%+\frac{[10\%-5\%]}{16.63\%}\sigma_A$

SML : $E(R_A)=R_f+[E(R_m)-R_f]\beta_A=5\%+[10\%-5\%]\beta_A$

⑤ 과대, 과소 평가

$E(R_A)=5\%+[10\%-5\%](1.07)=10.35\% > 10.0\%$ (과대평가)

5. 위험에 대한 보상

① 포트폴리오(P) 기대수익률

$E(R_P)=(0.4)(3\%)+(0.6)(15\%)=10.2\%$

② 시장 위험 프리미엄과 시장의 기대수익률

$15\%=3\%+[E(R_m)-R_f](2)$ → 시장 위험 프리미엄 $[E(R_m)-R_f]=6\%$

시장 기대수익률 $E(R_m)=6\%+3\%=9\%$

③ 베타 계산

$$RVOL_A=\frac{E(R_A)-R_f}{\beta_A}=\frac{15\%-4\%}{2}=5.5\%$$

균형상태라면, 포트폴리오별 트레이너 지수인 RVOL이 동일하게 된다.

$$RVOL_A=\frac{E(R_B)-R_f}{\beta_B}=\frac{12.8\%-4\%}{\beta_B}=5.5\% \rightarrow \beta_B=1.6$$

6. 베타, 공분산 및 분산(표준편차) 간 관계

① 상관계수

$$\rho_{sk}=\frac{\sigma_{sk}}{\sigma_s\sigma_k}=\frac{(2.5\%)}{(5\%)(4\%)}=0.125$$

② 상관계수

$$\beta_s=\rho_{sm}\frac{\sigma_s}{\sigma_m}=\rho_{sm}\frac{5\%}{3\%}=0.8 \rightarrow \rho_{sm}=0.48$$

$$\beta_k=\rho_{km}\frac{\sigma_k}{\sigma_m}=\rho_{km}\frac{4\%}{3\%}=1.2 \rightarrow \rho_{km}=0.90$$

③ 공분산

$\sigma_{sm} = \rho_{sm}\sigma_s\sigma_m = (0.48)(5\%)(3\%) \rightarrow \sigma_{sm} = 0.072\%$

$\sigma_{km} = \rho_{km}\sigma_k\sigma_m = (0.9)(4\%)(3\%) \rightarrow \sigma_{km} = 0.108\%$

7. 자본시장선과 증권시장선

① 자본시장선(CML)에 의한 과대, 과소 평가

SS전자 :

$$E(R_s) = R_f + \frac{[E(R_m) - R_f]}{\sigma_m}\sigma_s = 3\% + \frac{[6\% - 3\%]}{3\%}5\% = 8\% < 9\% \text{ (과소)}$$

K자동차 :

$$E(R_s) = R_f + \frac{[E(R_m) - R_f]}{\sigma_m}\sigma_s = 3\% + \frac{[6\% - 3\%]}{3\%}4\% = 7\% > 6\% \text{ (과대)}$$

② 증권시장선(SML)에 의한 과대, 과소 평가

SS전자 :

$$E(R_s) = R_f + [E(R_m) - R_f]\beta_s = 3\% + [6\% - 3\%](0.8) = 5.4\% < 8\% \text{ (과소)}$$

K자동차 :

$$E(R_s) = R_f + [E(R_m) - R_f]\beta_s = 3\% + [6\% - 3\%](1.2) = 6.6\% < 7\% \text{ (과소)}$$

8. 요구수익률과 변동성보상비율

① 증권시장선(SML)에 의한 과대, 과소 여부 및 투자 여부

요구수익률 : $E(R_1) = 2\% + (8\% - 2\%)(1.6) = 11.6\% < 15.0\%$ (3.4% 과소평가, 매수)

요구수익률 : $E(R_2) = 2\% + (8\% - 2\%)(0.8) = 6.8\% > 5.5\%$ (1.3% 과대평가, 매도)

요구수익률 : $E(R_3) = 2\% + (8\% - 2\%)(2.2) = 15.2\% < 16.7\%$ (1.5% 과소평가, 매수)

요구수익률 : $E(R_4) = 2\% + (8\% - 2\%)(0.5) = 5.0\% > 4.0\%$ (1.0% 과대평가, 매도)

② 트레이너 비율 : 변동성보상비율(RVOL) 적용

$$RVOL_1 = \frac{15.0\% - 2.0\%}{1.6} = 8.13\%, \quad RVOL_2 = \frac{7.5\% - 2.0\%}{0.8} = 6.88\%$$

$$RVOL_3 = \frac{16.7\% - 3.0\%}{2.2} = 6.68\%, \quad RVOL_4 = \frac{6.0\% - 2.0\%}{0.5} = 8.00\%$$

증권 1 → 증권 4 → 증권 2 → 증권 3의 순서로 변동성 대비 보상비율이 점차 낮아짐. 따라서 트레이너 지수 또는 RVOL 기준으로는 증권 1이 가장 바람직한 투자임.

9. 포트폴리오 수익률과 위험

① 포트폴리오 수익률과 베타 위험

$E(R_P) = (0.2)(15\%) + (0.4)(7.5\%) + (0.4)(7.0\%) = 8.8\%$

$\beta_P = (0.2)(2.0) + (0.4)(1.2) + (0.4)(0.5) = 1.08$

② 요구수익률에 의한 과대, 과소 여부 평가

요구수익률 : $E(R_1) = 3\% + (8\% - 3\%)(2.0) = 13.0\%$ < 15.0% (2.0% 과소평가, 매수)

요구수익률 : $E(R_2) = 3\% + (8\% - 3\%)(1.2) = 9.0\%$ > 7.5% (1.5% 과대평가, 매도)

요구수익률 : $E(R_4) = 3\% + (8\% - 3\%)(0.5) = 5.5\%$ < 7.0% (1.5% 과소평가, 매수)

③ 트레이너 비율 : 변동성보상비율(RVOL) 이용 투자안 평가

$$RVOL_1 = \frac{15.0\% - 3.0\%}{2.0} = 6.0\%, \quad RVOL_2 = \frac{7.5\% - 3.0\%}{1.2} = 3.75\%$$

$$RVOL_3 = \frac{7.0\% - 3.0\%}{0.5} = 8.00\%$$

증권 3 → 증권 1 → 증권 2의 순서로 변동성 대비 보상비율이 점차 낮아짐. 따라서 트레이너 지수 또는 RVOL 기준으로는 증권 3에 대한 투자가 바람직함.

10. 차익거래가격결정모형(APM)

① 위험 프리미엄 요인 1과 요인 2 계산

포트폴리오 1 : $11\% = 3\% + 0.8F_{i1} + 2F_{i2}$

포트폴리오 2 : $15\% = 3\% + 1.2F_{i1} + 0.5F_{i2}$

연립방정식을 풀면 $F_{i1} = 4\%, F_{i2} = 2.4\%$

② 위험요인별 시장수익률

요인 1에 대한 위험 프리미엄 : $E(R_{F1}) - 3\% = 4\%; E(R_{F1}) = 7\%$

요인 2에 대한 위험 프리미엄 : $E(R_{F2}) - 3\% = 2.4\%; E(R_{F2}) = 5.4\%$

③ 차익거래가격결정모형

$E(R_i) = 0.03 + 0.04\beta_{i1} + 0.024\beta_{i2}$

④ 포트폴리오 60% : 40% 투자수익률과 위험요인별 민감도

$E(R_P) = (0.6)(11\%) + (0.4)(15\%) = 12.6\%$

$\beta_{P1} = (0.6)(0.8) + (0.4)(1.2) = 0.96$

$\beta_{P2} = (0.6)(2.0) + (0.4)(0.5) = 1.40$

동일한 수준에서 투자수익률이 2.4% 높은 투자기회가 있으면, 현재 투자 포트폴리오를 매도하고, 높은 수익률의 투자 포트폴리오를 매수하여 차익 실현

제 3 부

자본예산

제 6 장 자본예산

제 7 장 자본예산 실무

제 3 부에서는

재무관리에 있어서 가장 중요한 부분이 자본예산이라 할 수 있다. 장기적 관점에서 다양한 투자대안들을 찾아내고, 미래 현금흐름과 관련된 위험을 체계적으로 추정하고, 경제성을 기준으로 선택하는 과정이다. 투자는 장기적으로 조직의 성과에 지대한 영향을 미치며, 쉽게 번복하기 어렵기 때문에 장기적인 관점에서 투자계획을 수립하고 투자 여부를 결정하여야 한다. 이러한 과정이 자본예산이며, 다양한 경제성 평가방법을 배우고, 경제성 평가방법별 특징과 한계를 검토하기로 한다. 또한 자본예산에 적용되는 원칙과 기준을 이해함으로써 자본예산 편성 준비과정에서 미리 준비되거나 검토될 사항과, 현실에서 부닥치는 논점들을 정리한다.

제6장에서는 투자사업안들에 대한 경제성 분석을 위한 순현재가치(NPV)법, 내부수익률(IRR)법, 수익성지수(PI)법, 회수기간법, 회계적 이익률법 등을 소개하고, 그 적용기법을 터득한다.

제7장에서는 자본예산 편성에서의 현금흐름을 추정하고 적용하는 방법들과 관련된 원칙을 정리하고 자본예산과 관련한 실무적 논점에 대하여 원칙들을 적용해 보기로 한다.

CHAPTER 6

자본예산

제1절 자본예산의 의의
제2절 투자안별 경제성 평가방법
제3절 투자안 평가방법의 수정

학습목표

기업 재무관리에 있어서 가장 핵심적인 영역이 자본예산임은 이미 말한 바 있다. 그 이유는 기업가치가 특정한 또는 많은 사업들의 성과의 영향을 받는데, 사업의 경제성을 미리 예측하고, 투자 여부, 투자 시점, 투자 규모 등을 결정하는 방법과 기준 등을 제대로 알고 있어야 하며 체계적으로 관리할 능력과 전문성이 필요하기 때문이다. 본 장에서는 기업의 장기적 성장 발전을 위한 연구개발, 시설투자 및 공장 신증설 등을 위한 투자 의사결정 과정에 필요한 자본예산 기법을 소개하고, 장단점 등을 비교한다.

제 1 절 자본예산의 의의

1. 자본예산의 개념

지출을 기능적으로 분류하면 크게 경상적 지출과 자본적 지출로 나눌 수 있다. 경상적 지출(수익적 지출)은 통상적으로 지출로 인한 효과가 단기적이거나 장기적인 효과가 불분명한 경우이다. 기업회계기준상 회계적으로 발생시점에 비용처리되는 지출을 말한다. 특정한 투자사업으로 분리 관리되지 않는 인건비, 경비 등을 포함하며, 일정한 비율 등 기준에 의하여 편성되는 경우가 많아 과거의 경험률 등이 중요하다.

반면 자본적 지출이란 지출의 효과가 1개 이상의 회계연도에 걸쳐 발생하며, 대체로 비반복적으로 그리고 대규모로 발생한다. 자본적 지출 중 개별적으로 경제성 진단이 필요한 투자사업 계획을 자본예산(capital budgeting)이라 하며, 신규사업 투자, 연구개발 투자, 시설 대·개체 사업 등을 포함한다.

▨ 자본예산과 자본적 지출 차이

회계적으로는 지출의 효과가 1년 이상 나타나는 기계설비, 공장, 토지 등과 같은 고정자산의 취득이나 연구개발비 등 자산화(assetization)된 투자지출이나 특허권 취득이 자본적 지출에 해당된다고 할 수 있다. 또한 장기적 관점에서 다른 기업에 대한 출자 등도 별도의 투자사업이 아님에도 회계처리에 의하여 자본적 지출에 포함된다. 반면, 자본예산은 이러한 자본적 지출 중에서, 투자지출을 통하여 다년간에 걸쳐 사업연도별로 현금의 유입과 지출에 증감효과가 발생하는 투자사업안으로 정의할 수 있다.

1.1 자본예산의 중요성

기업의 시설이나 사업에 대한 투자는 장기적으로 기업의 성과에 지대한 영향을 미치며, 쉽게 번복하기 어렵다. 장기적인 관점에서 투자계획을 수립하고 투자

결정 여부를 평가하고 재원을 투자하는 종합적인 장기계획이 자본예산이며, 투자사업안들에 대한 경제성 분석은 매우 중요하다. 분석의 과정은 체계적이어야 하며, 자금의 흐름과 투자 효과에 대한 합리적인 예측을 바탕으로 최대한 객관적으로 수립하여야 한다. 자본예산은 기업의 현재와 미래에 중대한 영향을 미치는데, 그 중요성을 구체적으로 살펴보면 다음과 같다.

첫째, 일반적으로 투자금액이 매우 크기 때문에 단기적으로 유동성 문제가 심각할 수 있다.

둘째, 기업의 장기 경영전략, 자금조달계획 및 경쟁 상황과 연계되어야 한다.

셋째, 쉽게 바꿀 수 없는 지출 행위로 기업의 경쟁력을 획기적으로 개선하거나 상실하게 하는 원인이 된다.

넷째, 끊임없는 정책환경, 경제환경 및 경쟁환경의 변화를 제대로 반영하지 않으면 치명적인 결과를 초래할 수 있다.

1.2 자본예산의 절차

자본예산의 계획과 실행은 다음과 같이 진행된다. 이러한 과정은 하나의 방향으로 고정된 것이 아니라 반복적 조정작업이 탄력적으로 전개되어야 한다.

① 투자목표의 설정
② 투자대안 탐색
③ 투자안별 현금흐름 추정
④ 투자안별 위험 평가 및 자본비용 측정
⑤ 투자안별 경제성 평가
⑥ 선택 투자안 실행
⑦ 지속적인 사업평가와 통제

[1단계] 투자목표의 설정

기업의 현재 및 미래 상황에 대한 예측을 바탕으로 전략적인 의사결정이 필요하며, 기업 비전이나 전사적 사업전략에 따라 개별 투자사업을 통한 목표도 시장점유율 20% 확보, 자기자본순이익률 10% 달성 또는 주가목표 10만원 달성 등 구체적으로 설정하여야 한다.

[2단계] 투자대안의 설정

기존 사업의 유지, 신기술 또는 신제품 개발 또는 도입, 신시장 개척 등 새로운 대안들을 탐색하고, 시장조사 등을 통하여 분석에 필요한 자료를 수집하여야 한다.

[3단계] 투자안별 현금흐름 추정

투자안별 자금의 지출과 미래 현금의 유입 등을 증분기준에 의하여 추정하여야 한다. 이러한 과정에서 직접적 효과 이외에도 간접적 효과도 반영하여야 한다.

[4단계] 투자안별 위험 평가 및 자본비용 측정

투자안에 의한 현금흐름은 불확실성을 내포하고 있다. 이러한 불확실성이 사업위험이며, 예상치 못한 현금의 유입이나 지출이 발생할 수 있으며 자본예산이나 자본비용에 반영하여야 한다.

[5단계] 투자안별 경제성 평가

투자안별로 자본예산에서 사용하는 기법을 이용하여 사업의 경제성을 진단하여야 한다. 순현재가치(NPV: net present value)법, 내부수익률(IRR: internal rate of return)법이 대표적이다. 경제성 평가에 따라 투자안의 채택 및 기각 여부가 결정된다.

[6단계] 선택 투자안의 실행

필요한 자금과 인력, 설비 등을 조달하여 사업을 체계적으로 시행한다.

[7단계] 지속적인 사업평가와 통제

불확실한 상황하에서 끊임없이 예측되지 않은 상황이 발생한다. 이러한 과정에서 현금흐름의 변동에 대처해야 하며, 그에 따라 투자안 내용이나 전체적인 경제성도 바뀔 수 있으므로, 상시 진단체계를 구축하여 자금의 지출을 통제하거나 추가자금 조달 외에 사업의 성과 제고를 위한 다양한 노력이 전개되어야 한다.

제 2 절 투자안별 경제성 평가방법

투자안별로 유입될 현금흐름을 측정하고 난 후 기업의 자본비용이나 요구수익률 등을 기준으로 투자안의 경제성을 평가한다. 자본예산에서 투자안의 경제성 평가가 가장 중요한데, 순현재가치(NPV: net present value)법, 내부수익률(IRR: internal rate of return)법, 수익성지수(PI: profitability index)법, 회수기간(payback period)법, 회계적 이익률(accounting rate of return)법 등을 사용한다. 가장 보편적인 방법은 순현재가치(NPV)법, 내부수익률(IRR)법이 대표적이며, 대부분의 경제성 평가에서 사용된다.

1. 순현재가치(NPV)법

순현재가치(NPV: net present value)란 투자안으로부터 예상되는 미래 현금흐름을 투하된 자본에 대한 기회비용과 위험을 반영한 자본비용(cost of capital) 또는 투자자 관점의 요구수익률(RRR: required rate of return)을 할인율(discount rate)로 적용하여 산출한 현재가치의 합계액에서 초기 투자액을 차감한 값을 말하며, 순현가라고도 한다.

$$\begin{aligned} \text{NPV} &= \text{현가(현금유입액)} - \text{초기 투자액} \\ &= \sum_{t=1}^{n} \frac{CI_t}{(1+R)^t} - I_0 = \frac{CI_1}{(1+R)} + \frac{CI_2}{(1+R)^2} + \cdots + \frac{CI_t}{(1+R)^t} \end{aligned} \quad (1)$$

CI_t : t시점의 추정 현금유입액

I_0 : 초기 투자액

R : 자본비용(할인율; discount rate) 또는 요구수익률(RRR)

[투자의사결정기준]

- 단일 투자안 : NPV $\geq$ 0 → 채택
- 다수 투자안 : 채택된 투자안 중에서 NPV가 가장 큰 투자안 채택

NPV ≥ 0이면 투자활동을 통하여 할인율 또는 요구수익률(RRR) 수준 이상의 수익성을 창출하기 때문에 기업의 가치가 증가한다.

예제 6-1

다음은 두 사업으로부터의 현금흐름이다. 할인율(요구수익률)은 10%이다.

① 상호 배타적인 두 사업의 순현재가치(NPV)를 구하고, 각각의 채택 여부와 우월성을 진단하시오.

구 분	사업연도 0	사업연도 1	사업연도 2	사업연도 3	사업연도 4
사업 A	-150	30	40	60	120
사업 B	-130	40	40	30	100

* 마지막 사업연도 현금유입액 120 및 100에는 사업의 잔존가치가 각각 80 및 70이 포함되어 있다.

$$NPV_A = -150 + \frac{30}{1+10\%} + \frac{40}{(1+10\%)^2} + \frac{60}{(1+10\%)^3} + \frac{40+80}{(1+10\%)^4} = 37.37 > 0(\text{채택})$$

$$NPV_B = -130 + \frac{40}{1+10\%} + \frac{40}{(1+10\%)^2} + \frac{30}{(1+10\%)^3} + \frac{30+70}{(1+10\%)^4} = 30.3 > 0(\text{채택})$$

따라서 사업 A와 사업 B의 순현재가치가 각각 0보다 크기 때문에 두 투자안이 채택된다. 두 사업 중 하나를 선택하려면 사업 B보다 사업 A의 순현재가치가 상대적으로 크기 때문에 사업 A가 채택된다.

② 만일 요구수익률이 20%라면 위의 결론이 어떻게 바뀌는가?

$$NPV_A = -150 + \frac{30}{1+20\%} + \frac{40}{(1+20\%)^2} + \frac{60}{(1+20\%)^3} + \frac{40+80}{(1+20\%)^4} = -4.6$$

$$NPV_B = -130 + \frac{40}{1+20\%} + \frac{40}{(1+20\%)^2} + \frac{30}{(1+20\%)^3} + \frac{30+70}{(1+20\%)^4} = -3.3$$

사업 A와 사업 B의 순현재가치가 각각 0보다 작기 때문에 두 투자안이 기각된다.

<예제 6-1>에서 살펴본 것처럼 요구수익률 10% 수준에서는 두 사업이 모두 0보다 큰 순현재가치(NPV)를 보이다가 20% 수준에서는 순현재가치 기준으로 적자가 되며, 두 투자안이 모두 기각된다. 자본예산 관점에서 자본비용 또는 요

구수익률(RRR)을 통하여 현금유입액의 가치를 할인하기 때문에 현금의 유출입 못지않게, 현금흐름의 변동성 또는 불확실성을 반영하는 자본비용이 중요하다. 현금흐름이 동일하다면 상대적으로 안정된 사업의 가치가 높아지게 된다. 그러므로 순현재가치(NPV)법에서는 요구수익률(RRR)의 정확한 산출과 적용이 매우 중요하다.

▨ 실무상 주의사항

<u>Excel에서 NPV라는 함수를 사용하여 순현재가치를 계산하면 편리한데, 반드시 확인해야 할 주의사항이 있다.</u> 엑셀함수는 기본적으로 초기 투자액이 기말에 유출되는 것으로 인식하도록 함수가 만들어져 있다. 이에 따라 사업 초기에 투자되는 투자액을 별도로 NPV함수에서 제외하고 산출하여야 하며, 유입과 유출에 대하여 부호를 달리하여야 한다.

〈주의사항〉

① 초기 투자액을 B2 = −150, B3 = −130으로 이미 음수로 표시한 경우, 초기 투자액에 대하여 +B2 또는 +B3로 수식에 반영하여야 한다.

② 엑셀의 NPV함수는 엄밀히 말해서 1기부터 4기까지의 현금유입액의 현재가치의 합계액이지 초기 투자액을 차감한 금액이 아님을 유의해야 한다.

NPV(A) = NPV(할인율, 유입 시작 셀:마지막 셀) − 초기투자액
= NPV(10%, C2:F2) + B2 (맞음)
NPV(A) = NPV(10%, B2:F2) (틀림)

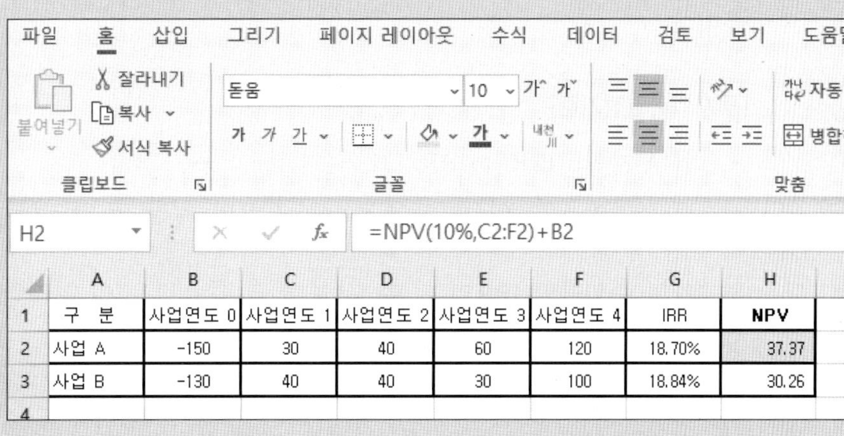

	A	B	C	D	E	F	G	H
1	구 분	사업연도 0	사업연도 1	사업연도 2	사업연도 3	사업연도 4	IRR	NPV
2	사업 A	-150	30	40	60	120	18.70%	37.37
3	사업 B	-130	40	40	30	100	18.84%	30.26
4								

2. 내부수익률(IRR)법

2.1 내부수익률법의 개념

내부수익률(IRR: internal rate of return)법은 투자현금흐름으로부터 산출되는 투자수익률이다. 보다 구체적으로는 투자로부터 예상되는 현금유입액의 현가 합계와 현금유출액의 현가 합계를 동일하게 하는 할인율로 투자수익률이 된다. 이를 식으로 표현하면 다음과 같다.

$$I_0 = \frac{CF_1}{(1+R)} + \frac{CF_2}{(1+R)^2} + \cdots + \frac{CF_t + F_t}{(1+R)^t} \tag{2}$$

CF_t : t기의 추정 현금유입액

I_0 : 초기 투자액

R : 내부수익률(IRR)

내부수익률을 계산하는 방식은 이해가 쉽지만 고차방정식을 풀어야 하므로 현실적으로 계산이 불가능하므로 엑셀(Excel)이나 금융공학용 계산기를 사용해야 한다. 내부수익률법에서의 IRR은 NPV=0인 상황을 기준으로 산출한 할인율이므로, 재무적 관점에서 자본비용을 회수하는 손익분기점이라고 할 수 있다. 달리 말해서 현금유입액(cash inflow)의 현재가치의 합과 현금유출액(cash outflow)의 현재가치의 합이 같게 하는, 즉 NPV=0이 되게 하는 할인율이 내부수익률이다.

[투자의사결정기준]

- 단일 투자안 : IRR ≥ RRR(요구수익률) → 채택
- 다수 투자안 : 채택된 투자안 중에서 IRR이 가장 큰 투자안 채택

투자안의 수익률인 IRR이 자본비용보다 크다는 것은 이 투자안대로 사업이 성공하면 기업가치가 증가한다는 의미이다.

예제 6-2

다음은 두 사업의 현금흐름이다. 할인율(요구수익률)은 10%이다. 상호 배타적인 두 사업의 내부수익률(IRR)을 구하고, 각각의 채택 여부와 우월성을 진단하시오.

구 분	사업연도 0	사업연도 1	사업연도 2	사업연도 3	사업연도 4*
사업 A	−150	30	40	60	120
사업 B	−130	40	40	30	100

* 마지막 사업연도 현금유입액 120 및 100에는 사업의 잔존가치가 각각 80 및 70이 포함되어 있다.

$$\text{IRR}=18.70\%;\ NPV_A=0=-150+\frac{30}{1+R}+\frac{40}{(1+R)^2}+\frac{60}{(1+R)^3}+\frac{40+80}{(1+R)^4}$$

$$\text{IRR}=18.84\%;\ NPV_B=0=-130+\frac{40}{1+R}+\frac{40}{(1+R)^2}+\frac{30}{(1+R)^3}+\frac{30+70}{(1+R)^4}$$

따라서 사업 A와 사업 B 각각의 요구수익률(RRR) 10%보다 높기 때문에 두 투자안이 채택된다. 두 사업 중 하나를 선택하려면 사업 B의 내부수익률이 상대적으로 높기 때문에 사업 B를 채택한다.

사업 A : R(IRR) = 18.70% > RRR = 10% (채택)
사업 B : R(IRR) = 18.84% > RRR = 10% (채택)

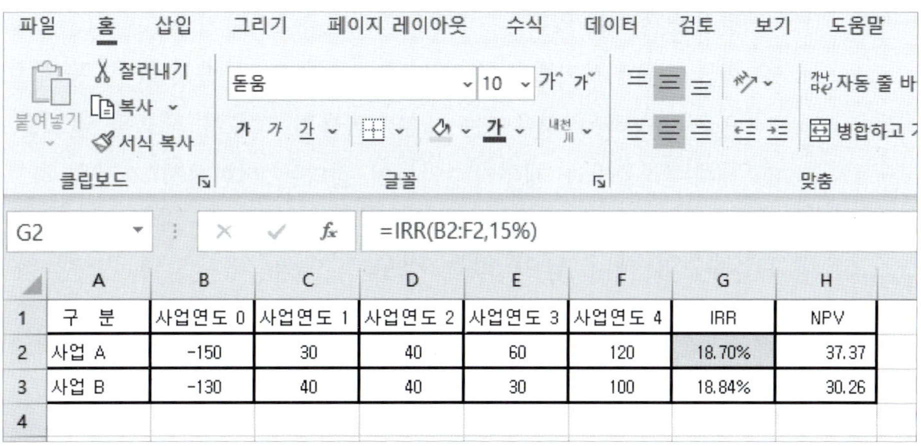

Excel을 사용하면 편리하다.

IRR(A) = IRR(시작 셀:마지막 셀) = IRR(B2:F2) IRR = 18.70%

만일 현금흐름이 복잡하여 여러 개의 해가 존재하는 경우라면, 엑셀 함수에 내부수익률을 추정하여 아래와 같이 가장 근사값을 입력하여야 한다.

IRR(A) = IRR(시작 셀:마지막 셀, 추정R) = IRR(B2:F2, 15%) IRR = 18.70%

2.2 내부수익률법의 장단점

내부수익률은 다음과 같은 장단점이 있다. 실무적으로 이해하기 쉽고, 의사결정 과정에서 소통이나 적용이 가장 간단하다. 이론적으로는 화폐의 시간적 가치를 고려하고 있으므로 회계적 이익률법과 회수기간법보다 우월하다. 그러나 다음과 같은 단점을 가지고 있다.

① 대부분 고차방정식이라서 엑셀 등 전문적인 도구나 방법 없이는 계산이 어렵다.
② 현금흐름 행태에 따라 고차방정식의 해가 없거나 다수의 해가 존재하기 때문에 판단의 근거가 없거나 잘못된 답으로 투자안을 선택할 우려가 있다.
③ 규모의 차이가 크게 나는 투자안을 평가할 때 내부수익률법은 잘못된 투자 결정을 할 수 있다.
④ 현금흐름이 시기별로 순지출(−), 순유입(+), 순지출(−) 등 부호가 반복적으로 변동하는 경우에는 내부수익률법 적용이 착오를 일으킬 수 있다.
⑤ 내부수익률법과 재투자수익률이 같다는 비현실적 가정을 하고 있다.

1) 복수의 해나 답이 없는 경우

다음 사업 A, B 및 합산 현금흐름에 대한 순현재가치(NPV)와 내부수익률(IRR)을 구해보자. (요구수익률 10% 가정)

구 분	사업연도 0	사업연도 1	사업연도 2	IRR	NPV
사업 A	-150	305	-150	-16.67%, 20.0%*	3.3
사업 B	-170	100	100	11.55%	3.6
사업 (A+B)	-320	405	-50	12.70%	6.9

* 사업 A에 대한 내부수익률(IRR)은 두 개가 된다. 순현재가치(NPV)가 3.3이므로 20.0%가 맞다.

이 경우 순현재가치(NPV)가 10% 요구수익률로 할인할 때, 3.3이 되며 0보다 커서 채택된다. 따라서 내부수익률(IRR)은 10%보다 크다.

$$NPV_A = 0 = -150 + \frac{305}{1+R} + \frac{-150}{(1+R)^2} = 3.3 > 0 \qquad \text{(채택)}$$

반면 내부수익률(IRR)을 산출하면, 임의로 적은 수치 -10%와 10%에 따라 값이 다른 2개의 수익률을 제시한다.

IRR(B1:D1, -10%) = -16.67% < 10% (요구수익률) (기각)

IRR(B1:D1,10%) = 20.00% > 10% (요구수익률) (채택)

2) 가치 불가산의 문제

IRR법의 경우, 두 투자안의 수익률을 단순평균을 하거나 가중평균을 하여도 두 투자안을 통합한 수익률(12.7%)과 다르다. 반면 NPV법은 개별 투자안을 별도로 평가하고 결정한 것이나 합쳐서 평가하는 것이나 결과가 동일하다.

위 예를 살펴보면, 사업 B의 순현재가치(NPV)는 3.6이 되고, 내부수익률(IRR)은 11.55%로 두 기준 적용시 모두 채택으로 결정된다. 이에 두 사업을 모두 추진하기로 한다면 두 투자사업(A+B)의 순현재가치(NPV)는 6.9가 되므로 기업에 대한 가치 기여도를 바로 평가할 수 있다. 반면 내부수익률은 12.70%로 복잡한 과정을 거쳐 다시 산출하여야 하며, 개별 사업 수익률(20.0%, 11.55%)과 관련성이 명확하지 않다.

$$NPV(A+B) = NPV(A) + NPV(B)$$

$$IRR(A+B) \neq [IRR(A) + IRR(B)]/2$$

이에 따라 내부수익률(IRR)법은 내부 사업관리상 다소 불편하다. 순현재가치(NPV)법은 가치와 성과에의 기여도를 금액으로 측정하기 때문에 통합적인 사업관리가 가능하다.

3) 투자규모 미고려

투자규모가 현격하게 차이가 나는 경우 내부수익률(IRR)법은 상당한 혼선을 범할 수 있다. 가령 1을 투자해서 수익률 100%로 순이익 1을 얻는 사업 J와 100을 투자해서 수익률 20%로 순이익 20을 얻는 사업 M이 있다면, 수익률 차원에서는 전자가 매혹적이지만 실제로는 두 번째가 바람직한 경우가 많다.

4) 현금흐름에 따른 판단기준의 혼선

현금흐름이 초기 유입에서 이후 지출로 이어지는 차입형인 경우, 내부수익률은 지급이자율이 되기 때문에 기준인 요구수익률보다 높으면 기각되고, 반대로 초기 유출에서 이후 유입으로 이어지는 투자형인 경우, 내부수익률은 투자수익률이 되기 때문에 기준인 요구수익률보다 높으면 채택된다. 또한 여러 가지 현금흐름이 복합적인 혼합형인 경우 상황에 따라 요구수익률 적용이 달라진다. 이러한 기준의 혼선은 전문가가 아닌 경우 착각을 일으키거나 의사소통에 문제를 유발할 수 있다.

5) 재투자수익률의 비현실성

위와 같은 실무적인 문제점 이외에 논리적으로 가장 치명적인 문제가 수익률 산출과정에 적용하는 동일한 재투자수익률의 가정이다. 앞서의 사업 A의 경우를 보면 다음의 산출식에서 매년 현금흐름이 18.7%로 재투자된다고 가정한다.

$$NPV = 0 = -150 + \frac{30}{1+R} + \frac{40}{(1+R)^2} + \frac{60}{(1+R)^3} + \frac{40+80}{(1+R)^4}; \ R(\text{IRR}) = 18.70\%$$

그렇다면 이 사업의 현금흐름이 기업 내부에서 재투자로 18.7%의 수익률을 거두기보다 들어오는 현금은 기업 차원에서 투자기준이 되는 요구수익률 10%

수준의 수익률을 거둔다고 판단하는 것이 현실적이다.

이를 종합해 보면 다음과 같은 문제로 NPV법과 IRR법의 평가 후 결론이 다를 때에는 NPV법으로 투자결정을 해야 한다.

▨ IRR 방법의 문제점 요약

① 복수해 또는 해의 부재
② 가치 불합산의 문제
③ 투자규모의 미고려
④ 현금흐름에 따른 판단기준의 혼선
⑤ 재투자수익률의 비현실성

그럼에도 IRR법은 일상적으로 사용하는 수익률이기 때문에 판단과 의사소통이 쉽다. '이 투자안의 수익률이 20%입니다'라고 하고, 다른 투자안과 비교하거나 관련된 위험 등을 고려하는 것이 보다 현실적인 의사결정 방식일 수 있다. 또한 이론적으로나 실무적으로 부닥치는 문제가 현실적으로 자주 발생하거나 반드시 고려해야 하는 문제가 아니라는 점에서 실무적으로 내부수익률(IRR)법이 보편적으로 사용된다.

3. 수익성지수(PI)법

수익성지수(PI: profitability index)법은 투자안으로부터 예상되는 미래 현금흐름의 현재가치를 그 현금흐름에 대응하는 투자금액 또는 투자금액의 현재가치로 나눈 비율을 의미한다. 실제로 순현재가치(NPV)가 투자안으로부터 예상되는 미래 현금흐름과 투자금액 간의 현재가치의 차이인 반면, 수익성지수(PI)법은 상대적 비율로 투자안 간 규모의 차이에 의한 영향을 없앰으로써 상대적 우월성을 진단하는 방식이다.

$$PI=\frac{PV(\text{현금 유입액})}{PV(\text{현금 유출액})}=\frac{\sum_{t=1}^{n} CI_t/(1+R)^t}{\sum_{t=1}^{n} CO_t/(1+R)^t}=\frac{\sum_{t=1}^{n} CI_t/(1+R)^t}{I_0} \tag{3}$$

CI_t: t시점의 추정 현금유입액 CO_t: t시점의 추정 현금유출액
I_0: 초기 투자액 R: 자본비용(할인율 또는 요구수익률)

만일 투자금액이 일회성이고, NPV가 계산되어 있다면 다음과 같이 간단히 정리된다.

$$PI=\frac{I_0+NPV}{I_0}=1+\frac{NPV}{I_0}=1+\text{순현재가치율}(R_{NPV}) \tag{3-1}$$

[투자의사결정기준]

- 단일 투자안: PI ≥ 1 → 채택
- 다수 투자안: 채택된 투자안 중에서 PI 값이 가장 큰 투자안 채택

가령 PI ≥ 1.5이면 자본비용을 고려한 현재가치 기준으로 투자금액의 1.5배의 현금유입이 발생한다는 의미이다.

예제 6-3

앞서 순현재가치(NPV)법 및 내부수익률(IRR)법에 사용한 예제의 현금흐름이다. 할인율(요구수익률)은 10%이다. 상호 배타적인 두 사업의 수익성지수(PI)를 구하고, 각각의 채택 여부와 우월성을 진단하시오.

구 분	사업연도 0	사업연도 1	사업연도 2	사업연도 3	사업연도 4
사업 A	-150	30	40	60	120
사업 B	-130	40	40	30	100

* 마지막 사업연도 현금유입액 120 및 100에는 사업의 잔존가치가 각각 80 및 70이 포함되어 있다.

$$PI_A=\frac{30/1.1+40/1.1^2+60/1.1^3+120/1.1^4}{150}=\frac{187.37}{150}=1.25>1 \text{ (채택)}$$

$$PI_B = \frac{40/1.1 + 40/1.1^2 + 30/1.1^3 + 100/1.1^4}{130} = \frac{160.3}{130} = 1.23 > 1 \ (\text{채택})$$

따라서 사업 A와 사업 B의 수익성지수(PI)가 각각 1.25 및 1.23으로 1보다 크기 때문에 두 투자안이 모두 채택된다. 두 사업 중 하나를 선택하려면 사업 B의 수익성지수(PI)보다 상대적으로 큰 사업 A가 채택된다.

Excel을 사용하면 편리한 반면 주의할 사항이 있다. 초기 투자액을 B1 = − 150, B2 = − 130으로 이미 음수로 표시되어 있어 부호를 바꿔 입력하여야 한다.

PI(A) = NPV(할인율, 유입 시작 셀:마지막 셀)/초기 투자액
= NPV(10%, C1:F1)/(− B1) = 1.25
PI(B) = NPV(10%, C2:F2)/(− B2) = 1.23

수익성지수(PI)법의 장점으로는 화폐의 시간가치가 고려되고, 개념적으로 쉽다. 투자안 간 비교가능성이 높아 자본제약 상황에서 투자안 선택에 적용하기 용이하다. 다만, 비교가능성을 높이려고 투자규모로 나눈 결과 투자규모를 무시함으로써 소규모 투자를 선호하는 문제가 발생한다.

PI(A) = PV(현금유입액)/초기 투자액 = 125/100 = 1.25
PI(B) = PV(현금유입액)/초기 투자액 = 13/10 = 1.30

100억원 투자해서 총액기준 현재가치로 125억원을 벌어들이는 투자안 A와 10억원을 투자해서 총액기준 현재가치로 13억원을 벌어들일 수 있는 투자안 B가 있다고 가정해 보면, 전자의 PI가 대략 1.25이고, 후자는 1.30이지만, 다른 대안이 없고 100억원의 예산이 있다면 100억원을 투자해서 현재가치로 25억원의 수입을 가져올 투자안 A에 투자하는 것이 바람직하다.

4. 회수기간(payback period)법

회수기간(PP: payback period)법은 투자액을 연간 현금유입액으로 나눈 회수기간에 의해 투자결정을 하는 기법이다.

$$PP = 회수기간 = \frac{I_0}{연평균현금유입액} \tag{4}$$

회수기간이 결정되면 목표 회수기간과 비교하여 투자결정을 한다. 목표 회수기간에 대한 논리적인 기준이 없으며, 개별 기업에 대하여 자의적인 기준을 적용하여야 한다. 회수기간을 길게 잡는 것은 장기적인 리스크를 더 안겠다는 의미이다.

[투자의사결정기준]

- 단일 투자안 : 회수기간(PP) $\leq$ 목표 회수기간 → 채택
- 다수 투자안 : 채택된 투자안 중에서 가장 짧은 회수기간의 투자안 선택

회수기간법은 계산이 간편하고 이해하기 쉬워서 실무적으로 많이 이용되고 있는 방법이다. 투자 후 얼마만에 투자액을 모두 회수하는가는 중요하다. 이 방법은 사업의 안정성을 극대화하며, 유동성과 리스크 관리에 초점을 둔 평가방법이다. 반면 화폐의 시간가치가 고려되지 않을 뿐만 아니라 회수기간 이후에 발생하는 현금흐름을 고려하지 않는 문제가 있다.

가령 투자액 5억원, 회수기간이 5년인 두 투자안일지라도 매년 1억원씩 들어오는 투자안과 5년 후에 5억원이 한번에 들어오는 투자안을 동일하게 평가하고, 6년차 이후에 투자안에서 각각 10억원 및 20억원이 들어오는 경우에도 이를 무시하는 문제가 있다.

예제 6-4

다음은 두 사업의 현금흐름이다. 상호 배타적인 두 사업의 회수기간을 구하고, 각각의 채택 여부와 우월성을 진단하시오. 목표 회수기간은 3년이다.

구 분	사업연도 0	사업연도 1	사업연도 2	사업연도 3	사업연도 4
사업 A	−150	30	70	100	100
사업 B	−130	40	40	20	300

* 마지막 사업연도 현금유입액 120 및 100에는 사업의 잔존가치가 각각 80 및 70이 포함되어 있다.

사업 A는 150을 투자하면 1년째 30이 들어오고, 2년째 70, 3년째 100이 들어온다. 따라서 2년까지 100을 회수하고 3년째는 회수된 100이 미회수 50을 상쇄시킨다. 따라서 회수기간은 (2년+50/100)=2.5년이 되고 목표 회수기간 3년보다 짧아서 채택된다.

사업 B는 130을 투자하면 1년째 40이 들어오고, 2년째 40, 3년째 20, 즉 3년간 100이 들어온다. 4년째는 미회수 30을 포함, 300을 회수하게 된다. 따라서 회수기간은 (3년+30/300)=3.1년이라서 목표 회수기간보다 길기 때문에 기각된다. 두 투자안 중 회수기간이 짧은 사업 A가 채택된다.

이에 따라 사실상 훨씬 우수한 사업안으로 판단되는 B의 4년차에 예상되는 상당한 현금흐름이 무시되어서 배제되는 상황이 발생하였다.

회수기간법이 현금의 현재가치를 반영하지 못하는 문제를 개선하기 위하여 할인된 현가기준으로 평가하는 방법이 보완적으로 사용된다. 위 예제에서 할인율 10%를 적용하여 할인 회수기간을 산출하여 사업안들을 비교하여 보자.

구 분	사업연도 0	사업연도 1	사업연도 2	사업연도 3	사업연도 4
사업 A	−150	27.3	57.8	75.1	68.3
사업 B	−130	36.4	33.1	16.5	247.9

사업 A는 150을 투자하면 2년까지 현재가치 누적액 85.1(=27.3+57.8)이 들어오고, 미수액 64.9가 3년차 75.1에 포함되어 들어온다. 이에 따라 회수기간은 (2년+64.9/75.1)=2.86년이 되고 목표 회수기간 3년보다 짧아서 채택된다.

사업 B는 130을 투자하면 3년까지 현재가치 누적액 86.0(=36.4+33.1+16.5)이 들어오고, 미수액 44.0이 3년차 247.9에 포함되어 들어온다. 이에 따라 회수기간은 (3년+44.0/247.9)=3.26년이 되고 목표 회수기간 3년보다 길어서 기각된다.

할인회수기간(discounted payback period)법은 현재가치를 고려하는 장점이 있지만, 상대적으로 복잡하고, 목표 회수기간 이후의 상당한 현금흐름이 무시될 가능성이 있어 부적정한 의사결정을 내릴 가능성이 높다.

5. 회계적 이익률법

회계적 이익률(ARR: accounting rate of return)법은 1년 단위로 장부기준으로 평균 투자액 대비 회계적 이익이 얼마인지를 수익성 비율로 측정하는 방법이다.

$$\text{ARR} = \text{회계적 이익률} = \text{당기순이익}/\text{연평균투자액} \tag{5}$$

회계적인 방법으로 당기순이익을 계산하는 방법은 생략하기로 한다. 투자액은 장부가액 기준 (기초+기말)/2를 하면 된다. 그런데 투자액은 회계적 처리방법에 의존하여 금액이 바뀐다는 문제가 있다. 가령 감가상각 방식이나 기준에 따라 장부에 평가된 금액이 다르게 된다. 또한 투자자의 입장에서 자기자본순이익률(ROE: return on equity)이나 총자산순이익률(ROA: return on asset) 등 투자금액을 달리 보는 경우가 있다. 일반적으로 전체 투자수익률인 ROI(return on investment) 개념으로 보면 당기순이익을 자산총액으로 나눈 총자산순이익률(ROA)이 당기순이익을 자기자본으로 나눈 자기자본순이익률(ROE)보다 기업 경영자의 관점에서 투자안을 판단하는 데 보다 적합하다고 할 수 있다.

[투자의사결정기준]

- 단일 투자안 : 회계적 이익률 ≥ 목표 회계적 이익률 → 채택
- 다수 투자안 : 채택된 투자안 중에서 가장 높은 이익률의 투자안 선택

회계적 이익률법은 계산이 간편하고 이해하기 쉬울 뿐만 아니라 회계자료를 이용할 수 있어 실무적으로 많이 이용되고 있는 방법이다. 투자에 따른 수익성이

얼마나 높은지는 매우 중요하다. 그런데 회계적 이익률법은 회계적 처리방법에 의존할 뿐만 아니라 현금흐름의 위험이나 화폐의 시간가치가 고려되지 않는 단점이 있다. 또한 목표 이익률의 결정이 자의적이며, 투자금액이 회계장부 기준이기 때문에 실질가치를 반영하지 못한다.

예제 6-5

앞서의 투자사업에 대한 초기 투자액과 매년도 세후이익(당기순이익)에 대한 자료이다.

구 분	사업연도 0	사업연도 1	사업연도 2	사업연도 3	사업연도 4
사업 A	−150	30	40	50	60
사업 B	−120	30	30	20	80

상호 배타적인 두 사업의 전체 회계적 이익률(ARR)을 구하고, 각각의 채택 여부와 우월성을 진단하시오. 초기 자산총액은 총투자액과 같고, 총자산의 장부가액은 4년간 정액으로 완전상각된다고 가정한다. 목표 회계적 이익률을 20%라고 가정한다.

$$ARR(A) = [(30+40+50+60)/4] \ / \ [(150+0)/2] = 45/75 = 60.0\% > 20\%$$
$$ARR(B) = [(30+30+20+80)/4] \ / \ [(120+0)/2] = 40/60 = 66.7\% > 20\%$$

목표 이익률(20%)보다 상당히 높아 두 사업 모두 채택가능하며, 하나만 선택하는 경우 상대적으로 수익성이 높은 사업 B를 선택하게 된다.

위 예제에서 보듯이 실무적으로 전체기간의 감가상각 대상이 되는 경우 잔존가치를 기준으로 평균투자액을 산출하는 것이 바람직하지 않으며, 연도별로 현금흐름이나 당기순이익에 큰 변동이 있으면 발생시기가 다른데도 동일하게 평가하는 문제가 있다. 위 예제의 두 사업별 내부수익률(IRR)이 각각 6.9% 및 10.6%인 점을 감안하면 회계적 이익률(ARR)을 적용하는 경우 심각한 착각을 유발할 수준으로 과대계상할 수 있기 때문에 아무리 편하다 할지라도 자본예산의 경제성 평가에서는 가급적 사용을 삼가야 한다.

제 3 절 투자안 평가방법의 수정

앞서 내부수익률(IRR)법의 현실적인 문제점과 이론적인 한계를 집중적으로 검토한 바가 있다. 이 절에서는 투자안에 대한 평가방법에 따라 서로 다른 결론이 나는 현상을 다양한 투자형태를 대상으로 해결방법을 제시하고자 한다.

1. 할인율(R)과 순현재가치의 관계

앞서의 예제의 경우를 살펴보면 다음의 현금흐름에 대하여 전체 현금흐름에 대하여 현재가치를 사용하는 방법론들의 적용결과를 정리하면 다음과 같다.

구 분	NPV (R=10%)	NPV (R=20%)	IRR	PI
사업 A	37.37	−4.6	18.70%	1.25
사업 B	30.3	−3.3	18.84%	1.23
선 택	둘 다 통과. A 우월	둘 다 탈락. B 우월	요구수익률 기준에 따라 다름. A 우월	둘 다 통과. A 우월

우선 [그림 6-1] A에는 사업 A의 자료를 이용하여 요구수익률(RRR) 또는 할인율(R)의 변화에 따른 순현재가치(NPV)의 관계를 나타내고 있다. 요구수익률(RRR) 또는 할인율(R)이 내부수익률(IRR)과 같은 경우, 사업 A의 순현재가치(NPV)는 0이다. 근본적으로 요구수익률(RRR)에 따라 NPV에 의한 사업 채택 여부가 달라지며, IRR의 수용 여부도 달라진다. 이러한 관계를 요약하면 다음과 같다.

R = 18.7% = IRR ↔ NPV = 0 : 사업 A 채택 가능

R = 18.7% < IRR ↔ NPV > 0 : 사업 A 채택

R = 18.7% > IRR ↔ NPV < 0 : 사업 A 기각

마찬가지로 사업 B에 대해서는 요구수익률 또는 할인율 18.84%를 기점으로

그림 6-1 할인율과 순현재가치

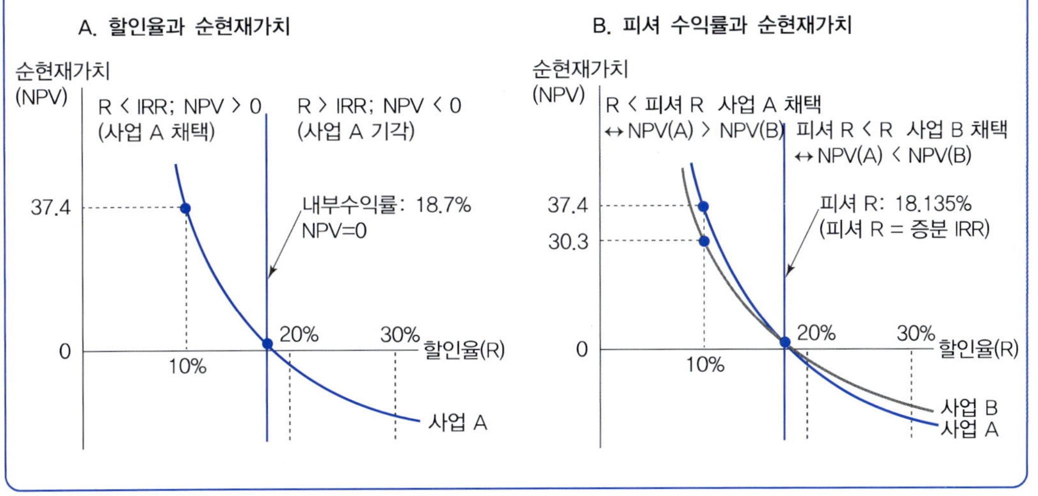

기각 여부가 결정된다. 이처럼 사업의 순현재가치가 할인율에 의하여 변화하며, 할인율(R)이 내부수익률(IRR)과 동일한 경우 순현재가치가 0이 된다.

2. 피셔 수익률(Fisher's R)법

앞서의 예제와 같이 서로 배타적인 두 사업 A, B의 순현재가치(NPV)의 상대적 크기가 요구수익률(RRR) 또는 할인율(R)에 따라 바뀌는 경우, 해당 요구수익률에서의 순현재가치를 기준으로 투자안을 선택한다. 또한 순현재가치의 순위가 바뀌는 지점의 요구수익률을 피셔의 R(피셔 수익률 또는 Fisher's R)이라고 하며, 두 사업 간의 증분현금흐름(incremental cash flow)에 대한 증분 내부수익률(incremental IRR)로 측정한다.

구 분	사업연도 0	사업연도 1	사업연도 2	사업연도 3	사업연도 4
사업 A	-150	30	40	60	120
사업 B	-130	40	40	30	100
(사업 B-A)	20	10	0	-30	-20

만일 사업 B로부터의 현금흐름과 사업 A로부터의 현금흐름의 차이(B－A), 즉 증분현금흐름(incremental cash flow)의 순현재가치(NPV)가 양(+)이라면, 사업 B의 사업성이 사업 A의 사업성보다 나은 것으로 판단된다. 그런데 이러한 판단의 결과는 할인율(*R*) 수준에 따라 달라지는 데 문제가 있다.

$$NPV_{B-A} > 0 \quad \leftrightarrow \quad NPV_B > NPV_A \rightarrow \text{사업 B 채택} \tag{6}$$

위 예제의 경우 요구수익률 10% 수준에서 증분현금흐름에 대한 순현재가치(NPV)가 －7.1로 0보다 작다. 따라서 사업 B가 사업 A의 사업성보다 낮아 사업 A를 채택한다.

$$NPV_{B-A} > -7.1 \quad \leftrightarrow \quad NPV_A - NPV_B = 7.1 \rightarrow \text{사업 A 채택}$$

비슷한 관점에서 증분현금흐름(incremental cash flow) (B－A)에 대하여 피셔의 R, 즉 증분 내부수익률(incremental IRR)보다 기업의 요구수익률(RRR)이 높을 때 사업 B를 채택한다. 반대로 증분 IRR보다 기업의 요구수익률(RRR)이 낮을 때 사업 A를 채택한다.

$$\text{증분 } IRR_{B-A} < R \quad \leftrightarrow \quad IRR_B > IRR_A \rightarrow \text{사업 B 채택} \tag{7}$$

위 예제의 경우 피셔의 R, 증분 IRR은 18.135%이다. 요구수익률 10% 수준에서 증분현금흐름에 대한 내부수익률보다 작다. 따라서 사업 B가 사업 A의 사업성보다 낮아 사업 A를 채택한다.

$$\text{증분 } IRR_{B-A} = 18.135\% > R(10\%) \quad \leftrightarrow \quad IRR_A > IRR_B \rightarrow \text{사업 A 채택}$$

[그림 6-1] B에는 사업 A와 사업 B의 증분현금흐름(B－A)을 이용하여 요구수익률(RRR) 또는 할인율(R)의 수준과 피셔의 R(증분 IRR) 간의 상대적 크기에 따른 두 사업 간 순현재가치(NPV)의 관계를 나타내고 있다. 근본적으로 요구수익률(RRR) 또는 할인율(R)이 증분 내부수익률(IRR)과 같은 경우, 사업 A와 사업 B의 순현재가치(NPV)의 차이는 0이다. 이러한 관계를 요약하면 다음과 같다.

R = 18.135% = 증분 IRR = 18.135% ↔ NPV(A) = NPV(B) : 사업 A, B 동등

R = 10% < 증분 IRR = 18.135% ↔ NPV(A) > NPV(B) : 사업 A 채택

R = 20% > 증분 IRR = 18.135% ↔ NPV(A) < NPV(B) : 사업 B 채택

* 주의 : 위 경우는 증분현금흐름을 (B − A)로 산출한 경우이며, (A − B)로 산출한 경우 위 관계가 반대로 된다.

예제 6-6

① 두 사업으로부터의 현금흐름의 차이를 (B − A)로 산출하고 두 현금흐름 간 차이에 대한 순현재가치를 구하고 투자안을 선택하시오. (요구수익률 10%)

구 분	사업연도 0	사업연도 1	사업연도 2	사업연도 3	사업연도 4
사업 A	−150	30	40	60	120
사업 B	−130	40	40	30	100
(사업 B−A)	20	10	0	−30	−20

$$NPV_{B-A} = 20 + \frac{10}{1+10\%} + \frac{0}{(1+10\%)^2} + \frac{-30}{(1+10\%)^3} + \frac{-20}{(1+10\%)^4}$$

$$= -7.1$$

$NPV_{B-A} < 0$ 이므로 $NPV_A > NPV_B$가 되며, 사업 B보다 사업 A의 순현재가치가 높아 사업 A를 채택한다.

② 두 사업으로부터의 증분현금흐름에 대한 피셔 수익률을 구하고 투자안을 선택하시오.

$$NPV_{B-A} = 0 = 20 + \frac{10}{1+10\%} + \frac{0}{(1+10\%)^2} + \frac{-30}{(1+10\%)^3} + \frac{-20}{(1+10\%)^4};$$

증분 IRR = 18.14%

피셔 수익률 = IRR(증분시작 셀:마지막 셀) = IRR(B4:F4,15%) = 18.14%

* 주의 : 엑셀 함수의 15%는 추측 IRR이며, 대부분 제외하여도 된다.

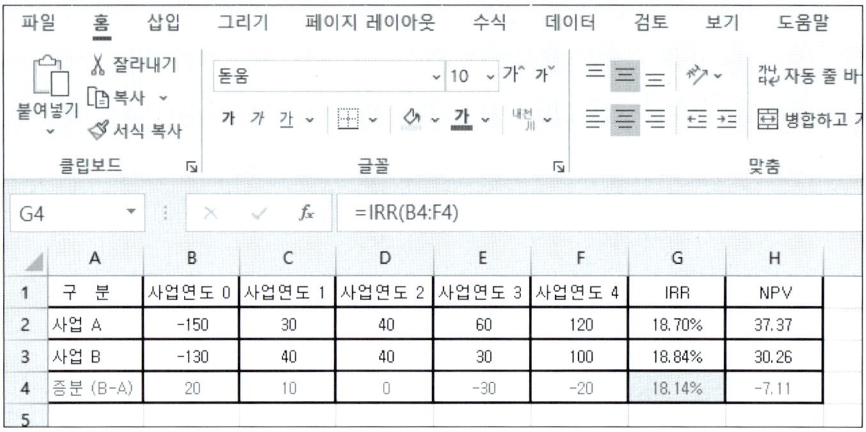

	A	B	C	D	E	F	G	H
1	구 분	사업연도 0	사업연도 1	사업연도 2	사업연도 3	사업연도 4	IRR	NPV
2	사업 A	-150	30	40	60	120	18.70%	37.37
3	사업 B	-130	40	40	30	100	18.84%	30.26
4	증분 (B-A)	20	10	0	-30	-20	18.14%	-7.11
5								

따라서 요구수익률 10% 수준에서는 피셔 수익률 18.14%보다 낮아 사업 A의 순현재가치(NPV)가 사업 B의 NPV보다 높다. 이에 따라 사업 A를 채택한다.

3. 수정내부수익률(MIRR)법

수정내부수익률(MIRR: modified internal rate of return)은 내부수익률법의 가정 중에 가장 심각한 투자기간 중의 현금흐름에 대하여 확정되지 않은 내부수익률로 재투자한다는 가정 대신에 기업의 자본비용, 즉 요구수익률로 재투자한다고 수정하여 산출한 수익률이다.

앞의 예제에서 사업 A와 B에 대하여 현금유입액을 내부수익률 18.7%나 18.84%로 재투자한다는 가정 대신에 요구수익률인 10%를 적용하여 사업 종료시점의 가치로 평가하면 다음과 같다.

$$FV_A = 30(1+10\%)^3 + 40(1+10\%)^2 + 60(1+10\%) + 120 = 274.33$$

$$FV_B = 40(1+10\%)^3 + 40(1+10\%)^2 + 30(1+10\%) + 100 = 234.64$$

이에 대하여 투자수익률을 구하면 다음과 같다. 이를 수정내부수익률(MIRR)이라고 한다.

$$PV = FV/(1+MIRR)^t \Leftrightarrow MIRR = \sqrt[t]{\frac{FV}{PV}} - 1$$

사업 A: $150 = 274.33/(1+MIRR)^4 \Leftrightarrow MIRR = \sqrt[4]{\frac{274.33}{150}} - 1 = 16.3\%$

사업 B: $130 = 234.64/(1+MIRR)^4 \Leftrightarrow MIRR = \sqrt[4]{\frac{234.64}{130}} - 1 = 15.9\%$

따라서, 수정내부수익률이 높은 사업 A를 채택한다. 논리적으로 합당하지만, 절차가 복잡하여 비전문가들이 사용하기는 부적합하다. 엑셀에는 이러한 문제를 해결하기 위하여 MIRR이라는 함수가 있다. 예제의 투자안 A와 B에 대한 수정내부수익률(MIRR)을 다음과 같이 계산한다.

함수명령어: =MIRR(첫 셀:마지막 셀, 요구수익률, 재투자수익률)

사업 A: =MIRR(B2:F2, 10%, 10%)=16.3%

* B2:F2에는 (−150, 30, 40, 60, 120) 숫자가 차례로 입력되어 있음.

사업 B: =MIRR(B3:F3, 10%, 10%)=15.9%

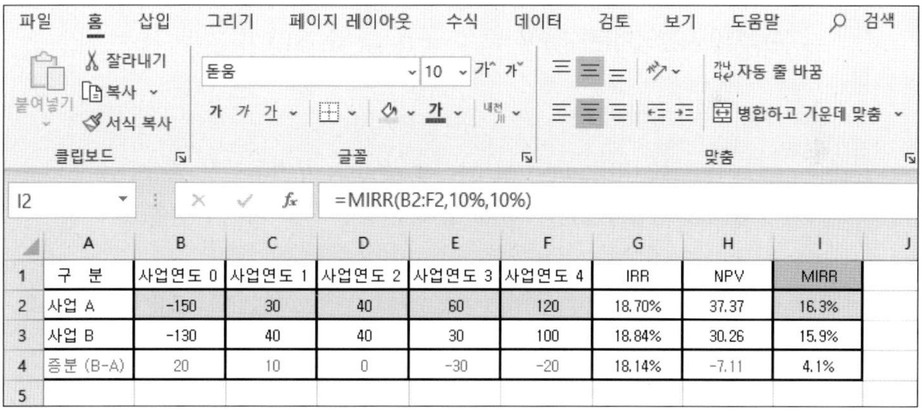

	A	B	C	D	E	F	G	H	I
1	구 분	사업연도 0	사업연도 1	사업연도 2	사업연도 3	사업연도 4	IRR	NPV	MIRR
2	사업 A	-150	30	40	60	120	18.70%	37.37	16.3%
3	사업 B	-130	40	40	30	100	18.84%	30.26	15.9%
4	증분 (B-A)	20	10	0	-30	-20	18.14%	-7.11	4.1%

핵심정리

1. 자본예산

• 의의 : 기업가치 제고와 성장 발전을 위한 각종 투자사업 계획

• 절차 : ① 투자목표의 설정
② 투자대안 탐색
③ 투자안별 현금흐름 추정
④ 투자안별 위험 평가 및 자본비용 측정
⑤ 투자안별 경제성 평가
⑥ 선택 투자안 실행
⑦ 지속적인 사업평가와 통제

2. 순현재가치(NPV)법

• 순현재가치(NPV: net present value): 현금 유입액과 유출액 현가의 차이

$$NPV = \text{현가(현금유입액)} - \text{초기 투자액} = \sum_{t=1}^{n} \frac{CI_t}{(1+R)^t} - I_0$$

[투자의사결정기준] NPV $\geq$ 0 또는 그 중 NPV가 가장 큰 투자안

3. 내부수익률(IRR)법

• 내부수익률(IRR: internal rate of return): 투자로부터 예상되는 현금유입액의 현가 합계와 현금유출액의 현가 합계를 동일하게 하는 할인율(R)

$$I_0 = \frac{CF_1}{(1+R)} + \frac{CF_2}{(1+R)^2} + \cdots + \frac{CF_t + F_t}{(1+R)^t}.$$ 엑셀이나 금융계산기 사용

[투자의사결정기준]

IRR(R) $\geq$ RRR(요구수익률) 또는 그 중 IRR이 가장 큰 투자안

[IRR 방법의 문제점]

① 복수해 또는 해의 부재
② 가치 불합산의 문제
③ 투자규모의 미고려
④ 현금흐름에 따른 판단기준의 혼선

⑤ 재투자수익률의 비현실성

4. 수익성지수(PI)법

수익성지수(profitability index) = 미래 현금흐름의 현재가치/투자금액

$$PI = \frac{PV(\text{현금 유입액})}{PV(\text{현금 유출액})}$$

[투자의사결정기준]

PI ≥ 1 또는 그 중 PI 값이 가장 큰 투자안

5. 회수기간(payback period)법

$$PP = \text{회수기간} = \frac{I_0}{\text{연평균현금유입액}}$$

* 주의 : 매년 현금흐름이 크게 다르면 연도별 누계액으로 경과년수를 산출하여야 함.

[투자의사결정기준]

회수기간 ≤ 목표 회수기간, 또는 그 중 가장 짧은 투자안

[문제점]

① 화폐의 시간가치 미고려

② 회수기간 이후 현금흐름 미고려

6. 회계적 이익률법

회계적 이익률(ARR: accounting rate of return)

ARR = 회계적 이익률 = 당기순이익/연평균투자액

[투자의사결정기준]

회계적 이익률 ≥ 목표 회계적 이익률 또는 그 중 가장 높은 이익률의 투자안 선택

[문제점]

① 회계기준 의존. 추정 재무제표를 만들어야 하며 부정확함.

② 현금흐름의 위험과 화폐의 시간가치 미고려

③ 자의적인 목표이익률

7. 피셔 수익률(Fisher's R)법

Fisher's R : 두 사업 간의 증분현금흐름에 대한 내부수익률

예시) ① 증분현금흐름 (B－A) 계산 후 NPV(B－A) ＞ 0, 사업 B 채택
② 요구수익률 R＝10% ＜ 피셔 R＝18.135% ↔ NPV(A) ＞ NPV(B) : 사업 A 채택

8. 수정내부수익률(MIRR)법

- 수정내부수익률(MIRR: modified internal rate of return) : 재투자수익률을 내부수익률 계산에 적용
- MIRR 계산방법

① 투자안별로 현금흐름에 대한 미래가치 계산

$$FV = CF_1(1+R)^{t-1} + CF_2(1+R)^{t-2} + \cdots + (CF_t + F_t)$$

② $PV = FV/(1+MIRR)^t \Leftrightarrow MIRR = \sqrt[t]{\frac{FV}{PV}} - 1$; 수식 이용 MIRR 산출

※ 엑셀 함수명령어 사용으로 간단히 해결
=MIRR(첫 셀:마지막 셀, 요구수익률, 재투자수익률)

연습문제

1. 핵심용어

다음의 용어를 요약하여 설명하시오.

- 자본예산
- 경제성 평가
- 자본적/경상적 지출
- 순현재가치(NPV)법
- 내부수익률(IRR)법
- 수익성지수(PI)법
- 회수기간법
- 할인회수기간법
- 회계적 이익률법
- 목표수익률
- 복수 해
- 가치 불합산
- 재투자수익률
- 피셔 수익률
- 증분현금흐름
- 수정내부수익률법

2. 투자안의 경제성 평가방법을 기술하고, 장단점을 간단히 기술하시오.

3. 투자안 경제성 분석

다음은 두 사업으로부터의 현금흐름이다. 할인율(요구수익률)은 10%이다.

구 분	사업연도 0	사업연도 1	사업연도 2	사업연도 3	사업연도 4
사업 A	-250	50	70	80	140
사업 B	-200	40	70	50	120

① 두 사업의 순현재가치(NPV)를 구하고, 각각의 채택 여부와 우월성을 진단하시오.

② 두 사업의 내부수익률(IRR)을 구하고, 각각의 채택 여부와 우월성을 진단하시오.

③ 피셔의 수익률(Fisher's rate)을 산출하고, 각각의 채택 여부와 우월성을 진단하시오.

④ 수정내부수익률(MIRR)을 산출하고, 채택 여부와 우월성을 진단하시오. (재투자수익률 10%)

⑤ 두 사업에 대한 수익성지수(PI)를 계산하고, 채택 여부와 우월성을 진단하시오.

⑥ 두 사업의 회수기간을 구하고, 채택 여부와 우월성을 진단하시오. (목표 회수기간 4년)

⑦ 10%의 할인율을 적용하여 할인회수기간을 구하고, 채택 여부와 우월성을 진단하시오. (목표 회수기간 4년)

4. 회계적 이익률법

다음은 두 사업으로부터의 연도별 당기순이익이다. 초기 투자액이 전액 정액법에 의하여 감가상각된다. 이 사업에 대한 회계적 이익률을 계산하고, 각각의 채택 여부와 우월성을 진단하시오. (목표 회계적 이익률 20%)

구 분	사업연도 0	사업연도 1	사업연도 2	사업연도 3	사업연도 4
사업 A	-250	50	70	80	60
사업 B	-200	40	60	50	50

해 답

1.~ 2. (생략)

3. 투자안 경제성 분석

① 순현재가치(NPV)

$$NPV_A = -250 + \frac{50}{1+10\%} + \frac{70}{(1+10\%)^2} + \frac{80}{(1+10\%)^3} + \frac{60+80}{(1+10\%)^4} = 9.03 > 0 \text{ (채택)}$$

$$NPV_B = -200 + \frac{40}{1+10\%} + \frac{70}{(1+10\%)^2} + \frac{50}{(1+10\%)^3} + \frac{50+70}{(1+10\%)^4} = 13.74 > 0 \text{ (채택)}$$

따라서 사업 A와 사업 B의 순현재가치가 각각 0보다 크기 때문에 두 투자안이 채택된다. 두 사업 중 하나를 선택하려면 사업 B가 상대적으로 크기 때문에 채택된다.

② 내부수익률(IRR)

$$NPV_A = -250 + \frac{50}{1+R} + \frac{70}{(1+R)^2} + \frac{80}{(1+R)^3} + \frac{60+80}{(1+R)^4} = 0; \text{ IRR} = 11.4\% > 10\% \text{ (채택)}$$

$$NPV_B = -200 + \frac{40}{1+R} + \frac{70}{(1+R)^2} + \frac{50}{(1+R)^3} + \frac{50+70}{(1+R)^4} = 0; \text{ IRR} = 12.7\% > 10\% \text{ (채택)}$$

따라서 사업 A와 사업 B 각각의 요구수익률(RRR)이 10%보다 높기 때문에 두 투자안이 채택된다. 하나를 택해야 한다면 내부수익률이 상대적으로 높은 사업 B를 채택한다.

③ 피셔의 수익률(Fisher's rate)

$$NPV_{B-A} = 50 + \frac{-10}{1+R} + \frac{0}{(1+R)^2} + \frac{-30}{(1+R)^3} + \frac{-20}{(1+R)^4} = 0; \text{ IRR} = 6.34\% < 10\% \text{ (B채택)}$$

내부수익률이 피셔 수익률 6.34% 이상인 경우 사업 B가 채택되고, 그 이하인 경우 사업 A가 채택된다.

④ 수정내부수익률(MIRR)

$$FV_A = 50(1+10\%)^3 + 70(1+10\%)^2 + 80(1+10\%) + 140 = 379.25$$

$$FV_B = 40(1+10\%)^3 + 70(1+10\%)^2 + 50(1+10\%) + 120 = 312.94$$

$$PV = FV/(1+MIRR)^t \Leftrightarrow MIRR = \sqrt[t]{\frac{FV}{PV}} - 1$$

사업 A: $250 = 379.25/(1+MIRR)^4 \Leftrightarrow MIRR = \sqrt[4]{\frac{379.25}{250}} - 1 = 11.0\%$

사업 B: $200 = 312.94/(1+MIRR)^4 \Leftrightarrow MIRR = \sqrt[4]{\frac{312.94}{200}} - 1 = 11.8\%$

함수명령어 : =MIRR(첫 셀:마지막 셀, 요구수익률, 재투자수익률)
사업 A : =MIRR(B1:F1, 10%, 10%) = 11.0%
* B1:F1에는 (−250, 50, 70, 80, 140) 숫자가 차례로 입력되어 있음.
사업 B : =MIRR(B2:F2, 10%, 10%) = 11.8%

⑤ 수익성지수(PI)

$$PI_A = \frac{50/1.1 + 70/1.1^2 + 80/1.1^3 + 140/1.1^4}{250} = \frac{259}{250} = 1.04 > 1 \text{ (채택)}$$

$$PI_B = \frac{40/1.1 + 70/1.1^2 + 50/1.1^3 + 120/1.1^4}{200} = \frac{213.7}{200} = 1.07 > 1 \text{ (채택)}$$

따라서 사업 A와 사업 B의 수익성지수(PI)가 각각 1.04 및 1.07으로 1보다 크기 때문에 두 투자안이 모두 채택된다. 두 사업 중 하나를 선택하려면 수익성지수(PI)가 상대적으로 큰 사업 B가 채택된다.

⑥ 회수기간

사업 A는 250을 투자하면 1년째 50, 2년째 70, 3년째 80이 들어온다. 따라서 3년까지 200을 회수하고 4년째는 회수된 140이 미회수 50을 상쇄시킨다. 따라서 회수기간은 (3년 +50/140) = 3.36년이 되고 목표 회수기간 4년보다 짧아서 채택된다.

사업 B는 200을 투자하면 1년째 40, 2년째 70, 3년째 50, 즉 3년간 160이 들어온다. 4년째는 미회수 40을 포함, 120을 회수하게 된다. 따라서 회수기간은 (3년+40/120) = 3.33년이라서 목표 회수기간 4년보다 짧기 때문에 채택된다. 두 사업 간 차이가 별로 없으나 사업 B의 회수기간이 더 짧아 사업 B를 채택한다.

⑦ 할인회수기간

<할인 현금흐름표>

구분	사업연도 0	사업연도 1	사업연도 2	사업연도 3	사업연도 4
사업 A	−250	45.5	57.9	60.1	95.6
사업 B	−200	36.4	57.9	41.3	99.2

사업 A는 250을 투자하면 10% 할인된 금액으로 1년 후 45.5, 2년째 57.9, 3년째 60.1이 들어온다. 따라서 3년까지 163.5을 회수하고 4년째는 회수된 95.6이 미회수 86.5을 상쇄시킨다. 따라서 회수기간은 (3년+86.5/95.6) = 3.91년이 되고 목표 회수기간 4년보다 짧아서 채택된다.

사업 B는 200을 투자하면 1년째 36.4, 2년째 57.9, 3년째 41.3, 즉 3년간 135.6이 들어온다. 4년째는 미회수 64.4을 포함, 99.2를 회수하게 된다. 따라서 회수기간은 (3년+64.4/99.2) = 3.65년이라서 목표 회수기간 4년보다 짧기 때문에 채택된다. 두 사업 간 차이가 별로 없으나 사업 B의 회수기간이 더 짧아 사업 B를 채택한다.

4. 회계적 이익률법

$ARR(A) = [(50+70+80+60)/4] \ / \ [(250+0)/2] = 60/125 = 48.0\% > 20\%$

$ARR(B) = [(40+60+50+50)/4] \ / \ [(200+0)/2] = 50/100 = 50.0\% > 20\%$

목표 수익률(20%)보다 상당히 높아 두 사업 모두 채택가능하며, 하나만 선택하는 경우 상대적으로 수익성이 높은 사업 B를 선택하게 된다.

CHAPTER 7

자본예산 실무

제1절 자본예산의 실무
제2절 현금흐름의 추정
제3절 특수한 형태의 자본예산 평가
제4절 불확실성 상황에서의 자본예산

학습목표

기업 재무관리에 있어서 가장 중요한 부분이 자본예산임은 이미 말한 바 있다. 장기적 관점에서 기업의 장기 성장·발전을 위한 제품개발을 위한 연구개발, 시설투자 및 공장 신·증설, 자본투자 등 기업의 주요한 의사결정 과정에서 중요하지 않은 것이 없다. 본 장에서는 앞서의 자본예산에서의 다양한 평가기법을 적용하기에 앞서 반드시 사전검토되거나 현실에서 부닥치는 문제점들을 중심으로 해결방안을 제시하기로 한다.

제 1 절 자본예산의 실무

1. 자본예산의 실무적 어려움

기업의 자본예산이 가장 어려운 이유는 미래의 현금흐름을 추정하기 때문이다. 많은 이들이 재무관리 특히 자본예산을 단순히 수식을 알고 적용하는 과정으로 잘못 알고 있다. 그것은 매우 위험한 발상이다. 자본예산이 어려운 이유로 전반적인 내용이 수학적이거나 회계적 방법론을 적용하기 때문으로 인식하는데 이는 잘못이다. 현장에서 많은 이들이 자본예산을 회계라고 인식하고 있는데, 이는 의사소통이나 교육 목적상 회계적 표현이나 재무제표의 형식을 많이 빌리고 있기 때문이라 추측한다.

앞서 자본예산의 프로세스에 언급한 바와 같이 수많은 투자기회를 찾고, 각종 전략과 사내외 환경에 따라 재원을 투입하고 그 성과를 다년간에 걸쳐 체계적으로 추정하는 것이 무엇보다 어렵다. 더군다나 제품이 경쟁상황이거나 혁신적 제품으로 시장에서의 수용 여부도 불분명한 기술을 사용하는 경우나 투자 이후 경쟁사의 전략에 대응이 힘든 경우 등 예기치 못한 상황변화에 따라 현금흐름을 측정하고 관련 위험을 미리 측정한다는 것은 반드시 필요한 과정이지만, 객관적으로 제대로 측정할 수도 교육을 통해서 해결할 수도 없는 상황이다. 현실적으로 어려운 부분은 배제하고 본 장에서는 현금흐름 추정과 관련된 원칙과 관련 내용을 정리한 후 많은 이질적 자본예산 문제를 검토하기로 한다.

1.1 현금흐름의 추정 원칙

투자로부터 발생하는 현금의 움직임을 현금흐름이라 하며, 들어오는 현금유입(cash inflow)과 나가는 현금유출(cash outflow)로 구분할 수 있다. 화폐의 시간가치 측면에서 통상적으로 연도별 등 기간별로 현금유입과 현금유출로 구분하여 측정하는 것이 편리하다. 기간별로 현금유입과 현금유출의 차를 순현금흐름(net cash flow)으로 측정하며, 간단히 현금흐름이라고도 한다. 현금흐름 추정시 반드시 지켜야 할 원칙은 다음과 같다.

① 현금흐름(cash flow) 개념을 적용한다. 발생주의 원칙에 의한 회계적 기준은 당기순이익 등 기간손익을 중심으로 되어 있으나 현금 수입, 지출 등에 따른 위험 등에 대한 고려가 없다. 재무적 관점에서는 현금의 시간적 가치 외에도 현금의 흐름상 불확실성이나 변동성을 위험으로 간주하여 자본비용에 반영하기 때문에 회계적 수익이나 비용 대신에 철저하게 현금의 유입과 지출 개념을 적용한다.

② 증분기준(incremental basis)의 적용이다. 재무관리는 현상에서 새로운 변화에 따른 새로운 투자안을 받아들이는 문제 등을 연구 대상으로 하기 때문에 기존 정보에 통합하지 않고 순수하게 변화되는 현금의 유입과 유출만을 기준으로 한다. 이런 측면에서 자본조달과 지출에 반영되는 자본비용도 해당 사업으로 인하여 추가적인 자본조달로 인한 한계 자본비용을 적용한다.

③ 세후 현금흐름(after tax)을 적용한다. 현금흐름에 영향을 미치는 세금은 반드시 고려되어야 한다. 납세 시점이 다음 기라도 해당 사업에서 이익이 발생하는 것에 대하여 당기에 세금 지출을 반영하여야 한다. 이때 적용하는 세율은 새로운 투자안에 반영될 해당 기업의 한계세율(marginal tax rate)이 된다. 2억원 이하에는 10%, 그 이상 200억원 이하에는 20%, 그 이상 3천억원 이하에는 22%, 3천억원 초과에는 25%의 한계세율이 적용된다. 그런데 우리나라 법인세율에는 별도로 10%의 법인세할 지방소득세가 있다. 즉, 25% 구간에 해당되는 투자수익이 발생하면 실제 기업의 법인세 부담이 27.5%가 되기 때문에 이 비율을 적용해야 한다.

④ 영업과 재무 현금흐름의 분리(separation of operating and financing cash flows)이다. 실무적으로 가장 복잡하고 까다로운 것이 이 원칙의 적용이다. 손익계산서 형태로 현금의 유입과 유출을 측정하고, 세전 및 세후 이익을 산출한다. 이자 등 재무적 비용은 회계적으로 세전이익, 법인세 및 당기순이익을 그 과정에서 반영된다. 그러나 재무적 자본예산제도에서는 이를 세전, 세후 자본비용에 일괄반영할 수 있기 때문에 현금흐름 분석에서 제외시켜야 한다.

1.2 현금흐름 추정에서의 주의사항

실무적으로 다음의 세부적인 항목의 처리에 유의하여야 한다.

① 부수적 효과를 수입과 지출에 반영

신기술 도입이나 신제품 개발로 인한 신규투자안에 의하여 기존 시장이나 제품 사용자에게 좋은 이미지를 심어주고 브랜드 이미지를 높임으로써 고객의 높아진 충성도로 이탈을 방지하고, 새로운 사업을 하는 등에서의 중요한 기반이 되는 등 긍정적인 영향이 있다. 이러한 부수적 효과들(side effects)을 체계적으로 정리하고 반영하는 과정이 어렵긴 하지만 무엇보다 중요하다. 이러한 비용과 수익의 변동은 영업활동 이외에도 경영상의 효율성 제고로 판매비와 일반관리비 절감 등의 개선효과를 거둘 수 있다. 반면, 새로운 사업으로 수입원 잠식(erosion)이나 희생(cannibalization) 등 부정적 영향도 반영하여야 한다.

② 감가상각비 등 비현금비용의 당기분 지출 제외

감가상각비, 연구개발비 등 이연자산의 상각 등 자본적 지출이 다년간에 걸쳐 회계적 기준에 의하여 해당 연도의 비용으로 보고되는 것은 법인세를 추정하는 과정에 반드시 필요한 과정이다. 이미 지출된 비현금지출비용(non-cash outflow expenses)은 비용처리 시점이 아닌 현금지출 시점에 반영된다.

* 일반적으로 재무관리 분야의 교재나 실무서에는 감가상각이나 이연자산 상각 등의 현금 관련성을 별도로 구분하기 위하여 다른 영업비용과 분리하여 표기한다. 그러나 이들 항목은 실제로는 영업비용에 포함된 항목이다.
* 실무적으로 이익 계산과정에도 반영하고 현금지출에서는 제외(당기 지출을 불인정하기 때문에 당기분 현금유입액으로 처리)하고, 실제 발생시점에 지출로 반영된다.

③ 운전자본 증감분의 반영

기업의 투자사업을 위하여는 연구개발, 시설 및 자금 투자, 판매 및 대금의 회수 등 과정에서 운영자금이 필요하다. 새로운 사업으로 변동되는 운전자본(working capital)의 증감이 투자자금과 같은 맥락으로 반영된다. 이처럼 특정 사업에 대한 운전자본의 증가는 자금적 측면에서 해당 투자사업에 투입된 것으로 보고, 줄어든 경우는 해당 사업에 투입된 자금의 회수로 현금흐름에 반영한다.

④ 기회비용의 반영

기회비용(opportunity cost)이란 특정 사업에 소요되는 재원 조달로 인한 실제 지출 이외에도 그 재원의 다른 용도로부터 얻게 될 수입의 희생의 최대금액을 말한다. 다른 용도로 사용하고 있는 내부 시설물을 무료로 사용하게 되더라도 이를 외부에 매각하거나 임대 등 다른 방식으로 수입을 얻을 수 있다면 이러한 내부재원의 활용으로 인한 수입의 감소분을 새로운 투자안에 현금유출로 포함시켜야 한다.

⑤ 매몰비용 제외

매몰비용(sunk cost)이란 이미 이루어진 의사결정에 의해 발생한 비용으로 본 투자안 채택 여부에 따라 영향을 주거나 받지 않는 비용이다. 매몰비용의 정의는 새로운 투자안에 의하여 가치나 용도 등이 변화하는가에 따라 달라진다. 이미 발생한 것이 새로운 사업에 반영되었는데 다른 용도로 사용할 수 있다면 기회비용으로 반영되어야 한다. 본 사업에 이미 발생한 비용으로 투자안 선택에 앞서 진행된 신제품 개발비, 시장조사비, 용도 폐기된 구기계의 잔존가액 등은 매몰비용에 포함된다.

⑥ 잔존가액의 세금효과 반영

잔존가액(salvage value)은 투자종료 시점에 고정자산 등을 매각함에 따라 발생하는 현금유입이다. 매각 관련 부대비용 지출을 제외하고 순수하게 유입되는 금액을 현금유입으로 반영하면 문제가 없다. 이러한 과정에서 매각가와 장부가의 차이, 즉 처분이익이나 손실에 의한 세금 지출 또는 환급이 수반되면 세후 현금의 유출 또는 유입으로 반영한다.

⑦ 금융비용은 자본비용에만 반영

금융비용(financial expenses)은 영업 현금유출이 아니다. 자본조달로 인한 이자비용, 각종 수수료, 발행차금, 배당금 등 일체의 직·간접 금융비용 지출도 현금유출이긴 하지만 투자가치를 평가할 때 할인율(자본비용)에 일괄반영해서 평가함으로써 이중 적용을 방지한다.

⑧ 인플레이션 적용의 일관성

현금흐름과 자본비용에는 인플레이션(inflation rate)이 반영되어 있다. 투자기간 동안 인플레이션 효과를 배제한 수치를 사용하면 일관성 있게 배제하고, 아니면 일관성 있게 반영하여야 한다. 실제로 모든 재무적 정보에 인플레이션이 반영된 거래가격이거나 실제 지출액을 사용하는데, 모든 거래가격에 대해 이론적으로나 존재하는 인플레이션의 효과와 실질적 효과를 분리해서 적용해야 하는 어려움이 있다. 실무적으로 가능성도 없고, 의미도 없다. 본 교재에서는 실제 추정되는 수입과 비용 등의 항목을 그대로 사용하며, 인플레이션 등의 효과를 구분하기 위한 조정 작업을 별도로 하지 않는다.

제 2 절 현금흐름의 추정

투자안에 대한 현금흐름을 추정하고, 할인율을 반영하여 평가모델에 따라 투자안별 가치가 결정된다. 본 절에서는 설비투자나 사업투자 등 기업재무를 중심으로 현금흐름을 추정하기로 한다. 참고로 주식이나 채권투자도 자본예산이라는 점을 참고로 하기 바란다.

1. 현금흐름의 측정

앞서의 설명을 토대로 기업의 자본예산의 기본모형을 세후 영업이익(after-tax operating profit)을 기준으로 설명하기로 하자. 영업이익이란 기준에 의하여 영업수익(매출액) - 영업비용으로 정의되고, 비현금지출비용인 감가상각비 등이 포함된 상태로 법인세 등의 한계세율이 적용된다. 따라서 세후 순영업현금흐름(ΔCF)은 다음과 같이 정의된다. △ 표시는 현금흐름상의 차이나 증분을 나타낸다. 본서에서는 별도로 △ 표시를 않더라도 현금흐름은 증분기준으로 파악된다.

$$\Delta CF = (\text{매출액} - \text{영업비용})(1-\tau) + \text{감가상각} \tag{1}$$

ΔCF : 세후 순영업현금흐름
τ : 한계법인세율(marginal corporate tax rate)

재무관리에서는 매출액을 통상 영업수익(R: revenues)으로 표현한다. 영업비용(operating expenses)에는 제조원가(판매원가)와 판매비와일반관리비(보통 판관비라고 한다)로 구성된다. 영업수익과 영업비용의 차이가 영업이익(operating profit)이 된다. 세전 영업이익(before-tax operating profit)을 EBIT(earnings before interests and taxes)라고 한다. 비현금지출비용인 감가상각(D: depreciation)을 표현하면 식 (1)은 다음과 같이 다시 정리된다.

$$\Delta CF = EBIT(1-\tau) + D \tag{2}$$

$EBIT$: 이자 및 세금전순이익. 영업이익(operating profit)
D : 감가상각. 대표적 비현금지출비용. 회계적으로는 영업비용의 일부

참고로 감가상각비, 연구개발비 등 이연자산의 상각 등 자본적 지출이 지출 후 다년간에 걸쳐 회계적 기준에 의하여 해당 연도의 비용으로 보고되는 비현금비용을 영업이익에 추가적으로 반영하면 이자, 세전 영업현금흐름(EBITDA: earnings before interests, taxes, depreciation and amortization)이 된다.

한편, 영업비용(EBIT)을 분리하여 고정비(FC: fixed costs), 변동비(VC: variable costs) 및 비현금지출비용인 감가상각으로 표현하면 식 (2)는 다음과 같이 다시 정리된다.

$$EBIT = \text{매출액} - \text{고정비} - \text{변동비} - \text{감가상각} = \text{영업이익} \tag{3}$$

이를 식 (2)에 대입하고, 다시 기호로 표시하면 다음과 같다.

$$\Delta CF = (\text{영업수익} - \text{고정비} - \text{변동비} - \text{감가상각})(1-\tau) + \text{감가상각} \tag{4}$$

$$\Delta CF = (R - FC - VC - D)(1-\tau) + D \tag{4-1}$$

R: 매출액, 영업수익. 제품가격(p)×판매수량(Q) (단일품목 가정)
FC: 고정비. 고정된 임차료, 정규직 인건비, 제세공과금, 감가상각비 등
VC: 변동비. 매출액이나 판매수량에 연동된 재료비, 임시직 노무비, 판매수당 등 단위 변동비(v)×판매수량(Q) (단일품목 가정)

식 (4-1)을 풀어서 다시 정리하면

$$\Delta CF = (R - FC - VC)(1-\tau) + \tau D \tag{4-2}$$

이때 τD는 감가상각을 통한 당해 연도 세금절감효과(tax shield effect)가 된다. 주어진 회계정보에 따라 식 (4-1) 또는 식 (4-2)를 선택하여 사용하면 된다.

2. 시점별 증분현금흐름 고려사항

2.1 투자시점

투자시점에 발생하는 현금흐름은 대부분 설비대금 등의 현금의 유출이다. 만일 대체투자라면 기존 설비 등 매각으로 인한 자금유입(S)과 그에 따른 세금지출 또는 감면 효과 $[S-\tau(S-B)]$가 있다. 투자세액공제대상이라면 공제액(ITC: investment tax credit)을 자금의 유입으로 별도 반영하고, 자본적 지출에 부수적으로 운전자본의 추가지출이 발생(ΔWC)하였다면 이를 기초 현금유출의 증가로 반영한다. 초기 순영업현금흐름(ΔCF_0)은 다음과 같이 정의된다.

$$\Delta CF_0 = -I_0 - \Delta WC + [S - \tau(S-B)] + ITC \tag{5}$$

ΔCF_0 : 초기 순영업현금흐름
I_0 : 초기 투자액(세금 등 관련 부대비용 포함, 회계기준)
ΔWC : 해당 투자사업 관련 운전자본의 지출 증가액
S : 대체설비의 매각대금(부대비용 차감 후)
B : 처분 설비의 잔존 장부가액
$[S-\tau(S-B)]$: 매각대금 − 매각이익 관련 세금납부액(손실세금 환급액)
ITC : 투자세액 공제액 또는 환급액

2.2 사업기간 중

사업기간 중에는 앞에서 언급한 대로 사업으로부터의 세후 증분 영업현금흐름을 구한다. 구체적인 내용은 앞서 설명한 바와 같다. 사업활동으로부터의 순영업

현금흐름(ΔCF_t)은 다음과 같이 정의된다.

$$\Delta CF_t = (R - FC - VC - D)(1-\tau) + D - \Delta WC \qquad (6)$$

단, 매출액 등 증가분은 기존 사업 등과 관련하여 발생하는 시너지효과나 잠식효과를 반영하여야 한다. 이를 영업이익 EBIT로 대체하여 간단히 하면

$$\Delta CF_t = EBIT(1-\tau) + D - \Delta WC \qquad (7)$$

결과적으로 매 사업기간 중에는 세후 영업이익에 감가상각비를 환원하고, 연도 중 운전자본의 증가분(ΔWC)을 현금흐름에서 차감하고, 감소분이라면 현금흐름의 증가요인으로 반영한다.

▨ 실무자 고민

① **차입금이자** : 금융비용인 지급이자는 순현금흐름 계산에는 제외된다. 이 부분은 자본예산에서는 별도로 자본비용, 즉 할인율에 반영되기 때문이다. 자본예산에서는 차입금 이자 부분을 제외하고 순현금흐름을 산출해야 한다. 절세효과도 현금흐름에 영향을 미치는 요소가 된다. 마찬가지 이유로 타인자본비용 산출시 절세효과를 반영하기 때문에 자본예산상의 추정손익계산에는 반영하지 않는다(만일 표시를 하게 되면 자본예산 목적용 순현금흐름 계산에는 제외하여야 한다).

② **설비처분손익** : 사업 초기나 종료시점에 기존 설비를 매도하는 경우가 있어 자본예산에서는 별도로 구분토록 설명하고 있다. 손금과 익금으로 인정됨을 가정하면, 추정 손익계산서상에 구분항목으로 구분표시만 하고, 세전이익 및 당기순이익에 반영하면 된다.

③ **손실에 대한 법인세** : 법인세 등은 이익에 대하여 부과된다. 그러나 사업 초기 등에 발생하는 손실은 이연되어 추후에 절세효과를 가지게 된다. 기존 사업이 있는 경우에는 당해 연도에 다른 사업으로 인한 이익을 감소시키기 때문에 손실에 대하여 한계세율을 적용한 후, 당기순손실을 산출하면 된다. 손실로 인한 법인세 절감효과는 기업 전체 입장에서는 부수적 효과로 볼 수 있으며, 자본예산에 반드시 반영되어야 한다.

2.3 사업 종료시점

사업 종료시점에는 정상적 영업으로부터 발생하는 세후 영업현금흐름 외에 설비 매각으로 인한 현금의 유입과 세금효과 등이 존재한다. 지출된 운전자본(ΔWC)이 남아 있다면 회수하여 현금유입의 증가로 반영한다. 이에 종료시점 순영업현금흐름(ΔCF_T)은 다음과 같이 정의된다.

$$\Delta CF_T = (R - FC - VC - D)(1-\tau) + D + [S - \tau(S-B)] + \Delta WC \quad (8)$$

이를 다시 간단히 표시하면 다음과 같다.

$$\Delta CF_T = EBIT(1-\tau) + D + [S - \tau(S-B)] + \Delta WC \quad (9)$$

예제 7-1

(주)제이케이엘의 자본예산 계획이다. 초기에 설비자산을 120에 매입(10% 투자세액공제)하고, 내부 부대설비공사 등에 경비 44를 지출하였다. 설비자산 120은 4년간 정액으로 완전 상각된다. 단, 사업 종료시점인 4년 후 잔존설비(장부가 0)에 대한 매각대금은 40이다. 연도별 순현금흐름을 작성하시오. 사업연도 초기에 기존 설비(장부가 0)를 20을 받고 매각하였다. 회사의 자본비용은 10%이고, 한계법인세율은 20%이다.

① 사업연도별 순현금흐름을 산출하시오.

구 분	사업연도 0	사업연도 1	사업연도 2	사업연도 3	사업연도 4
초기 투자액	164				
투자세액공제	12				
운전자본 증가액	14	5	5	5	-29
세후 자산매각대금	16	0	0	0	32
매출액(영업수익)	0	80	80	80	80
타 사업 시너지	0	15	20	25	30
기존 사업 잠식	0	10	15	20	25
매출 순증가	0	85	85	85	85
고정비 지출	0	10	10	10	10

구 분	사업연도 0	사업연도 1	사업연도 2	사업연도 3	사업연도 4
변동비 지출	0	25	25	25	25
감가상각	0	30	30	30	30
영업이익(EBIT)	0	20	20	20	20
자산매각손익	20	0	0	0	40
세전손익	0	20	20	20	60
법인세 등(20%)	4	4	4	4	12
당기순이익	16	16	16	16	48
세후 순현금흐름	-150	41	41	41	107

- 사업초기 $t=0$

  $\triangle CF_0 = -I_0 - \Delta WC + [S - \tau(S-B)] + ITC$

  $= -164 - 14 + 16 + 12 = -150$

  기존설비 세후 매각대금 유입 $= [S-B](1-\tau) = (20-0)(1-20\%) = 16$

- 사업 $t=1\sim3$

  $\triangle CF_t = EBIT(1-\tau) + D - \Delta WC$

  $=20(1-20\%)+30-5=41$

  연도별 감가상각비=(매입대금-잔존가액)/내용연수=(120-0)/4=30

- 사업종료 $t=4$

  $\triangle CF_T = EBIT(1-\tau) + Dep + [S-\tau(S-B)] + \Delta WC$

  $=20(1-20\%)+30+[40-(20\%)(40-0)]+29=107$

② 위 사업에 대한 순현재가치(NPV) 및 내부수익률을 산출하고 투자의견을 말하시오.

$$NPV = -150 + \frac{41}{1+10\%} + \frac{41}{(1+10\%)^2} + \frac{41}{(1+10\%)^3} + \frac{107}{(1+10\%)^4}$$

$=25.0 > 0$ (채택)

$$NPV = 0 = -150 + \frac{41}{1+R} + \frac{41}{(1+R)^2} + \frac{41}{(1+R)^3} + \frac{107}{(1+R)^4}$$

$IRR = 16.3\% > 10\%$ (채택)

순현재가치(NPV)가 0보다 크고, 내부수익률(IRR) 측면에서 16.3%로 요구수익률 10%를 크게 상회하므로 투자사업으로 채택될 수 있다.

만일 위 사업에 대하여 매년 차입금에 대한 지급이자 10이 발생한다면, 현금흐름에 어떠한 영향을 미칠 것인가?

우선, 지급이자는 실제 기업의 현금흐름에 영향을 미치며, 절세효과도 존재하지만 자본비용에 반영되는 항목이므로 자본예산 목적상 현금흐름에 미치는 증분효과는 0이다. 타인자본비용 계산시 세후비용으로 일괄반영한다.

제 3 절 특수한 형태의 자본예산 평가

1. 사업기간이 다른 경우

지금까지 동일한 기간을 가정하였으나 일반적으로 사업기간이 다른 경우도 많다. 이런 경우 최소공배수(minimum multiples)법이나 연간균등가(EAV: equivalent annuity value)법을 사용하여 동등한 기준으로 비교가능하게 한다.

1) 최소공배수법

이 방법은 서로 다른 투자안에 대하여 기간의 최소공배수를 구하여 계속 반복하고 동일한 기간이 되었을 때, 순현재가치(NPV)를 구하여 비교하는 방법이다.

예제 7-2

두 투자사업의 현금흐름은 다음과 같다. 요구수익률은 10%이다. 두 사업에 대하여 최소공배수법을 사용하여 비교우위를 평가하시오.

구 분	사업연도 0	사업연도 1	사업연도 2	사업연도 3	사업연도 4
사업 A	-50	20	20	30	
사업 B	-40	30	20		

투자기간이 2년, 3년인 경우 6년의 투자사업으로 만들어 비교한다. 사업기간의 최소공배수의 현금흐름으로 바꾸면 다음과 같다.

구 분	사업연도 0	사업연도 1	사업연도 2	사업연도 3	사업연도 4	사업연도 5	사업연도 6
사업 A	-50	20	20	30-50	20	20	30
사업 B	-40	30	20-40	30	20-40	30	20

* 사업 A는 사업연도 3년 말에 새로이 50이 재투자되고, 사업 B는 사업연도 2년말, 4년말에 각각 50씩 재투자된다.

사업 A와 사업 B에 대한 6년간의 현재가치를 한꺼번에 계산하면 다음과 같다.

$$NPV_A = -50 + \frac{20}{1.1} + \frac{20}{1.1^2} + \frac{30-50}{1.1^3} + \frac{20}{1.1^4} + \frac{20}{1.1^5} + \frac{50}{1.1^6} = 12.70$$

$$NPV_B = -40 + \frac{30}{1.1} + \frac{20-40}{1.1^2} + \frac{30}{1.1^3} + \frac{20-40}{1.1^4} + \frac{30}{1.1^5} + \frac{20}{1.1^6} = 9.54$$

이에 따라 사업 A를 채택한다.

순현재가치 계산시 엑셀의 내재함수를 이용하려면 초기 투자액은 별도로 차감해야 한다.

NPV(A) = NPV(10%,C1:H1) - 50 = 12.70

NPV(B) = NPV(10%,C2:H2) - 40 = 9.54

물론 두 사업의 투자위험이 다른 경우 할인율을 달리하여 산출 후 비교가능하다.

2) 연간균등가법

투자금액에 따라 서로 다른 현금흐름을 매년 동일한 금액인 연간균등가(EAV: equivalent annuity value)를 계산하여 비교하는 방법이다.

$$NPV = \frac{A}{r}\left[1 - \frac{1}{(1+r)^n}\right] = A \cdot PVIFA_{r,n} \qquad (10)$$

이를 연간등가액인 A에 대하여 정리하면

$$EAV = NPV / PVIFA_{r,n} = \frac{(NPV)r(1+r)^n}{(1+r)^n - 1} \qquad (11)$$

예제 7-3

앞 예제와 동일한 현금흐름에 대하여 연간균등가(EAV)법을 사용하여 두 사업 간의 비교우위를 평가하시오.

두 사업으로부터의 순현재가치(NPV)는 다음과 같다.

$$NPV_A = -50 + \frac{20}{1.1} + \frac{20}{1.1^2} + \frac{30}{1.1^3} = 7.25$$

$$NPV_B = -40 + \frac{30}{1.1} + \frac{20}{1.1^2} = 3.80$$

두 사업의 순현금유입에 대한 연간균등가(EAV: equivalent annuity value)를 계산하면 연간균등가가 A는 2.92인 반면 B는 2.41로 연간균등가가 큰 사업 A를 채택한다.

$$EAV_A = NPV_A / PVIFA_{r,n}$$

$$= (7.25)(10\%)(1+10\%)^3 / [(1+10\%)^3 - 1] = 2.92$$

$$EAV_B = NPV_B / PVIFA_{r,n}$$

$$= (3.80)(10\%)(1+10\%)^2 / [(1+10\%)^2 - 1] = 2.41$$

2. 투자시점이 다른 경우

기업의 시설투자는 반드시 동일한 시점에 할 필요가 없다. 투자시점을 늦추거나 빨리 마치는 등의 경우가 있다. 이런 경우, ① 우선 연간균등가(EAV)법을 사용하여 매기 균일한 금액을 찾는다. ② 현재가치나 미래가치로 동일한 시점의 가치로 평가하여 비교하면 된다.

예제 7-4

두 투자사업의 현금흐름은 다음과 같다. 요구수익률은 10%이다. 투자시점과 투자기간이 다른 두 사업에 대하여 연간균등가를 이용하여 비교우위를 평가하시오.

구 분	사업연도 0	사업연도 1	사업연도 2	사업연도 3	EAV
사업 A	-50	20	20	30	2.92
사업 B		-40	30	20	2.41

이에 앞서의 연간균등가(EAV)법을 사용하여 A의 연간균등가 2.92, B의 연간균등가 2.41을 산출한다. 그러나 사업 B는 사업 A와 1년간 시차가 생긴다. 이에 1년 후 B의 연간균등가(EAV)를 10% 할인한다.

$$EAV_{0B} = EAV_{1B}/(1+r) = 2.41/(1+10\%) = 2.41/(1+10\%) = 2.19$$

따라서 현재가치 측면에서 사업 A가 상당히 우월한 상황이다.

3. 자본배분 또는 예산제약 하에서의 투자안 조합

1) 가중평균 수익성지수(WAPI)법

자본예산의 평가모형 중에서 직접적으로 금액을 산출하지 않고 비율이나 지수를 사용하는 경우 금액상 규모 차이로 인하여 잘못된 의사결정을 하는 경우가 많다. 자본예산의 평가방법은 모두 그런 위험에 노출되어 있다. 자본 예산제약이 없는 상황(no budget constraint)에서는 수익성지수나 순현재가치 등이 높은 순서로 모두 채택할 수 있다. 그러나 자본 예산제약(under budget constraint) 상황에서는 가중평균 수익성지수(WAPI: weighted average profitability index)가 가장 높은 포트폴리오를 중심으로 자본을 배분(capital rationing)한다.

$$WAPI = \sum_{i=1}^{n} w_i PI_i \tag{12}$$

w_i: 사업 i에 대한 투자비중 PI_i: 사업 i의 수익성지수

가중평균 하는 대신 선택 투자안 총현금유입액의 순현재가치를 총투자액으로 나누어도 된다. 자본제약 하에서는 수익성지수가 높다거나, 순현재가치가 높다고 반드시 채택되는 것이 아니다. 투하되지 않은 여유 자본은 무위험자산(F)에 수익률(risk-free rate)로 투자된 것으로 간주하고 가중평균 수익성지수(WAPI)를 구한다.

이러한 가정은 불확실성이 높은 위험한 자본예산 투자보다 일부 자산은 대기자금 또는 안정자산으로 분산투자해 두는 것이 바람직하며, 이는 Tobin의 펀드분리이론에도 부합한다. 예산배분이 내부 상황에 의하여 발생하는 경우를 연성제약(soft constraint)이라고 하며, 외부 상황에 의하여 발생하는 경우를 경성제약(hard constraint)이라고 한다. 그러나 경성과 연성은 예산분배 과정에서 기준적용의 엄격성의 정도를 의미하기도 한다.

▨ 잔여 예산과 무위험투자의 PI

예산제약으로 인하여 투자안 중 일부를 선택하는 경우 가중평균 수익성지수 WAPI를 사용하여 가장 적합한 투자 포트폴리오 조합을 결정하게 된다. 이때 투자안 조합에 투자하지 않고 남게 되는 여유 자본에 대하여 수익성 지수 1을 적용한다고 가정하는 경우가 많다. 그러나 현실적으로 기업의 요구수익률을 만족시키는 투자안은 많지 않다. 또한 위험투자를 않고 요구수익률을 거둔다는 것은 전혀 논리적이지 않다. 투자하고 남은 여유자금은 저금리로 운용할 수밖에 없는 경우가 대부분이다. 결과적으로 여유자금에 대하여는 무위험 펀드투자로부터 사업기간 동안 얻

게 되는 수익률로 투자한 무위험투자의 현재가치와 같다.

$$PV = \frac{C}{1+R_f} + \frac{C}{(1+R_f)^2} + \frac{C}{(1+R_f)^3} + \frac{C+F}{(1+R_f)^4}$$

$$PI_F = \frac{PV(CI)}{PV(CO)} = \frac{85.08}{100} = 0.8508$$

(3년 기준, 무위험 4% 투자의 10% 할인 현재가치)

PV(RATE,NPER,PMT,FV,TYPE) = PV(10%,3,-4%*100,-100,0) = 0.8508

여유자금이 많을수록 그리고 비투자기간이 길수록 자본비용보다 수익률이 낮아 손실이 가중된다. 3년 투자 4% 수익률 기준(10% 할인)을 가정하면 수익성지수는 0.8508 수준으로 1보다 작다. 그럼에도 불구하고 투자하고 남은 여유자금은 저금리로 운용할 수밖에 없는 경우가 대부분이다.

예제 7-5

다음은 (주)K의 투자사업 기회를 모두 정리한 것이다.

구 분	투자금액	NPV	PI	비 고
사업 A	100	30	1.30	투자기간 3년; 자본비용 10%; 무위험투자(F) 수익률 4%; PI=0.851
사업 B	400	100	1.25	
사업 C	2,800	280	1.10	
사업 D	700	140	1.20	
합 계	4,000	550	1.1375	

① 투자안별 수익성지수(PI)를 구하고, 순현재가치 기준과 비교하시오.

$$PI_A = \frac{PV(CI)}{PV(CO)} = \frac{100+30}{100} = 1.30$$

$$PI_B = \frac{PV(CI)}{PV(CO)} = \frac{400+100}{400} = 1.25$$

$$PI_C = \frac{PV(CI)}{PV(CO)} = \frac{2,800 + 280}{2,800} = 1.10$$

$$PI_D = \frac{PV(CI)}{PV(CO)} = \frac{700 + 140}{700} = 1.20$$

수익성지수법(PI)에 의하면 사업 수익성은 A → B → D → C의 순서로 낮아진다. 순현재가치(NPV)법에 의한 순서는 C → D → B → A로 완전히 반대이다. 결과적으로 어떠한 기준이든지 관점에 따라 문제가 있다는 것이다.

② 투자되지 않은 재원은 무위험자산(수익률 4%)에 3년간 투자된다고 가정한다. 이 경우 전체 가용재원이 3,000인 경우 투자안 구성방안을 제시하시오.

- 수익성이 높은 순서로 3,000을 구성한다면 사업 A, B, D가 가능하며 총 1,200을 투자하고 나머지 1,800은 무위험투자(F)를 한다. 이 투자사업 포트폴리오(ABDF)의 수익성지수는

$$WAPI = 1.30 \times \frac{100}{3,000} + 1.25 \times \frac{400}{3,000} + 1.20 \times \frac{700}{3,000} + 0.851 \times \frac{1,800}{3,000} = 1.0005$$

- 투자규모를 고려 3,000을 구성한다면 사업 A와 C에 투자 가능하며 총 2,900을 투자하고 나머지 100은 4%인 무위험투자(F)를 한다. 이 투자사업 포트폴리오(ACF)의 수익성지수는

$$WAPI = 1.30 \times \frac{100}{3,000} + 1.10 \times \frac{2,800}{3,000} + 0.851 \times \frac{100}{3,000} = 1.098$$

이처럼 투자별 현금유입액의 순현재가치의 합계액을 총투자액으로 나누거나, 투자사업별 PI를 투자비중에 대한 가중평균을 통해서 투자 포트폴리오 ACF 조합이 가장 적합한 것으로 나타났다. 이처럼 자본제약 상황에서는 수익성이 높은 투자안이라고 반드시 채택되는 것이 아니다.

2) 선형계획법의 적용

앞서의 예제와 같은 간단한 경우에도 많은 계산을 반복하여 최적 조합을 구하기가 쉽지 않다. 만일 이러한 투자안 선택이 다기간(multi-period) 또는 다단계(multi-stage) 선택모형이라면 선형계획법(LP: linear programming)을 이용할 필요가 있다. 선형계획법은 이익 등 최대화 목적식과 목적식을 달성하기 위한 많은 재원 요소들에 대한 기간별 · 재원별 제약조건을 반영하여 최적해를 구한다. 세부적인 사항은 경영수학 등 별도의 교재를 참고로 하기 바라고, 본서에서는 가장 보편적인 예를 제시하고자 한다.

위 예제의 자료를 선형계획법을 적용하여 투자사업 포트폴리오의 순현재가치를 최대화하는 문제를 살펴보면 다음과 같다. 미투자자금 F는 연간수익률 **4%**인 무위험투자로 기간 중 자본비용 대비 **15%**의 누적 손실이 발생한다고 가정한다.

① 목적함수 :

$$Max.\sum_{i=A}^{E} w_i NPV_i = 30\,w_A + 100\,w_B + 280\,w_C + 140\,w_D - w_F(15\% \times M)$$

② 제약식 :

$$A + B + C + D + F \leq 3{,}000 = M$$

$$\sum_{i=1}^{F} w_i = 1, \quad 0 \leq w_i \leq 1 \quad \forall\, i = A, B, C, D, F$$

w_i : 사업 i에 대한 투자비중 NPV_i : 사업 i의 순현재가치

4. 물가상승률의 영향

본서는 실질가치(real value) 기준의 자본예산 평가 대신 명목가치(nominal value) 기준으로 통일하기를 권고한다. 거의 모든 거래가 인플레이션(물가상승률), 경쟁상황, 가격할인, 자금회수 위험 등을 반영한 명목상의 화폐금액으로 이루어지는데, 극단적으로 단순화한 경제학적 이론 모형을 적용하기 위하여 실물가치와 화폐가치로 구분하는 것은 현실적으로 불가능할 뿐만 아니라 전혀 실익이 없다. 혹시 실질가치로 평가되어 있다면, 피셔의 효과(Fisher effect)를 반영하

여 명목가치로 환산하는 것이 필요하다. 명목이자율(r: nominal interest rate; 시장이자율)은 실질이자율(R: real interest rate; GDP 성장률)과 물가상승률(i: inflation rate) 또는 소비자물가지수(CPI: consumer price index)의 상승률로 구성된다는 이론이다.

$$1+r=(1+R)(1+i) \tag{13}$$

r : 명목이자율　　R : 실질이자율　　i : 물가상승률

재무적 현금흐름과 재무비용 조정에 실질가치 개념을 도입하는 자체가 바람직한 시도가 아니라고 본다. 몇 가지 이유를 들자면 다음과 같다.

① 우선 기업의 현금흐름을 실질가치와 인플레이션 요소로 구분하여 설명할 수 없다.

② 기업의 자산과 부채, 매출 및 비용의 항목들은 이미 거래 시점의 수많은 시장요인들을 반영하며 거래가격 기준으로 회계장부에 계상되며, 수량과 가격요소로 분리조정이 불가하다.

③ 실질기준 미래 현금흐름이나 자본비용의 정확한 추정이 어렵다.

④ 자본예산제도는 핵심 통제 수단인데, 내부 목표관리나 통제, 내・외부 의사소통 등을 위하여 회계적 보고기준으로 통일해야 한다.

제 4 절 불확실성 상황에서의 자본예산

시장경쟁이 심화될수록 기업이 특정한 시점에는 그 매출액이나 비용 등이 안정적으로 예측이 되지만 그렇지 않은 경우가 너무도 많다. 특히, 글로벌 경쟁으로 거대 자본이나 우월적 지위를 가진 기업들이 내수시장에 진출하거나 새로운 기술이나 신제품의 출현 등으로, 자본예산 편성에 있어서 단순히 엑셀작업을 잘 하거나 평가방법을 잘 하는 것보다 더 중요한 것이 시장의 변화를 미리 읽고 재원을 운용하고 편성하는 것이다. 본 절에서는 자본예산에서의 불확실성과 관

련한 부분들을 중요성 관점에서 몇 가지를 제시하고자 한다. 현실 사업에서는 전혀 예상치 못한 엄청난 위험이 일어나기 때문에 예측가능한 분야만을 중심으로 교육 차원에서 정리함을 이해하기 바란다.

1. 순현금흐름과 순현재가치 추정

시장에서의 매출액 추정이 제대로 된다는 것은 가장 중요한 수입의 대부분이 결정되기 때문에 자본예산의 가장 큰 요인이 결정될 수 있다. 그러나 매출액 또한 투자금액이나 고정비, 변동비 등 제조나 판매 노력 이외에도 종업원에 대한 대우, 교육훈련, 경비 관리 등 어느 하나라도 신중하게 관리하지 않을 내용이 없다. 기업의 가치창출 전략은 순현재가치(NPV)나 시장가치(market value) 등 수많은 방법에 의하여 진행될 수 있다. 그러나 이러한 모든 것은 크게 세 가지 요인으로 구성된다. 투자 결정, 자본조달 결정 및 순현금흐름의 극대화로 볼 수 있다.

그 중에서도 순현금흐름의 극대화를 위하여 다른 요소들은 보조적 성격으로 결정될 수가 있다. 간단히 말해서 사업성만 있으면 투자나 자본조달 결정은 상대적으로 쉽다는 것이며, 사업성에는 제품의 장기 시장경쟁력과 위험에의 대응방

그림 7-1 사업의 경쟁역량: 포터의 5요인 모형

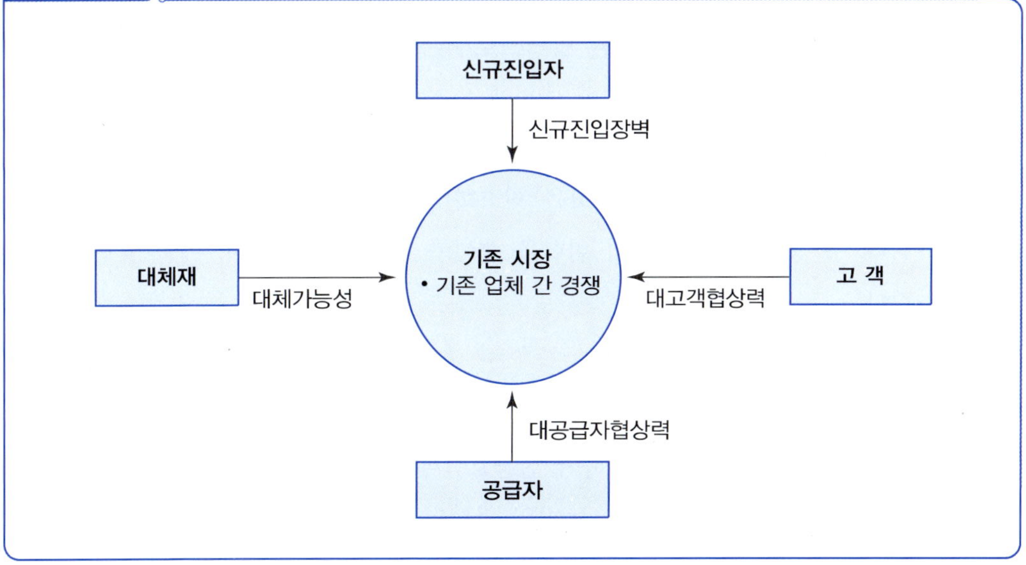

안 등이 고려되어 자본예산이 편성되어야 한다. 자본예산 편성에서 고려되어야 할 요소를 [그림 7-1]에 표현된 포터(Michael E. Porter)의 5요인 모형(five-force model)으로 간단히 설명하면 다음과 같다.

① 신규진입자 : 경쟁 기업이나 제품의 진입에 대응할 진입장벽 진단
② 고객시장 : 4P(제품, 가격, 판촉, 유통) 등 경쟁력 진단
③ 공급자 관계 : 원자재, 중간재, 시설, 인력 등 사업에 필요한 재원 조달의 경쟁력 진단
④ 대체재 : 다른 제품이나 경쟁기업이 대체재로 경쟁할 가능성
⑤ 기존 시장 : 동종 제품에 대하여 기존 업체 간 경쟁 강도

이들을 종합하여 보면, 결과적으로 핵심 기술 및 제품의 개발, 신시장의 개척과 기존 시장에서의 차별화 및 경쟁우위 요소의 발굴, 고객 서비스 및 유통망 혁신, 내부 프로세스 혁신 등 기업의 가치를 제고하기 위하여 노력하며, 외부환경 변화와 함께 자본예산 편성에 가장 중요한 고려요인이 된다.

2. 경영전략에서의 선택옵션과 자본예산

불확실성이 존재하는 시장에서는 현금흐름에 대하여 확률을 부여하는 등의 기법이나 시뮬레이션을 하는 방법으로 추정하기도 한다. 또한 많은 시나리오를 상정하여 다양한 상황에 대한 대비책을 강구하기도 한다. 제4장의 위험과 수익률 등을 참고하기 바란다. 자본예산의 가장 어려운 부분이 미래에 대한 추정이기 때문에 현실 경영에서는 위험을 최소화하기 위한 여러 가지 방안을 마련하게 된다. 그 중 대표적인 것이 위험을 줄이기 위한 옵션들이다. 예를 들면 다음과 같다.

1) 사업포트폴리오의 구성

포트폴리오 이론을 응용하여 현금흐름에서의 상관계수가 음(−)인 사업들로 구성하여 위험을 줄이거나, 토빈의 펀드이론에 입각하여 무위험자산에 대하여

일정한 투자를 하고, 위험한 사업에 대하여 투자를 하는 등 사업 포트폴리오 구성 과정에서 조정하는 방안이 필요하다.

2) 실물옵션 관점에서의 시기의 조정

가장 중요한 사업투자 결정 중 다른 하나가 사업 시작과 종료 시점의 선택이다. 사업을 하는 시점에 따라 수익과 비용, 위험이 크게 바뀌기 때문에 사업 시점을 앞당기거나 연기할 수도 있으며 전체적인 일정을 지연할 수도 있다. 이러한 내용을 의사결정나무(decision tree) 등을 이용하여 실물인 불확실성을 검토하며, 상황에 따른 대응 시나리오를 구상할 수가 있다. 이러한 방식으로 사업기간 동안 사업의 중도 포기, 연장, 지연 등 많은 대안들을 토대로 보다 적절하게 현재가치 또는 미래가치를 종합적으로 검토할 수가 있다. 이러한 방식이 옵션가격결정이론에 기반하기 때문에 실물옵션(real option) 기법이라고 한다.

3) 사업 규모의 조정

경영상황의 불확실성을 고려하여, 불확실성이 높은 시점에는 투자규모를 줄이거나 투자를 중지하는 방안도 필요하다. 또한 단계적으로 상황을 보아가며 안전장치를 마련하면서 사업규모를 늘리는 방안도 고려해야 한다.

자본예산 계획이 다양한 기법의 기술적 적용을 중심으로 설명되다 보니 현금흐름 추정에서의 본질적인 불확실성을 상대적으로 경시하고, 가정을 통하여 확실하거나 확실히 추정이 가능한 상황을 전제로 하는 경우가 많다. 그러한 관점에서 순현재가치나 내부수익률의 계산방법의 이론적 타당성에 의한 우월성이나 현실적인 적용방법상에서의 용이성 등을 중심으로 장단점을 비교하는 경우가 많다.

3. 민감도 분석

민감도 분석(sensitivity analysis)은 자본예산 의사결정에 필요한 주요 요인들의 변화가 핵심성과지표(KPI: key performance indicator), 가령 순현재가치(NPV)

나 내부수익률(IRR), 세후 영업현금흐름, 당기순이익 등에 미치는 영향을 진단하는 과정이다. 기업에서는 전사적자원관리(ERP: enterprise resource planning)를 통하여 기업의 내부 재원 정보와 거래정보, 재고자산 등 물류관리, 고객 및 거래처 관리, 회계, 세무 및 재무정보 분석 등 통합적으로 관리하도록 지원하는 시스템이 상대적으로 저렴한 가격수준에서 보급되고 있으며, 변동성 등에 대한 자료가 입력이 되면 재원 목표에 대한 민감도, 결과 등을 즉시에 제공하게 된다. 다만, 자본예산의 대상이 되는 신규사업이나 투자사업 등은 대체로 시장정보 등에 불확실성이 많아서 변화의 영향에 대한 심층진단이 필요하다. 본 절에서는 증분관점에서 손익에 영향을 미치는 요소에 대한 진단을 제시하고자 한다.

$$\triangle CF_T = (R - VC - FC - D)(1-\tau) + D \tag{14}$$

$$\triangle CF_T = (pQ - vQ - FC - D)(1-\tau) + D \tag{14-1}$$

$\triangle CF$: 세후 순영업현금흐름
R : 매출액. 제품가격(p)×판매수량(Q)
p : 판매단가 v: 변동비 단가
Q : 판매수량
FC : 고정비(fixed costs)
고정된 임차료, 정규직 인건비, 제세공과금, 감가상각비(별도 표시) 등
VC : 변동비(variable costs). 단위 변동비(v)×판매수량(Q)
매출액이나 판매수량에 연동된 재료비, 임시직 노무비, 판매수당 등
D : 감가상각. 대표적 비현금지출비용. 회계적으로는 영업비용의 일부
τ : 한계법인세율(marginal corporate tax rate)

[그림 7-2]에서는 투자사업의 순현재가치(NPV)에 가장 큰 영향을 미치는 판매단가 및 변동원가를 중심으로 설명하고자 한다.

사업 A는 판매가격과 변동비 단가의 변화에 대하여 순현재가치(NPV)가 가장 민감하게 반응한다. 이러한 점은 판매가격 외에 다른 요소들의 영향력이 낮다는 점에서 시장에서의 고객들의 가격탄력성과 변동성 경비, 가령 재료비 등의 가격조정 협상에서의 우위가 매우 중요한 요인이 될 수 있으며, 자본예산 편성에서 중점적으로 챙겨야 할 사항이라고 할 수 있다.

사업 C는 사업 A나 사업 B에 대비하여 판매가격과 변동비 단가의 변화에 대

그림 7-2 NPV 민감도 분석

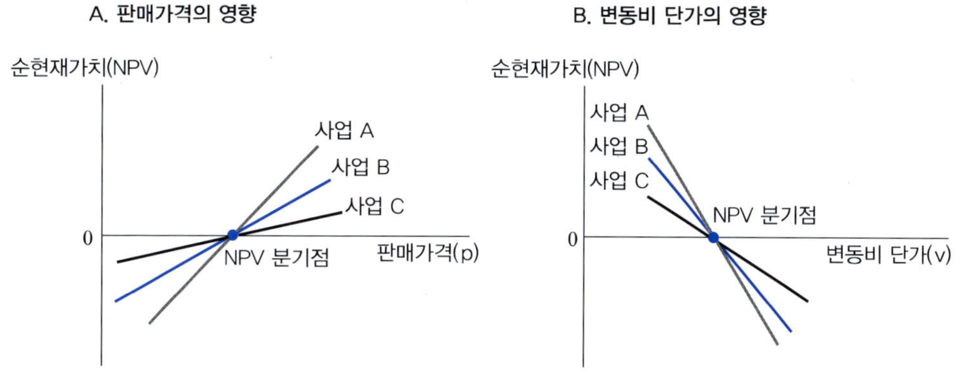

하여 순현재가치(NPV)가 가장 덜 민감하게 반응한다. 이러한 점은 다른 요소들에 비해 이들 요소의 영향력이 상대적으로 낮다는 점에서 고정비 등 다른 요인들의 영향이나 판매량 등 다른 요인의 영향을 잘 진단할 필요가 있다. 두 요소 간 상대적 중요성은 다음의 손익분기점 분석에서 구체적으로 검토하기로 하자.

4. 회계적 손익분기점 분석

투자가 완성되고 사업이 개시되면 사업연도마다 순이익을 0 이상 유지하는 손익분기점(BEP: break-even point) 관리가 중요하다. 손익분기점은 회계 정보와 일치하기 때문에 이해가 쉽고 성과평가 등과 연계관리가 용이하기 때문에 많이 사용된다.

$$\text{순이익: } \pi = (pQ - vQ - FC - D - I)(1-\tau) \quad (15)$$

$$= (\text{매출액} - \text{변동비} - \text{고정비} - \text{감가상각} - \text{이자비용})(1-\tau) \quad (15\text{-}1)$$

I: 이자비용(interest expense)

식 (15)에서 순이익을 0으로 두고, Q에 대하여 풀면

$$\text{손익분기점: BEP } Q^* = (FC + D + I)/(p - v) \quad (16)$$

결과적으로 기업의 고정비라 할 수 있는 고정지출, 감가상각 및 이자비용을 판매단가와 변동비 단가의 차이인 공헌이익(contribution margin)으로 나누면 매 사업연도마다 순이익을 손익분기점(BEP: break-even point) 이상 유지할 수 있도록 하는 판매수량을 결정하고, 판매단가가 변동비 단가보다 크다면 적극적인 판매활동으로 이익을 확대하거나 손실을 최소화하려고 노력한다.

즉, 고정된 회수목표에 대하여 판매단가가 변동비 단가보다 크다면 판매량을 극대화하는 것이 순현재가치(NPV)도 높이는 방안이 된다. 다른 요인들이 변동할 수 없다는 가정을 하게 되면, 가격과 변동비 단가 및 판매수량 간의 관계가 중요한 관리대상이 된다.

예제 7-6

다음의 정보를 이용하여 K기업의 손익분기점을 계산하시오.

① 다음 표의 빈칸을 채우시오.

구 분	금 액
매출액	( )
판매단가	800
판매수량	1,000
고정비 지출	100,000
변동비	( )
변동비 단가	300
판매수량	1,000
감가상각	50,000
이자비용	200,000
세전이익	( )
법인세 등(22%)	( )
당기순이익	117,000
손익분기점	( )

순이익 = (매출액 − 변동비 − 고정비 − 감가상각 − 이자비용)(1 − τ)

$$\pi = (pQ - vQ - FC - D - I)(1 - \tau)$$

$$= (800 \times 1{,}000 - 300 \times 1{,}000 - 100{,}000 - 50{,}000 - 200{,}000) \times (1 - 22\%)$$

$= (800{,}000 - 300{,}000 - 100{,}000 - 50{,}000 - 200{,}000) \times (1 - 22\%)$

$= 150{,}000 \times (1 - 22\%) = 150{,}000$원 $- 33{,}000$원 $= 117{,}000$원

(매출액=800,000원; 변동비=300,000원; 세전이익=150,000원; 법인세 등=33,000원; 당기순이익=117,000원)

② 손익분기점(BEP)을 계산하시오.

$Q^* = (FC + D + I)/(p - v)$

$=$(고정비 + 감가상각 + 이자비용)/(가격 − 변동비 단가)

$Q^* = (100{,}000 + 50{,}000 + 200{,}000)/(800 - 300) = 700$

핵심정리

1. 자본예산의 어려움

① 미래 현금흐름의 추정
② 자본비용의 추정
③ 자본예산 기법의 적용

2. 현금흐름의 추정 원칙

① 현금흐름(cash flow) 개념
② 증분기준(incremental basis)의 적용: 한계현금흐름, 한계자본비용
③ 세후 현금흐름(after tax) 적용: 한계법인세율
④ 영업과 재무의 분리(separation of operating and financing cash flows)

3. 현금흐름 추정에서의 주의사항

① 부수적 효과를 수입과 지출에 반영
② 감가상각비 등 비현금비용 환입
③ 운전자본 증감분의 반영
④ 기회비용의 반영
⑤ 매몰비용 제외
⑥ 잔존가액의 세금효과 반영
⑦ 금융비용은 자본비용에만 반영
⑧ 인플레이션 적용의 일관성

4. 현금흐름의 추정

$\Delta CF = (\text{매출액} - \text{영업비용})(1-\tau) + \text{감가상각}$

$\Delta CF = EBIT(1-\tau) + D$

$EBIT$: 매출액 − 고정비 − 변동비 − 감가상각 = 영업이익

$\Delta CF = (R - FC - VC - D)(1-\tau) + D = (R - FC - VC)(1-\tau) + \tau D$

τD: 감가상각을 통한 당해 연도 세금절감효과(tax shield effect)

5. 시점별 증분현금흐름 고려사항

① 투자시점 : $\Delta CF_0 = -I_0 - \Delta WC + [S - \tau(S-B)] + ITC$

② 사업기간 중 : $\Delta CF_t = (R - FC - VC - D)(1-\tau) + D - \Delta WC$

$$= EBIT(1-\tau) + D - \Delta WC$$

③ 사업 종료시점 :

$$\Delta CF_T = (R - FC - VC - D)(1-\tau) + D + [S - \tau(S-B)] + \Delta WC$$

$$= EBIT(1-\tau) + D + [S - \tau(S-B)] + \Delta WC$$

ΔCF_0 : 초기 순영업현금흐름

I_0 : 초기 투자액

ΔWC : 운전자본의 지출 증가액

S: 대체설비의 매각대금

B: 설비의 잔존가액

$[S - \tau(S-B)]$: 매각대금 - 매각이익 관련 세금

ITC: 투자세액 공제액 또는 환급액

6. 사업기간이 다른 경우

① 최소공배수법 : 기간의 최소공배수를 구하여 동일한 기간에 대하여 **NPV** 비교

② 연간균등가법 : 매년 동일한 금액인 연간균등가(**EAV**)를 계산하여 비교

$$EAV = NPV / PVIFA_{r,n} = \frac{(NPV)\, r(1+r)^n}{(1+r)^n - 1}$$

7. 투자시점이 다른 경우

① 연간균등가법(**EAV**)을 사용하여 매기 균일한 금액 파악

② 현재가치나 미래가치로 동일한 시점의 가치로 평가하여 비교

8. 자본제약 하에서의 투자안 조합

① 가중평균 수익성지수(**WAPI**): **WAPI**가 가장 높은 조합 선택

$$WAPI = \sum_{i=1}^{n} w_i PI_i = \sum_{i=1}^{n} (\text{사업 } i \text{ 투자비중} \times \text{사업 } i\text{의 수익성지수})$$

예시 : $WAPI = 1.30 \times \frac{100}{3{,}000} + 1.25 \times \frac{400}{3{,}000} + 1.20 \times \frac{700}{3{,}000} + 0.85 \times \frac{1{,}800}{3{,}000}$

$$= 1.0005$$

* 여유자금은 무위험수익률로 투자하며, **0.85**는 무위험수익률 투자의 현가계수임.

② 선형계획법의 적용

9. 물가상승률의 영향

① 기업의 재무적 정보가 실거래액인 명목으로만 파악가능 : 자본예산 편성은 명목기준

② 경제학 이론 : $1+r=(1+R)(1+i)$

r: 명목이자율 R: 실질이자율 i: 물가상승률

10. 손익분기점 분석

회계적 손익분기점(BEP: break-even point) : $Q^{*}=(FC+D+I)/(p-v)$

* 고정비용 : 영업고정비 지출(FC), 감가상각(D), 차입금 이자(I) 등
* 공헌이익 : $(p-v)$=가격-단위 변동비

$p-v>0$ 또는 $p>v$: 영업지속조건

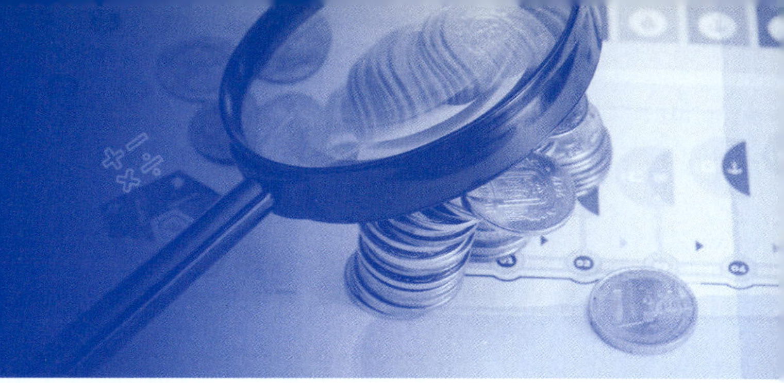

연습문제

1. 핵심용어

다음의 용어를 요약하여 설명하시오.

- 현금흐름 추정원칙
- 현금흐름
- 증분기준
- 세후 현금흐름
- 한계법인세율
- 영업과 재무의 분리
- 부수적 효과
- 잠식/희생
- 경영자 옵션
- 의사결정나무
- 연기/지연/포기
- 실물옵션
- 비현금비용
- 운전자본의 증감
- 기회비용의 반영
- 매몰비용
- 잔존비용
- 금융비용
- 인플레이션 적용
- EBIT
- EBITDA
- 고정비
- 변동비
- 투자세액공제액
- 연간균등가(EAV)
- 최소공배수법
- 예산제약
- WAPI
- 예산배분
- 경성제약
- 연성제약
- 실질이자율
- 명목이자율
- 물가상승률
- 포터의 5요인 모형
- 민감도 분석
- 고정비용
- 손익분기점(BEP)
- 공헌이익

2. 투자안의 현금흐름 측정시 포함할 사항과 제외할 사항을 간단히 기술하시오.

3. 순현금흐름과 자본예산

아래 표는 K기업 신상품 제조공정에 대한 투자안의 현금흐름을 나타낸 것이다. 초기에 설비자산에 400을 투자하였다. 설비자산은 4년간 정액으로 완전 상각된다. 단, 사업 종료 후 매각대금은 50이다. 사업연도 초기에 기존 설비(장부가 0)를 40을 받고 매각하였다. 한계법인세율은 30%이다. 초기 설비투자 중 설비매입대금 400에 대하여 10%의 세액공제를 받았다.

① 사업연도별 순현금흐름을 산출하시오.

구 분	사업연도 0	사업연도 1	사업연도 2	사업연도 3	사업연도 4
초기투자액	400				
투자세액공제					
운전자본 증가액	50	15	15	15	-95
세후 자산매각대금					
매출액(영업수익)					
매출수량	0	40	45	50	55
매출단가	5	5	5	5	5
타 사업 시너지	0	20	20	20	20
기존사업 잠식	0	10	15	20	25
매출 순증가	0	210	230	250	270
고정비 지출	0	24	27	30	33
변동비 지출					
변동비 단가	2	2	2	2	2
감가상각	0	100	100	100	100
영업이익(EBIT)					
자산매각손익	40	0	0	0	50
세전손익	40	4	11	18	75
법인세 등(30%)	12	1	3	5	23
당기순이익					
세후 순현금흐름					

② 순현재가치(NPV) 및 내부수익률(IRR)을 산출하고 투자의견을 말하시오. (자본비용 10% 가정)

4. 기간이 다른 투자사업의 비교: 최소공배수법

두 투자사업의 현금흐름은 다음과 같다. 요구수익률이 각각 10% 및 8%이다. 두 사업에 대하여 최소공배수법을 사용하여 비교우위를 평가하시오.

구 분	사업연도 0	사업연도 1	사업연도 2	사업연도 3
사업 A	-100	40	30	70
사업 B	-50	30	35	

5. 연간균등가(EAV: equivalent annuity value)법

위 문제 4와 같은 다음의 현금흐름에 대하여 요구수익률 10% 및 8%를 적용하여 연간균등가를 계산하여 비교하시오.

구 분	사업연도 0	사업연도 1	사업연도 2	사업연도 3
사업 A	-100	40	30	70
사업 B	-50	30	35	

6. 투자시점이 다른 경우: 연간균등가법 사용

위 문제 5의 현금흐름에 대하여 사업 B를 1년 늦춰 시작하여도 동일한 현금흐름이 유지된다고 가정하는 경우, 연간균등가를 계산하여 비교하시오. (요구수익률 10% 및 8%)

구 분	사업연도 0	사업연도 1	사업연도 2	사업연도 3	연간균등가
사업 A	-100	40	30	70	5.53
사업 B		-47	35	40	6.05

7. 자본제약 하에서의 투자안 조합: 가중평균 수익성지수(WAPI)법

다음은 (주)K기업의 투자사업 기회를 모두 정리한 것이다. 물음에 답하시오.

구 분	투자금액	NPV	PI	비 고
사업 A	500	80	1.16	투자기간 3년; 자본비용 10%; 무위험투자(F) -수익률 6.6% -PI=0.915
사업 B	1,800	270	1.15	
사업 C	1,200	144	1.12	
사업 D	2,000	140	1.07	
합 계	5,500	634	1.115	

① 위 예에서 투자안별 수익성지수(PI)를 구하시오. 순현재가치 기준과 비교하시오.

② 투자되지 않은 재원은 무위험자산(수익률 3%)에 3년간 투자된다고 가정한다. 이 경우 전체 가용재원이 3,000인 경우 투자안 구성방안을 제시하시오.

8. 손익분기점 분석

다음의 정보를 이용하여 물음에 답하시오.

① 다음 표의 빈칸을 채우시오.

구 분	금 액
매출액	( )
판매단가	50
판매수량	1,000
고정비 지출	15,000
변동비	( )
변동비 단가	20
감가상각	5,000
이자비용	4,000
세전이익	( )
법인세 등(22%)	( )
당기순이익	( )
손익분기점	( )

② 손익분기점(BEP)을 계산하시오.

해 답

1.~ 2. (생략)

3. 순현금흐름과 자본예산

① 사업연도별 순현금흐름 산출

사업초기 $t=0$

$\Delta CF_0 = -I_0 - \Delta WC + [S - \tau(S-B)] + ITC$

$= -400 - 50 + 28 + 40 = -382$

※ 기존설비 세후 매각대금 유입 $= [S-B](1-\tau) = (40-0)(1-30\%) = 28$

사업 $t = 1 \sim 3$

$\Delta CF_1 = EBIT(1-\tau) + D - \Delta WC$

$= 4 \times (1-30\%) + 100 - 15 = 88$

$\Delta CF_2 = EBIT(1-\tau) + D - \Delta WC$

$= 11 \times (1-30\%) + 100 - 15 = 93$

$\Delta CF_3 = EBIT(1-\tau) + D - \Delta WC$

$= 18 \times (1-30\%) + 100 - 15 = 98$

※ 연도별 감가상각비=(매입대금−잔존가액)/내용연수=(400−0)/4=100

사업종료 $t=4$

$\Delta CF_T = EBIT(1-\tau) + D + [S - \tau(S-B)] + \Delta WC$

$= 25 \times (1-30\%) + 100 + [50 - (30\%)(50-0)] + 95 = 248$

② 순현재가치(NPV) 및 내부수익률(IRR) 산출(자본비용 10% 가정)

$$NPV = -382 + \frac{88}{1+10\%} + \frac{93}{(1+10\%)^2} + \frac{98}{(1+10\%)^3} + \frac{248}{(1+10\%)^4} = 16.8 > 0 \text{ (채택)}$$

$$0 = -382 + \frac{83}{1+R} + \frac{93}{(1+R)^2} + \frac{98}{(1+R)^3} + \frac{248}{(1+R)^4}\ ; \quad IRR = 11.7\% > 10\% \text{ (채택)}$$

4. 기간이 다른 투자사업의 비교: 최소공배수법

사업기간의 최소공배수의 6년간의 현금흐름을 정리한다.

구분	사업연도 0	사업연도 1	사업연도 2	사업연도 3	사업연도 4	사업연도 5	사업연도 6
사업 A	−100	40	30	70−100	40	30	70
사업 B	−50	30	35−50	30	35−50	30	35

* 사업 A는 사업연도 3년 말에 100이 재투자되고, 사업 B는 사업연도 2년말, 4년말에 각각

50씩 재투자된다.

사업 A와 사업 B에 대한 6년간의 현재가치를 비교하고, 사업 A를 채택한다.

$$NPV_A = -100 + \frac{40}{1.1} + \frac{30}{1.1^2} + \frac{70-100}{1.1^3} + \frac{40}{1.1^4} + \frac{30}{1.1^5} + \frac{70}{1.1^6} = 24.08$$

$$NPV_B = -50 + \frac{30}{1.08} + \frac{35-50}{1.08^2} + \frac{35}{1.08^3} + \frac{35-50}{1.08^4} + \frac{30}{1.08^5} + \frac{35}{1.08^6} = 15.55$$

5. 연간균등가(EAV: equivalent annuity value)법

투자기간 3년, 2년인 두 사업의 순현재가치(NPV)는 각각 13.75 및 7.78이다.

$$NPV_A = -100 + \frac{40}{1.1} + \frac{30}{1.1^2} + \frac{70}{1.1^3} = 13.75$$

$$NPV_B = -50 + \frac{30}{1.08} + \frac{35}{1.08^2} = 7.78$$

두 사업의 순현금유입에 대한 연간균등가(EAV: equivalent annuity value)를 계산하면 연간균등가가 A는 약 5.5인 반면 B는 4.7로 연간균등가가 큰 사업 A를 채택한다.

$$EAV_A = NPV_A / PVIFA_{r,n} = (13.75)(10\%)(1+10\%)^3 / [(1+10\%)^3 - 1] = 5.5$$
$$EAV_B = NPV_B / PVIFA_{r,n} = (7.78)(8\%)(1+8\%)^2 / [(1+8\%)^2 - 1] = 4.7$$

6. 투자시점이 다른 경우: 연간균등가법 사용

1년 후 B의 연간균등가(EAV)를 8% 할인하면 5.6이 되므로, 사업 B가 다소 유리하다.

$$EAV_{0B} = EAV_{1B} / (1+r) = 6.05 / (1+8\%) = 5.60$$

7. 자본제약 하에서의 투자안 조합: 가중평균 수익성지수(WAPI)법

① 투자안별 수익성지수(PI) 기준

$$PI_A = \frac{PV(CI)}{PV(CO)} = \frac{500+80}{500} = 1.16; \quad PI_B = \frac{PV(CI)}{PV(CO)} = \frac{1{,}800+270}{1{,}800} = 1.15$$

$$PI_C = \frac{PV(CI)}{PV(CO)} = \frac{1{,}500+180}{1{,}500} = 1.12; \quad PI_D = \frac{PV(CI)}{PV(CO)} = \frac{2{,}000+140}{2{,}000} = 1.07$$

PI 기준: A → B → C → D의 순서로 낮아진다.
순현재가치(NPV)법 기준: B → C → D → A로 바뀐다.

② 가중평균 수익성지수(WAPI)법

- 가능한 조합은 (A+B+F), (B+C), (A+D+F), (B+F), (C+F), (D+F)이 있다. A와

B를 포함한 조합은 A를 포함한 다른 어떤 조합보다도 유리하다. 총 2,300을 A와 B에 투자하고 나머지 700은 무위험투자(F)를 한다. 이 투자사업 포트폴리오(ABF)의 가중평균 수익성지수(WAPI)는

$$WAPI = 1.16 \times \frac{500}{3{,}000} + 1.15 \times \frac{1{,}800}{3{,}000} + 0.915 \times \frac{700}{3{,}000} = 1.097$$

※ $PI_F = \dfrac{PV(CI)}{PV(CO)} = \dfrac{91.5}{100} = 0.915$ (3년 기준, 6.6%, 100 투자 기준)

$$PV(10\%, 3, -6.6, -100, 0) = 0.915$$

- 투자사업 포트폴리오(BC)의 WAPI는

$$WAPI = 1.15 \times \frac{1{,}800}{3{,}000} + 1.12 \times \frac{1{,}200}{3{,}000} = 1.138$$

투자사업 B와 C 조합의 WAPI가 높아 채택한다.

8. 손익분기점 분석

① 순이익 = (매출액 - 변동비 - 고정비 - 감가상각 - 이자비용)$(1-\tau)$

$$\pi = (pQ - vQ - FC - D - I)(1-\tau)$$

$$= (50 \times 1{,}000 - 20 \times 1{,}000 - 15{,}000 - 5{,}000 - 4{,}000) \times (1 - 22\%)$$

$$= 4{,}680$$

(매출액=50,000원; 변동비=20,000원; 세전이익=60,000원; 법인세 등=1,320원; 당기순이익=4,680원)

② 손익분기점(BEP)

$$Q^* = (FC + D + I)/(p - v)$$

= (고정비 + 감가상각 + 이자비용)/(가격 − 변동비 단가)

$$Q^* = (15{,}000 + 5{,}000 + 4{,}000)/(50 - 20) = 800$$

제 4 부

재무구조와 자본비용

제 8 장 자본비용

제 9 장 자본구조이론

제10장 재무분석

제 4 부에서는

전통적인 재무이론에서 가장 핵심적인 과제가 적정한 재무구조의 도출이라고 할 수 있다. 재무구조(capital structure)의 중요성은 기업가치를 제고하는 측면에서 부채자금 조달이 갖게 되는 레버리지 효과(leverage effect) 및 이자의 절세효과(tax shield effect) 등 긍정적 요인과 기업의 파산위험(default risk)에 의한 부정적 요인 등에 대하여 이론적 측면에서 검토하고, 현실적으로 기업의 이익과 가치에 미치는 영향을 실제 현금흐름을 통하여 살펴본다. 재무구조이론은 최종적으로 기업가치 측면에서 평가되겠지만 재무담당 입장에서는 자본비용(cost of capital) 최소화 측면에서 살펴볼 수도 있다. 이에 따라 본 편에서는 자본구조에 연계하여 기업의 자본비용과 재무분석을 하나의 주제로 묶어서 정리한다.

제8장에서는 자본조달 원천에 따라 채권자, 우선주 주주, 보통주 주주 등으로 구분하고, 자본비용 산출방법을 소개한다. 또한 기업의 경영인이나 재무담당 입장에서 전사적 자본비용을 자본구조를 반영하여 가중평균자본비용(WACC)을 산출하고, 그 문제점들을 검토한다.

제9장에서는 전통적 이론의 도출에 앞서 부채의 레버리지 효과, 세금효과 등을 진단하고, M&M의 초기 이론(1958)과 M&M 수정이론(1963)을 소개하고, 정태적 상충이론, 대리인 비용이론, 자본조달 순위이론 등을 중심으로 자본구조가 기업가치나 자본비용에 미치는 영향을 살펴보기로 한다.

제10장에서는 기업의 성과 목표관리를 위하여 실무적으로 많이 사용되는 재무비율 등을 중심으로 기업의 재무정보를 이용한 재무분석 기법을 소개한다. 재무제표에 대한 간략한 소개와 함께 수익성, 유동성, 성장성, 활동성, 안정성 등 재무비율 분석과 기업가치 극대화 관점에서 주식정보 및 기업가치와 연계한 지표분석 방법을 소개한다.

Financial Management

CHAPTER 8

자본비용

제1절 자본비용의 개념

제2절 자본비용의 측정

제3절 자금원천별 자본비용

제4절 한계자본비용과 최적자본예산

학습목표

재무이론에서 가장 핵심적인 이론이 성과판단의 기준이 되는 자본비용에 대한 이론이다. 자본비용은 투자결정과 자본조달 결정 및 최적 자본구조이론의 기준이 된다. 본 장에서는 조달 자본의 형태에 따라 자본비용을 측정하고, 기업의 재무의사결정에 필요한 종합적인 자본비용을 측정하고 적용하는 방법을 익히도록 한다. 특히, 부채와 자기자본을 동시에 투자하는 기업의 가중평균자본비용을 측정하고 실무적인 문제점과 개선방안을 제시한다.

제 1 절 자본비용의 개념

자본비용(cost of capital)은 입장에 따라 다소 상반되게 적용되는 개념으로 혼란을 일으킬 수 있는 표현이다. 기업의 입장에서 자본비용은 투하자본으로부터 얻어야 할 최소의 요구수익률(RRR: required rate of return)이며, 기대수익률이라고도 한다. 즉, 기업에 투자하는 투자자나 경영진들이 기대하는 수익률로서 자본조달 및 자본예산(capital budgeting)에서 적용하는 할인율(NPV법, PI법)이나 투자의사결정의 기준(IRR법)이 된다.

〈기업 관점〉

$$\text{자본비용} = \frac{\text{지급(보상)비용}}{\text{자본조달액}}$$: 자본예산의 최소 요구수익률

한편, 채권자와 주주의 입장에서도 그들의 자본 제공에 대한 보상 차원에서의 최소 요구수익률이다.

〈투자자 관점〉

$$\text{자본비용} = \frac{\text{투자자 기회비용}}{\text{자본투자액}}$$: 자금원천별 최소 요구수익률

기업의 자본비용은 내부 투자결정의 요구수익률이기도 하지만, 외부 자금 제공자의 투자에 대한 최소한의 보상 수준이 된다. 이에 따라 자본비용은 순현재가치나 화폐의 시간가치 계산에서 할인율(discount rate)로 사용되며, 투자사업이나 다양한 재무관리 과정에서 산출한 수익률(return on investment)이 충분한 수준인지를 가늠하는 근본적인 기준이 되기 때문에 장애율(hurdle rate)이나 절사율(cut-off rate)로 불리기도 한다. 미래 현금흐름을 이용한 가치평가 산출과정에서는 자본환원율(capitalization rate)로 사용된다.

〈평가자 관점〉

$$\text{평가가치} = \frac{\text{순현금흐름}}{\text{자본환원율}}$$: 미래 현금흐름을 현재가치로 평가

제 2 절 자본비용의 측정

1. 가중평균자본비용

가중평균자본비용(WACC: weighted average cost of capital)은 부채와 자기자본 등 다양한 원천에 의하여 자금을 조달하는 기업의 자금원천별 가중평균 요구수익률이다. 일반적으로 기업이 부채와 자기자본을 조달하는 과정에서 서로 다른 타인자본비용과 자기자본비용 수준을 조달한 자본의 비중에 따라 가중평균하는 과정이 필요하다. 타인자본비용은 회사채를 발행한 기업의 회사채 만기수익률(YTM: yield to maturity)을 사용하거나 차입금 평균이자비용을 사용할 수가 있다. 반면, 자기자본비용은 주주들의 요구수익률이며, 일반적으로 증권시장에서 보통주에 대한 주주의 기대수익률로 자본자산가격결정모형(CAPM)에 의한 증권시장선(SML: security market line)을 사용한다. 간편법으로서 배당성장모형이나 이익평가모형을 이용하기도 한다. 가장 보편적으로 사용되는 가중평균자본비용(WACC)을 산출하는 식은 (1)과 같다.

$$WACC = R_A = R_D \frac{E}{D+E}(1-\tau) + R_E \frac{E}{D+E} \quad (1)$$

R_D : 타인자본비용
R_E : 자기자본비용
τ : 법인세율(한계법인세율 또는 실효법인세율)
D : 타인자본총액(부채총액)
E : 자기자본총액(또는 시가총액)

만일 우선주가 있다면 식 (1)은 다음과 같이 수정할 수 있다.

$$WACC = R_A = R_D \frac{E}{D+P+E}(1-\tau) + R_P \frac{P}{D+P+E} + R_E \frac{E}{D+P+E} \quad (1\text{-}1)$$

R_P: 우선주 자기자본비용
P : 우선주 자기자본총액(또는 시가총액)

2. 가중평균자본비용 산출 기준

다음은 가중평균자본비용(WACC)을 산출하는 과정에서 발생하는 논점을 정리한 내용이다.

① 실효법인세율 대 한계법인세율

법인세율은 원칙적으로 조달하는 자금의 용처와 관련되어 결정된다. 만일 기업이 기존 사업의 연계 선상에서 자본구조의 변경이 없는 경우 실효법인세율(effective tax rate)을 사용할 수 있다. 실효법인세율을 사용한다는 논리는 한계법인세율과 달리 손비처리 등 다양한 명목과 기준에 의하여 기업이 실제 부담하는 세율이 다르기 때문이라는 주장이다. 이는 실무적으로 회계자료를 이용하기 때문에 사용이 편리하고 이해가 용이하다. 기업 전체의 기존 서비스나 제품에 대한 경제적 부가가치 등 산출 기준으로 적용할 경우는 적합한 방식이지만 통상적인 투자분석에서는 적합하지 않다.

이론적으로나 실무적으로 한계법인세율(marginal tax rate) 적용을 권고하는 이유는 다음과 같다. 첫째, 실효법인세율은 한계법인세율이 적용되는 자본예산(capital budgeting)의 증분기준(incremental basis)에 어긋난다. 역사적 투자의 평균보다는 새로운 상황에 따라 발생하는 증분현금흐름에 대응하는 세율은 한계법인세율이다. 둘째, 실효법인세율은 단계별 누적공제액이 있어서 평균적으로 한계법인세율보다 상당히 낮은 경우가 많다. 보수주의 관점에서도 바람직하지 않다. 셋째, 실효법인세율은 금융이자 및 비영업 관련 사업 손실 등을 반영함으로써 영업현금흐름, 세금효과, 자본비용의 구분을 불명확하게 한다.

② 시장가치 대 장부가치

자본구조(capital structure)에서 자기자본(우선주, 보통주)을 시가(market value) 기준으로 할 것인가 아니면 장부가(book value) 기준으로 평가할 것인가 하는 것은 매우 중요하다. 장부 기준 자본구조는 객관성이 높아 많이 쓰인다. 반면, 자기자본비용이 주식시장에서 주가 또는 시장가치로 주주들에게 투하자본으로 반영되는데, 장부가치를 기준으로 요구수익률을 결정하는 것은 논리적으로 바람직하지 않다. 따라서 주식이 상장된 경우 주주들의 요구수익률(RRR)은 장부가치 대신 시장가치를 사용하는 편이 합당하다.

③ 실적 자료 대 목표(추정) 자료

재무정보가 과거 기준이어서 회계장부가치를 기준으로 적용할 때, 신규 사업 등의 영향에 따른 자본구조를 반영하지 못하기 때문에 검토 중인 사업으로 인하여 자본구조에 변화가 생기는 경우 목표 또는 추정 자본구조를 반영하여 분석하는 것이 바람직하다. 이는 자본비용 추정에서도 마찬가지이다.

④ 묵시적 비용 대 기회비용

회계적으로 발생한 비용과 신규 투자안에 의하여 발생할 것으로 추정되는 희생은 상당한 차이가 있을 수 있다. 현실적으로 무상으로 운용 중인 자금이나 설비도 있을 수 있다. 가령 한국전력이나 케이티 등 국유기업형 공기업에서 설비자금을 수익자부담으로 받은 바가 있다. 이러한 공사부담금 등은 형식상 무상이지만 실제로는 상당히 높은 수준의 기본요금이나 사용료를 부과하는 대신 기본요금이나 사용료를 수익자가 묵시적 비용(implicit expenses)으로 대체납부하는 것이다. 여러 가지 이유로 정상적인 수준 이하나 이상으로 지출되는 비용도 있을 수 있다. 이런 경우 과거 평균이 아니라 기회비용(opportunity cost) 관점에서 투자안에 적용할 자본비용을 산출하여야 한다.

⑤ 발행비용 조정

대규모 자금조달 과정에서 발생하는 발행비용(flotation expenses)은 단순히 경비로 처리할 만한 수준의 비용이 아니라 조달 자금의 현저한 감소로 이어질 수 있다. 가령, 채권을 매도하고 받은 자금의 총유입액에서 발행비용을 차감하여 현재가치를 수정하고 내부수익률(IRR)을 계산할 수 있다. 반면, 단위당 증권가격이 발생비용만큼 준 것으로 보고 직접 반영할 수도 있다. 후자의 방법이 현실적으로 간편하다.

⑥ 투하자본 대 비투하자본

기업의 총자본을 자산 항목에서 사업에의 관련성에 따라 투하자본과 비투하자본으로 구분할 경우가 있다. 개별 투자사업별로 사업 무관 자본을 일부 배제하는 경우가 발생한다. 사업용 원가를 기준으로 자본비용 측정과 성과 평가 등을 하는 경우 비사업용 자산 항목을 총자산에서 줄일 필요가 있다.

⑦ 비상장기업의 베타

비상장기업은 자기자본비용 도출 시 유사기업의 사례로 베타를 측정해야 할 필요가 있다. 자본비용을 배당모형이나 이익평가모형으로 평가를 위해서는 적정한 주가가 있어야 하는데, 현실적으로 적정성을 담보하기 어렵다. 따라서 동종산업에서 규모나 상황이 유사한 사례를 토대로 조정할 수밖에 없다.

예제 8-1

국내 K기업의 자본구조는 회사채 100억원, 우선주 주가 50,000원(10만주), 보통주 주당 80,000원(50만주)으로 구성되어 있다. 한계법인세율이 20%이고, 무위험 수익률이 3%이다.

회사채의 만기수익률이 6%, 우선주 주당 배당금이 2,500원, 보통주에 대한 증권시장 수익률이 8%, 베타는 1.2이다. 이 기업에 대한 가중평균자본비용(WACC)을 구하시오.

우선 자본구조를 살펴보면 부채 100억원(20%), 우선주 시가총액 50억원(10%), 그리고 보통주 시가총액 350억원(70%)으로 구성되어 있다. 타인자본비용(R_D)은 6%, 우선주 자본비용(R_P)은 8%, 보통주 자기자본비용(R_E)은 9%임을 알 수 있다.

$$R_E = R_f + [R_m - R_f]\beta_i = 3\% + (8\% - 3\%)(1.2) = 9\%$$

$$WACC = R_A = 6\%(0.2)(1-20\%) + 8\%(0.1) + 9\%(0.7) = 8.04\%$$

3. 가중평균자본비용(WACC)과 투자위험

앞서 언급한 바와 같이 가중평균자본비용(WACC)은 부채와 자기자본으로 자금을 조달하여 투자하는 기업에서 투자의 채택과 기각을 결정하는 가장 기본적인 요구수익률(RRR: required rate of return)이며, 투자로부터의 현금흐름을 측정하는 할인율(discount rate)이기도 하다.

[그림 8-1]은 기업의 자본비용(WACC), 개별 투자위험과 기대수익률에 따른 잘못된 기각과 채택 상황을 나타내고 있다. 기본적으로 기업 전체의 위험 수준과 개별 투자안의 위험이 다르므로 가중평균자본비용(WACC)을 기준으로 사업 A를 기각한 것은 잘못된 결정이다. 위험 수준을 고려할 때 사업 A는 초과이익을 얻을 수 있는 투자안이다. 반면 사업 B를 채택한 것도 기업의 위험수준만 고려하고 개별 투자안의 높은 위험을 고려하지 않았기 때문에 잘못된 결정이다.

이처럼 기업에서 개별 투자(안)에 대한 선택 결정은 단순히 가중평균자본비용(WACC)이 기준이 되어서는 안 되고 위험을 고려한 개별 기대수익률을 나타내는 우상향 직선과 그보다 높은 수익률이 예상되는 사업은 채택하고, 그보다 낮은 수익률이 예상되는 사업은 기각하는 것이 바람직한 투자의사결정이 된다.

그림 8-1 자본비용 : 기업 전체 대 개별 투자사업

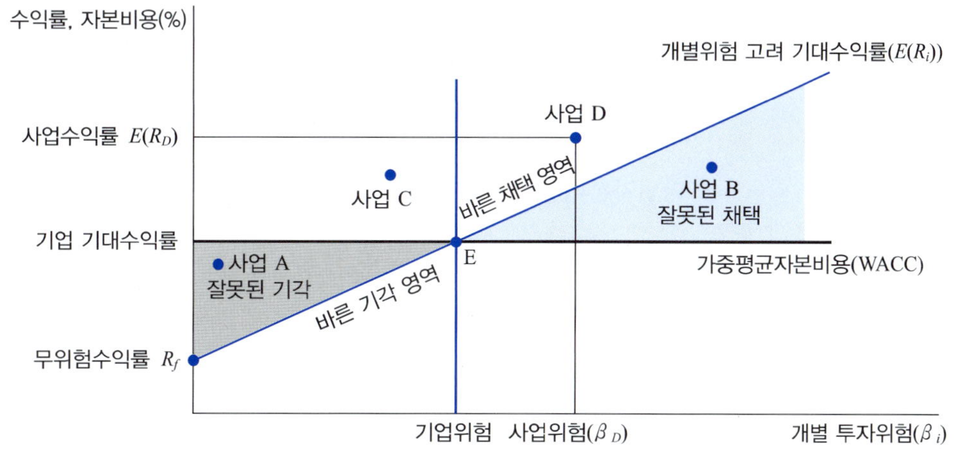

제 3 절 자금원천별 자본비용

기업의 자본조달은 다양한 방식과 원천에 의하여 이루어지기 때문에 실제로는 개별적으로 조달 시점이 달라 적용되는 세율이나 자본구조 등을 토대로 세밀하게 진단할 필요가 있다. 그러나 기업의 자본조달 형태를 크게 타인자본, 우선주 그리고 보통주(일반적으로 자기자본)로 3가지 형태로 나누어 자본비용을 타인자본비용, 우선주 비용 및 자기자본비용으로 살펴보자.

1. 타인자본비용

부채의 자본비용(cost of debt capital)은 타인자본비용이라고 하며, 채권의 투자수익률 등 여러 가지로 측정할 수 있다. 이는 일반적인 관점에서 평균 이자율이라고 볼 수 있다.

따라서 연간 기준으로는 (연간 지급이자/평균 차입액)으로 산출한다.

① 차입금 이자비용

대부분 기업은 회사채 발행을 하지 못한다. 또한 기업 채무의 대부분이 차입금으로 구성되어 있다. 이런 경우 차입금 평균 이자율을 사용하는 경우가 많다. 이 경우 평균 이자율 계산 시 이자부담 채무만을 대상으로 한다. 정상적인 이자부담이 없고 매입채무나 미지급비용 등은 타인자본비용 계산과정에 반영되지 않는다.

$$\text{타인자본비용}: R_D = \frac{I}{Loan} \tag{2}$$

R_D : 타인자본비용 I: 지급이자와 차입 부대비용
$Loan$: 평균 차입금

추가로 손금처리되는 이자지급분에 대한 절세효과가 존재한다. 절세효과(tax effect)를 고려하면, 위 식에 $(1-\tau)$을 곱하면 된다.

$$\text{세후 타인자본비용} = \text{세전 타인자본비용}(R_D) \times (1-\tau) \quad (3)$$

이처럼 자본비용(이자 등)과 관련 세금도 자본비용 계산에 반영하기 때문에 이자 등 지출은 자본예산의 현금흐름 계산시 완전 배제된다.

② 회사채 발행비용

기업이 회사채를 발행하면, 회사채로 인한 이자 지급액을 관련 조달 타인자본으로 나누면 된다. 발행비용은 무시하거나 조달 자금에 대한 감소분으로 처리하는 것이 더욱 일반적이다.

$$\text{타인자본비용}:\ R_D = \frac{I}{Bond(1-f)} \quad (4)$$

I: 지급이자 $Bond$: 회사채 차입금 f: 발행비용(비율)

장기 만기 채권의 경우 화폐의 시간가치(time value of money)가 중요하다. 이를 고려한 채권의 만기수익률(YTM : yield to maturity)이 기업의 세전 타인자본비용이 된다.

$$B_0 = \sum_{t=1}^{n} \frac{C_t + F_t}{(1+YTM)^t} = \frac{C_t}{1+YTM} + \frac{C_t}{(1+YTM)^2} + \cdots + \frac{C_n + F_n}{(1+YTM)^n} \quad (5)$$

마찬가지로 절세효과(tax effect)는 $(1-\tau)$을 곱하면 된다.

예제 8-2

K사는 1억원의 자금을 채권발행을 통하여 조달하였다. 1년에 300만원의 이자를 지급하며, 자금조달 과정에서 2%의 발행비용이 지출되었다. 법인세 효과가 존재한다면 세후 타인자본비용 $R_D(1-\tau)$를 구하시오. 한계법인세율은 20%이다.

$$R_D(1-\tau) = \frac{I}{Bond(1-f)}(1-20\%) = \frac{300}{\text{1억}(1-2\%)}(1-20\%) = 2.45\%$$

타인자본비용은 법적으로 지급이 보장된 계약관계이므로 신용도가 정상인 상황에서는 이자율이 자기자본비용보다 크게 낮은 수준이며, 기업 차원에서는 법인세 절감효과가 존재하므로 자기자본비용보다 더 크게 낮은 수준이 된다.

예제 8-3

3년 만기 액면이자율 2.5%, 액면가 10,000원인 이표부 사채의 만기수익률을 산출하여 보자. 채권매입가격은 9,800원이다. 세전 타인자본비용을 구하시오.

$$B_0 = \frac{250}{(1+YTM)^1} + \frac{250}{(1+YTM)^2} + \frac{250+10,000}{(1+YTM)^3} = 9,800; \quad \text{YTM: } 3.21\%$$

엑셀: RATE(NPER,PMT,PV,FV,TYPE) = RATE(3,250, −9800,10000,0) = 3.21%

2. 우선주의 자본비용

우선주의 자본비용(cost of preferred stocks)은 우선주로 조달한 자본의 사용대가로 주당 배당금을 순발행가격으로 나누어 계산한다. 우선주의 배당금은 통상적으로 보통주 배당금보다는 조금 더 높다. 우선주(preferred stocks)는 의결권이 없는 대신 보통주보다 우선하여 배당금을 받으며, 기업이 파산하였을 경우 채무 청산 후 남은 잔여재산에 대해 보통주보다 우선적인 청구권을 가지는 주식이다. 배당률은 우선주 발행 시에 미리 결정되어 이익 크기에 무관하게 이익의 일정 부분을 배당금으로 지급하여야 한다.

이러한 우선주는 회사채와 보통주와의 중간적인 성격을 갖지만 실제로는 사채와 더 가깝다고 할 수 있다. 우선주 배당금에는 세금공제 혜택이 없으며, 손실이 발생했을 경우 배당금을 지급하지 않아도 된다는 점에서는 보통주와 유사한 성격을 가진다. 따라서 경영권 방어에 관심이 있는 경영진이나 기존 주주들은 보통주보다 우선주가 하나의 대안이 된다.

참고로 배당모형에 따른 영구채의 가격은 $P_0 = \frac{D}{r}$이다. 이에 따라 영구채와 같은 개념인 우선주의 자본비용은 다음과 같이 구할 수 있다.

$$R_P = \frac{D_P}{P_0} \tag{6}$$

R_P : 우선주 자본비용 D_P : 우선주 배당금 P_0 : 우선주 가격

[일시적 우선주 발행비용]

만일 우선주 발행에 일시적으로 상당한 발행비용이 지출되었다면 회사채의 경우와 마찬가지로 우선주 가격에서 주당 발행비용을 차감하여 다음과 같이 산출한다.

$$R_P = \frac{D_P}{P_0(1-f_P)} \tag{7}$$

D_P: 우선주 배당금 P_0 : 우선주 가격 f_P: 우선주 가격 대비 발행비용

예제 8-4

K자동차 우선주를 연초에 주당 50,000원에 발행하였으며, 연말 배당금을 2,500원으로 약정하였다.

① 이 기업의 우선주 자본비용(R_P)은 얼마인가? (발행비용 무시)

$$R_P = \frac{D_P}{P_0} = \frac{2,500}{50,000} = 5\%$$

② 만일 5%의 발행비용이 발생하였다면 우선주 자본비용(R_P)은 얼마인가?

$$R_P = \frac{D_P}{P_0(1-f_P)} = \frac{2,500}{50,000(1-5\%)} = 5.26\%$$

3. 자기자본비용

기업의 주주가 주식으로부터 바라는 최소수익률은 결과적으로 기업이 주주에게 보상해 줄 자기자본비용(cost of equity capital)이 된다. 기업의 자기자본은 주식시장에서 주식 발행을 통하여 조달하는 경우와 그렇지 않은 경우로 나누어 볼 수 있다.

1) 배당모형 적용

배당성장모형에 따른 주식의 평가가치는 식 $P_0 = \frac{D_1}{r-g}$에 의하여 정의된다. 이 식을 할인율 r에 대하여 풀면, 기업의 자기자본비용(R_E)을 구할 수 있다.

$$R_E = \frac{D_1}{P_0} + g \quad = \quad \text{배당수익률} + \text{배당성장률} \tag{8}$$

R_E: 자기자본비용　　D_1: 주당 배당금
P_0: 보통주 가격　　g: 배당성장률

예제 8-5

㈜K자동차의 지난 5년간 배당성장률이 3.5%이다. 연초에 50,000원을 주고 주식을 샀으며, 연도 말에 배당금 2,000원이 예상된다면, 이 기업의 자기자본비용(R_E)은 얼마인가?

$$R_E = \frac{D_1}{P_0} + g = \frac{2{,}000}{50{,}000} + 3.5\% = 4.0\% + 3.5\% = 7.5\%$$

[배당성장모형의 문제점]

배당모형은 상장하지 않은 기업인 경우에도 배당을 기준으로 적용할 수 있다. 방법이 간편하고 이해하기 쉽다. 다만, 우리나라의 경우 많은 기업이 배당금을 지급하지 않거나 지급하더라도 아주 낮은 배당수익률로 지급하기 때문에 타당성이 미흡한 경우가 많다. 이런 경우, 동종산업 내 정상적으로 배당을 하는 기업을 벤치마킹할 수 있지만, 기본적으로 한계가 있다. 또한 기업 정책상 단기적으로 안정배당정책이 중요하기 때문에 배당성장률도 적용에 한계가 있다. 평균 배당성장률을 적용할 때 충분한 기간을 사용하여야 한다.

2) 이익평가모형의 적용

배당성장모형과 달리 이익평가모형은 기업의 배당성향에 영향을 받지 않는 장점이 있다. 이익평가모형 역시 주식의 평가가치 관련 $P_0 = \frac{E_1}{R_E}$에 의하여 정의된다. 이 식을 할인율 r에 대하여 풀면, 기업의 자기자본비용(R_E)을 구할 수 있다. 주가수익 배수(PER)의 역수로 간단히 추정할 수 있다.

$$R_E = \frac{E_1}{P_0} = \frac{1}{PER} \tag{9}$$

R_E: 자기자본비용　E_1: 주당이익　P_0: 보통주 가격

3) 증권시장선(SML)의 적용

상장기업의 경우 주주들 관점에서 주가 등 시장자료를 이용하여 자본자산가격결정모형(CAPM)의 증권시장선(SML)을 이용하여 자기자본비용을 구한다.

$$R_E = E(R_i) = R_f + [E(R_m) - R_f]\beta_i \tag{10}$$

$E(R_i)$: 주식 i에 대한 증권시장선에 의한 기대수익률 또는 요구수익률(RRR)
R_f : 무위험수익률
$E(R_m)$: 시장 기대수익률
β_i : 주식 i의 증권특성선의 기울기. 시장수익률에 대한 주식 i의 수익률의 민감도

[SML 적용 시 주의사항]

주가수익률 자료를 이용하여 추정한 SS전자와 K자동차의 증권특성선의 경우처럼 그 데이터 기간이 1년간 월별 데이터이면 베타 값 추정에 있어서 관측수(observations)가 부족하고 추정오류(estimation errors)가 커서 적정성에 문제가 될 수 있다. 짧은 데이터 기간이면 기업의 주가수익률이 오랫동안 음(−)수인

경우가 많아 위험에 대한 보상이 음(-)이 되어서 수익률-위험 상충관계가 성립하지 않는 예도 있다. 이런 경우 기간을 늘려 과거 5년간에서 10년간 자료를 이용하는 등 전반적으로 안정된 데이터로 자기자본비용을 추정할 필요가 있다.

예제 8-6

시장 기대수익률이 10%이고 무위험수익률이 3%인 경우, 베타계수가 1.5인 ㈜K자동차의 자기자본비용을 SML을 이용하여 구하시오.

$$E(R_K) = R_f + [E(R_m) - R_f]\beta_K \;=\; 3\% + (10\% - 3\%)(1.5) = 13.5\%$$

제 4 절 한계자본비용과 최적자본예산

1. 투자기회선(IOS)

기업이 내부투자수익률에 따라 투자안을 결정하는 경우 내부투자수익률이 높은 투자안부터 투자하게 되어 결국 투자수준이 증가할수록 내부투자수익률이 감소하는 결과를 보이는데, 이러한 관계를 투자기회선(IOS: investment opportunity schedule)이라고 한다.

2. 한계자본비용(MCC)

자본조달 규모에 따라 기업의 가중평균자본비용이 달라진다. 기업이 내부유보이익, 회사채, 보통주 등 자본비용이 낮은 자본부터 높은 순서로 조달하기 때문에 투자규모가 커질수록 자본비용이 증가하는 형태를 띠게 된다. 이처럼 투자규모에 따라 증가하는 자본비용을 한계자본비용(MCC: marginal cost of capital)이라고 한다.

3. 최적투자수준의 결정

기업가치의 극대화라는 관점에서, 체감하는 내부투자수익률을 나타내는 투자기회선과 체증하는 한계자본비용이 만나는 점에서 최적자본예산(optimal capital budgeting)의 투자규모와 자본비용이 결정된다. 다음의 예제를 통하여 살펴보기로 하자.

예제 8-7

K기업의 자금조달 구간별 투자기회(IOS)와 투자구간별 한계자본비용(MCC)은 다음과 같다. 목표 자본구조는 타인자본 40% 대 자기자본 60%로 규모와 관계없이 일정하다. 한계법인세율도 20%로 일정하다고 가정한다. 시설투자사업으로서 투자액이 100 또는 400단위로만 존재한다. 단순화를 위하여 누적 투자 규모 단위별로 법인세 전 타인자본비용과 자기자본비용을 가정한다.

o 투자기회계획(IOS)

구 분	사업 A	사업 B	사업 C	사업 D
투자액	100	400	400	400
내부수익률	12%	10%	8%	6%

o 한계자본비용(MCC)

구 분	1구간	2구간	3구간	4구간
누적투자액	100	500	900	1,300
타인자본비용	5.0%	7.5%	10.0%	12.5%
자기자본비용	8.0%	10.0%	12.0%	14.0%
한계 WACC				

① 한계 가중평균자본비용(WACC)을 구하시오.

1구간 : (5.0%)(40%)(1 − 20%) + (8%)(60%) = 6.4%
2구간 : 8.4% (산출과정 생략)
3구간 : 10.4% (산출과정 생략)
4구간 : (12.5%)(40%)(1 − 20%) + (14%)(60%) = 12.4%

② 투자기회선(IOS)과 한계자본비용(MCC) 곡선을 구하시오.

아래 [그림 8-2] 참고

③ 최적자본예산에서의 투자규모와 자본비용을 산출하시오.

- 최적자본예산 : 투자사업 A와 투자사업 B의 투자수익률이 한계자본비용보다 큼.
- 누적 투자규모 : 500 (한계자본비용 ≤ 투자수익률 중 최대 투자규모)
- 최적 자본비용 : 8.4%

그림 8-2 투자기회선과 한계자본비용

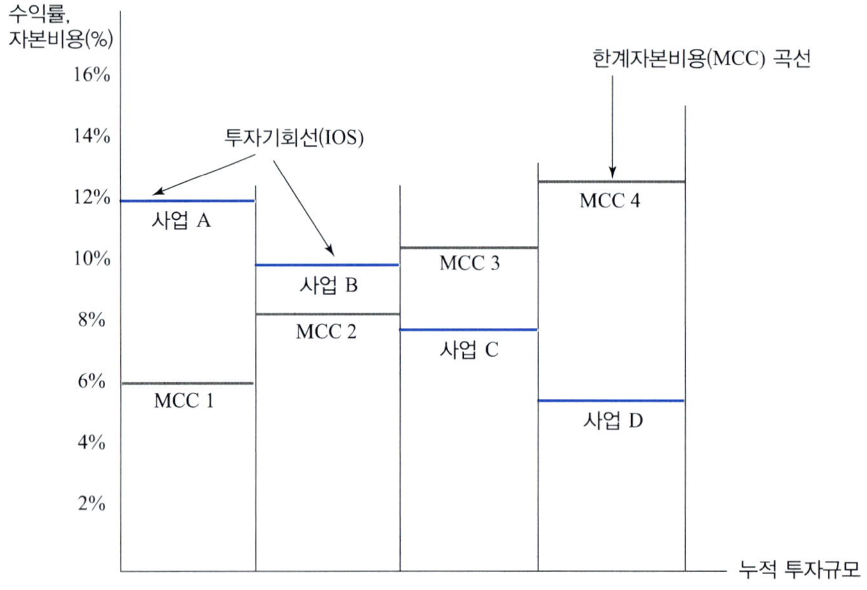

핵심정리

1. 자본비용

- 기업 측면 : 투하자본으로부터 얻어야 할 요구수익률(RRR). 투자 판단기준
- 투자자 측면 : 가치평가에 적용되는 할인율(discount rate)

2. 자본비용의 측정

① 가중평균자본비용(WACC: weighted average cost of capital) : $WACC = R_A$

기업 전체의 투자수익률 기준. 개별 투자사업의 위험성 미고려

$$WACC = R_D \frac{E}{D+E}(1-\tau) + R_E \frac{E}{D+E} \text{ : 비우선주 기업}$$

$$WACC = R_D \frac{E}{D+P+E}(1-\tau) + R_P \frac{P}{D+P+E} + R_E \frac{E}{D+P+E} \text{ : 우선주 기업}$$

D = 부채총액	P = 우선주 시가총액	E = 자기자본 시가총액
τ = 한계법인세율	R_D = 타인자본비용	R_P = 우선주 자본비용
R_E = 자기자본비용		

② 타인자본비용 : R_D

회사채 만기수익률(YTM) : $B_0 = \frac{C_t}{1+YTM} + \frac{C_t}{(1+YTM)^2} + \cdots + \frac{C_n + F_n}{(1+YTM)^n}$

평균이자비용 : $R_D = \frac{\text{지급이자}}{\text{평균 차입금}} = \frac{I}{Loan}$

③ 우선주 자본비용 : $R_P = \frac{\text{우선주 배당금}}{\text{우선주 가격}} = \frac{D_P}{P_P}$

④ 자기자본비용 : R_E

- 증권시장선(SML) : $R_E = E(R_i) = R_f + [E(R_m) - R_f]\beta_i$

  R_f : 무위험수익률 $E(R_m)$: 시장 기대수익률 β_i : 주식 i 수익률의 체계적 위험

- 배당모형 : $R_E = \frac{\text{차기 배당금}}{\text{매입 주가}} + \text{배당성장률} = \frac{D_1}{P_0} + g = \text{배당수익률} + \text{배당성장률}$

3. 최적투자수준의 결정

투자기회선(IOS) = 한계자본비용(MCC)

연습문제

1. 핵심용어

다음의 용어를 요약하여 설명하시오.

- 자본비용
- 장애율/절사율
- 가중평균자본비용
- 우선주 자기자본비용
- 만기수익률
- 배당성장모형
- 시장가치/장부가치
- 발행비용
- 세후 타인자본비용
- 무위험수익률
- 최적자본예산
- 요구수익률(RRR)
- 자본환원율
- 타인자본비용
- 한계법인세율
- 증권시장선(SML)
- 이익평가모형
- 묵시적 비용
- 내부수익률
- 절세효과
- 한계자본비용(MCC)
- 할인율
- WACC
- 자기자본비용
- 평균이자비용
- CAPM
- 실효법인세율
- 기회비용
- 비상장기업의 베타
- 시장수익률
- 투자기회선(IOS)

2. 가중평균자본비용(WACC)의 산출방법과 용도를 간단히 기술하시오.

3. 가중평균자본비용(WACC)이 전사적 투자사업의 기각 또는 채택기준으로 사용되는 경우의 문제점을 기술하시오.

4. 투자기회선(IOS), 한계자본비용(MCC)을 이용하여 최적 투자수준을 결정하는 과정을 간략히 기술하시오.

5. 가중평균자본비용(WACC)

국내 JK기업의 장부상 부채비율(총부채/자기자본)이 2020년도말 현재 200%이다. 이 기업의 부채로 인한 타인자본비용은 6%이며, 자기자본비용은 15%이다. 한계법인세율이 25%라면 가중평균자본비용은?

① 장부가치 기준 가중평균자본비용을 구하시오.

② 주가장부가비율(PBR)이 3이라면 시장가치 기준 가중평균자본비용을 구하시오.

③ 전사적 사업기준으로 가중평균자본비용 8%를 적용하게 되는 경우, 문제점을 기술하시오.

6. 가중평균자본비용: YTM과 CAPM(SML)의 적용

국내 JK기업의 자본구조는 회사채 1,000억원, 우선주 주가 50,000원(100만주), 보통주 주당 10,000원(1,000만주)으로 구성되어 있다. 한계법인세율이 25%이고, 무위험수익률이 4%이다. 회사채의 만기수익률(YTM)이 5%, 우선주 주당 배당금이 4,000원, 보통주에 대한 주식시장 수익률이 10%, 베타는 1.5이다. 이 기업에 대한 가중평균자본비용(WACC)을 구하시오.

7. 타인자본비용: 회사채 지급이자와 발행비용

JK기업은 100억원의 자금을 회사채 발행을 통하여 조달하였다. 액면가 10만원에 대하여 5%의 이자율을 지출하여야 한다. 총 조달 자금의 2%가 발행비용으로 지출되었다. 법인세 효과가 존재한다면 세후 타인자본비용 $R_D(1-\tau)$를 구하시오. 한계법인세율은 25%이다.

8. 타인자본비용: 회사채 만기수익률(YTM)

JK기업이 5년 만기 액면이자율 3.5%, 액면가 100,000원인 회사채를 97,000원에 발행하였다. 한계법인세율이 25%인 이 기업의 세후 타인자본비용을 구하시오.

9. 우선주 자본비용

JK기업이 연초에 주당 10,000원에 우선주(100만주)를 발행하고, 매년 말 주당 600원의 배당금을 약정하였다. 1.5%가 발행비용으로 지출되었다면 우선주 자본비용(R_P)은 얼마인가?

10. 자기자본비용: 배당성장모형

JK기업의 지난 5년간 보통주 배당성장률이 2.5%이다. 연초 주가가 10,000원이며, 연도 말에 주당 400원을 배당한다면, 배당성장모형에 의한 이 기업의 자기자본비용(R_E)은 얼마인가?

11. 자기자본비용: 이익평가모형

JK기업의 지난 5년간 보통주 주가이익배수(PER)가 10이다. 이익평가모형에 의한 기업의 자기자본비용(R_E)은 얼마인가?

12. 투자기회선(IOS)과 한계자본비용(MCC)

JK기업의 자금조달 구간별 투자기회선(IOS)과 투자구간별 한계자본비용(MCC)은 다음과 같다. 목표 자본구조는 타인자본 60% 대 자기자본 40%로 규모와 관계없이 일정하다. 한계법인세율도 25%로 일정하다고 가정한다. 시설투자사업으로서 100, 300, 500 또는 700단위로 존재한다. 한계자본비용은 500단위로 변한다고 가정한다.

○ 투자기회계획(IOS)

구 분	사업 A	사업 B	사업 C	사업 D
투자액	100	300	500	700
내부수익률	15%	12%	10%	6%

○ 한계자본비용(MCC)

구 분	1구간	2구간	3구간	4구간
누적투자액	500	1,000	1,500	2,000
타인자본비용	4.0%	5.0%	6.0%	8.0%
자기자본비용	8.0%	10.0%	12.0%	15.0%
한계 WACC				

① 누적 투자구간별 한계 가중평균자본비용(WACC)을 구하시오.

② 투자기회선(IOS)과 한계자본비용(MCC)을 이용하여 최적자본예산에서의 투자규모와 자본비용을 산출하시오.

해 답

1.~4. (생략)

5. 가중평균자본비용(WACC)

① 장부 기준 WACC

$$WACC = R_A = R_D \frac{E}{D+E}(1-\tau) + R_E \frac{E}{D+E}$$

=(6%)(2/3)(1−25%)+(15%)(1/3)=8% (장부 기준)

D/E=200%=2/1 → D/(D+E)=2/(2+1)=2/3

② 시장 기준 WACC

$$WACC = (6\%)\left(\frac{2}{5}\right)(1-25\%) + (15\%)\left(\frac{3}{5}\right) = 10.8\% \text{ (시장 기준)}$$

PBR=3, 시장가치=3E; 장부 기준 D/E=2/1

시장 기준 D/E=2/3, D/(D+E)=2/5=40%

③ 사업마다 위험 수준이 다른데도 불구하고, 회사 전체의 같은 기준 8%를 적용하게 되면, 상대적으로 위험한 신규 사업이나 해외사업의 잘못된 채택 가능성이 크고, 위험이 낮은 수준의 기존 사업의 단순한 확장이나 시설 대·개체 등에 대하여 높은 자본비용을 적용함으로써 잘못 기각할 가능성이 크다.

6. 가중평균자본비용: YTM과 CAPM(SML)의 적용

우선 자본구조를 살펴보면 부채 1,000억원(40%), 우선주 시가총액 500억원(20%), 그리고 보통주 시가총액 1,000억원(40%)으로 구성되어 있다. 타인자본비용(R_D)은 5%, 우선주 자본비용(R_P)은 4,000/50,000=8%, 보통주 자기자본비용(R_E)은 13%임을 알 수 있다.

$$R_E = R_f + [R_m - R_f]\beta_i = 4\% + (10\% - 4\%)(1.5) = 13.0\%$$

$$WACC = R_A = 5\%(0.4)(1-25\%) + 8\%(0.2) + 13\%(0.4) = 8.3\%$$

7. 타인자본비용: 회사채 지급이자와 발행비용

$$R_D = \frac{\text{지급이자}}{\text{차입금}(1-\text{발행비용})} = \frac{5\text{억}}{100\text{억}(1-2\%)} = 5.10\%$$

세후 타인자본비용: $R_D(1-\tau) = 5.10\%(1-25\%) = 3.83\%$

8. 타인자본비용: 회사채 만기수익률(YTM)

$$B_0 = \frac{350}{(1+YTM)^1} + \frac{350}{(1+YTM)^2} + \cdots + \frac{350+100{,}000}{(1+YTM)^5} = 97{,}000; \quad \text{YTM: } 4.18\%$$

RATE(NPER,PMT,PV,FV,TYPE) = RATE(5,3500,−97,000,100000,0)=4.18%

세후 타인자본비용: $R_D(1-\tau)$ = (4.18%)(1-25%) = 3.135%

9. 우선주 자본비용

$$R_P = \frac{D_P}{P_0(1-f_P)} = \frac{600}{10{,}000(1-1.5\%)} = 6.09\%$$

10. 자기자본비용: 배당성장모형

$$R_E = \frac{D_1}{P_0} + g = \frac{400}{10{,}000} + 2.5\% = 4.0\% + 2.5\% = 6.5\%$$

11. 자기자본비용: 이익평가모형

$$R_E = \frac{E_1}{P_0} = \frac{1}{PER} = \frac{1}{10} = 10.0\%$$

12. 투자기회선(IOS)과 한계자본비용(MCC)

① 누적 투자구간별 한계 가중평균자본비용(WACC)

구간번호	투자규모	WACC
1	누적투자 0 - 500	(4.0%)(60%)(1 - 25%) + (8%)(40%) = 5.0%
2	누적투자 500 - 1,000	(5.0%)(60%)(1 - 25%) + (10%)(40%) = 6.25%
3	누적투자 1,000 - 1,500	(6.0%)(60%)(1 - 25%) + (12%)(40%) = 7.5%
4	누적투자 1,500 - 2,000	(10.0%)(60%)(1 - 25%) + (15%)(40%) = 10.5%

② 최적자본예산에서의 투자규모와 자본비용

누적 투자규모	투자기회선(IOS)		한계자본비용(MCC)
100	사업 A (투자 100) 수익률 15%	>	자본비용 5%
400	사업 B (투자 300) 수익률 12%	>	자본비용 5%
500 (일부)	사업 C (투자 100) 수익률 10%	>	자본비용 5%
900*	사업 C (투자 400) 수익률 10%	>	자본비용 6.25%
1,000	사업 D (투자 100) 수익률 6%	<	자본비용 6.25%

- 최적자본예산: 투자사업 A, B, C의 투자수익률이 한계자본비용보다 큼
- 누적 투자규모: 900 (한계자본비용 6.25% ≤ 투자수익률 중 최대 투자규모)

CHAPTER 9

자본구조이론

제1절 부채와 자본구조

제2절 레버리지 분석

제3절 M&M의 자본구조이론

제4절 M&M 이후 자본구조이론

제5절 자본구조의 현실

학습목표

전통적인 재무이론에서 가장 중요하고 이론이 많았던 부분이 자본구조이론이다. 최적의 자본구조를 찾기 위한 노력이 실무적으로나 이론적으로 진행되어 왔다. 재무관리가 학문으로서 독자적 영역을 구축하는 과정에서 M&M의 자본구조이론, 마코위츠(Markowitz)의 포트폴리오이론, 샤프(Sharpe), 린트너(Lintner) 등의 자본자산가격결정모형(CAPM)의 영향이 절대적이다. 본 장에서는 전통적 이론의 도출에 앞서 부채의 레버리지 효과, 세금효과 등을 진단하고, M&M의 초기 이론(1958)과 M&M 수정이론(1963)을 소개하고, 상충이론, 대리인 비용 이론, 자본조달 순위이론 등을 중심으로 자본구조의 재무적 영향을 살펴보기로 한다.

제 1 절 부채와 자본구조

1. 자본구조의 개념

기업의 자금조달은 크게 자기자본(E: equity)과 타인자본(D: debt)으로 구성되는데, 이러한 과정에서 두 자본 간 구성비가 자본구조(capital structure, D/E)이다. 세부적인 사항으로 차입금, 회사채, 자본금, 유보이익 등 구성항목을 결정하는 것이 재무구조(financial structure)이다. 그러나 일반적으로 타인자본과 자기자본의 상대적 구성비를 자본구조 또는 재무구조라고 구분없이 부른다. 자본구조가 중요한 이유는 자본구조에 의하여 기업의 가치가 바뀌기 때문이다. 통상적으로 타인자본을 사용하는 것이 자본비용 측면에서 유리하지만 타인자본(D)의 사용이 늘어갈수록 파산위험 등도 증가하기 때문에 원점에 볼록한 2차함수 형태를 띤다고 보면, 특정한 부채비율 수준에서 기업가치를 극대화하는 최적 자본구조(optimal capital structure)가 재무담당의 중요한 과제가 되는 것이다.

2. 부채사용의 효과

자본구조의 중요성을 이해하기 위하여는 먼저 현실적으로 자본구조가 기업의 현금흐름에 영향을 미쳐 주당순이익(EPS: earnings per share), 자기자본순이익률(ROE: return on assets)에 미치는 영향을 진단하는 것이 중요하다. 이는 자본구조에 대한 초기이론이나 그 이후 이론에도 비현실적인 가정이 포함되어 있지만, 기업에서는 자본구조에 따른 부채 이자와 각종 고정비의 지렛대 효과(leverage effect, 레버리지 효과)를 직접 숫자로 추정할 수 있기 때문이다. 다음의 예제를 통하여 자본구조와 고정비 및 이자 등의 영향을 살펴보자.

예제 9-1

자본구조: 부채의 레버리지 효과

㈜JK에 100% 자기자본으로 조달된 무부채기업(unlevered firm)과 자본조달액의 50% 또는 80%가 부채인 기업(levered firm)이 대안이라고 가정하자. (한계 법인세율 25% 적용)

구 분	A. 무부채기업	B. 50% 부채기업	C. 80% 부채기업
자본총액	100억	100억	100억
타인자본(부채, D)	0억	50억	80억
자기자본(E)	100억	50억	20억
부채비중(D/(D+E))	0%	50%	80%
주가(P, 원)	20,000	20,000	20,000
발행주식수(Q, 만주)	100	50	20
시가총액(P×Q)	200억	100억	40억
타인자본비용(연간이자율)*	6%	6%	10%

* 장부기준 자본총액의 50%까지는 이자율 6%이고, 80% 이상인 경우에 평균 10% 가정

부채효과를 살펴보기 위하여, 세전영업이익이 2억, 10억 및 50억인 경우를 가정한다. 시장 상황이 불황과 정상 경제 상황 간에는 5배의 차이가 있고, 정상과 호황 상황 간에도 5배의 차이를 가정한 것이다. 이러한 경우에 자본구조에 따른 경영성과를 주당순이익(EPS, 원)과 자기자본순이익률(ROE)로 평가하면 아래와 같다.

구 분	A. 무부채기업			B. 부채기업(50%)			C. 부채기업(80%)		
	불황	정상	호황	불황	정상	호황	불황	정상	호황
영업이익	2억	10억	50억	2억	10억	50억	2억	10억	50억
이자비용	0억	0억	0억	3억	3억	3억	8억	8억	8억
세전순이익	2억	10억	50억	-1억	7억	47억	-6억	2억	42억
법인세 등(25%)	0.5	2.5	12.5	-0.25	1.75	11.75	-1.5	0.5	10.5
당기순이익	1.5	7.5	37.5	-0.75	5.25	35.25	-4.5	1.5	31.5
주당순이익(EPS, 원)	150	750	3,750	-150	1,050	7,050	-2,250	750	15,750
자기자본순이익률(ROE,%)	0.75	3.75	18.75	-0.75	5.25	35.25	-11.25	3.75	78.75

※ 적자에 대한 법인세률 적용: 적자가 차기 이후로 이연되어 흑자를 상쇄하거나 기업 내 다른 사업의 이익에 대한 세금을 절감하기 때문에 법인세 절감효과가 존재한다.

① 무부채기업인 경우에, 영업이익의 증가율(5배)만큼 EPS나 ROE가 증가한다.
② 50% 부채기업인 경우에, 불황이면 6% 이자비용이 부담되어 ROE가 −0.75%로 적자, 호황이면 ROE가 35.25%이다.
③ 80% 부채기업인 경우에, 불황이면 10% 이자비용이 부담되어 ROE가 −11.25%로 적자, 호황이면 ROE가 78.75%로 크게 증가한다.

이처럼 자본구조 변경에 따라 부채의 레버리지 효과 때문에 경기상황이 악화되거나 호전되는 경우 주당순이익이나 자기자본순이익률이 단순히 매출액이나 영업이익의 증가율 이상의 큰 폭의 증폭현상을 나타나게 하는데, 이를 부채의 레버리지 효과(leverage effect of debt)라고 한다. 위 예제의 표(C. 80% 부채기업 기준)를 토대로 부채 사용의 효과를 레버리지 효과, 부도위험 효과 및 절세효과로 나누어 설명하여 보자.

1) 레버리지 효과

80% 부채기업은 20%의 자기자본(E: equity) 대비 80%의 타인자본(D: debt)의 높은 레버리지 기업이다. 우선 상황에 따라 주당순이익이 (불황 : 정상 : 호황)에 따라 (−2,250 : 750 : 15,750)를 나타내고, 자기자본순이익률이 (−11.25% : 3.75% : 78.75%)이다. 이는 매출액 수준이 5배씩 증가하거나 감소하는 상황에 비해, 최종 손익에는 더 큰 증폭현상이 있음을 알 수 있다. 이처럼 자본구조에서 부채가 지렛대 역할(leverage)을 함으로써 자기자본순이익률(ROE)이 폭등하거나 폭삭 망하는데 이를 레버리지 효과(leverage effect)라고 한다. 즉, 시장 상황에 따른 순수한 매출액 증감 이외에도 자본구조(D/E = 4/1)가 큰 영향을 미치고 있다.

[그림 9-1]은 자본구조 변경에 따른 레버리지 효과를 보여주고 있다. 시장 상황이 유리한 경우에는 정해진 고정비를 토대로 확장된 타인자본이 창출한 수익이 대부분 주주에게 귀속됨으로써 수익성이 급속히 증폭되는 효과가 있지만, 매출이 부진할 때는 다른 고정비와 이자를 충당하지 못해 심각한 재무적 곤경에

그림 9-1 자본구조와 레버리지 효과

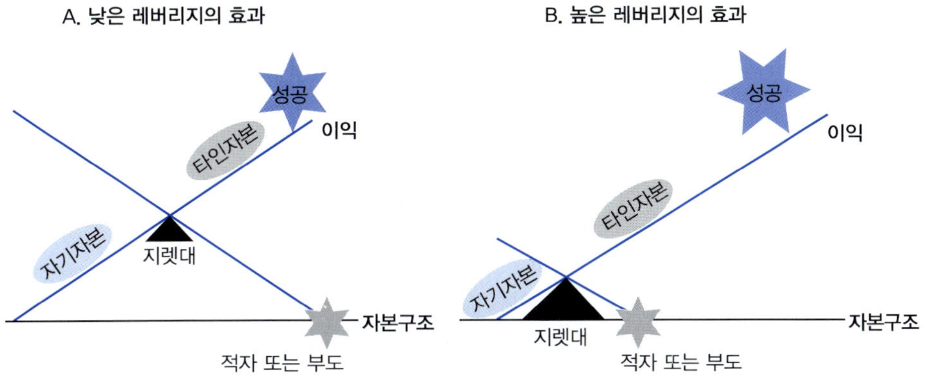

빠진다는 것이다. 즉, 차입금에 대한 6% 또는 10%의 이자비용이 고정비라는 지렛대 역할을 한다는 것이다. 상대적으로 낮은 레버리지 수준([그림 9-1] A)인 경우에는 손익 증폭효과가 상대적으로 낮고, 높은 레버리지 수준([그림 9-1] B)에서는 호경기에는 이익이 커지지만, 불경기에는 약간의 부진에도 도산할 가능성이 커진다는 문제가 있다.

2) 파산위험의 증가

타인자본의 사용으로 인한 이자 부담은 경기가 나쁠 때, 기업의 파산위험(default risk)을 증폭시킨다. 과도한 부채비율은 고정비인 이자비용이 부담될 때 손익분기점 달성이 어려워지고, 결과적으로 적자를 통하여 파산위험을 증대시킨다. 직접 파산이 아니더라도 여유자금의 부족 등에 의하여 다양한 측면에서 기업의 영업과 재무활동에 부정적인 영향을 미친다.

[그림 9-1]에서의 이익 확대 현상과 대조적으로 자기자본 비중이 작음에 따라 매출이 조금만 부진해도 적자를 거쳐 부도가 날 위험이 커진다는 점이다.

3) 절세효과의 존재

기업의 부채 사용으로 인한 지출이자는 세무상 손금 또는 손비로 인정받기 때문에 과세대상인 세전이익을 축소하며, 절세효과(tax shield effects)가 나타난다. 위 사례의 경우 차입금에 대한 이자 6%에 대하여 한계법인세율 25%의 절세효과가 나타난다. 전체적으로 차입자금에 대하여 (이자율 6%×한계법인세율 25%), 즉 1.5%의 세금효과가 나타나는 것이다. 이에 따라 차입금 규모를 늘릴수록 절세효과가 커지는 것이다.

제 2 절 레버리지 분석

기업의 위험은 근본적으로 현금흐름의 위험이다. 매출을 통하여 충분한 자금 유입이나 이익을 실현하지 못하면 자본조달을 통하여 사업에 필요한 부족한 자금을 충당하여야 한다. 이를 전자와 후자로 나누어 영업위험(operating risk)과 재무위험(financial risk)으로 설명한다.

또 다른 관점의 위험은 이러한 현금흐름에서의 변동성(volatility)이며, 이에 대처하기 위하여 기업은 부채상환 역량과 경기변동에 대한 대처 역량을 높여야 한다. 이러한 역량을 반대로 안정성이라고 하며, 결과적으로 기업에서의 현금 또는 이익 창출 역량이 중요한 잣대가 되는 것이다. 변동성과 안정성은 불확실성에 대한 대가가 반영되는 자본비용 결정 그리고 기업가치 측정에 가장 중요한 요소이다.

$$V_0 = \sum_{t=1}^{T} \frac{CF_t + SV_T}{(1+R)^t} = \frac{CF_1}{1+R} + \frac{CF_2}{(1+R)^2} + \cdots + \frac{CF_T + SV_T}{(1+R)^T} \tag{1}$$

V_0: 기업가치

CF_t: t기의 현금흐름

SV_T: 사업종료 T시점에서의 사업 잔존가치(SV: salvage value)

$R = WACC$: 가중평균자본비용. 투자위험을 반영한 기업 전체의 자본비용

분자에 나타나는 영업현금흐름도 자본구조에 영향을 받는다. 무엇보다 타인자본이나 자기자본과 관계없이 초기 투자규모에 영향을 미치고, 이에 따른 후속적인 연도별 고정비용이나 변동비 지출에도 영향을 미친다. 회계적 비용인 감가상

각비도 바뀌기 때문에 세금효과가 달리 발생하며, 비현금성 비용이기 때문에 자본에서의 영업현금흐름에 직접 합산된다.

또한 자본구조의 변화는 자본조달에 따른 자본비용(cost of capital)과 조달 자금의 원리금 상환 위험인 재무위험에 영향을 주기 때문에 분모인 할인율(R)에 영향을 미친다. 최적 자본구조(optimal capital structure)는 사업자금 조달비용(R)을 최소화하는 자본구조를 말한다. 그러나 단순하게 자본비용을 낮추는 것이 목적이라면 간단하게 최소자금을 이자가 적은 은행 등에서 조달하면 되지만 사업에서의 현금흐름을 극대화하는 조건 또는 충분한 이익을 창출하는 조건으로 자본비용을 최소화하는 자본구조를 구하는 것이 목적이다.

1) 영업 레버리지

영업위험(operating risk)은 기업의 제품이나 사업의 특성, 보유자산의 특성으로 인하여 발생하는 위험으로서 영업이익의 변동성으로 측정한다. 영업위험의 변동성은 제품에 대한 수요가 경기변동이나 구매자 욕구의 변동에 대한 대응능력, 해당 제품의 가격탄력성과 소득탄력성, 가격경쟁으로 인해 판매단가의 상방경직성, 제품 차별화 및 시장세분화 전략의 존재 여부, 신제품 및 신기술 등에 의한 대체 가능성, 원자재 가격과 조달의 안정성, 정부 가격통제 품목에 포함 여부 등으로 원가상승에 대한 대응 여력 등 다양한 위험에 노출되어 있다.

영업 레버리지(operating leverage)는 기업의 총비용 중 영업고정비가 지렛대의 역할을 함에 따라 기업의 손익이 확대되는 현상을 말한다. 앞서 언급한 대로 변동성은 비용요소별 특성에 따라 크게 영향을 받는다. 그 중에서 경영관리상 변동비(VC: variable cost)와 고정비(FC: fixed cost)의 구분은 중요한 의미를 지닌다. 변동비는 생산 또는 판매량에 따라 변동하는 비용이며, 고정비는 단기적으로 그러한 변화가 없는 비용을 말하며, 일반적으로 다음과 같이 구분된다.

① 변동비 : 재료비, 노무비, 소모품비 등 변동성 경비, 판매수수료 등
② 고정비 : 경직성 경비, 인건비, 제세공과금, 감가상각비, 이자 등
  ㉠ 영업고정비(operational fixed cost) : 감가상각비 및 경직성 경비
  ㉡ 재무고정비(financial fixed cost) : 지급이자 등

▨ 변동비와 고정비의 구분

학자들이나 실무현장에서 변동비와 고정비 구분을 위한 노력이 있어 왔다. 그러나 대외 제공용 재무정보상 계정과목을 변동비나 고정비로 일괄적으로 구분하는 노력은 바람직하지 않다. 인건비나 제세공과금에도 고정비와 변동비 부분이 존재한다. 직접비와 간접비로 구분하여 고정비와 변동비를 구분하려는 노력도 사실상 같은 이유로 부적당한 분류방식이다. 기업의 내부관리를 위한 원가정보는 영업기밀에 속하기 때문에 일반적인 정보이용자에게 제공할 목적으로 작성된 재무제표 항목으로 명시하여 나타내지 않는다.

영업 레버리지도(DOL: degree of operating leverage)는 매출액의 변화율에 대한 영업이익의 변화율로 정의한다.

$$\text{영업 레버리지도}: DOL = \frac{\Delta\%\ \text{영업이익}}{\Delta\%\ \text{매출액}} \tag{2}$$

$$DOL = \frac{\Delta EBIT/EBIT}{\Delta TR/TR} \tag{2-1}$$

$$= \frac{\Delta Q(p-v)/[Q(p-v)-FC]}{\Delta pQ/pQ}$$

$$= \frac{Q(p-v)}{Q(p-v)-FC} = \frac{EBIT+FC}{EBIT}$$

$EBIT$: 이자와 세금 전 영업이익(earnings before interests and taxes)

$EBIT = TR - VC - FC = pQ - vQ - FC = Q(p-v) - FC$

TR: 매출액(total revenues) = 판매단가(p) × 판매수량(Q) = $p \times Q$

VC: 변동비(variable costs) = 단위 변동비(v) × 판매수량(Q) = $v \times Q$

FC: 영업고정비(operating fixed costs). 고정영업비 지출 + 감가상각비

2) 재무 레버리지

재무위험(financial risk)은 재무구조와 관련하여 발생하는 기업 이익의 변동성에 대한 위험이다. 재무 레버리지도(DFL: degree of financial leverage)는 기업의 전체 재무비용 중 재무고정비인 이자가 지렛대의 역할을 함에 따라 기업의 주당

손익이나 자금흐름에 생기는 변동성이며, 다음과 같이 측정한다.

$$\text{재무 레버리지도}: DFL = \frac{\Delta\%\text{주당순이익}}{\Delta\%\text{영업이익}} \tag{3}$$

$$DFL = \frac{\Delta EPS / EPS}{\Delta EBIT / EBIT} \tag{3-1}$$

$$= \frac{Q(p-v) - FC}{Q(p-v) - FC - I} = \frac{EBIT}{EBIT - I}$$

EPS: 주당순이익(earnings per share) = NI / N

당기순이익(NI: net income) = $(TR - VC - FC - I)(1-\tau) = (EBIT - I)(1-\tau)$

$NI = (pQ - vQ - FC - I)(1-\tau) = [Q(p-v) - FC - I](1-\tau)$

I : 이자비용(interest expenses)

N : 보통주 주식 수

영업이익이 5% 증가하였을 때 주당순이익이 8% 증가하였다면 재무 레버리지도는 1.6이 된다. 재무고정비인 이자비용(I: interest expenses)이 지렛대 역할을 함을 알 수 있다.

3) 결합 레버리지

결합 레버리지도(DCL: degree of combined leverage)는 매출액 변화율에 대한 주당순이익(EPS) 변화율의 비율로 정의한다. 이는 영업고정비와 재무고정비의 지렛대 역할 때문에 주당 손익이 확대되는 효과를 측정한다. 결합 레버리지 효과(combined leverage effect)는 영업고정비와 재무고정비 모두를 고려한 손익 확대 효과가 영업 레버리지도(DOL)와 재무 레버리지도(DFL)의 곱으로 정의된다.

결합 레버리지도:

$$DCL = \frac{\Delta\%\text{주당순이익}}{\Delta\%\text{매출액}} = \frac{\Delta\%\text{영업이익}}{\Delta\%\text{매출액}} \times \frac{\Delta\%\text{주당순이익}}{\Delta\%\text{영업이익}} \tag{4}$$

$$= \text{영업 레버리지}(DOL) \times \text{재무 레버리지}(DFL)$$

$$DCL = \frac{\Delta EPS/EPS}{\Delta TR/TR} \tag{4-1}$$

$$= \frac{EBIT+FC}{EBIT} \times \frac{EBIT}{EBIT-I} = \frac{EBIT+FC}{EBIT-I}$$

$$DCL = DOL \times DFL \tag{4-2}$$

예제 9-2

영업/재무/결합 레버리지

다음 자료를 이용하여 영업/재무/결합 레버리지도를 측정하시오.

구 분	비교상황(A)	기준상황(B)	변동률 [(A-B)/B]	비 고
매출액	6,000	4,000	50%	
고정영업지출	600	600	0%	영업고정비(FC)
변동영업지출	2,400	1,600	50%	
감가상각비	400	400	0%	영업고정비(FC)
영업이익	2,600	1,400	85.7%	EBIT
이자비용(I)	1,000	1,000	0%	재무고정비(I)
세전이익	1,600	400	300%	
법인세 등(20%)	320	80	300%	
당기순이익	1,280	320	300%	
주당순이익(EPS)	1.28	0.32	300%	
주식수	1,000	1,000	0%	

① 호황상황(변동 후)과 정상상황(기준) 자료를 이용하여 영업 레버리지(DOL)를 구하고, 그 효과를 설명하시오.

방법 1: $DOL = \frac{\Delta\%\text{영업이익}}{\Delta\%\text{매출액}} = \frac{1,200/1,400}{2,000/4,000} = \frac{85.7\%}{50\%} = 1.714$

방법 2: $DOL = \frac{EBIT+FC}{EBIT} = \frac{1,400+600+400}{1,400} = 1.714$

영업 레버리지도(DOL) 1.714는 매출액이 10% 증가하였을 때 영업이익이 17.14% 증가함을 의미하며, 이 과정에서 고정비가 약 1.7배 증폭하는 지렛대 역할을 한다는 것이다.

② 자료를 이용하여 재무 레버리지(DFL)를 구하고, 그 효과를 설명하시오.

방법 1: $$DFL = \frac{\Delta\%\, EPS}{\Delta\%\, 영업이익} = \frac{0.96/0.32}{1,200/1,400} = \frac{300\%}{85.7\%} = 3.5$$

방법 2: $$DFL = \frac{EBIT}{EBIT - I} = \frac{1,400}{1,400 - 1000} = 3.5$$

재무 레버리지도(DFL) 3.5는 영업이익 증가율에 대하여, 순이익이 3.5배 증가함을 의미한다.

③ 자료를 이용하여 결합 레버리지(DCL)를 구하고, 그 효과를 설명하시오.

방법 1: $$DCL = \frac{\Delta\%\, EPS}{\Delta\%\, 매출액} = \frac{0.96/0.32}{2,000/4,000} = \frac{300\%}{50\%} = 6.0$$

방법 2: $$DCL = \frac{EBIT + FC}{EBIT - I} = \frac{1,400 + 600 + 400}{1,400 - 1,000} = 6.0$$

방법 3: $$DCL = 영업레버리지(DOL) \times 재무레버리지(DFL)$$

$$= 1.7 \times 3.5 = 6.0$$

결합 레버리지도(DCL)는 매출액 변동에 대하여 영업이익이 약 1.7배 변동하며, 영업이익 변동의 3.5배로 주당순이익이 변동한다는 것이다. 결과적으로 이익은 매출액 변동의 6배 변동한다는 것이다.

[그림 9-2]에서는 레버리지 효과를 재무제표의 관련 항목을 통해 도식적으로 나타내고 있다.

고정비용의 비중이 높으면 통상적인 개념과 반대로 고정된 부분만큼 위험에 노출된다. 경영환경이 좋아 영업고정비나 재무고정비가 부담이 안 되는 상황이면 차입에 의한 투자이익이 기업 내부에 유보이익으로 남거나 투자자에게 환원

그림 9-2 영업/재무/결합 레버리지

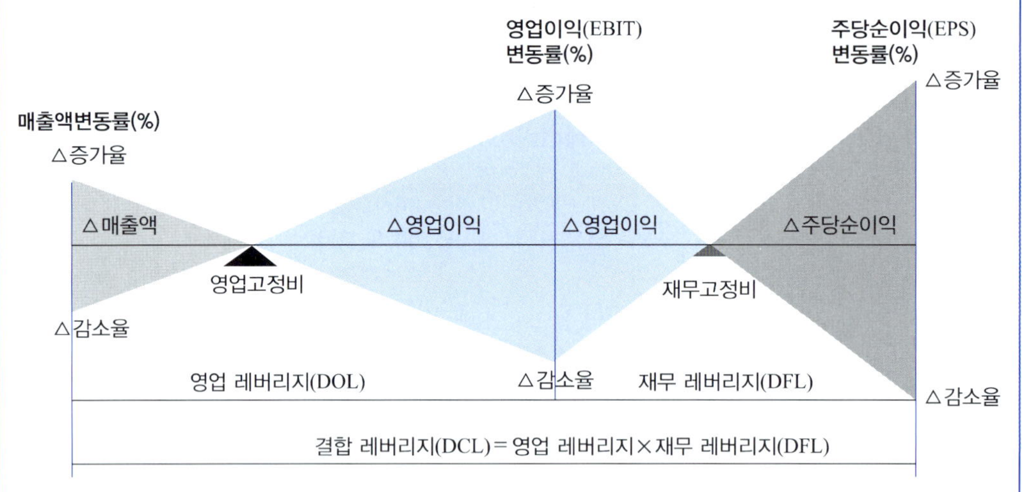

될 수 있어서 기업의 가치가 증대되지만, 반대로 경기 상황이 좋지 않은 상태라면 고정비로 인한 손실과 부실 위험에 노출되는 것이다. 이처럼 위험은 경영환경 변화에 대한 정확한 진단을 요구하며, 노출된 위험의 측정을 토대로 영업과 재무 부문에서 대응할 방안을 미리 마련해 두어야 한다.

제 3 절 M&M의 자본구조이론

1. M&M의 초기 이론

모딜리아니와 밀러(Modigliani and Miller, 이하 M&M이라 한다)는 1958년의 논문에서 완전시장 가정하에서 자본구조와 기업가치 간에 아무런 관계가 없다는 무관련 이론(theory of irrelevance)을 주창하였다. 법인세가 존재하지 않는 완전시장에서 부채사용기업의 가치(V_L: levered firm)와 부채를 사용하지 않는 무부채기업의 가치(V_U: unlevered firm) 간에 차이가 없으며, 만일 일시적으로 차이가 존재하면 차익거래(arbitrage transaction)를 이용하여 무위험이익을 취할 수 있기 때문에 균형상태에서는 그런 기회가 사라진다고 하였다.

1) M&M 초기 이론 가정

① 완전자본시장(perfect capital market)이며 시장참여자는 가격순응자(price taker)이다.

② 기업들은 영업위험이 동질적 위험(homogeneous business risk) 집단으로 분류된다.

③ 모든 투자자는 미래 현금흐름에 대하여 동질적인 기대(homogeneous expectation)가 존재한다.

④ 기업의 영업이익(EBIT)은 항상 일정하다(zero growth).

⑤ 모든 기업은 자기자본과 부채로만 자본을 조달하며, 이익은 배당과 이자로 전액 지급된다.

⑥ 자본시장에는 세금, 거래비용, 파산비용 및 정보획득비용이 없다. 개인이 기업의 이자율 수준에서 무제한 자가 레버리지(unlimited homemade leverage)가 가능하다.

2. M&M의 명제

① M&M의 기본명제 Ⅰ(Proposition Ⅰ): 자본구조와 기업가치는 무관($V_L = V_U$)

M&M(1958)은 법인세가 존재하지 않는 완전자본시장에서는 자본구조와 기업가치가 서로 무관하다는 무관련 이론(irrelevance theory)을 제시하였다. 완전시장에서 부채를 사용하는 부채기업의 가치(V_L: levered firm value)와 부채를 사용하지 않는 무부채기업의 가치(V_U: unlevered firm value)는 같으며, 만일 일시적으로 차이가 존재하면 차익거래(arbitrage transaction)를 이용하여 균형상태로 돌아간다. 기업가치는 동일한 영업이익($EBIT$)을 동일한 수준의 가중평균자본비용(WACC)으로 할인하는 경우, 부채비율과 무관함을 증명하였다.

$$V = \frac{EBIT}{WACC} = \frac{EBIT}{R_A} = \frac{E(NOI)}{R_A} \tag{5}$$

$$V_L = V_U \text{ (부채기업의 가치 = 무부채기업의 가치)} \tag{5-1}$$

V : 기업가치 V_L : 부채기업의 가치 V_U : 무부채기업의 가치
$EBIT = NOI$: NOI(net operating income; 영업현금흐름)
$WACC = R_A$: 가중평균자본비용. 자산위험을 반영한 자본비용

M&M의 명제 I에 의하면 기업의 가치는 영업이익(파이)의 크기와 관계가 있고 자르는 방법과 무관하다고 주장하였다. 동일한 영업이익(EBIT)과 가중평균자본비용(WACC)이 적용되는 경우 자본구조는 기업가치에 영향이 없다는 것이다.

② M&M의 명제 Ⅱ(Proposition Ⅱ): 부채비율과 자기자본비용 비례

부채비율$\left(\frac{D}{E}\right)$의 증가로 인해 발생하는 추가 위험에 대하여 주주는 위험 프리미엄을 추가로 요구한다. 이는 자기자본비용(R_E)을 다음과 같이 증가시킨다.

$$R_E = R_A + (R_A - R_D)\frac{D}{E} \tag{6}$$

R_E : 자기자본비용
R_D : 세전 타인자본비용(무위험이자율)
$\frac{D}{E}$: 부채비율 (D: 부채, E: 자기자본)

자기자본비용(R_E)이 가중평균자본비용(WACC$= R_A$), 타인자본비용(R_D) 및 부채비율$\left(\frac{D}{E}\right)$에 의존하며, 부채비율 증가로 인한 위험 프리미엄을 $(R_A - R_D)\frac{D}{E}$에 완전히 반영시킨다.

③ **M&M의 명제 Ⅲ(Proposition Ⅲ): 가중평균자본비용 일정**

부채비율의 증가로 인한 위험 프리미엄이 자기자본비용에 완전히 반영되면, 가중평균자본비용(WACC)은 일정한 수준이 된다.

식 (6)을 가중평균자본비용 또는 자산위험을 반영한 자본비용(R_A)에 대하여 풀면 가중평균자본비용(WACC)은 일정한 상수($\overline{R_A}$)가 된다.

$$WACC = \overline{R_A} = R_D \frac{D}{D+E} + R_E \frac{E}{D+E}\ ;\ \ WACC = \overline{R_A} \qquad (7)$$

M&M(1958)의 초기 이론의 주요한 내용을 [그림 9-3]으로 나타내고 있다. 타인자본 사용으로 자기자본비용이 증가함을 M&M이 증명하였으며, 개인이 기업의 이자율 수준에서 무제한 자가 레버리지(unlimited homemade leverage) 또는 무제한 부채차입(unlimited debt financing)이 가능하다는 무리한 가정을 통하여, 기업가치가 불변이라는 의문점이 많은 결론을 내렸다. 첫째, 개인이 기업과 동일한 수준의 위험 프리미엄으로 차입이 가능할 수 있는지가 가장 큰 의문이다. 둘째, 부채비율의 증가에 따라 기업 전체의 위험이 전혀 증가하지 않고 주주의 위험만이 증가할 수 있을까 하는 점이다. 이러한 비현실적인 가정과 결론은 5년 후 수정이론에 의하여 좀 더 현실적인 연구로 발표되었다.

그림 9-3 M&M의 초기 이론(1958)

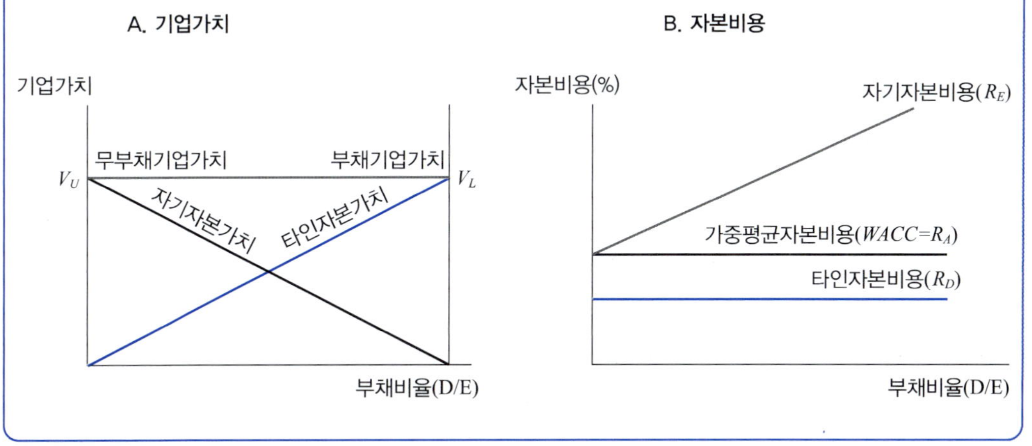

3. M&M의 수정이론

M&M은 1963년도에 법인세의 존재를 반영한 수정이론을 발표하였다. 법인세 도입으로 기업의 이자비용이 타인자본의 절세효과를 가져오는 것을 앞의 예제를 통하여 살펴보았다. M&M의 수정이론에서는 초기 자본구조이론에서의 '완전시장 가정' 대신에 법인세를 반영하였다. 배당은 기업 측면에서는 자본적 지출이긴 하지만 회계적인 비용으로 발생하지 않기 때문에 법인세 절감효과가 존재하지 않는다.

① M&M의 수정 명제 Ⅰ(Proposition Ⅰ): 기업가치는 부채만큼 증가($V_L = V_U + \tau D$)

부채사용기업의 가치(V_L: levered firm)는 무부채기업의 가치(V_U: unlevered firm)에 절세효과의 현재가치 합계액 τD만큼 증가한다.

$$V_L = \frac{EBIT(1-\tau)}{WACC} + \frac{\tau R_D D}{R_D} = V_U + \tau D \qquad (8)$$

V_L: 부채기업의 가치 V_U: 무부채기업의 가치 D: 부채 τ: 한계법인세율
$EBIT = NOI$: NOI(net operating income; 영업현금흐름)
$WACC = R_A$: 가중평균자본비용. 자산위험을 반영한 자본비용
R_D: 세전 타인자본비용(무위험이자율)
$\tau R_D D$: 연간 절세효과(한계법인세율×이자율×부채차입액)

M&M의 수정 명제 I에 의하면 기업은 차입액(D)에 대하여 이자율(R_D)을 곱하여 산출한 연간 이자로 $R_D D$만큼 채권자에게 지급한다. 이자 지급액은 배당금과 달리 한계법인세율(τ)만큼, 즉 연간 $\tau R_D D$만큼 법인세 절감효과(tax shield effect)를 얻게 된다는 점이다. 연간 절세효과를 영구현금흐름의 현재가치로 산출하면 부채비율의 증가로 인한 기업가치의 증가분은 차입 부채에 한계법인세율을 곱한 금액(τD)이 된다는 것이다.

이러한 M&M의 수정 명제 I은 크게 두 가지 시사점을 지닌다. 첫째, 자본구조에서 절세효과가 기업의 가치에 영향을 미치기 때문에 부채자금 조달의 중요성이 입증된 것이다. 둘째, 자본구조 초기 이론에서 도입된 비현실적인 가정들이 제거

될 때마다 전혀 다른 연구결과가 도출될 가능성이 크다는 점을 드러낸 것이다.

② M&M의 수정 명제 Ⅱ(Proposition Ⅱ): 부채비율과 자기자본비용 비례

부채비율의 증가로 인해 발생하는 추가 위험에 대하여 주주는 위험 프리미엄을 추가로 요구한다. 위험 프리미엄이 반영된 자기자본비용(R_E)은 다음과 같이 수정된다.

$$R_E = R_A + (R_A - R_D)(1-\tau)\frac{D}{E} \tag{9}$$

③ M&M의 수정 명제 Ⅲ(Proposition Ⅲ): WACC가 법인세와 부채 효과에 의하여 감소

부채비율의 증가로 인하여 자기자본비용에 위험이 증가하고, 타인자본비용에 법인세 절감효과를 반영하면, 가중평균자본비용(WACC)은 다음과 같이 수정된다.

$$WACC = R_A = R_D(1-\tau)\frac{D}{D+E} + R_E\frac{E}{D+E} \tag{10}$$

$$WACC = \overline{R_A}(1-\tau\frac{D}{D+E}) \tag{11}$$

즉, 기업 전체의 자본비용인 가중평균자본비용(WACC)은 자산위험을 반영한 자본비용(R_A)이며, 부채비율이 증가하면 절세효과로 인하여 감소하게 된다.

예제 9-3

M&M의 재무구조이론

무부채기업인 (주)JK기업의 연간 기대 영업이익은 5억원이며, 자본비용은 10%이다. 한계법인세율은 25%이다. (주)JK기업은 5%의 이자율로 80억원의 부채를 조달하여 자본구조를 변경할 계획이다.

① M&M의 초기 이론과 수정이론 상황에서 (주)JK기업의 가치를 비교하시오.

초기 이론: $V_U = \frac{EBIT}{WACC} = \frac{5억}{10\%} = 50억$ (법인세 미고려)

$$수정이론: \ V_U = \frac{EBIT(1-\tau)}{WACC} = \frac{5억(1-25\%)}{10\%} = 40억 \ (법인세 \ 고려)$$

$$V_L = V_U + \tau D = 40억 + 25\%(80억) = 60억 \ (법인세 \ 고려)$$

부채사용기업의 가치(V_L: levered firm)는 무부채기업의 가치(V_U: unlevered firm)에 절세효과의 현재가치 합계액 τD=20억만큼 증가한다.

② M&M 이론의 초기 이론과 수정이론 하에서 (주)JK기업의 가중평균자본비용(WACC) 간의 변화를 설명하시오.

M&M의 초기 이론에 의하면 해외 기업가치 및 가중평균자본비용(WACC)이 자본구조와 관계없으므로 WACC는 무위험자본비용과 동일한 10%가 유지된다. 그러나 수정이론에 의한 WACC는 다음과 같다.

$$WACC = \overline{R_A}(1-\tau\frac{D}{D+E})$$

$$= 10\%(1-25\% \times \frac{20}{40+20}) = 9.17\%$$

결과적으로 수정이론에 따라 가중평균자본비용은 10%에서 0.83%p 감소한 9.17%가 된다.

[그림 9-4]는 M&M(1963)의 수정이론의 주요한 내용을 나타내고 있다. 타인자본 사용으로 자기자본비용이 증가하며, 절세효과의 존재로 가중평균자본비용(WACC)은 감소하고, 부채기업의 가치가 비례적으로 증가함을 이론적으로 도출하였다. 이러한 공헌에도 불구하고 연구결과는 다음과 같은 의문점을 가진다. 첫째, 기업이 부채를 증가시키면 기업가치가 무한정 비례로 증가하는가에 대한 의문점이다. 둘째, 차입에 따라 부채비율이 증가할수록 기업의 가중평균자본비용(WACC)이 지속해서 감소하는가 하는 점이다.

이러한 연구결과는 완전 부채기업이 가장 최적임을 주장하는 것이다. M&M의 초기 이론과 마찬가지로 수정이론도 비현실적인 가정에 기반한 결과, 극단적인 구석 해(corner solution)를 제시하고 있다는 점이다.

그림 9-4 M&M 수정이론(1963)

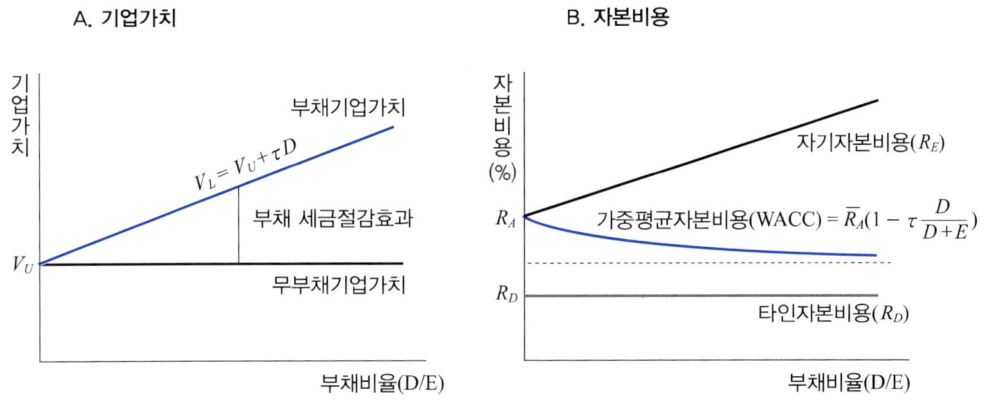

제 4 절 M&M 이후 자본구조이론

1. 상충이론

상충이론(trade-off theory)은 M&M의 이론을 바탕으로 완전시장 가정을 완화하여, 파산 가능성 또는 부도위험의 비용을 반영한 모형이다. 부채로 인한 절세효과와 상대적으로 낮은 타인자본비용을 고려하여 부채비율을 높이면 파산위험에 따른 비용이 증가하게 되어 자본비용 감소 효과를 상쇄하는 상황이 발생할 수 있다. 이에 부채의 순효과(net effect of debts)를 최대화하는 최적 자본구조가 존재한다는 것이다.

파산(bankruptcy)은 기업의 채무가 자산가치보다 높아서 지급불능(insolvency) 상태에 처했을 때 채권자에게 기업청산(liquidation)을 하는 제도적 장치로서, 기업이 이러한 위험을 회피하기 위하여 발생시키는 다양한 비용을 파산비용(bankruptcy cost)이라 한다. 과도한 채무 때문에 발생하는 재무적 곤경(financial distress)과 파산된 기업이 청산, 정리 과정에서 발생하는 파산비용은 크게 두 가지로 나누어진다.

① 직접 파산비용(direct bankruptcy cost) : 파산과정에서의 기업의 법률적 · 경제적 비용 및 기회비용 등

② 간접 파산비용(indirect bankruptcy cost) : 재무적 곤경에 있을 때, 투자기회와 원가 절감 등의 제한, 거래처 확보 등 영업활동의 제한, 핵심 인력들의 이직, 도덕적 해이 발생 등

이러한 파산비용은 구체적으로 판단하기 어렵고 광범위하게 발생할 수 있으며, 부채기업의 가치를 감소시키는 요인이 되므로 다음과 같이 정리할 수 있다.

$$V_L = V_U + \tau D - PV(C_B) \tag{12}$$

V_L : 부채기업의 가치 V_U : 무부채기업의 가치 τ : 한계법인세율
D : 부채 $PV(C_B)$: 파산비용의 현재가치

[그림 9-5]에서는 선형적 절세효과에 대비하여 파산비용의 기하급수적 증가로 인한 부채의 순효과(net effect)가 가장 큰 최적점을 나타내고 있다. 이 모형은 가장 보편적으로 이해되고 알기 쉬운 모형이지만, 부채비율 수준에 따른 파산비용의 현재가치를 계량적으로 추정하기 어렵다는 단점이 있다.

그림 9-5 정태적 상충이론(파산비용이론)

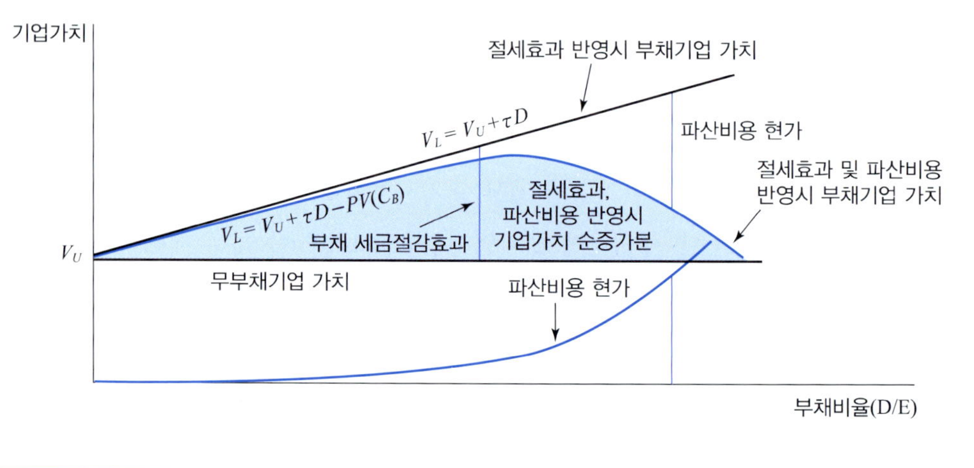

2. 대리인 이론

젠센과 메클링(Jensen and Meckling, 1976)은 기업의 이해관계자들 간의 이해상충(conflicts of interest)을 중심으로 최적 자본구조를 설명하였는데 이를 대리인 이론(agency theory) 또는 대리인 딜레마(agency dilemma)라고 하며, 현대 재무이론의 중요한 근간이 되고 있다.[1] 위임자(principal)와 대리인(agent)에게 권한을 위임하는 계약관계에 따라 경영자가 주주나 채권자 대신 기업가치 극대화나 안정적인 채무상환 노력을 해야 하는데, 대리인 자신의 이익 극대화를 추구하면서 대리인 비용(agency cost)이 발생한다.

대리인의 도덕적 해이를 최소화하기 위하여 기업이 부담하는 비용으로는 직접적 감시비용, 간접적 방어비용인 확증비용, 기타 잔여분 손실 등이 있다.

① 감시비용(monitoring cost) : 대리인의 사적 이익추구 방지를 위한 감시비용으로서 외부감사 비용, 약속이행 여부를 확인하거나 강제하기 위한 법률자문 비용, 인건비 지출 등이 포함된다.

② 확증비용(bonding cost) : 주인의 이해와 상충하는 행동을 못하도록 대리인의 각종 행위에 제약을 둠으로써 발생하는 비용이다. 가령 회사의 추가적인 사채발행이나 배당 행위로 인하여 투자자나 채권자의 손실을 방어하기 위한 조항을 계약에 반영하는 행위 등이다.

③ 잔여손실(residual loss) : 감시비용과 확증비용이 지출되고도 발생하는 기업가치의 감소분을 말한다.

대리인 문제는 일반적으로 스톡옵션, 성과급적 연봉제 등 적절한 보상체계를 통해 줄일 수도 있는데, 대리인의 노력으로 인한 성과 기여도를 명확히 산출할 수 있어야 하지만, 여러 가지 불확실성과 외부효과 등 문제로 정확히 평가할 수 없다. 또한 정보의 비대칭 속에 대리인을 완벽하게 감시하거나 통제하는 것은 현실적으로 불가능하다.

---

1) Jensen, Michael C. and William H. Meckling(1976), “Theory of the Firm: Managerial Behavior, Agency Costs and Ownership Structure,” *Journal of Financial Economics* (October), 3(4): 305~360. https://www.sfu.ca/~wainwrig/Econ400/jensen-meckling.pdf

2.1 부채의 대리인 비용

부채자금조달계약에 따라 발생하는 대리인 비용을 부채의 대리인 비용(agency cost of debt)이라고 한다. 타인자본을 사용함에 따라 주주와 채권자 사이에 이해 상충이 발생하는데, 가장 큰 문제가 주주의 입장에서 유리한 위험한 투자를 택함으로써 채권자에게 손실을 입히는 위험전가(risk transfer) 문제이다. 차입으로 인한 대리인 비용을 과잉투자 또는 과소투자의 관점에서 설명하고자 한다.

① 과잉투자의 문제

과잉투자(over-investment)의 이유로는 고정된 부채 원리금을 상환하고 남은 잔여이익(unlimited residual income)을 주주가 모든 갖지만 주주의 책임이 투자한 금액에만 한정되는 유한책임(limited liability)의 문제가 발생한다. 다음의 예를 살펴보자.

예제 9-4

유한책임: 과잉투자의 문제

JK기업(자기자본 8억원)이 투자안 1을 금융기관에 제시하고, 10억원을 10%의 타인자본비용으로 차입하였다고 하자. 투자안 1은 15억원(자기자본 5억원, 타인자본 10억원) 규모이고, 투자안 2는 18억원(자기자본 8억원, 타인자본 10억원) 규모가 필요하다. 자기자본을 잠식하는 경우, 바로 파산한다고 가정한다.

1) 기업의 선택

구 분	성공확률	기대수익	투자규모	실 패	성 공
투자사업(안) 1	50%	3.5억원	15억원	2억원	5억원
투자사업(안) 2	20%	2억원	18억원	−10억원	50억원

기업 기대수익 1 : (50%)×(2억)+(50%)×(5억)=3.5억원

기업 기대수익 2 : (80%)×(−10억)+(20%)×(50억)=2억원

기업의 주주 입장에서는 투자안 1을 선택한다. 자기자본 5억원 투자로 기대수익률이 70%이고, 투자안 2는 자기자본 8억원 투자로 기대수익률 25%이다.

그런데 투자안 2는 실패시 자기자본을 잠식하고 파산하게 된다.

2) 경영인의 선택

세전 영업이익의 10%가 성공보수로 제공되고, 실패에 대하여 5천만원의 손해배상액이 발생한다고 가정한다.

(세전이익)

구 분	성공확률	기대수익	투자규모	실 패	성 공
투자사업(안) 1	50%	0억원	15억원	−5천만원	5천만원
투자사업(안) 2	20%	6천만원	18억원	−5천만원	5억원

투자안 1 기대수익 : (50%)×(−0.5억)+(50%)×(10%×5억)=0원

투자안 2 기대수익 : (80%)×(−0.5억)+(20%)×(10%×50억)=0.6억원

기업입장에서 위험이 크지만, 개인적인 기대수익 기준으로는 투자안 2가 유리하다. 경영인은 개인적 목적을 위하여 투자수익률이 낮은 투자사업 2에 과잉투자함으로써 기업과 주주를 위험에 노출시키고 있다.

3) 대출금융기관의 선택

대출 금융기관은 사업성공으로 얻게 되는 이자수입은 정해져 있다. 실패가 되면 원금회수도 문제가 된다. 투자안 2가 실패하게 되면 기업은 자본잠식이 되고 파산한다. 금융기관은 대출금 전액과 이자발생액 1억원을 하나도 회수하지 못할 것으로 가정한다.

(세전이익)

구 분	성공확률	기대수익	투자규모	실 패	성 공
투자사업(안) 1	50%	0억원	15억원	−1억원	1억원
투자사업(안) 2	20%	−8.6억원	18억원	−11억원	1억원

기대수익 1 : (50%)×(−1억)+(50%)×(10%×10억)=0억원

기대수익 2 : (80%)×(−11억)+(20%)×(10%×10억)=−8.6억

은행으로서는 기업이나 경영진이 안정적으로 이자를 지급할 수 있는 투자안 1을 시행할 것으로 믿을 것이다. 그러나 제시된 투자안 1을 보고 대출을 시행한 금융기관에 심각한 손실의 우려가 있다.

② 과소투자의 문제

비슷한 상황에서 경영인이 적극적인 투자활동으로 기업가치의 극대화보다는 개인의 이익을 위하여 위험한 투자를 기피하고, 현실에 안주함으로써 차입자금을 위험한 투자활동보다는 사적 경비나 개인 급여성 지출로 사용하는 때도 발생한다. 여러 가지 이유로 과소투자(under-investment)를 하게 되지만 가장 근본적인 이유가 투자사업 능력이 없거나 나쁜 투자사업 성과로부터의 자신의 자리보전일 가능성이 크다. 위 예제와 비슷한 관점에서 경영인이 과소투자를 개인적 관점에 최적으로 판단하는 경우를 살펴보기로 하자.

예제 9-5

자리보전 위험 기피: 과소투자의 문제

앞서의 경우와 대부분 마찬가지지만 상호배타적인 투자건별 규모에 따른 현금흐름과 경영인에 대한 보상체계 등이 다르다. 투자안 1과 2는 공통적으로 타인자본 10억원(이자율 10%)을 조달하고, 각각 자기자본 40억원과 50억원을 투자하여 다음과 같은 성과를 거둔다고 가정하자.

1) 기업의 선택
기업의 입장에서는 자기자본 40억원과 50억원 투자에 대해 자기자본영업이익률 27.5%인 투자안 1보다 58.4%인 투자안 2를 선호할 것이다.

(세전이익)

구 분	성공확률	기대수익	투자규모	실 패	성 공
투자사업(안) 1	90%	11억원	50억원	2억원	12억원
투자사업(안) 2	20%	29.2억원	60억원	−1억원	150억원

사업 1 기대수익 : (10%)×(2억)+(90%)×(12억)=11억원
사업 2 기대수익 : (80%)×(−1억)+(20%)×(150억)=29.2억원

전체적으로 사업규모 차이도 크지 않고, 전체 규모 대비 사업 2의 실패로 인한 기업의 손실이 크지 않아서, 위험에 대한 태도도 별로 문제가 되지 않는다.

2) 경영인의 선택

경영인은 어느 투자안을 채택하겠는가? 투자에서 적자가 나면 강제퇴직이 되며 기본급 연간 1.2억원을 포기한다고 가정한다. 이 경우 경영인 A의 개인적 손익분석은 다음과 같다.

(세전이익)

구 분	성공확률	기대수익	투자규모	실 패	성 공
투자사업(안) 1	90%	2.28억원	50억원	1.2억원	2.4억원
투자사업(안) 2	20%	3.24억원	60억원	0억원	16.2억원

기대수익 1 : (10%)×(1.2억)+(90%)×(0.9억+10%×12억)=2.28억원

기대수익 2 : (80%)×(0)+(20%)×(0.9억+10%×150억)=3.24억원

이 경우 대부분의 위험회피형 경영인은 기대 연봉 2.28억원의 투자안 1을 채택하고 최소 기본급 1.2억원을 보장받고, 90%의 확률로 성공하는 경우 2억 4천만원의 연봉을 기대할 것이라고 본다. 반대로 위험선호형 경영인은 20%의 확률로 성공하는 경우 16.2억원의 연봉을 기대하고, 실패시 직장과 기본급을 포기하게 된다.

기업 입장에서 보면 투자안 2의 기대수익이 투자안 1보다 비교할 수 없을 만큼 크다. 그런데 경영인 입장에서 보면 투자안 1을 택하면 실패 위험에도 (기본급+성과급) 2.28억원의 급여와 경영인 자리가 보장되는 대신 투자안 2는 그런 보장이 사라지게 된다.

실패로 인한 주주들의 위험이 1억원에 불과하므로 기업의 주주 입장에서는 거의 필연적으로 투자안 2를 선호할 것이고, 경영인은 위험을 감수하지 않을 가능성이 크다. 이 경우 주주 기준에서는 과소투자의 문제가 발생한다.

이처럼 위험에 대한 선호도나 투자자나 주주 개인적 입장에 따라 금융기관이나 기업의 이익과 다른 과잉투자, 과소투자 결정을 내릴 수 있는 것이며, 이를 줄이기 위한 기업의 직간접 비용과 잘못된 투자결정으로 빚어지는 기업의 기회비용이 손실로 나타난다.

2.2 자기자본의 대리인 비용

주주로부터의 자기자본을 조달한 경우, 기존 내부주주(inside equity holders)와 신규 주주인 외부주주(outside equity holders)의 사이에는 자기자본의 대리인 비용(agency cost of equity)이 발생한다. 내부주주와 외부주주 간 큰 대리인 문제가 도덕적 해이로 인하여 내부주주가 외부주주에게 손실을 입힐 가능성이 크다는 것이다. 외부주주의 비율이 증가하면 내부주주와의 이해상충 가능성이 커진다. 따라서 외부주주의 비율은 자기자본의 대리인 비용의 증가함수이다.

내부주주가 지분을 방어하면서 고가의 소비재를 구매하는 등 절제되지 않은 행태와 과잉, 과소투자 등 많은 대리인 문제가 발생할 수 있다. 이러한 문제를 최소화하기 위하여, 지배구조의 개선 및 경영 투명성 제고, 윤리경영체계의 구축, 외부 회계감사, 내부통제시스템의 운용 등을 통하여 대리인 문제를 해소하려는 노력을 강화하는 과정에서 각종 비용이 증가하게 된다. 이처럼 사업과 직접적이지 않은 비용 지출과 성과급 등 도입으로 부족한 투자자금이 더욱 부족한 상황이 되면 과소투자(under-investment)를 하거나 그러한 경영자의 지위를 오래 누리기 위해 위험이 따르는 투자사업은 기피하면서 기업의 자금을 개인의 급여나 복리후생, 장기적인 자리보전과 권력 강화를 위한 비정상적인 활동에 지출할 우려가 크다. 이러한 과정에서 직접적 비용 발생액보다 기업의 경쟁력 상실을 초래하는 내부통제시스템의 붕괴로 이어질 가능성이 크다는 데 더 큰 문제가 있다.

2.3 대리인 비용과 최적 자본구조

앞서 살펴본 대로 외부로부터의 차입에 따른 부채비율이 증가할수록 부채로 인한 대리인 비용이 증가하고, 자기자본에 의한 대리인 비용이 감소한다. 서로 상충되는 대리인 비용의 합이 최소화되는 최적점(optimal point)을 찾고 그러한 대리인 비용이 부채로부터의 절세효과(tax shield effect) 및 파산비용(bankruptcy cost)과 함께 고려되어 최적 자본구조(optimal capital structure)를 결정하여야 한다.

그림 9-6 대리인 비용

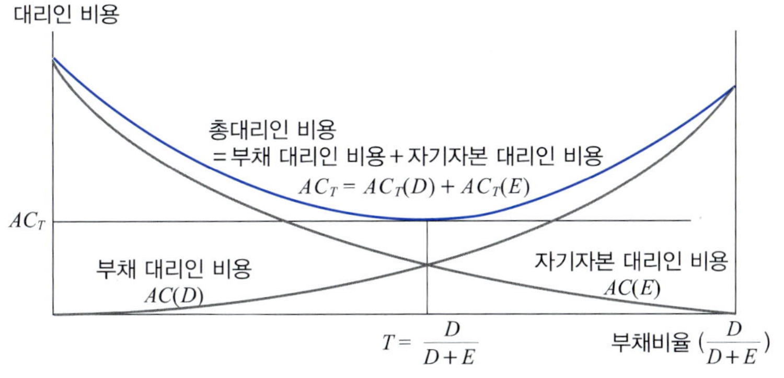

$$AC_T = AC_T(D) + AC_T(E)$$
$$= \text{부채 대리인 비용} + \text{자기자본 대리인 비용} \qquad (13)$$

$AC_T(D)$: 최적 자본구조에서의 부채 대리인 비용(agency cost of debt)

$AC_T(E)$: 최적 자본구조에서의 자기자본 대리인 비용(agency cost of equity)

[그림 9-6]에는 대리인 비용 관점에서 최적 자본구조를 나타내고 있다. 최적 자본구조에서의 대리인 비용은 부채 대리인 비용 $AC_T(D)$과 자기자본 대리인 비용 $AC_T(E)$이며, 이들의 합이 최적 자본구조에서의 총 대리인 비용 AC_T이다.

앞서의 결과를 토대로 부채기업의 가치를 감소시키는 요인에 대리인 비용을 추가하게 되면 다음과 같다.

$$V_L = V_U + \tau D - PV(C_B) - AC_T \qquad (14)$$

AC_T: 최적 자본구조에서의 대리인 비용(agency costs)

[그림 9-7]에는 법인세 절감효과, 파산비용 및 대리인 비용을 모두 고려한 관점에서 최적 자본구조를 나타내고 있다. 기본적으로 부채의 증가로 절세효과가 존재할 뿐만 아니라 상대적으로 자기자본비용보다 훨씬 낮은 수준이다. 그것은 타인자본비용이 자기자본비용보다 안전한 투자이기 때문에 위험 프리미엄이 아주 낮은 수준이다.

그림 9-7 **최적 자본구조(절세효과, 파산비용, 대리인 비용)**

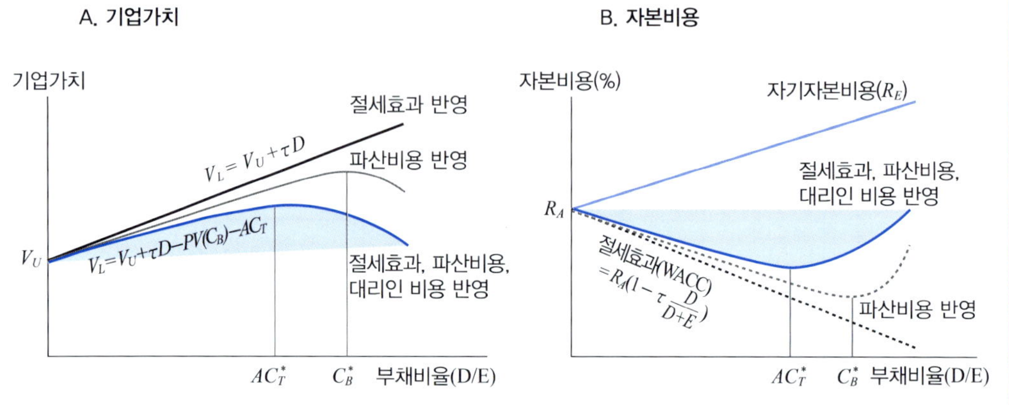

3. 자본조달 순위이론

자본시장에 정보의 비대칭(information asymmetry) 현상이 존재하며, 기업 내부의 주요한 재무정책에 대한 정보가 시장에 기업경영의 상황을 알리는 신호효과(signaling effect)가 존재한다. 정보 비대칭이란 자본시장에서 기업의 내부 관계자들이 외부 관계자보다도 우월한 정보를 갖고 있으며, 정확한 정보의 품질이나 내용에 대하여 알려주려고 노력한다는 것이며, 이러한 비대칭 정보 때문에 기업의 자본조달 순서가 영향을 받는다고 하며, 이를 자본조달 순위이론(pecking order theory in financing)이라고 한다.

로스(Ross, 1977)의 신호이론(signaling theory)을 바탕으로 마이어스와 마흐루프(Myers and Majluf, 1984)의 순위이론(pecking order theory)을 접목시켜 자본조달 순위이론이 완성되었다.

자본조달 순위이론(pecking order theory in financing)은 정보 비대칭 하에서 기업의 자본조달은 유보이익(retained earnings) 사용 → 부채 조달(debt financing) → 유상증자(equity financing)의 순서에 따른다는 이론이다. 경영자나 내부주주가 외부 일반 투자자들보다 더 많은 정보를 갖고 있어서 투자기회가 좋은 경우 기존 주주들을 위해서 내부 유보이익을 사용하여 기업가치를 높이려고 노력한다는 점이다. 이처럼 정보의 비대칭 때문에 현재 주가가 과소평가된 경우, 유보이익으로 조달하여 주가를 상승시키며, 주가가 과대평가된 경우 외부 투자자를 대상으로 유상증자한다는 이론이다. 이에 따라 유상증자는 주가가 과대평가되었다는 신호를 주기 때문에 주가가 하락한다.

그러므로 기업은 유상증자를 꺼리고, 가능하면 유보이익이나 차입으로 자금을 조달하게 된다. 유보이익은 외부 차입보다 비용이나 노력 등이 적어서 기존 주주들에게 유리하다. 따라서 유보이익이 자금조달 원천으로 가장 우선시되며, 유보이익이 충분하지 않을 때는 회사채나 차입금으로 자금을 조달한다. 시장에 부정적인 신호를 주는 유상증자는 가능하면 회피하게 된다. 상대적으로 신호효과 측면에서 기업의 부채 자금조달은 시장에 긍정적인 신호를 주고, 신규투자를 앞두고 내부주주 지분율을 높이는 것도 투자안에 대한 경영자나 내부주주들의 긍정적인 인식을 시장에 신호로 전달하기 때문에 주가가 상승하게 된다.

4. 밀러의 균형이론

밀러(Miller, 1977)의 채권시장 균형이론(equilibrium theory in debt market)은 시장의 불완전요인 중 법인세 이외에 개인소득세까지 함께 고려하는 자본구조이론으로서, 부채의 수요와 공급이 일치하는 균형상태가 되면 부채 사용의 레버리지 이득이 사라지고 기업가치에 영향을 주지 않는다는 무관련 자본구조이론으로, 수정 M&M(1963)의 결과보다 초기 M&M(1958) 이론을 지지하는 연구결과라 할 수 있다. 균형이론에 의하면 기업의 최적자본구조는 없으며, 기업의 채권에 대한 채권시장 고객층의 분포와 그들의 이자소득에 대한 한계소득세율에 의하여 영향(clientele effect)을 받는다.

법인세와 개인소득세가 존재하는 경우 앞서의 수정 M&M의 명제 Ⅰ에 대하여 법인세 효과 $(1-\tau_c)$ 에 주주에 대한 개인소득세 효과 $(1-\tau_{ps})$ 를 추가로 반영하면 무부채기업의 가치(V_U: unlevered firm)는 다음과 같다.

$$V_U = \frac{EBIT(1-\tau_c)(1-\tau_{ps})}{R_A} \tag{15}$$

V_U: 무부채기업 가치 τ_c: 한계법인세율 τ_{ps}: 주주 한계소득세율
$EBIT = NOI$: NOI(net operating income; 영업현금흐름)
$WACC = R_A$: 가중평균자본비용. 자산위험을 반영한 자본비용

한편, 부채사용기업의 가치(V_L: levered firm)는 무부채기업의 가치(V_U: unlevered firm)에 부채사용으로 인한 절세효과(tax shield effect)의 합계액에 대한 현재가치로 구성된다. 절세효과의 원천이 되는 이자납부액 $R_D D$에 대한 추가가치는 채권투자자에 대한 개인소득세 $(1-\tau_{pb})$와 주주에 대한 법인세 $(1-\tau_c)$ 및 투자자에 대한 개인 한계소득세율 $(1-\tau_{ps})$의 차이로만 나타난다. 결과적으로 식 (16)에서 절세효과는 이자납부액($R_D D$)과 개인에 대한 채권 소득세와 법인세 부과 후 개인에 대한 주주 소득세의 차이, 즉 $[(1-\tau_{pb})-(1-\tau_c)(1-\tau_{ps})]$와의 곱으로 나타내었다. 분모는 미래 영업이익의 할인율로 가중평균자본비용($WACC = R_A$)을 사용하고, 부채 사용에 따른 미래 절세액의 할인율로 채권투자자에 대한 개인소득세 부과 후 타인자본비용 $R_D \times (1-\tau_{pb})$를 사용한다. 부채사용기업의 가치(V_L)는 무부채기업의 가치(V_U)와 부채사용으로 인한 절세효과로 구성된다.

$$V_L = \frac{EBIT(1-\tau_c)(1-\tau_{ps})}{R_A} + \frac{R_D D[(1-\tau_{pb})-(1-\tau_c)(1-\tau_{ps})]}{R_D(1-\tau_{pb})} \tag{16}$$

V_L: 부채기업의 가치 V_U: 무부채기업의 가치 R_D: 세전 타인자본비용
D : 부채 τ_c: 한계법인세율 τ_{ps}: 주주 한계소득세율 τ_{pb} : 채권자 한계소득세율

식 (16)은 부채사용기업의 가치(V_L)는 절세효과인 $\left[1-\frac{(1-\tau_c)(1-\tau_{ps})}{(1-\tau_{pb})}\right]D$로 구성된다.

$$V_L = V_U + \left[1-\frac{(1-\tau_c)(1-\tau_{ps})}{(1-\tau_{pb})}\right]D \tag{17}$$

그림 9-8 **밀러의 채권시장 균형이론**

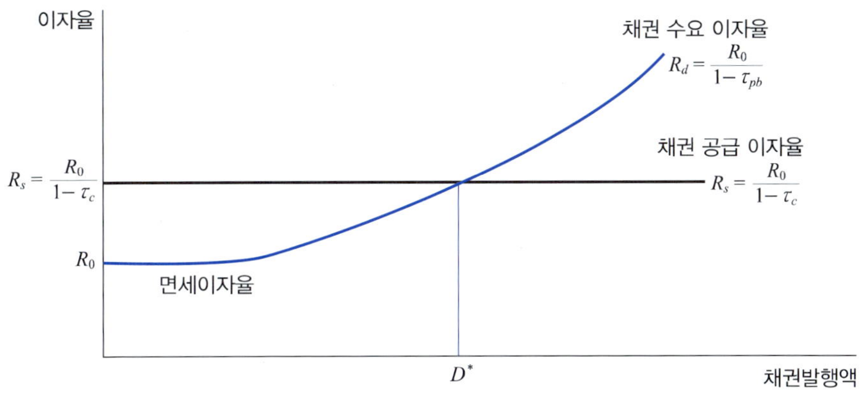

채권시장의 균형은 [그림 9-8]과 같다. 면세 채권이자율을 R_0이라고 할 때 공급 이자율 R_s가 절세효과와 채권 투자자들에 대한 보상을 고려하여 그보다 충분히 높은 $R_s = R_0/(1-\tau_c)$ 수준이 된다. 이 단계에서 밀러(Miller, 1977)는 개인에 대한 자본이득이 이연되고 배당소득세 등이 실제로 크게 낮다는 이유로 주주의 한계소득세율 τ_{ps}을 0으로 가정하였다. 채권 수요 이자율 R_d 또한 면세 채권이자율 R_0보다 높으면서 채권에 대한 개인 소득세율을 충분히 보상해 주는 $R_d = R_0/(1-\tau_{pb})$ 수준이 된다. 참고로 개인별 채권소득에 대한 한계소득세율이 높아짐에 따라 채권시장에서의 고객효과(clientele effect)를 고려하여, 고객의 니즈를 보상하기 위한 채권에 대한 이자율도 높아진다.

채권시장 균형은 채권에 대한 수요 이자율 $R_d = R_0/(1-\tau_{pb})$와 공급 이자율 $R_s = R_0/(1-\tau_c)$ 수준이 만나는 지점($R_d = R_s$)이며, 한계법인세율(τ_c)과 채권 소득에 대한 한계개인소득세율(τ_{pb})이 거의 같은 수준이면 채권시장이 균형에 도달하게 된다.

결과적으로, 만일 채권시장의 균형조건($R_d = R_s$)과 주주의 한계소득세율 τ_{ps}이 0에 가깝다고 무시하면, 채권자의 한계소득세율 $(1-\tau_{pb})$과 주주에 대하여 법인세율 적용 후 배당이나 자본이득에 대한 주주의 소득세율을 부과하는 소득세율 $(1-\tau_c)(1-\tau_{ps})$이 같아지게 된다. 이 경우 식 (17)에서 부채사용에 따른 절세효과는 0이 되고, 부채사용기업의 가치(V_L)는 무부채기업의 가치(V_U)와 같다는 초기 M&M이론의 명제 I로 돌아간다.

$$V_L = V_U \tag{18}$$

이러한 균형조건은 한계세율이 다른 기업이나 개인 단위에는 적용되지 않고, 전체 균형시장에서만 적용되며, 기업 단위로는 채권 수요자나 주식 투자자들의 한계소득세율에 영향을 받으며, 최적자본구조는 존재하지 않는다.

제 5 절 자본구조의 현실

M&M(Modigliani and Miller, 1958)의 초기 논문 이후 M&M 수정이론(1963), 상충이론(파산비용), 대리인 비용 이론 등은 최적 자본구조의 존재를 기업가치 극대화라는 관점에서 도출하려는 노력을 하여 왔으며, 재무관리의 가장 핵심적인 이론연구 분야의 하나이다. 그럼에도 불구하고 밀러(Miller, 1977)의 채권시장 균형이론, 로스(Ross, 1977)의 신호이론(signaling theory)을 바탕으로 마이어스와 마흐루프(Myers and Majluf, 1984)의 순위이론(pecking order theory) 등은 최적 자본구조보다는 자본비용이나 기업가치에 대한 시장반응이나 주주의 고객효과를 중시하고 있다.

최근에는 기업이나 산업, 국가 등의 고유한 특성 등이 기업의 자본구조를 결정하는 데 더욱 중요하다는 연구가 많다. 앞서 언급한 바대로 기업의 부실이나 파산위험을 측정하고, 대리인 비용, 부채자금 조달의 혜택을 측정하는 것이 쉽지 않기 때문에 최적 자본구조를 실무적으로 도출하기는 쉽지 않다. 가장 보편적인 방법으로는 국가별 기업의 신용평가기관에 의한 신용등급을 최대한 높여서 자본조달비용을 낮추는 것이 현실적인 방법이다.

한편 일반 투자자나 기존 주주들이 영업활동을 통한 유보이익의 축적, 저렴한 금융기관 차입금을 선호하면서도, 높아지는 파산위험에 대한 두려움, 조달된 자금에 대한 비효율적 집행이나 과잉・과소 투자 등 부정적인 인식도 복합적으로 존재하기 때문에 시장에 대한 자본조달 순위이론이나 신호이론에 따른 시장반응은 반드시 긍정적이거나 부정적이지 않다.

자본구조와 관련하여 공통적인 고려요인들을 구체적으로 정리해 보면 다음과 같다.

① 신용평가등급 : 자본조달 여력, 금융비용이나 영업활동 등에 직접적 영향을 미칠 수 있으므로 신용평가기관의 평가요소에 대한 분석과 자료준비에 철저를 기해야 한다. 거래처와 신용거래는 무이자이거나 상대적으로 저렴한 자본비용이거나 반대로 매우 불리할 수 있다. 제1금융기관으로부터의 저렴한 차입 역량이 있어야 한다.

② 부도위험 : 이론과 달리 우리나라의 경우 부채비율이 높을수록 신용이나 기업의 가치가 낮게 평가되는 경향이 크다. 이에 가능하면 낮은 부채비율로 반복되는 금융위기나 기업의 위험 상황에 대비하여 장기 생존역량을 확보하여야 한다.

③ 성장성 : 기업이 고용을 창출하고, 매출액을 증대하고 이익을 창출함으로써 자산규모나 매출액, 종업원 수가 증가하는 것은 고정비 증가로 유동성에 문제를 발생시킬 수 있지만 성장을 통하여 안정적인 자본구조를 확보할 수 있다. 성장성이 높아야 기업가치가 높아지며, 타인자본이나 자기자본 확충을 위한 기본적 요소의 충족이 가능하다.

④ 안정된 수익성 : 기업의 목표가 기업가치 극대화라는 점에서 이의가 없지만, 장・단기적으로 수익성이 확보되지 않으면 생존에 필요한 자금확보가 어렵다. 그러한 수익성도 안정적인 개선 추세를 보이도록 체계적으로 관리하여야 한다.

⑤ 현금흐름의 안정성 : 기업의 재무관리는 사업활동에 필요한 자금을 안정적으로 그리고 저렴하게 조달하는 것이 매우 중요하다. 그렇게 하기 위해서는 내부자금 조달인 영업으로부터의 현금흐름이 점차 개선되어야 하며, 변동성은 낮아야 한다.

⑥ 유형고정자산 규모 : 유형고정자산은 필요시 장・단기 자금차입에 필요한

담보물로 제공되며, 담보제공에 따라 자본조달비용이 급격하게 감소할 수 있기 때문에 가치있는 고정자산의 보유비중이 매우 중요하다. 토지, 건물 등의 자산가치가 증가할 지역이나 투자자산 유형을 선택하는 것이 매우 중요하다.

⑦ 주가가치 : 상장기업인 경우, 주가가치를 최대한 높이는 것이 시가기준 부채비율을 낮추고, 금융기관으로부터의 차입 역량을 확보하고, 조달비용을 낮추는 데 도움이 된다.

⑧ 사회적 책임경영 : ESG 등 관점에서 환경문제, 이해관계자 관리, 기업의 사회적 책임, 그리고 투명한 지배구조 등 관리를 통하여 신용등급뿐만 아니라 장기적으로 기업가치의 개선을 통하여 자본구조 결정에 긍정적으로 반영하여야 한다.

이외에도 적극적인 고객가치경영 등 기업가치를 시장가치와 연결시켜 장기적인 성장 및 생존 역량을 최우선해야 한다. 이러한 관점에서 기업의 상황이 반영된 자료를 이용하여 측정된 산업평균 등은 비재무적 요인들을 제대로 반영하지 못하기 때문에 참고사항으로 활용하는 것이 좋으며, 해당 기업의 설립 후 경과기간이나 성장발전 단계, 기술 역량이나 시장 역량 등을 고려하여 적정한 수준을 결정하는 것이 좋다.

핵심정리

1. 자본구조

자기자본(equity)과 타인자본(debt) 등 조달 자본 구성

최적 자본구조 : 자본비용이 최소화되도록 타인자본 비율 결정

2. 부채사용의 효과

① 부채의 레버리지 효과 : 부채가 주당순이익이나 자기자본순이익률을 증폭시키는 현상

② 파산위험의 증가 : 고정이자 부담으로 경기가 나쁠 때, 기업의 파산위험을 증가시킴

③ 절세효과의 존재 : 부채 사용으로 인한 지출이자 증가로 법인세를 감소시키는 효과

3. 영업/재무/결합 레버리지

① 영업 레버리지도(DOL) : 매출액의 변화율에 대한 영업이익의 변화율

$$DOL=\frac{\Delta EBIT/EBIT}{\Delta TR/TR}=\frac{Q(p-v)}{Q(p-v)-FC}=\frac{EBIT+FC}{EBIT}$$

② 재무 레버리지(DFL) : 영업이익의 변화율에 대한 주당순이익의 변화율

$$DFL=\frac{\Delta EPS/EPS}{\Delta EBIT/EBIT}=\frac{EBIT}{EBIT-I}$$

I: 재무고정비. 이자비용

③ 결합 레버리지도(DCL) : 매출액 변화율에 대한 주당순이익(EPS)의 변화율

$$DCL=\frac{\Delta\%\text{주당순이익}}{\Delta\%\text{매출액}}=\frac{\Delta\%\text{영업이익}}{\Delta\%\text{매출액}}\times\frac{\Delta\%\text{주당순이익}}{\Delta\%\text{영업이익}}$$

$$=\text{영업레버리지}(DOL)\times\text{재무레버리지}(DFL)$$

$$=\frac{EBIT+FC}{EBIT-I}$$

4. M&M의 자본이론

① M&M 초기 이론 : 완전시장 가정

－M&M의 기본명제 I : 자본구조와 기업가치는 무관. $V_L=V_U$

$$V=\frac{EBIT}{WACC}=\frac{EBIT}{R_A}=\frac{E(NOI)}{R_A}$$

－M&M의 기본명제 Ⅱ : 부채비율과 자기자본비용 비례

$$R_E = R_A + (R_A - R_D)\frac{D}{E}$$

－M&M의 기본명제 Ⅲ : WACC 일정

$$WACC = \overline{R_A} = R_D\frac{D}{D+E} + R_E\frac{E}{D+E}$$

② M&M의 수정이론

－M&M의 수정명제 Ⅰ: 기업의 가치는 부채만큼 증가. $V_L = V_U + \tau D$

$$V_L = \frac{EBIT(1-\tau)}{WACC} + \frac{\tau R_D D}{R_D} = V_U + \tau D$$

－M&M의 명제 Ⅱ: 부채비율과 자기자본비용 비례

$$R_E = R_A + (R_A - R_D)(1-\tau)\frac{D}{E}$$

－M&M의 명제 Ⅲ : WACC가 부채효과와 법인세효과로 감소

$$WACC = R_A = R_D(1-\tau)\frac{D}{D+E} + R_E\frac{E}{D+E}$$

$$= \overline{R_A}(1-\tau\frac{D}{D+E})$$

5. 상충이론

M&M이론에 부도 가능성 또는 파산위험 반영

① 최적 자본구조 : 파산비용과 자본비용 절감효과 등 순효과 최대화

$$V_L = V_U + \tau D - PV(C_B)$$

$PV(C_B)$: 파산비용의 현재가치

② 파산비용

－직접 파산비용 : 파산과정에서의 기업의 법률적·경제적 비용 및 기회비용 등

－간접 파산비용 : 재무적 곤경으로 유발되는 투자기회 상실, 비용 증가 등

6. 대리인 이론: 젠센과 메클링(Jensen and Meckling, 1976)

$$V_L = V_U + \tau D - PV(C_B) - AC_T$$

$AC_T = AC_T(D) + AC_T(E)$ =부채 대리인 비용+자기자본 대리인 비용

① 대리인 비용(agency cost) : 대리인의 도덕적 해이를 최소화하기 위한 직 · 간접 비용

- 감시비용 : 약속이행 여부를 확인하거나 강제하기 위한 법률자문 비용, 인건비 지출 등
- 확증비용 : 사채발행 등에서 대리인의 이해상충 행위로부터 방어하기 위한 비용
- 잔여손실 : 확증비용과 감시비용을 지출하고도 발생하는 기업가치의 감소분

② 해소방안 : 스톡옵션, 성과급적 연봉제 등 적절한 보상체계를 통해 줄일 수도 있는데, 정보의 비대칭, 불확실성, 외부효과 등으로 평가, 감시, 통제에 한계가 존재

③ 부채의 대리인 비용 : 채권자에게 손실을 입히는 주주들의 행위

- 과잉투자의 문제 : 한정된 책임(limited liability)의 문제
- 과소투자의 문제 : 자리보전 등을 위한 위험투자 기피

④ 자기자본의 대리인 비용 : 외부주주에게 손실을 입히는 내부주주들의 행위

7. 자본조달 순위이론: 로스(Ross)의 신호이론(1977), 마이어스와 마흐루프(Myers and Majluf)의 순위이론(1984)

- 유보이익(retained earnings) 사용 → 부채 조달(debt financing) → 유상증자(equity financing)의 순서
- 주가가 과소평가된 경우, 유보이익으로 조달 : 주가 상승
- 주가가 과대평가된 경우, 외부 투자자를 대상으로 유상증자 : 주가 하락

8. 밀러(Miller)의 균형이론(1977)

- 법인세 이외에 개인소득세까지 함께 고려하는 자본구조이론
- 부채의 수요와 공급 균형점에서는 레버리지 이득이 사라지고 기업가치와 무관

$$V_L = V_U + \left[1 - \frac{(1-\tau_c)(1-\tau_{ps})}{(1-\tau_{pb})}\right]D; \qquad V_L = V_U$$

9. 자본구조에의 영향 요인

① 신용평가 등급 ② 부도위험 ③ 성장성

④ 안정된 수익성 ⑤ 현금흐름의 안정성 ⑥ 유형고정자산 규모

⑦ 주가가치 ⑧ 사회적 책임경영

연습문제

1. 핵심용어

다음의 용어를 요약하여 설명하시오.

- 자본구조/재무구조
- 최적 자본구조
- 레버리지 효과
- 과잉투자/과소투자
- 영업 레버리지도
- 재무 레버리지도
- 결합 레버리지도
- 영업/재무 고정비
- M&M 초기 이론
- 완전시장 가정
- M&M 수정이론
- 자기배당
- 법인세 절감효과
- 무부채/부채 기업
- 기업가치
- 가중평균자본비용
- 자기자본비용
- 타인자본비용
- 상충이론
- 부채 순효과
- 파산비용
- 재무적 곤경
- 감시효과
- 확증비용
- 잔여손실
- 위험전가
- 대리인 비용
- 부채 대리인 비용
- 자기자본 대리인 비용
- 자본조달 순위이론
- 신호효과
- 정보의 비대칭

2. 무부채기업과 비교하여 부채가 기업의 경영성과에 미치는 영향을 설명하시오.

3. M&M의 초기 자본구조 이론을 설명하시오.

4. M&M의 수정 자본구조 이론을 설명하시오.

5. 파산위험 또는 파산비용이 기업의 재무구조에 미치는 영향을 설명하시오.

6. 젠센과 메클링(1976)의 대리인 비용 이론이 기업의 자본구조에 미치는 영향을 설명하시오.

7. 과잉투자와 과소투자가 발생하는 상황을 부채 대리인 비용과 자기자본 대리인 비용을 비교하여 설명하시오.

8. 밀러의 균형이론에서 부채기업의 가치가 무부채기업의 가치와 다르지 않은 상황을 설명하시오.

9. 기업의 재무구조에 미치는 다양한 요인들의 영향을 설명하시오.

10. 자본구조: 고정비 지출(지급이자)의 레버리지 효과

(주)MK기업의 신제품 출시와 관련한 공장시설에 초기 투자액과 영업고정비 지출액은 경기 상황과 무관하게 각각 2,000 및 600이다. 초기 투자액 중 공장 신축비(16,000)는 40년간 완전 정액상각한다. 판매량 등은 아래 표와 같다. 한계법인세율은 20%이며, 자본구조(D/E)는 4/1이다. 목표 자본구조는 사업기간 중 동일하다. 보통주 주식수는 1,000, 주가는 5이며, 타인자본은 평균 5%의 이자비용을 부담한다. 초기 자본 25,000원 중 토지 구입비 10,000, 공장 구입비 8,000(내용연수 40년), 기계장치 2,000(내용연수 10년), 나머지 5,000은 초기 운전자금으로 사용한다.

구 분	호 황	정 상	부 진	전 체	비 고
예상판매량	3,000	1,500	1,000	1,900	판매단가 20
발생확률	20%	50%	30%	100%	변동비 단가 8
초기 투자액	2,000	2,000	2,000	2,000	40년 정액상각

① 아래 표의 빈칸을 채우시오.

구 분	호 황	정 상	부 진	평 균	비 고
매출액	6,000	4,000	2,000	3,800	TR=20×Q
고정영업지출	600	600	600	600	FC: 영업고정비
변동영업지출	2,400	1,600	800	1,520	VC=8×Q
감가상각비	400	400	400	400	D: 영업고정비
영업이익				1,280	
이자비용(5%)				1,000	타인자본 기준
세전이익				280	
법인세 등(20%)				56	
당기순이익				224	
보통주 주식수	1,000	1,000	1,000	1,000	
자기자본	5,000	5,000	5,000	5,000	장부기준
타인자본	20,000	20,000	20,000	20,000	장부기준
총자본	25,000	25,000	25,000	25,000	장부기준
주당순이익					
ROE					장부기준
ROA					장부기준

② 위 표를 토대로 부채 사용의 효과를 레버리지 효과, 파산위험 효과 및 절세효과로 나누어 설명하여 보시오.

11. 자본구조: 영업/재무/결합 레버리지

다음 자료를 이용하여 영업/재무/결합 레버리지를 구하시오.

구 분	비교상황 (A)	기준상황 (B)	변동률 [(A−B)/B]	비 고
매출액	6,250	5,000	( )	
고정영업지출	400	400		영업고정비(FC)
변동영업지출	2,500	2,000		
감가상각비	1,000	1,000		영업고정비(FC)
영업이익	2,350	1,600	( )	EBIT
이자비용(I)	500	500		재무고정비(I)
세전이익	1,850	1,100		
법인세 등(20%)	370	220		
당기순이익	1,480	880	( )	
주당순이익(EPS)	1.48	0.88	( )	

① 비교상황과 기준상황을 이용하여 영업 레버리지(DOL)를 구하고, 그 효과를 설명하시오.

② 자료를 이용하여 재무 레버리지(DFL)를 구하고, 그 효과를 설명하시오.

③ 자료를 이용하여 결합 레버리지(DCL)를 구하고, 그 효과를 설명하시오.

12. M&M의 자본구조 이론

무부채기업인 (주)JK기업의 연간 기대 영업이익은 15억원이며, 자본비용은 8%이다. 한계법인세율은 30%이다. (주)JK기업은 5%의 이자율로 150억원의 부채를 조달하여 자본구조를 변경할 계획이다.

① M&M의 초기 이론과 수정이론 상황에서 (주)JK기업의 가치를 비교하시오.

② M&M 이론의 초기 이론과 수정이론 하에서 (주)JK기업의 가중평균자본비용(WACC) 간의 변화를 설명하시오.

해 답

1.~9. (생략)

10. 자본구조: 고정비 지출(지급이자)의 레버리지 효과

①

구 분	호 황	정 상	부 진	평 균	비 고
영업이익	2,600	1,400	200	1,280	
이자비용(5%)	1,000	1,000	1,000	1,000	
세전이익	1,600	400	−800	280	
법인세 등(20%)	320	80	−160	56	
당기순이익	1,280	320	−640	224	
주당순이익	1.28	0.32	−0.64	0.224	
ROE	25.6%	6.4%	−12.8%	4.5%	장부기준
ROA	5.12%	1.28%	−2.56%	0.90%	장부기준

② 1. 레버리지 효과

20%의 자기자본(E)과 80%의 타인자본(D)의 자본구조인 높은 레버리지 기업이다. 우선 상황에 따라 주당순이익이 (호황 : 정상 : 부진)에 따라 (1.28 : 0.32 : −0.64)를 나타내고, 자기자본순이익률이 (25.6% : 6.4% : −12.8%)이다. 이는 매출액 수준이 50% 증가하거나 감소하는 상황임에 비해, 최종 손익에는 엄청난 증폭현상이 나타남.

2. 타인자본이 경기가 나쁠 때, 고정 이자부담으로 기업의 파산위험(default risk)을 증폭시킴.

3. 절세효과의 존재 : 차입금에 대하여 (이자율 5%×한계 법인세율 20%)=1%의 절세효과

11. 자본구조 : 영업/재무/결합 레버리지

① 영업 레버리지(DOL)

방법 1: $DOL = \dfrac{\Delta\%\text{영업이익}}{\Delta\%\text{매출액}} = \dfrac{750/1,600}{1,250/5,000} = \dfrac{46.9\%}{25\%} = 1.875$

방법 2: $DOL = \dfrac{EBIT + FC}{EBIT} = \dfrac{1,600 + 400 + 1,000}{1,600} = 1.875$

영업고정비인 고정비 지출과 감가상각의 영향에 의하여 영업이익은 매출액 변동성보다 약 1.8배 크게 변동함.

② 재무 레버리지(DFL)

방법 1 : $DFL = \dfrac{\Delta\% EPS}{\Delta\%\text{영업이익}} = \dfrac{0.60/0.88}{750/1,600} = \dfrac{300\%}{46.9\%} = 1.455$

방법 2 : $DFL = \frac{EBIT}{EBIT - I} = \frac{1,600}{1,600 - 500} = 1.455$

재무고정비인 이자비용에 의하여 순이익이 영업이익 증가율에 대하여 약 1.46배 변동함.

③ 결합 레버리지(DCL)

방법 1 : $DCL = \frac{\Delta\%\, EPS}{\Delta\%\, 매출액} = \frac{0.60/0.88}{1,250/5,000} = \frac{68.2\%}{25\%} = 2.73$

방법 2 : $DCL = \frac{EBIT + FC}{EBIT - I} = \frac{1,600 + 400 + 1,000}{1,600 - 500} = 2.73$

방법 3 : $DCL = DOL \times DFL = 1.875 \times 1.455 = 2.73$

매출액 변동에 대하여 영업이익이 약 1.9배 변동하며, 그러한 영업이익 변동에 대하여 주당순이익은 1.455배 변동. 결과적으로 매출액 변동성 대비 이익변동성이 2.7배라는 의미임.

12. M&M의 자본구조 이론

① M&M 이론에 의한 기업가치의 변화

초기 이론 : $V_U = \frac{EBIT}{WACC} = \frac{15억}{8\%} = 187.5억$ (법인세 미고려)

수정이론 : $V_U = \frac{EBIT(1-\tau)}{WACC} = \frac{15억(1-30\%)}{8\%} = 131.25억$ (법인세 고려)

$V_L = V_U + \tau D = 131.25억 + 30\%(150억) = 176.25억$ (법인세 고려)

부채사용기업의 가치(V_L)는 절세효과에 따라 τD=30%×150억=45억만큼 증가

② M&M 이론에 의한 가중평균자본비용(WACC) 비교

M&M의 초기 이론 : WACC 불변 8%

M&M의 수정이론 : $WACC = 8\%(1 - 30\% \times \frac{150}{176.25 + 150}) = 6.9\%$

수정이론에 따르면 부채사용으로 가중평균자본비용을 8%에서 약 1.1%p 절감

CHAPTER 10

재무분석

제1절 재무제표
제2절 재무분석
제3절 기업가치 분석
제4절 ROI 분석과 듀퐁 시스템
제5절 재무분석의 한계

학습목표

이 장에서는 기업의 성과관리에 기본적인 재무제표의 내용을 소개하고, 기업 간 연도별 성과진단과 비교를 위한 재무지표 또는 재무비율을 기업의 자료를 이용하여 산출하고 분석하는 방법을 정리하고, 특정 사례를 적용하여 보여준다. 재무비율 분석은 재무제표 항목 간 비율을 이용하여 기업의 재무상태와 경영성과를 분석하는 방법이다. 재무제표와 세부적인 내용에 대한 간략한 소개에 이어서, 주요 재무비율을 수익성, 유동성, 성장성, 활동성, 안정성, 생산성 등으로 나누어 살펴보고, 기업가치 극대화 관점에서 주식정보 및 기업가치와 연계한 비율분석에 대하여도 알아보기로 한다. 마지막으로 종합적인 측면에서 듀퐁사(社)의 투자수익률(ROI) 분석 기법을 소개한다.

제 1 절 재무제표

재무제표(financial statements)는 재무정보 이용자에게 유용한 정보를 제공하기 위하여 회계기준에 의하여 작성된 공식자료로 재무상태표, 포괄손익계산서, 자본변동표, 현금흐름표 등이 있는데 여기서는 과거 5년간 국내 K자동차의 재무제표를 기준으로 진단하고자 한다. 재무정보에서 가장 중요한 것이 상대적 지표인데 국내 자동차산업은 사실상 독과점이어서 산업 내 다른 기업 간 비교의 의미는 낮으며, 전체적인 수준과 추세 변화가 더 중요한 의미가 있다고 본다.

1. 포괄손익계산서

포괄손익계산서(statement of comprehensive income)는 기업의 특정 사업기간에 속하는 수익과 비용을 표시하고 세후 당기순손익을 나타낸다. 재산상태에 대한 사업기간 완료시점의 보고서인 재무상태표와는 달리 포괄손익계산서는 특정한 사업기간의 성과를 진단한 보고서이다. 매출액(sales)을 우선 보고하고 매출원가(cost of sales)를 측정한 후 그 차이를 매출총이익으로 보고한다. 기업의 유형에 따라 매출원가나 제조원가로 달리 표현한다. 본사 등 지원기관의 간접비용(overhead costs)을 판매비와관리비로 보고하고 이를 매출원가와 합하여 전체 영업비용(operating expenses)으로 반영한다. 매출액은 영업수익(operating revenues)이라고도 하며, 매출액에서 매출원가를 차감하여 매출총이익(gross margin)을 산출한다. 매출액에서 영업비용(operating expenses)을 차감하면 영업이익(operating profit)이 되는데, 영업비용은 매출원가와 판매비와일반관리비를 포함한다. 기타 재무적 수익과 비용, 그리고 고정자산이나 투자자산 처분 등에 따른 비경상적인 이익과 손실 등을 반영하여 법인세전 손익을 계산하고, 법인세 등을 차감하여 당기순손익(net income or earnings after corporate taxes)을 산출한다. <표 10-1>에서는 K자동차의 5년간 포괄손익계산서를 보여주고 있다. 재무제표 분석 시 가장 중요한 추세 진단을 위해서 수년간의 자료가 필요하다.

〈표 10-1〉 포괄손익계산서(K자동차)

(금액: 억원)

항 목	2015 사업연도	2016 사업연도	2017 사업연도	2018 사업연도	2019 사업연도
매출액(영업수익)	495,215	527,129	535,357	541,698	581,460
매출원가	396,538	422,816	446,187	461,773	487,666
매출총이익	98,677	104,313	89,170	79,925	93,794
판매비와관리비	75,134	79,698	82,548	68,351	73,697
영업이익	23,543	24,615	6,622	11,575	20,097
금융수익	3,596	2,499	4,087	2,537	2,378
이자수익	1,740	1,513	1,739	2,139	1,901
배당금수익	58	50	52	28	29
외환거래이익	322	715	2,199	113	326
외환차익	268	604	639	60	73
외화환산이익	54	111	1,560	54	252
파생상품이익	16	220	96	256	123
기타금융수익	1,461	1	1	0	0
금융원가	2,759	2,934	2,510	3,171	2,923
이자비용	890	1,392	2,202	2,037	1,887
외환차손	612	466	234	239	150
외화환산손실	1,256	1,048	71	593	659
기타영업외손익	-2,325	-1,359	-2,439	-2,423	688
관계기업관련손익	8,949	11,599	5,640	6,168	5,071
법인세전 이익	31,003	34,420	11,401	14,686	25,311
법인세비용	4,697	6,874	1,720	3,127	7,045
당기순이익	26,306	27,546	9,680	11,559	18,267
기타포괄이익	-3,602	632	-2,452	-4,529	2,689
총포괄이익	22,704	28,178	7,228	7,030	20,955
주당순이익 (단위: 원)	6,559	6,873	2,414	2,883	4,556

출처: https://finance.naver.com/item/coinfo.nhn?code=000270

2. 재무상태표

재무상태표(statement of financial position)는 일정시점에 있어서 기업의 자산(assets)과 부채(liabilities) 및 자본(equities or owners' capital)의 현황을 나타낸다. 우측(debit side)에는 부채와 자본이 표시되어 자금의 조달원천을 나타내고, 왼쪽(credit side)에는 자산을 표시하여 자금의 운용상황을 나타내며 양측의 합계는 일치한다. 자산 항목은 유동성 기준으로 1년 이내에 현금유입이 될 자산을 유동자산(current assets)으로 표현하고, 1년 이상 투자 목적으로 매입, 보유, 지출한 것을 투자자산, 유형자산, 무형자산으로 구분하여 보고한다.

타인자본(debt financing)인 부채는 조달 유형을 상환기한에 따라 구분하는데, 재무상태표 작성일 현재 기준 1년 이내에 상환할 부채는 유동부채, 그 이상은 비유동부채로 구분된다. 유동부채는 일상적인 사업거래에서 발생한 자금의 운용과 차입과 관련한 항목이 포함되며, 외상매입금, 지급어음, 단기차입금, 미지급금 등이 포함된다. 비유동부채는 1년 이상의 기간 이후에 지급해야 하는 부채로서 사채, 장기차입금, 장기미지급금 등이 있다.

자기자본(equity financing)인 자본항목은 자본금, 자본잉여금, 이익잉여금으로 구성된다. 자본금(capital)은 보통주 자본금와 우선주 자본금으로 구분되고, 자본잉여금(capital surplus)은 증자 및 감자 등 자본거래로 인하여 자본금에 계상하지 못할 잉여금이나 손실금이며, 주로 주식발행초과금과 감자차익 등이 있다. 이익잉여금(earnings surplus)은 기본적으로 매년 발생하는 당기순이익을 대상으로 배당을 하거나 재투자를 하게 되는데, 재투자되는 항목을 각종 적립금 또는 준비금 형태로 장부상 계리하고 내부유보한 금액의 누적액(accumulated retained earnings)이다. <표 10-2>에는 K자동차의 5년간 재무상태표를 나타내고 있다.

〈표 10-2〉 재무상태표(K자동차)

(금액: 억원)

항 목	2015.12.31 현재	2016.12.31 현재	2017.12.31 현재	2018.12.31 현재	2019.12.31 현재
자산총계	459,801	508,893	522,944	517,866	553,448
유동자산	183,908	209,122	216,421	197,118	215,554
현금및현금성자산	11,049	30,642	15,617	22,927	42,687
재고자산	76,954	88,544	85,437	72,340	81,087
단기금융자산	59,502	55,292	80,635	46,759	31,807
매출채권 등	31,213	32,341	31,211	35,417	36,928
기타유동자산	5,190	2,303	3,521	19,675	23,045
비유동자산	275,893	299,770	306,524	320,748	337,894
유형자산	130,421	134,932	136,529	148,033	157,467
무형자산	21,338	22,953	24,705	25,104	25,528
투자자산	117,892	133,020	136,665	138,740	146,262
기타비유동자산	6,242	8,865	8,625	8,871	8,637
부채총계	217,761	243,098	254,333	245,431	263,667
유동부채	145,795	162,469	153,230	148,347	172,767
단기차입금	15,124	28,763	29,937	13,667	14,148
유동성장기부채	12,731	12,552	8,627	9,064	11,260
매입채무 등	100,610	103,337	94,520	105,070	119,441
단기충당부채	6,985	8,275	11,378	13,674	20,167
기타유동부채	10,345	9,542	8,768	6,872	7,751
비유동부채	71,966	80,629	101,102	97,084	90,900
사채	9,271	16,654	30,200	30,990	26,671
장기차입금	26,049	22,716	18,747	13,112	13,078
장기충당부채	16,917	22,662	34,956	34,591	18,394
이연법인세부채	13,089	14,019	11,872	11,153	14,089
기타비유동부채	6,640	4,578	5,327	7,238	18,668
자본총계	242,040	265,794	268,612	272,435	289,781
자본금	21,393	21,393	21,393	21,393	21,393
자본잉여금	17,361	17,158	17,158	17,158	17,158
이익잉여금	210,391	234,658	240,743	247,117	260,562
당기순이익	26,306	27,546	9,680	11,559	18,267
수권주식수	820,000	820,000	820,000	820,000	820,000
1주당금액	5,000	5,000	5,000	5,000	5,000
발행주식수	405,363	405,363	405,363	405,363	405,363
보통주	405,363	405,363	405,363	405,363	405,363

출처: https://finance.naver.com/item/coinfo.nhn?code=000270

3. 현금흐름표

현금흐름표(statement of cash flows)는 일정한 사업기간 동안 기업이 조달한 현금의 내역과 조달된 현금의 운용내역을 정리한 재무보고서이다. 현금흐름표는 일정기간 동안 기업의 현금조달 및 운용상황을 (1) 제품 생산, 구매 및 판매활동과 관련한 영업활동 부문, (2) 사업용 고정자산의 취득과 처분 등의 투자활동 부문, (3) 자금의 차입과 상환, 신주발행이나 배당금 지급 등의 재무활동 부문으로 구성된다. 실제 현금흐름을 나타내지 않고 기초현금과 당기순이익에서 출발하여 현금성·비현금성 수입과 지출을 가감하여 기말 보유 현금수준을 설명한다.

〈표 10-3〉 현금흐름표(K자동차) (금액: 억원)

항 목	2015 사업연도	2016 사업연도	2017 사업연도	2018 사업연도	2019 사업연도
영업활동 현금흐름	33,753	32,759	25,942	44,708	36,107
당기순이익	26,306	27,546	9,680	11,559	18,267
+비현금성 지출	37,581	45,000	53,652	43,595	48,973
-비현금성 수입	9,856	11,770	7,035	6,277	7,891
운전자본변동	-18,361	-22,323	-25,832	-296	-23,507
영업창출 현금흐름	35,671	38,452	30,466	48,582	35,842
+이자수입	1,996	1,406	1,544	2,037	2,170
-이자지급	-1,192	-1,519	-1,963	-1,535	-1,538
+배당금수입	2,941	1,959	1,330	1,192	1,405
-법인세납부	-5,663	-7,539	-5,435	-5,569	-1,773
투자활동 현금흐름	-56,138	-23,123	-47,946	-11,554	-11,042
투자활동 현금유입액	7,222	13,522	998	19,383	17,219
투자활동 현금유출액	63,360	36,645	48,944	30,938	28,261
재무활동 현금흐름	9,064	9,454	7,319	-25,430	-7,263
재무활동 현금유입액	21,436	27,920	24,860	2,911	6,638
재무활동 현금유출액	8,331	14,055	13,131	25,134	10,293
-배당금지급	-4,041	-4,410	-4,410	-3,208	-3,608
환율변동효과	-414	503	-340	-414	1,959
현금자산의 증가	-13,735	19,593	-15,025	7,309	19,761
기초현금	24,785	11,049	30,642	15,617	22,927
기말현금	11,049	30,642	15,617	22,927	42,687

출처: https://finance.naver.com/item/coinfo.nhn?code=000270

제 2 절 재무분석

재무분석(financial analysis)은 전통적으로 재무제표상의 항목을 위주로 한 비율분석(ratio analysis)을 의미한다. 기업의 재무상태와 경영성과에 관한 분석을 통하여 산업별 평균이나 시간적 추세를 통하여 기업에 대한 가치 평가, 신용 및 채권등급의 평가, 기업부실 예측 등을 하는 데 활용한다. 재무분석에 앞서 몇 가지 고려할 사항을 열거해 본다.

첫째, 재무분석 대상이 되는 기업과 비교가능성이 높은 동일 산업군의 기업이나 산업 평균비율(industrial average ratio)과 비교분석하는 것이 바람직하다. 절대적이지 않지만, 미국 실무계에서는 유동비율은 200% 이상, 당좌비율은 100% 이상, 고정비율은 100% 이하, 고정장기적합률은 100% 이하 등을 경험적 판단기준으로 사용한다.

둘째, 사업환경 변화나 금융위기 등과 같은 급격한 환경 변화를 염두에 두고 분석시 반영하여야 한다. 주요한 사건의 발생을 모르고 단순히 숫자만 보고 분석을 하다 보면 정보이용자에게 잘못된 정보를 제공할 우려가 있다.

셋째, 재무비율 산출시 특정 시점과 특정 기간을 사용하는 경우 반드시 시간의 순서를 주의해야 한다. 손익계산서와 현금흐름표는 재무제표 작성시점 이전인 사업기간 중에 일어난 경영활동에 대한 기록이며, 그 결과를 재무상태표에 기록한다. 따라서, 재무상태표의 항목을 손익계산서나 현금흐름표의 항목으로 나누어서는 안 된다. 가령, 자기자본순이익률과 같은 투자성과 측정의 경우에는 해당 연도 당기순이익을 해당 연도 자기자본으로 나누는 것은 매우 심각한 논리적 오류를 범하게 된다. 분자인 당기순이익이 결과인데 당해 연도 경영성과가 반영된 자기자본을 사용함으로써 시간적 순서와 함께 원인과 결과를 구조적으로 왜곡하게 된다. 실무적으로 사업기간 중에 추가로 투자하는 경우가 있어서 기초와 기말 투하자본의 평균을 사용한다.

넷째, 재무비율을 측정하기 이전에 기업회계기준이나 회계실무 등에 대한 이해뿐만 아니라 해당 기업에 대한 전반적인 이해가 있어야 재무비율에 대한 잘못된 해석도 줄일 수 있다.

1. 수익성 비율

수익성 비율(profitability ratio)은 일정기간 기업의 재무적인 성과를 나타내는 지표 중의 하나이다. 기본적으로 수익성이 높으면 다른 재무적 문제도 상당히 개선될 수 있기 때문에 매우 중요한 지표이다. 수익성 지표는 이익 항목을 투자 자본 또는 매출액으로 나누어 계산한다.

① 매출총이익률

매출총이익률(sales margin, gross margin)은 기업 전체의 제품시장을 통한 수익창출 능력을 측정하며, 매출액에서 매출원가(COGS: cost of goods sold)가 차감된 매출총이익을 매출액으로 나누어 산출한다. 가격을 높게 하면 이익률은 높아질 수 있을 것으로 보이지만 활동성이 낮아지거나, 지나치게 높은 가격으로 오히려 매출액이 먼저 줄어들어 역효과를 거둘 수 있다. 제품가격에 대한 시장의 수요 탄력성을 중요하게 고려하여야 한다. K자동차는 매출총이익률이 15%를 상회하는 수준이나 점차 감소하는 추세를 보이고 있다. 다만, 2019년도에 전년대비 1.38%포인트 개선되었다.

$$\text{매출총이익률} = \frac{\text{매출총이익}}{\text{매출액}} \times 100$$

〈표 10-4〉 K자동차의 수익성 비율 (단위: %)

구 분	2015	2016	2017	2018(A)	2019(B)	전년대비
매출총이익률	19.93	19.79	16.66	14.75	16.13	1.38
영업이익률	4.75	4.67	1.24	2.14	3.46	1.32
매출액순이익률	5.31	5.23	1.81	2.13	3.14	1.01
EBITDA마진율	7.63	7.87	4.7	5.71	7.12	1.41
자기자본순이익률(ROE)	11.27	10.85	3.62	4.27	6.50	2.23
총자산순이익률(ROA)	6.05	5.69	1.88	2.22	3.41	1.19
투하자본이익률(ROIC)	10.61	11.22	1.50	4.88	9.28	4.40

* 전년대비 : B－A

2019 매출총이익률 = 93,794/581,460 × 100 = 16.13%

2018 매출총이익률 = 79,925/541,698 × 100 = 14.75%

② **영업이익률**

영업이익률(operating profit ratio)은 영업이익(operating profit)을 매출액으로 나눠서 구한다. 매출액과 영업비용(원가와 판매비와관리비) 관리 측면에서 큰 의미를 지닌다. 다만, 이익률에 대한 지나친 집착으로 기업의 성장기회를 놓치지 않도록 조심할 필요가 있다. K자동차는 영업이익률이 최근 상당한 수준으로 감소하는 추세를 보이고 있다. 다만, 2019년도에는 3.46%로 전년대비 1.32%포인트 개선되었다. 영업비용 관리 측면에서 개선이 있은 것으로 판단된다.

$$\text{영업이익률} = \frac{\text{영업이익}}{\text{매출액}} \times 100$$

2019 영업이익률 = 20,097/581,460 × 100 = 3.46%

2018 영업이익률 = 11,575/541,698 × 100 = 2.14%

③ **매출액순이익률**

매출액순이익률(net income to sales ratio)은 당기순이익을 매출액으로 나누기 때문에 기업 전체의 수익성을 나타낸다. 영업비용 이외에도 금융비용이나 고정자산 등 처분과 같은 다양한 비사업적 이익까지를 포함하므로 기업 전체의 수익성을 대표하지만 비사업적 요소들의 영향을 신중하게 살펴볼 필요가 있다. K자동차의 매출액순이익률 역시 최근 상당한 수준으로 감소하는 추세지만 2019년도에는 3.14%로 전년도 2.13% 대비 1.01%포인트 개선되었다.

$$\text{매출액순이익률} = \frac{\text{당기순이익}}{\text{매출액}} \times 100$$

2019 매출액순이익률 = 18,267/581,460 × 100 = 3.14%

2018 매출액순이익률 = 11,559/541,698 × 100 = 2.13%

④ EBITDA마진율

EBITDA마진율(EBITDA to sales ratio)은 매출을 통한 영업현금흐름 창출능력을 나타내는 지표이다. 영업이익이 *EBIT*(earnings before interests and taxes)라면, 감가상각비(depreciation), 연구개발비 등 자산의 상각(amortization)으로 인한 비현금지출비용을 추가한 *EBITDA*(Earnings before interests, taxes, depreciation and amortization)는 영업으로부터의 순현금흐름을 나타낸다. K자동차의 2019년도 EBITDA마진율은 전년도 대비 약 1.41%포인트 개선되어 7.12% 수준이다. 매출액의 약 7%가 기업의 순영업현금 증가에 기여했다는 의미이다.

$$EBITDA\text{마진율} = \frac{EBITDA}{\text{매출액}} \times 100$$

2019 EBITDA마진율 = 41,391/581,460 × 100 = 7.12%

2018 EBITDA마진율 = 30,924/541,698 × 100 = 5.71%

⑤ 자기자본순이익률

자기자본순이익률(ROE: return on equity)은 주주 중심의 경영에서 총괄재무담당(CFO: chief financial officer)이 관리할 가장 중요한 관리지표라고 할 수 있다. K자동차의 2019년도 ROE는 전년도 대비 약 2.23%포인트 개선되어 6.5% 수준에 이르렀다.

$$\text{자기자본순이익률}(ROE) = \frac{\text{당기순이익}}{\text{자기자본}} \times 100$$

2019 ROE = 18,267/[(272,435 + 289,781)/2] × 100 = 6.50%

2018 ROE = 11,559/[(268,612 + 272,435)/2] × 100 = 4.27%

⑥ 총자산순이익률

총자산순이익률(ROA: return on assets)은 기업이 보유하고 있는 총자산을 얼마나 잘 운영하고 있는지를 나타내는 가장 대표적인 수익성 지표이다. 기업의 최고경영자(CEO: chief executive officer)나 최고재무담당(CFO)의 전체 기업에 대한 경영능력과 관련하여 평가의 수단으로 사용될 수 있다. 당기순이익(net income) 관리도 중요하지만 투하되는 전체 자본(자기자본+타인자본)에 대한 효율적인 운용도 중요함을 시사하고 있다. K자동차의 2019년도 ROA는 전년도 대비 약 1.19%포인트 개선되어 3.41% 수준에 이르렀다.

$$\text{총자산순이익률}(ROA) = \frac{\text{당기순이익}}{\text{총자산}} \times 100$$

2019 ROA = 18,267/[(517,866 + 553,448)/2] × 100 = 3.41%

2018 ROA = 11,559/[(522,944 + 517,866)/2] × 100 = 2.22%

⑦ 투하자본수익률

투하자본수익률(ROIC: return on invested capital)은 투자된 자산 대비 관련 사업의 이익을 평가하는 수익성 지표이다. 투하자본수익률은 조정세후영업이익(NOPLAT: net operating profit less adjusted taxes)을 영업용 투하자본(operating capital)으로 나누어 계산한다. 여기서 조정세후영업이익(NOPLAT)은 영업이익에서 관련 법인세를 차감하여 구한다. 투하자본(IC: invested capital)은 사업에 실질적으로 투하한 자본의 평균이며, 운전자본(working capital)과 영업용 유·무형 자산을 포함한다. 투하자본과 운전자본은 재원의 운용과 관련된 정의이므로 재원 조달 측면에서 측정되지 않고, 자산 항목 중에서 실제로 영업활동과 직·간접 관련성 여부에 의하여 결정된다. 실무적으로 총자산에서 비영업용 자산(non-operating assets)을 제외함으로써 산출된다. 이때 법인세율은 영업이익만을 대상으로 실제 과거 적용된 실효법인세율을 사용한다.

$$\begin{aligned}\text{투하자본수익률}(ROIC) &= \frac{\text{조정세후영업이익}}{\text{투하자본}} \times 100 \\ &= \frac{\text{영업이익}(1-\text{실효법인세율})}{\text{총자산}-\text{비영업용자산}} \times 100\end{aligned}$$

〈표 10-5〉 K자동차의 투하자본 및 투하자본수익률 (금액: 억원, 비율: %)

구 분	2015	2016	2017	2018(A)	2019(B)	전년대비
투하자본수익률(ROIC)	10.61	11.22	1.50	4.88	9.28	1.38
조정세후영업이익(NOPLAT)	16,543	19,208	2,680	8,376	16,869	1.32
투하자본(평균)	155,938	171,242	178,748	171,516	181,694	1.01

* 전년대비 : B - A

2019 ROIC = 16,869/181,694 × 100 = 9.28%

2018 ROIC = 8,376/178,748 × 100 = 4.88%

2. 유동성 비율

유동성 비율(liquidity ratio)이란 보유 중인 자산이 단기에 현금화될 수 있는지를 측정한다. 유동성 비율분석의 목적은 단기채무에 대한 지급능력을 평가하는 데 있다. 유동비율, 당좌비율, 이자보상배율 및 금융비용부담률 등이 있다. 유동성의 실무상 구분기준은 1년 이내에 현금화 가능성과 관련되어 있는데, 보유 목적이 장기투자나 보유 목적이 아니고 조기 현금화를 위한 것이며, 현금화에 상당한 비용과 시간이 필요해서는 안 되는 것이다. 즉, 기업의 단기지급능력을 의미한다. 반면에 안정성은 부채비율이나 비유동비율 등 유사한 맥락이지만 경기 변화 등에 대한 대응능력의 지표이다. <표 10-6>에는 K자동차의 5년간 주요 유동성 비율을 제시하고 있다.

① 유동비율

유동비율(current ratio)은 기업의 단기채무 지급능력을 알아볼 수 있는 기본적인 비율로, 유동자산을 유동부채로 나누어 산출한다. 1년 이내에 현금화할 수 있는 유동자산이 유동부채의 몇 배가 되는가를 의미한다. K자동차의 유동비율은 100%를 초과하여 양호한 편이다.

$$\text{유동비율} = \frac{\text{유동자산}}{\text{유동부채}} \times 100$$

〈표 10-6〉 K자동차의 유동성 비율 (비율: %, 배율: 배)

구 분	2015	2016	2017	2018(A)	2019(B)	전년대비
유동비율	126.14	128.72	141.24	132.88	124.77	-8.11
당좌비율	72.25	74.22	85.48	73.66	68.09	-5.57
이자보상배율(TIE)	26.43	17.68	3.01	5.68	10.65	4.97
금융비용부담률	0.18	0.26	0.41	0.38	0.33	0.5

* 전년대비 : B-A

2019 유동비율=215,554/172,766×100=124.77%

2018 유동비율=197,117/148,347×100=132.88%

② 당좌비율

당좌비율(quick ratio)은 유동자산 중에서 가장 유동화(현금화)하기 쉬운 자산이 얼마나 단기채무에 충당될 수 있는가를 측정하는 비율로서 당좌자산(quick asset)은 재고자산을 제외한 것으로 현금화가 용이한 유동자산이다. K자동차의 당좌비율은 50%를 초과하여 상당히 양호한 편으로 판단된다.

$$당좌비율 = \frac{당좌자산}{유동부채} \times 100$$

2019 당좌비율=117,638/172,767×100=68.09%

2018 당좌비율=109,278/148,347×100=73.66%

③ 이자보상배율

이자보상배율(TIE: times interest earned, interest coverage ratio)이란 영업이익을 금융비용(이자비용)으로 나눈(방법 1) 지표로 기업이 부채에 대한 이자를 지급할 수 있는 능력을 판단하기 위해 산출한다. K자동차의 이자보상배율은 2019년도 기준 10배를 초과하는 등 매우 양호한 편이다. 영업현금흐름을 이자비용으로 나누는 방법(방법 2)은 영업현금흐름 창출능력이 이자를 지급할 수 있는 능력을 측정한다.

$$(1)\ \text{이자보상배율} = \frac{\text{영업이익}}{\text{이자비용}}$$

또는

$$(2)\ \text{이자보상배율} = \frac{\text{영업이익} + \text{감가상각비}}{\text{이자비용}} = \frac{\text{영업현금흐름}}{\text{이자비용}}$$

2019 이자보상비율 = 20,097/1,887 = 10.65(배)

2018 이자보상비율 = 11,575/2,038 = 5.68(배)

④ 금융비용부담률

금융비용부담률(financial cost burden rate)이란 금융비용을 매출액으로 나눈 지표로 기업이 부채에 대한 이자를 지급할 수 있는 능력을 매출액 기준으로 판단하는 것이다. K자동차의 금융비용부담률은 2019년도 기준 매출액의 0.33% 수준으로 매우 양호한 편이며 전년도 대비 크게 개선되었다.

$$\text{금융비용부담률} = \frac{\text{이자비용}}{\text{매출액}} \times 100$$

2019 금융비용부담률 = 1,887/581,460 × 100 = 0.33%

2018 금융비용부담률 = 2,038/541,698 × 100 = 0.38%

3. 안정성 비율

안정성 비율(safety ratio)은 기업의 재무적 안정성(financial stability)을 나타내는 지표로서 부채에 대한 상환능력을 나타내며, 레버리지 비율(leverage ratio) 또는 부채 레버리지라고도 한다. 레버리지는 주주 이익 극대화 관점에서 자기자본순이익률(ROE)이 크게 높아지는 지렛대 모습을 보이기 때문이다. 단기지급능력을 의미하는 유동성과 달리 경기 변화에 대한 대응능력을 의미한다. <표 10-7>에는 K자동차의 5년간 주요 안정성 비율을 제시하고 있으며, 부채비율

〈표 10-7〉 K자동차의 안정성 비율 (단위: %)

구 분	2015	2016	2017	2018(A)	2019(B)	전년대비
부채비율	89.97	91.46	94.68	90.09	90.99	0.9
부채비중(DAR)	47.36	47.77	48.63	47.39	47.64	0.25
비유동비율	24.02	21.32	19.43	27.65	25.61	-2.03
비유동 장기적합률	49.35	49.63	65.98	65.45	52.62	-12.84

* 전년대비 : B-A

기준으로 2017년까지 나빠졌다가 이후 개선되고 있음을 보여주고 있다.

① 부채비율

부채비율(debt ratio)은 타인자본을 사용하는 수준을 나타내는 비율이다. 실무적으로 몇 가지 형태가 혼용되고 있어 명확한 정의와 구분이 필요하다. 가장 많이 쓰이며, 우리나라에서도 통용되는 정의는 자기자본에 대한 부채의 상대적 비율이다. 부채비율이 높을수록 경기 변동 등에 따라 기업의 부실 위험이 높아진다. K자동차의 부채비율은 100% 이하인 90% 수준이므로 매우 양호한 수준이다.

$$\text{부채비율} = \frac{\text{부채}}{\text{자기자본}} \times 100$$

2019 부채비율=263,667/289,781×100=90.99%

2018 부채비율=245,431/272,435×100=90.09%

② 부채비중, 자기자본비율

부채비중(DAR: debt to assets ratio)은 총자산 중 부채의 비중을 나타내는 비율이다. 실무적으로 이 비율을 부채비율이나 레버리지(leverage ratio) 등 다르게 정의하는 경우도 많이 있으니 정의 자체를 명확하게 하거나 파악해 둘 필요가 있다. 자기자본비율(equity ratio)은 자기자본을 총자산으로 나누거나, (100%-부채비중)으로 산출된다. 부채비중이 50% 이하 또는 자기자본비율이 50% 이상일 때, 양호한 수준이 된다. K자동차의 부채비중은 50% 이하로 매우 양호한 수준이다. 전년도 대비 부채성장률과 총자산성장률이 거의 같은 수준으로 보아 내부적으로 자본구조에 대하여 목표관리를 하고 있는 것으로 보인다.

$$\text{부채비중} = \frac{\text{부채}}{\text{총자산}} \times 100$$

2019 부채비중=263,667/553,448×100=47.64%

2018 부채비중=245,431/517,866×100=47.39%

$$\text{자기자본비율} = \frac{\text{자기자본}}{\text{총자산}} \times 100$$

2019 자기자본비율=263,667/553,448×100=52.36%

2018 자기자본비율=245,431/517,866×100=52.61%

③ 비유동비율

비유동비율(non-current ratio)은 비유동자산에 투입되어 있는 자산의 비율을 측정하는 지표다. 이 비율이 높을수록 비유동자산을 처분하여 유동성 확보가 어려워짐을 의미하므로 낮을수록 위기상황에 대한 대처능력이 높아짐을 의미한다. K자동차의 비유동비율은 2019년도에는 전년도 대비 2.03%포인트 줄어서 개선된 것인데, 비유동자산이 감소한 것보다 더 큰 수준 이상으로 증가한 자기자본 개선 효과 때문이다.

$$\text{비유동비율} = \frac{\text{비유동자산}}{\text{자기자본}} \times 100$$

2019 비유동비율=74,227/289,781×100=25.61%

2018 비유동비율=75,317/272,435×100=27.65%

④ 비유동 장기적합률

비유동 장기적합률(non-current long-term suitability)은 비유동자산에 투자된 자금이 장기성 자금으로 조달된 수준을 측정한다. 이 비율이 100% 이하라면 비유동자산에 투자된 자금이 모두 장기성 자금으로 조달되고, 반대로 100%를 초과하는 경우 일부 자금이 단기성 부채에서 조달되었음을 의미한다. K자동차의 비유동 장기적합률은 2019년도 기준 69.1% 수준으로 100%에 크게 미달하여, 시설자금은 기본적으로 만기가 1년 이상인 장기자금으로 조달되고 있다는 것이며, 장기적인 관점에서 재무적인 안정성이 높다고 할 수 있다.

$$\text{비유동 장기적합률} = \frac{\text{비유동자산}}{\text{비유동부채} + \text{자기자본}} \times 100$$

2019 비유동 장기적합률=263,044/(90,900+289,781)×100=69.10%

2018 비유동 장기적합률=260,241/(97,084+272,435)×100=70.43%

4. 성장성 분석

성장성 비율(growth rate)은 일정기간 동안 기업의 매출액, 자산 등 사업의 규모가 커졌는가를 보여주는 지표다. 이 비율은 기업의 시장경쟁력과 성장잠재력 등에 대해 간접적으로 알려주는 지표다. <표 10-8>에는 K자동차의 5년간 주요 성장성 비율을 제시하고 있다. 전체적으로 2017년도 및 2018년도 중에는 회사의 성장성이 낮았는데 최근 순이익의 감소로 빚어진 결과로 보인다.

〈표 10-8〉 K자동차의 성장성 비율 (단위: %)

구 분	2015	2016	2017	2018(A)	2019(B)	전년대비
매출액성장률	5.15	6.44	1.56	1.19	7.34	6.16
총자산성장률	12.03	10.68	2.76	−0.97	6.87	7.84
순이익성장률	−12.13	4.71	−64.86	19.41	58.02	38.61

* 전년대비 : B−A

① 매출액성장률

매출액성장률(sales growth rate)은 전년도에 비하여 금년도의 매출액이 어느 정도 성장하였는지 나타내는 지표다. K자동차의 2017년도 및 2018년도에 매출액 성장이 정체되었음을 확인할 수 있다.

$$\text{매출액성장률} = \frac{\text{금년도 매출액} - \text{전년도 매출액}}{\text{전년도 매출액}} \times 100$$

2019 매출액성장률＝(581,460－541,698)/541,698×100＝7.34%

2018 매출액성장률＝(541,698－535,357)/535,357×100＝1.19%

② 총자산성장률

총자산성장률(total asset growth rate)은 전년도에 비하여 금년도의 총자산이 어느 정도 성장하였는지 나타내는 지표다. K자동차의 2017년도 및 2018년도에 총자산 성장이 거의 정체되거나 오히려 후퇴하였으나, 2019년도에는 총자산 기준 성장률이 6.87%로 그간의 부진에서 탈피하였다.

$$\text{총자산성장률} = \frac{\text{금년도 총자산} - \text{전년도 총자산}}{\text{전년도 총자산}} \times 100$$

2019 총자산성장률＝(553,448－517,866)/517,866×100＝6.87%

2018 총자산성장률＝(517,866－522,944)/522,944×100＝－0.97%

③ 순이익성장률

순이익성장률(net income growth rate)은 전년도에 비하여 금년도의 당기순이익이 얼마나 성장하였는지 나타내는 지표다. K자동차의 2017년도 및 2018년도에 자산 기준 성장이 거의 정체되거나 오히려 후퇴하였다. 그러나 2019년도 및 2018년도에는 전년도 대비 순이익성장률이 58.02% 및 19.41%로 외형적 성장보다 수익성 위주 내실 경영으로 전환되었음을 알 수 있다.

$$\text{순이익성장률} = \frac{\text{금년도 순이익} - \text{전년도 순이익}}{\text{전년도 순이익}} \times 100$$

2019 순이익성장률 = (18,267 − 11,559)/11,559 × 100 = 58.02%

2018 순이익성장률 = (11,559 − 9,680)/9,680 × 100 = 19.41%

5. 활동성 비율

활동성 비율(activity ratio)은 기업에 투하된 자본의 효율성이나 주요 관리 항목에 대하여 일정기간 중에 얼마나 활발하였는지를 표시하는 지표이다. 일명 회전율(turnover ratio)이라고도 한다. <표 10-9>에는 K자동차의 5년간 주요 활동성 비율을 제시하고 있다. 전체적으로 총자산 기준 회전율이 1(회)을 초과하는 등 비교적 높은 수준이다. 재고자산회전율이나 매출채권회전율 수준도 높고 안정적이므로 활동성이 좋은 기업이라 할 수 있다.

① 총자산회전율

총자산회전율(total asset turnover)은 총자산이 매출액 기준 1년 동안 몇 번 회전하였는가를 나타내는 지표로 총자산의 효율적인 활용도를 측정한다. K자동차의 회전율은 양호한 수준에서 안정적인 추세를 보이고 있다.

$$\text{총자산회전율} = \frac{\text{매출액}}{\text{평균 총자산}}$$

〈표 10-9〉 K자동차의 활동성 비율 (단위: 회)

구 분	2015	2016	2017	2018(A)	2019(B)	전년대비
총자산회전율	1.14	1.09	1.04	1.04	1.09	0.04
재고자산회전율	7.19	6.37	6.15	6.87	7.58	0.71
유형자산회전율	4.28	3.97	3.94	3.81	3.81	0.00
매출채권회전율	20.57	21.97	23.78	26.12	27.57	1.45

* 전년대비 : B − A

2019 총자산회전율 = 581,460/[(517,866 + 553,448)/2] = 1.09(회)

2018 총자산회전율 = 541,698/[(522,944 + 517,866)/2] = 1.04(회)

② 재고자산회전율

재고자산회전율(inventory turnover)은 재고자산이 매출액 기준 1년 동안 몇 번 회전하였는가를 나타내는 지표로 재고자산의 효율적인 활용도를 측정한다. K자동차의 재고자산회전율은 양호한 수준이며, 매출액 정체를 빚은 2017년도 및 2018년도 이후 2019년도에는 상당히 회복되었다.

$$\text{재고자산회전율} = \frac{\text{매출액}}{\text{평균 재고자산}}$$

2019 재고자산회전율 = 581,460/[(72,340 + 81,087)/2] = 7.58(회)

2018 재고자산회전율 = 541,698/[(85,437 + 72,340)/2] = 6.87(회)

③ 유형자산회전율

유형자산회전율(tangible asset turnover)은 유형자산이 매출액 기준 1년 동안 몇 번 회전하였는가를 나타내는 지표로서, 토지, 건물, 기계설비 등 시설장비의 효율적인 활용도를 측정한다. K자동차의 유형자산회전율은 2018년도 및 2019년도 3.81회로 과거 5년간 기준으로 다소 하락하는 추세로 판단된다.

$$\text{유형자산회전율} = \frac{\text{매출액}}{\text{평균 유형자산}}$$

2019 유형자산회전율 = 581,460/[(148,033 + 157,467)/2] = 3.81(회)

2018 유형자산회전율 = 541,698/[(136,529 + 148,033)/2] = 3.81(회)

④ 매출채권회전율 및 회수기간

매출채권회전율(receivable turnover)은 매출채권을 얼마나 빨리 회수하는가를 측정하는 지표이며, 1년 동안 몇 번이나 매출채권이 현금으로 바뀌었는지를 나타낸다. 매출액을 매출채권으로 나누어 계산된다. K자동차의 매출채권회전율은 2018년도 및 2019년도 각각 26.12회 및 27.57회로 매출을 통한 자금흐름이 매우 원활한 것으로 판단된다. 한편, 이러한 매출채권회전율의 역수로 평균 회수기간을 산출할 수 있다. K자동차의 매출채권회전율은 2015년도부터 지속적으로 증가하고 있다. 반대로 보면, 매출채권 평균 회수기간(ACP: average collection period)이 점차 짧아지고 있음을 알 수 있다.

$$\text{매출채권회전율} = \frac{\text{매출액}}{\text{평균 매출채권}} = \frac{\text{매출액}}{\text{평균 (외상매출금} + \text{받을어음)}}$$

2019 매출채권회전율 = 581,460/21,094 = 27.57(회)

2018 매출채권회전율 = 541,698/20,741 = 26.12(회)

※ 매출채권: 장단기 외상매출금 및 받을어음의 평균금액[(전기 + 당기)/2] 사용

2019 평균 매출채권 = (24 + 124 + 20,493 + 21,547)/2 = 21,094

2018 평균 매출채권 = (34 + 24 + 20,930 + 20,493)/2 = 20,741

$$\text{매출채권회전기간}(ACP) = \frac{\text{매출채권}}{\text{매출액}} \times 365\text{일}$$

2019 매출채권 평균 회수기간 = 21,094/581,460 × 365일 = 13.24(일)

2018 매출채권 평균 회수기간 = 20,741/541,698 × 365일 = 13.97(일)

6. 시장가치 비율

시장가치 비율(market ratios)은 재무비율과 달리 증권시장에서 해당 기업의 주식가격을 주당이익이나 장부가치 등의 주식과 관련된 각종 비율로 측정함으로써 투자자 등 이해관계자들이 기업의 가치를 어떻게 평가하는지를 분석하는 것이다. 시장가치도 완전한 평가방법이라고 할 수 없지만, 장부가치와 실제가치의 괴리 등 한계점을 극복하는 장점도 있으므로 재무제표를 이용한 재무비율을 보

〈표 10-10〉 K자동차의 시장가치 비율 (단위: 배)

구 분	2015	2016	2017	2018(A)	2019(B)	전년대비
주가수익비율(PER)	8.11	5.78	14.03	11.82	9.83	-16.81
주가장부가비율(PBR)	0.87	0.59	0.50	0.50	0.61	23.59
주가현금흐름비율(PCR)	6.32	4.86	5.23	3.06	4.97	62.77
토빈 Q(Tobin Q)(%)	93.73	79.03	74.60	73.77	80.09	6.32

* 전년대비 : B-A

완하는 의미있는 분석수단이 될 수도 있다.

① 주가수익비율

주가수익비율(PER: price-to-earnings ratio, P/E ratio)은 기준시점 주가를 주당순이익(EPS: earnings per share)으로 나눈 비율로서 주가가 주당순이익의 몇 배 수준인가를 나타낸다. K자동차의 경우 2019년도 말 주가수익비율이 2018년도보다 낮아서 주당순이익 기준으로 과소평가된 것으로 2020년 이후 주가에 추가 상승 여력이 있다고 판단한다.

$$\text{주가수익비율}(PER) = \frac{\text{주가(Price)}}{\text{주당순이익}(EPS)} = \frac{\text{시가총액}}{\text{당기순이익}}$$

2019 PER = 44,300/4,506 = 9.83(배)

2018 PER = 33,700/2,852 = 11.82(배)

※ 44,300원 및 33,700원은 2019년 및 2018년 말 기준 K자동차의 보통주 수정주가임.

② 주가장부가비율 및 시가장부가비율

주가장부가비율(PBR: price-to-book ratio, P/B ratio)은 기준시점 주가를 주당장부가(BPS: book value per share)로 나눈 비율로서 주가가 주당순이익의 몇 배 수준인가를 나타낸다. 여기서 장부가는 부채를 차감한 기업의 자기자본이 되며, 시장가치(market value)와 대비하여 장부가치(book value)라고 한다. 아래 식에서 보듯이 주가수익비율(PER)은 총액 관점에서 시장가치(시가총액) 대 장부가치(자기자본)의 비율로 시가장부가비율(MBR: market-to-book ratio)이라고 할 수 있다. K자동차의 경우 2019년도 말 주가장부가비율이 2018년도보다 높아서 주당장부가 기준으로 과대평가되어 있다. 따라서 앞서의 주가수익비율(PER) 분석과 달리 2020년 이후 주가에 추가하락의 가능성이 있다고 판단한다.

$$\text{주가장부가비율}(PBR) = \frac{\text{주가(Price)}}{\text{주당장부가}(BPS)}$$

$$\text{시가장부가비율}(MBR) = \frac{\text{시가총액(Market Value)}}{\text{자기자본(Book Value)}}$$

2019 PBR = 44,300/72,277 = 0.61(배)

2018 PBR = 33,700/67,950 = 0.50(배)

※ 72,277원 및 67,950원은 2019년 및 2018년 말 현재 K자동차의 보통주 주당 장부가치임.

③ 주가현금흐름비율

주가현금흐름비율(PCR: price-to-cash flow ratio, P/C ratio)은 주가를 주당영업현금흐름(CPS: cash flow per share)으로 나눈 비율이다. 현금흐름에 비하여 현재 주가가 낮으면 낮을수록 주가가 저평가되어 있기 때문에 투자가치가 높은 것으로 평가된다. K자동차의 경우 2019년도 말 기준 주가현금흐름비율이 2018년보다 크게 높아서 주당영업현금흐름 기준으로는 상당히 과대평가되어 있어서 주가하락이 예상된다.

$$\text{주가현금흐름비율}(PCR) = \frac{\text{주가(Price)}}{\text{주당영업현금흐름}(CPS)} = \frac{\text{시가총액}}{\text{영업현금흐름}}$$

2019 PCR = 44,300/8,907 = 4.97(배)

2018 PCR = 33,700/11,029 = 3.06(배)

※ 8,907원 및 11,029원은 2019년 및 2018년도 주당영업현금흐름임.

④ 토빈 Q

토빈 Q(Tobin's Q) 비율은 자산의 시장가치를 총자산 대체원가로 나눈 값이다. 제임스 토빈(James Tobin)이 대중화한 지수로, 주식시장에 있는 모든 기업의 결합된 시장가치는 총자산의 대체원가와 이론상 같아야 한다는 가설을 세웠다. 실제로 토빈 이전에 1966년 경제학자 니콜라스 칼도(Nicholas Kaldor)가 처음 제안한 것이다.

$$\text{토빈 } Q = \frac{\text{총자산 시장가치}}{\text{총자산 대체원가}} \times 100$$

토빈 Q 비율이 총자산(자기자본+총부채)의 시장가치를 총자산 대체원가로 나눈 값인데, 총자산의 대체원가를 추정하기 어렵기 때문에 실무적으로 아래의 토빈의 Q 비율을 사용한다. 총부채의 가액은 회계기준상 시가로 평가되기 때문에 두 가지 식이 사실상 동일하다.

$$\text{토빈 } Q = \frac{\text{자기자본 시장가치} + \text{총부채 시장가치}}{\text{자기자본 장부가치} + \text{총부채 장부가치}} \times 100$$

$$= \frac{\text{시가총액} + \text{총부채}}{\text{총자산}} \times 100$$

2019 토빈 Q = (179,576 + 263,667)/(289,781 + 263,667) × 100
= 443,243/553,448 × 100 = 80.09%

※ 시가총액: 179,576; 총부채: 263,667; 자기자본: 289,781
총자산(553,448) = 총부채(263,667) + 자기자본(289,781)

2018 토빈 Q = (136,607 + 245,431)/(272,435 + 245,431) × 100
= 382,038/517,866 × 100 = 73.77%

〈표 10-11〉 K자동차의 배당 관련 비율 (금액: 원, 비율: %, 전년대비: 차이)

구 분	2015	2016	2017	2018(A)	2019(B)	전년대비
주당배당금	1,100	1,100	800	900	1,150	250
주 가	52,600	39,250	33,500	33,700	44,300	10,600
액면가	5,000	5,000	5,000	5,000	5,000	0.00
주당순이익	6,489	6,795	2,388	2,852	4,506	1,654
배당성향	15.36	16.01	45.56	27.75	19.75	8.00
배당률	22.00	22.00	16.00	18.00	23.00	5.00
배당수익률	2.09	2.80	2.39	2.67	2.60	0.07

* 전년대비 : B－A

⑤ 배당성향, 배당률 및 배당수익률

기업은 주주로부터의 자기자본 투자를 받고 성과의 일부 또는 전부를 주주에게 배당금 형태로 환원하는 절차를 밟게 된다. 이러한 배당 결정에서 산업이나 국가적 상황 등과 기업의 현금흐름 등을 고려하여 일정한 비율의 배당을 결정하는데, 총이익금에서 차지하는 비중이나, 액면가 또는 주식의 시장가격 등을 기준으로 보통주에 대한 배당성향, 배당률 및 배당수익률 등을 결정하게 된다.

<표 10-11>을 보면 K자동차의 경우 액면가의 일정한 비율 수준으로 주당배당금을 결정하는데, 주가를 기준으로 배당수익률을 어느 정도 일정하게 유지하려는 정책을 따르는 것으로 추정할 수 있다. 이하에서는 몇 가지 배당 관련 비율의 산출식을 제시한다.

- 배당성향(dividend payout ratio) : 순이익 중에서 배당지급액이 차지하는 비율이다.

$$\text{배당성향} = \frac{\text{총배당금}}{\text{당기순이익}} \times 100 = \frac{\text{주당배당금}(DPS)}{\text{주당순이익}(EPS)} \times 100$$

- 배당률(dividend ratio) : 보통주 액면가에 대한 주당 배당금의 비율로서 배당금 지급의 기준이 되는 지표이다. 액면가의 10% 기준의 배당률이 주가 대비 1%보다 낮은 경우가 많아, 우리나라가 주가 대비 실제 배당 수준이

세계에서 거의 최하위 수준인 이유 중의 하나이다.

$$\text{배당률} = \frac{\text{총배당금}}{\text{보통주 자본금}} \times 100 = \frac{\text{주당배당금}}{\text{액면가}} \times 100$$

- 배당수익률(dividend yield) : 주가에 대한 주당 배당금의 비율이다. 실제로 투자자 입장에서는 배당수익률이 이자율 등과 비교할 수 있는 중요한 기준이 된다.

$$\text{배당수익률} = \frac{\text{주당배당금}}{\text{매입 주가}} \times 100$$

2019 배당성향 = 1,150/4,506 = 19.75%; 배당률 = 1,150/5,000 = 23.00%
배당수익률 1,150/44,300 = 2.60%

2018 배당성향 = 900/2,852 = 27.75%; 배당률 = 900/5,000 = 18.0%
배당수익률 900/33,700 = 2.67%

7. 생산성 비율

기업의 생산요소인 노동, 설비 및 자본에 대해 산출량인 생산량, 매출, 부가가치가 높을수록 생산성이 높다고 한다. 생산성 비율(productivity ratio)은 기업 재원운용의 효율성과 성과를 측정하고 생산요소별로 공헌도를 측정하여 합리적인 성과 배분이나 생산성 개선의 수단으로 활용할 수 있다. 본서에서는 매출액, 종업원 및 설비투자가 기업의 부가가치에 미치는 영향을 진단하기로 한다. 기업의 회계기준과 생산성 진단 등의 목적이 다르기 때문에 기업의 회계장부를 기준으로 목적에 맞는 정확한 수치를 산출하는 것은 다소 문제가 있다. 다만, 전체적으로 생산요소별로 지출되는 과목과 기준을 적용함으로써 추세를 진단하고, 다른 기업과 비교하는 데는 별 문제가 없다고 할 수 있다. 부가가치를 전체 매출액에서 원재료, 인력, 설비 등 요소별 기여도를 차감하는 방법이 있고, 인건비, 임차

〈표 10-12〉 K자동차의 생산성 관련 비율 (금액: 억원, 비율: %, 인원: 명)

구 분	2013	2014	2015	2016(A)	2017(B)	전년대비
부가가치(백만원)	99,377	98,122	113,208	109,289	95,203	-14,086
종업원수(명)	33,536	33,578	33,984	34,282	37,504	3,222
설비자산(억원)	74,551	78,528	102,960	102,581	106,521	3,940
총자본(억원)	268,629	303,117	340,689	363,794	390,957	27,163
매출액(억원)	283,326	298,501	326,999	316,419	321,099	4,680
인당 부가가치(백만원)	303.4	292.6	336.5	320.7	277.7	-43.0
설비투자효율성	134.56	128.20	124.75	106.34	91.06	-15.28
총자본 투자효율성	38.71	34.32	35.17	31.03	25.23	-5.80
부가가치율	35.08	32.87	34.62	34.54	29.65	-4.89

* 전년대비 : B-A

료, 조세 공과, 지불 특허료, 감가상각비를 영업이익에 가산하는 방식도 있다. 다음은 한국은행에서 제시하는 방안이다.

부가가치액 = 인건비 + 금융비용 + 제세공과금 + 지급수수(임차)료 + 감가상각비 + 순이익

① 노동생산성

노동생산성 비율(labor productivity ratio)은 노동력이 생산량, 매출, 부가가치 등 성과에 미치는 영향 또는 운용 효율성을 측정한다. 다양한 척도가 있지만, 대표적인 지표로 종업원 1인당 부가가치나 1인당 매출액을 사용하는 경우가 많다. 참고로 종업원 1인당 부가가치는 아래와 같이 산출하며, K자동차의 자료를 이용하여 1인당 부가가치를 측정하였다.

$$\text{종업원 1인당 부가가치} = \frac{\text{부가가치}}{\text{종업원수}} \times 100$$

2017 종업원 1인당 부가가치 = 95,203/[(34,282 + 37,504)/2] = 277.7백만원

2016 종업원 1인당 부가가치 = 109,289/[(33,984 + 34,282)/2] = 320.7백만원

이러한 성과가 실제 종업원의 노동생산성이나 효율성 변화보다는 경쟁환경 변화에 따른 기업 전체의 매출액, 당기순이익 등의 높은 외부환경에 의존도 등 한계를 충분히 인식하여야 한다.

② 설비투자효율성

설비투자효율성 비율(equipment efficiency ratio)은 시설투자가 기업의 생산량, 매출, 부가가치 등 성과에 미치는 영향을 진단한다. K자동차의 설비투자효율성은 <표 10-12>에 제시되어 있으며, 아래와 같이 산출한다.

$$\text{설비투자효율성} = \frac{\text{부가가치}}{\text{유형자산} - \text{건설가계정}} \times 100$$

2017 설비투자효율성 = 95,203/[(102,581 + 106,521)/2] = 91.06%

2016 설비투자효율성 = 109,289/[(102,960 + 102,581)/2] = 106.34%

③ 총자본 투자효율성

총자본 투자효율성 비율(total capital efficiency ratio)은 총자본(총자산)이 기업의 부가가치에 미치는 영향을 진단한다. K자동차의 총자본 투자효율성은 <표 10-12>에 제시되어 있으며, 다음과 같이 산출한다. 참고로 기업의 총자본은 회계적으로 총자산과 같다.

$$\text{총자본 투자효율성} = \frac{\text{부가가치}}{\text{총자본}} \times 100$$

2017 총자본 투자효율성 = 95,203/[(363,794 + 390,957)/2] = 25.23%

2016 총자본 투자효율성 = 109,289/[(340,689 + 363,794)/2] = 31.03%

④ 부가가치율

부가가치율(gross value added to sales ratio)은 기업이 매출액을 통하여 부가가치를 창출한 비율을 측정하는 지표이다. 각 요소별로 부가가치에 기여한 정도를 매출액에서 차지하는 비중으로 측정함으로써 기업이 매출액을 통하여 국가나 지역경제 등 발전에 기여하는 정도를 종합적으로 판단한다. K자동차의 총자본 투자효율성은 <표 10-12>에 제시되어 있으며, 아래와 같이 산출한다.

$$\text{부가가치율} = \frac{\text{부가가치}}{\text{매출액}} \times 100$$

2017 부가가치율 = 95,203/321,099 = 29.65%

2016 부가가치율 = 109,289/316,419 = 34.54%

▨ 기업 실무자의 고민: 기업의 부가가치와 사회적 책임

앞서 살펴본 부가가치 기준의 생산성 또는 효율성 지표는 사실상 국가경제나 지역경제 등 외부입장에서 바라다보는 기업의 기여도라고 볼 수 있다. 최근 사회적 책임을 강조하는 측면에서 각 투입요소에 대하여 충분히 보상하고도 이익을 창출하는 기업의 긍정적인 면도 있다고 할 수 있다. 기업이 고용을 창출하고, 금융비용을 부담하고, 주변의 이해관계자들에게 거래와 보상을 통해 발전하는 것은 매우 바람직하다. 다만, 이러한 방식의 생산성과 효율성 정의는 여러 가지 측면에서 기업의 본질적 활동과 목표와는 거리가 멀다고 할 수 있다.

첫째, 특정한 계정과목을 중심으로 부가가치를 평가하기에 기업의 재무제표의 목적과 내용이 다르다는 점이다. 가령 대기업의 독립적인 내부 교육설비와 운용인력 관련 비용이 교육훈련비로 처리되는 반면, 소기업에서는 위탁교육훈련비로 처리되는 경우가 많다. 연구개발부서와 설비 등도 마찬가지다. 그런 의미에서 같은 의미로 지출되는 비용이 보고되는 형태에 따라 부가가치로 평가되거나 배제될 수 있다.

둘째, 기업의 설비나 인력 운용 등의 효율성은 담당업무 특성이나 상황에 따라 매우 세밀하게 평가되고 진단되어야 한다. 이처럼 본질적인 프로세스나 시설운용의 효율성 개선 활동과는 상관없이 특정한 지출 유형이나 대상을 중심으로 부가가치나 효율성 지표로 인식하는 것은 적정성이 결여되어 있다고 할 수 있다.

셋째, 비용을 효율성의 항목으로 반영한다는 자체가 기업 관점에서의 효율성의 관점을 근본적으로 부정하는 것이라고도 할 수 있다. 기업은 장기 존속과 성장발전을 통하여 투자자와 채권자, 종업원 등 핵심 이해당사자들을 대상으로 본질적 책임을 다해야 한다. 이런 관점에서 지출의 증대보다 매출증대, 비용절감, 비효율적인 프로세스나 행동의 제거, 신제품 개발 및 고용창출 등 새로운 관점에서의 부가가치 개념 정립이 필요할 수 있다. 특히, Cobb-Douglas의 생산함수에 따라 투입이 생산의 증가함수인 경우, 방만한 인력과 설비, 재고자산을 투입하는 자체를 사회적 성과로 인식하는 이상한 논리에서 벗어나 기업 중심의 생산성, 효율성 척도가 개발되어야 한다.

8. 산업 내 비교 재무분석

특정 기업에 대한 재무비율 분석은 크게 두 가지 목적이 있다. 첫째, 재무비율 분석을 통하여 동일산업이나 유사한 상황의 기업과 비교함으로써 경쟁력이나 재무상황 등을 비교진단하고 재무정책의 참고자료로 활용하거나 투자자 등 이해관계자가 의사결정의 정보로 사용한다. 둘째, 기간별로 추세를 비교진단함으로써 상대적인 강약점의 개선 또는 악화 상황을 검토할 수 있다. 이러한 과정에서 산업 내 벤치마킹할 우량기업 등이 있으면 더욱 바람직하다.

국내 자동차산업에는 K자동차의 재무정보를 현대자동차와 대비시켜 제시하고 있다. 당초 전혀 다른 기업으로 창립하였으나 하나의 그룹으로 인수합병 후 최근의 재무지표들이 매우 유사한 패턴으로 수렴하고 있음을 볼 수 있다. 이는 실제로 외부 경쟁회사가 없는 국내 자동차 시장에서 두 기업 간 동일 그룹 기업으로서 전반적인 재무정책에는 공통적인 요소가 있음을 알 수 있다. 부분적으로는 후발주자인 K자동차의 재무적 안정성이 현대자동차보다 상대적으로 낮고, 재무적 유보율 등은 부족한 상황임을 알 수 있다. 쌍용자동차 등 다른 경쟁회사들의 재무상황은 K자동차와 현대자동차와의 비교가 별 의미가 없어 생략하기로 한다.

〈표 10-13〉 국내 자동차산업의 주요 재무정보 비교

(금액: 억원, 비율: %)

구 분	기아자동차			현대자동차		
	2017	2018	2019	2017	2018	2019
매출액	535,357	541,698	581,460	963,761	968,126	1,057,464
영업이익	6,622	11,575	20,097	45,747	24,222	36,055
당기순이익	9,680	11,559	18,267	45,464	16,450	31,856
영업이익률	1.24	2.14	3.46	4.75	2.5	3.41
순이익률	1.81	2.13	3.14	4.72	1.70	3.01
ROE(지배주주)	3.62	4.27	6.5	5.92	2.20	4.32
부채비율	94.68	90.09	90.99	138.37	144.47	154.71
당좌비율	85.48	73.66	68.09	58.76	52.21	46.57
유보율	1,205.53	1,235.32	1,298.17	4,804.16	4,747.59	4,865.48
EPS(원)	2,388	2,852	4,506	14,127	5,352	10,761
PER(배)	14.03	11.82	9.83	11.04	22.14	11.20
BPS(원)	66,997	67,950	72,277	257,222	256,422	267,549
PBR(배)	0.5	0.5	0.61	0.61	0.46	0.45
주당배당금(원)	800	900	1,150	4,000	4,000	4,000
배당수익률(%)	2.39	2.67	2.6	2.56	3.38	3.32
배당성향(%)	33.13	31.22	25.24	26.77	70.7	35.35

제 3 절 기업가치 분석

가치중심 경영(VBM: value-based management)이란 기업가치, 즉 기업의 미래 현금흐름의 현재가치를 극대화하려는 전략을 의미한다. 우리 기업들의 경영전략이 종래의 외형적 성장주도의 기업경영을 탈피하여 내실화를 기하고, 시장가치를 중심으로 하는 전략적 변화를 시도하고 있다. 다음에서는 이러한 가치중심 경영에서 중요시하는 경영평가지표들을 살펴본다.

1. 투하자본수익률

투하자본수익률(ROIC: return on invested capital)은 기업이 투하자본으로 얼마의 세후 영업이익을 올렸는가를 나타내는데, 세후조정영업이익(NOPLAT: net operating profit less adjusted taxes)을 투하자본(invested capital)으로 나누어서 구한다. 투하자본수익률은 다른 수익성 지표와 달리 기업의 본질적인 영업활동의 수익성을 측정하기 위한 지표이다. 기업의 활동에는 영업활동 이외의 다양한 부수적인 활동이 수반된다. 기업의 사업목적을 정관상 규정하여 세법상에는 영업용으로 분류될 수 있지만 실제 기업의 성과와 직접적인 생산 등 무관한 목적으로 부동산이나 투자자산 등을 보유하기도 한다. 이러한 비영업용 자산(non-operating assets)을 배제하고 순수하게 본연의 활동에서 발생하는 기업의 수익성을 측정하는 지표가 투하자본수익률(ROIC)이다.

투하자본수익률의 개념을 설명하면 [그림 10-1]과 같다. 여기서 영업이익(operating profit)은 EBIT(이자세금전이익, earnings before interest and taxes)와 같은 개념이며 당기순이익에 해당 항목을 가산하는 방식으로 산출되기도 한다(EBIT = 당기순이익 + 법인세 + 이자비용). 또한 조정법인세는 영업이익 기준으로 재산정한 법인세로 통상적으로 EBIT에 실효법인세율을 곱하여 산출한다.

그림 10-1 투하자본의 개념과 산출방법

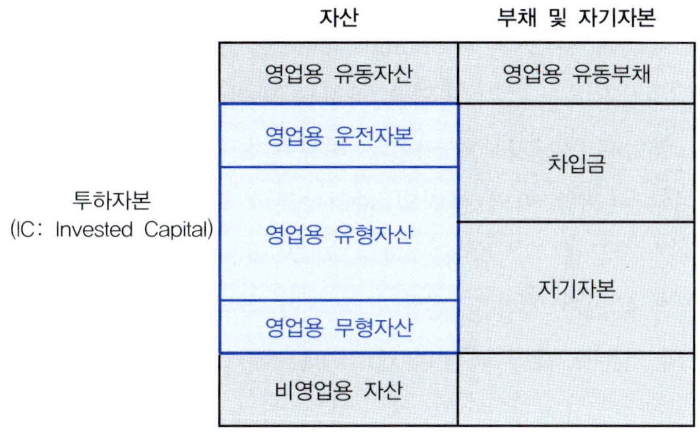

세후조정영업이익(NOPLAT: net operating profit less adjusted taxes)
= 영업이익(operating profit) − 조정법인세(adjusted taxes)
= 영업이익 × (1 − 실효법인세율) = EBIT × (1 − τ)

투하자본수익률의 가장 심각한 문제는 계산과정이 복잡하다는 것이다. 객관적으로 투하자본을 측정하기 위하여는 항목별로 세부 자산 항목별로 구분하여 정리하여야 되는데 회계기준에는 투하자본 측정을 위한 자산관리를 규정하고 있지 않다. 이론서에는 대부분 서로 다른 설명과 기준을 제시하고 있는데, 영업용 자산과 비영업용 자산을 구분해야 한다는 것 이외에는 맞지 않다고 볼 수 있다. 기업마다 본연의 영업이 다른데, 이를 보편적인 기준으로 정의하는 것이 사실상 불가능하다. 그런 측면에서 다음과 같은 몇 가지 기준을 정리해 두고자 한다.

첫째, 투하자본이라고 해서 자본조달 측면에서 측정할 수 없다는 점이다. 이 경우에 자본이라고 하는 것은 기업의 자산운용을 장기적인 관점에서 본다는 이상의 의미가 없다. 가끔 자본조달 관점에서 특정한 부채나 자본 항목을 비영업용으로 분류하려는 시도가 있으나 전혀 불가능하며, 자산운용 측면에서 영업용 투하자본과 비영업용 자본으로 구분할 수도 있다. 이런 측면에서 사업용 자산의 개념과 같다고 할 수 있다.

둘째, 유동부채를 차감한 순유동자산(NWC: net working capital) 중 비영업용 항목을 제외한 운전자본(working capital)을 포함한다.

셋째, 비유동자산 중 비영업용 자산을 제외하고는 영업용으로 분류한다. 결과적으로 영업용 운전자본과 영업용 비유동자산을 합하여 산출하는 것이며, 비영업용 여부는 해당 기업 본연의 사업목적과 관계하므로 개별 기업마다 특성을 고려 포함 여부를 결정하여야 하며, 세부 내용의 검토 없이 획일적 기준을 적용하는 것은 무리가 있다는 것이다. 국내외 재무정보 데이터베이스에는 제공되는 정보들의 기준도 각기 다를 수 있기 때문에 한계를 알고 적용하는 것이 필요하다. 본서에서는 FnGuide에서 제공하는 정보를 그대로 사용하기로 한다.

$$\text{투하자본수익률} = \frac{\text{세후영업이익}}{\text{투하자본}} \times 100$$

$$= \frac{\text{세후영업이익}}{\text{매출액}} \times \frac{\text{매출액}}{\text{투하자본}} \times 100$$

(매출액 세후영업이익률)×(투하자본회전율)

위의 관계식에서 보는 바와 같이 투하자본수익률은 매출액 세후영업이익률과 투하자본회전율의 곱으로 분해될 수 있다. 따라서 투하자본수익률(ROIC)을 높이기 위하여 매출액 세후영업이익률을 높이거나 투하자본의 회전율, 즉 활동성을 높이는 것이 필요하다.

앞서의 수익성 지표에서 사용한 K자동차의 2019년도의 경우에 적용해 보자. 세후영업이익 16,869억원과 평균 투하자본 181,694억원을 사용하면, 9.28%가 된다.

$$\text{투하자본수익률} = \frac{\text{세후영업이익}}{\text{평균투하자본}} \times 100$$

$$= \frac{16,869}{181,694} \times 100 = 9.28\%$$

투하자본수익률을 매출액 세후영업이익률과 투하자본회전율의 곱으로 분해하면,

$$\text{투하자본수익률} = \frac{\text{세후 영업이익}}{\text{매출액}} \times \frac{\text{매출액}}{\text{평균 투하자본}} \times 100$$

$$= \frac{16,869}{581,460} \times \frac{581,460}{181,694} \times 100$$

$$= 2.90\% \times 3.20(\text{회}) = 9.28\%$$

투하자본수익률(9.28%)=매출액 세후영업이익률(2.90%)×투하자본회전율(3.20%)

한 해의 자료로는 문제점을 파악할 수가 없으므로 지난 5년간 자료를 분석해 보기로 하자.

<표 10-14>를 보면 K자동차의 투하자본수익률은 매출액 세후영업이익률에 절대적으로 의존함을 알 수가 있다. 그것은 사업연도와 관련 없이 대부분의 투하자본회전율이 거의 연간 3.0회에서 3.2회 정도로 안정적이다. 반면 매출액 세후영업이익률은 2017년도 0.50%에서 2019년도 2.90%에 이르기까지 큰 차이를 보이고 있음을 알 수 있다. 역으로 보면, K자동차는 시장 특성상 생산을 중단하거나 줄이거나 하지 않고 생산한 차량을 수익성보다는 시장점유율이나 매출액 목표에 중점을 두고 강도 높은 할인정책을 통하여 시장경쟁력을 확보하거나 불황을 타파한다고 판단할 수 있다.

〈표 10-14〉 K자동차의 투하자본 및 투하자본수익률 (금액: 억원, 비율: %)

구 분	2015	2016	2017	2018	2019
투하자본순이익률	10.61	11.22	1.50	4.88	9.28
조정세후영업이익	16,543	19,208	2,680	8,376	16,869
투하자본	155,938	171,242	178,748	171,516	181,694
매출액	495,215	527,129	535,357	541,698	581,460
매출액세후영업이익률	3.34	3.64	0.50	1.55	2.90
투하자본회전율	3.18	3.08	3.00	3.16	3.20
투하자본수익률	10.61	11.22	1.50	4.88	9.28

2. 경제적 부가가치

경제적 부가가치(EVA: economic value added)란 기업이 영업활동을 통하여 창출한 부가가치를 의미하는데, 투하자본수익률과 가중평균자본비용의 차이에 투하자본을 곱한 값으로 표시할 수 있다. 경제적 부가가치는 회계적 이익 관점의 경영에서 일어나는 과잉투자의 문제점을 개선하고자 하는 노력이다. 회계적 비용은 기회비용과 위험을 제대로 반영하지 못하는 단점이 있는데, 기업의 경영성과를 단기적인 회계적 이익으로 측정한다면 과도한 투자를 통하여 이익의 크기를 늘리려는 시도의 우려가 존재한다. 이러한 시설투자가 단기적 성과에 긍정적인 영향을 미칠 수 있으나 그 투자위험이 장기적으로 기업의 부실을 초래할 가능성이 있다. 이런 측면에서 투하된 자본에 대하여 비록 회계적 비용이 발생하지 않더라도 조달과 위험에 따른 자본비용액을 부담케 함으로써 자본비용을 보상하지 못하는 과도한 투자지출과 무리한 자본조달을 방지하게 하려는 목적이 있다.

EVA = 투하자본수익 − 투하자본비용액
(회계적 이익) − (재무적 기회비용)

앞서 투하자본수익률 산출시 사용한 조정세후영업이익(NOPLAT: net operating profit less adjusted taxes)에서 투하자본(invested capital)과 가중평균자본비용을 곱하여 산출한 투하자본비용액을 산출하여 차감하면 경제적 부가가치(EVA)가 산출된다. 이때 투하자본수익률과 가중평균자본비용의 차이가 초과수익률(excess return)이 되며, 이 초과수익률이 양(+)이면 경제적 부가가치 또는 경제적 이익(economic profit)이 발생하며, 음(−)이면 경제적 손실이 발생한다. [그림 10-2]에서는 경제적 부가가치를 산출하는 과정을 수식으로 간단히 제시하고 있다.

EVA = 조정세후영업이익 − 투하자본비용액
= [투하자본수익률(ROIC) − 가중평균자본비용(WACC)] × 투하자본(IC)
= (초과수익률: ROIC − WACC) × 투하자본(IC)

그림 10-2 **경제적 부가가치(EVA) 산출식 도해**

$$\underset{\text{(경제적 부가가치)}}{EVA} = \underset{\text{(조정세후영업이익)}}{NOPLAT} - [\underset{\text{(가중평균자본비용)}}{WACC} \times \underset{\text{(투하자본)}}{IC}]$$

$$EVA = \left[\frac{NOPLAT}{IC} - WACC(\%)\right] \times IC$$

$$[\ ROIC - WACC\ ] \times IC$$

NOPLAT : Net Operating Profit Less Adjusted Taxes(조정세후영업이익)
WACC : Weighted Average Cost of Capital(가중평균자본비용)
IC : Invested Capital(투하자본)
ROIC : Return on Invested Capital(투하자본수익률)

사례기업인 K자동차의 주요 재무정보를 이용하여 경제적 부가가치 산출에 필요한 기초정보와 결과를 <표 10-15>에 제시하고 있다. 경제적 부가가치는 투하자본에 대하여 가중평균자본비용(WACC: weighted average cost of capital)인 약 6% 정도의 자본비용을 적용함으로써 연간 1조원 이상의 자본비용액이 발생한다. 이에 따라 조정세후영업이익에서 자본비용이 반영된 경제적 부가가치는 2019년도에는 5,610억원으로 양(+)의 성과를 보였으나 2017년도 및 2018년도에는 오히려 음(−)으로 경제적 손실을 입은 것으로 나타났다. EVA의 보다 심층분

〈표 10-15〉 K자동차의 경제적 부가가치 산출 (금액: 억원, 비율: %)

구 분	2015	2016	2017	2018	2019
투하자본순이익률	10.61	11.22	1.50	4.88	9.28
조정세후영업이익	16,543	19,208	2,680	8,376	16,869
투하자본	155,938	171,242	178,748	171,516	181,694
가중평균자본비용	6.69	5.70	5.67	5.94	6.19
초과수익률	3.92	5.52	−4.17	−1.06	3.09
자본비용액	10,432	9,761	10,143	10,187	11,251
경제적 부가가치	6,113	9,452	−7,461	−1,817	5,610

※ 연도별 가중평균자본비용은 복잡한 과정을 거치므로 실제치와 비슷하게 가정한 수치임.

석이 별도로 필요하겠지만 기본적으로 영업용 자산의 효율성 개선, 투하자본의 축소 및 자본비용의 최소화, 그리고 매출액 증대나 비용절감 등을 통한 영업이익의 개선 노력이 필요하다고 보인다. 앞서의 분석에서 살펴본 바와 같이 2017년도 및 2018년도의 매출액 정체와 그를 극복하기 위한 가격인하 및 영업비용 증가가 투하자본수익률의 심각한 하락을 초래하였으며, 자본비용인 6% 내외에 미치지 못한 부진한 상황에 빠지게 된 것으로 보인다.

2019년도 EVA = 조정세후영업이익 − 투하자본비용액

= (9.28% − 6.19%) × (181,694) = 5,610억원 > 0

ROIC = 9.28% > WACC = 6.19%: 경제적 이익 발생

2018년도 EVA = (0.0488 − 0.0594) × 171,516 = − 1,817억원 < 0

ROIC = 4.88% < WACC = 5.94%: 경제적 손실 발생

3. 시장부가가치

시장부가가치(MVA: market value added)는 기업가치에서 주주들이 직접 투자한 부분을 공제하여 산출한다. 기업의 주된 목표인 주주 부의 극대화는 시장가치를 극대화함으로써 이루어진다. 회계적 방법론과 기준의 한계를 보완하기 위하여 회계적 이익에서 자본비용을 차감한 경제적 부가가치(EVA) 개념을 도입하였지만, 미래의 불확실성이나 시간적 가치를 제대로 반영하지 못하는 단점이 있다. 그런 면에서 회계전문가나 재무전문가를 통한 재무정보 분석의 한계를 탈피하기 위하여 기업가치의 평가자인 주식시장에서 평가된 시장가치를 기준으로 기업의 가치와 경영진의 기여도를 기간 단위로 측정하려는 시도가 MVA 개념이다. 다만, 용어 정의만큼 산출방식이 확정되어 있지 못한 것으로 보여 비슷한 개념을 소개하기로 한다.

첫 번째 방식은 경제적 부가가치(EVA: economic value added)를 가중평균자본비용(WACC)으로 나누어 산출하는 방식이다.

$$MVA_t = \frac{EVA_t}{WACC} - \frac{EVA_{t-1}}{WACC} \tag{1}$$

가령 연간 100억원의 경제적 부가가치(EVA)를 창출하는 기업의 자본비용이 10%라면, 이 기업의 시장부가가치(MVA)는 (200억원/10%)=2,000억원이 된다. 이러한 평가방법은 당해 연도 시장부가가치가 영원히 지속된다는 가정에 바탕을 두고 있다.

두 번째 방식은 매기 추가로 창출된 경제적 부가가치(EVA: economic value added)를 요구수익률(RRR)을 이용하여 할인하는 방식이다.

$$MVA_0 = \sum_{t=1}^{T} \frac{EVA_t}{(1+R)^t} = \frac{EVA_1}{1+R} + \frac{EVA_2}{(1+R)^2} + \cdots + \frac{EVA_T}{(1+R)^T} \tag{2}$$

가령 2020년도에 연간 100억원의 경제적 부가가치(EVA)를 창출하는 기업의 자본비용이 10%라면, 해당 연도의 시장부가가치(MVA)는 200억원/(1+10%)=181.8억원이 된다.

세 번째 방식은 시장가치의 증감분을 기준으로 측정하는 방식이다.

MVA=당기말 시가총액−전기말 시가총액 (3)
=(당기말 주가−전기말 주가)×주식수

아주 간편하고 이해하기가 쉽지만, 상장회사의 경우에만 적용가능한 방법이다.

네 번째 방식은 장부가치 대비 시장가치의 증분을 기준으로 측정하는 방식이다.

MVA=당기말 시가총액−전기말 장부가액 (4)
=(당기말 주가−전기말 주당장부가)×주식수

이 방식 또한 아주 간편하고 이해하기가 쉽지만, 상장회사의 경우에만 적용가능하다.

첫 번째와 두 번째 방식은 복잡한 과정을 거쳐 경제적 부가가치를 산출하고, 자본비용을 측정하여야 하는 부담이 있다. 마지막 두 방법은 기준만 좀 다르며, 결과적으로 시장가치 증대를 위해 노력한 결과가 객관적 가치인 주식시장에서 평가를 받는 것이다.

경제적 부가가치와 마찬가지로 시장부가가치 개념은 단기적인 회계적 이익을 극대화하기 위한 경영진의 과잉투자나 비효율적인 경영을 막기 위한 수단으로 도입된 개념이다. 시장가치 경영을 위하여 사회적 책임경영, 환경경영, 지배구조 개선, 주주관리 등 다양한 노력이 필요하다.

이러한 장점에도 불구하고 시장부가가치가 가지는 한계는 다음과 같다. 첫째, 전체 기업 중에서 주식시장 상장을 통해 실제 주가를 파악할 수 있는 기업은 매우 소수의 대기업이나 중소기업에 제한된다. 둘째, 주가는 내부 경영진이나 재무담당 등 기업의 노력과 무관한 많은 요소들의 영향을 받는다. 셋째, 하나의 포괄적 수치로 나타나는 주가를 다양한 기능이 존재하는 내부 경영 효율성 개선 활동 노력과 연계 관리할 수 있는 관리시스템이나 인센티브제도 도입이 어렵다. 넷째, 기업의 가치는 과거의 성과 이외에도 미래가치의 상승 등에 대한 전망의 현재가치 평가액이 반영되므로 회계적 기준의 특정한 기간의 성과에 연동시키는 방안 마련이 쉽지 않다. 다섯째, 기업의 본질적 가치가 변하지 않음에도 불구하고, 주식가치는 단기간 변동성이 너무 커서 진정한 가치의 개선이나 악화로 판단하는 것이 어려울 수 있다. 극단적인 예를 들자면, 기업의 본질적인 경영성과와는 무관하게 악성루머나 거짓 정보에 의하여 짧은 시간에 하루 변동폭의 상한(+30%)에서 하한(−30%)까지 폭락(−60%)할 수가 있다. 마지막으로, 시장가치 중심의 경영활동이 단기적인 회계적 성과나 고객중심 경영에 부정적인 영향을 미칠 수도 있다.

제 4 절 ROI 분석과 듀퐁 시스템

1. ROI 분석의 의의

ROI(return on investment) 분석이란 자기자본순이익률(ROE: return on equity) 등 기업의 경영성과를 종합적으로 나타내는 투자수익률(ROI)을 마진, 활동성 및 레버리지 등의 구성요인별로 나누어 변동원인이나 상대적 영향도를 분석하는 기법이다.

1) ROA 분석

총자산순이익률(ROA: return on assets)을 요인별로 나누어 매출액순이익률과 활동성을 표시하는 총자산회전율로 분해하여 상품시장에서의 수익성과 활동성의 영향으로 구분하여 살펴본다. 가령, 특정 기간에 있어서 A기업의 ROA가 산업평균이나 목표비율 등에 비하여 크게 낮은 수준이라고 하면 투입된 총자산의 구성항목도 많고 성과에 미치는 매출액과 비용항목도 많아 이러한 요인들의 영향을 나누어서 그 원인을 진단할 필요가 있다. 이런 분석을 분리해서 하나씩 하는 대신에 서로간 관련성을 토대로 한꺼번에 진단하는 것이다. 가장 간단한 분해기법으로 다음과 같이 매출액순이익률과 총자산회전율로 이분화하는 기법이다.

K자동차의 2019년도 ROA는 2018년도 2.22% 대비 약 1.19%포인트 개선되어 3.41% 수준에 이르렀다. 이 경우 투하되는 자본의 규모와 당기순이익 자체의 변화에 초점을 맞춘 분석만으로는 너무도 단순하고 너무도 중요한 분석이라고 볼 수 있다.

$$\text{총자산순이익률}(ROA) = \frac{\text{당기순이익}}{\text{총자산}} \times 100$$

2019 ROA = 18,267/[(517,866 + 553,448)/2] × 100 = 3.41%

2018 ROA = 11,559/[(522,944 + 517,866)/2] × 100 = 2.22%

〈표 10-16〉 K자동차의 총자산순이익률 분해 분석 (비율: %, 회)

구 분	2015	2016	2017	2018	2019
총자산순이익률	6.05	5.69	1.88	2.22	3.41
매출액순이익률	5.31	5.23	1.81	2.13	3.14
총자산회전율	1.14	1.09	1.04	1.04	1.09

이에 따라 이러한 수익성 개선에 어느 부문의 기여도가 큰지를 진단함으로써 성과관리 목표나 원인진단을 통하여 개선을 도모할 수 있다.

$$\text{총자산순이익률}(ROA) = \frac{\text{당기순이익}}{\text{총자산}} \times 100$$
$$= \frac{\text{당기순이익}}{\text{매출액}} \times \frac{\text{매출액}}{\text{총자산}} \times 100$$
$$= (\text{매출액순이익률}) \times (\text{총자산회전율})$$

<표 10-16>을 보면, K자동차의 ROA는 분해법에 의하면 비교적 안정되어 있는 회전율이 아니라 매출액순이익률에 의존함을 알 수가 있다.

2) ROE 분석

자기자본순이익률(ROE: return on equity)은 자기자본에 대해 얼마나 이익을 벌었는지를 자기자본에 대한 당기순이익의 비율로 측정한다. 또한 배당 후 유보된 당기순이익을 합하면 연말의 자기자본이 되기 때문에 자기자본의 성장속도도 측정할 수 있다. 특히, 주주의 관점에서 수익성을 나타내는 매출액순이익률, 활동성을 표시하는 총자산회전율 및 레버리지 비율로 분해하여 전체 수익성에 미치는 영향을 세부 요소별로 나누어 분석할 수 있다.

K자동차의 2019년도 ROE는 전년도 대비 약 2.23%포인트 개선되어 6.5% 수준에 이르렀다.

$$\text{자기자본순이익률}(ROE) = \frac{\text{당기순이익}}{\text{자기자본}} \times 100$$

〈표 10-17〉 K자동차의 자기자본순이익률 분해 분석 (비율: %, 회)

구 분	2015	2016	2017	2018	2019
자기자본순이익률	11.27	10.85	3.62	4.27	6.50
매출액순이익률	5.31	5.23	1.81	2.13	3.14
총자산회전율	1.14	1.09	1.04	1.04	1.09
재무구조(1+부채비율)	2.90	2.91	2.95	2.90	2.91

2019 ROE = 18,267/[(272,435 + 289,781)/2] × 100 = 6.50%

2018 ROE = 11,559/[(268,612 + 272,435)/2] × 100 = 4.27%

$$\text{자기자본순이익률}(ROE) = \frac{\text{당기순이익}}{\text{자기자본}} \times 100$$

$$= \frac{\text{당기순이익}}{\text{매출액}} \times \frac{\text{매출액}}{\text{총자산}} \times \left(1 + \frac{\text{총부채}}{\text{자기자본}}\right) \times 100$$

$$= (\text{매출액순이익률}) \times (\text{총자산회전율}) \times (1 + \text{부채비율})$$

<표 10-17>에 나타낸 K자동차 자기자본순이익률(ROE)은 단기적으로 안정적인 회전율이나 재무구조 때문이 아니라 매출액순이익률에 의존함을 알 수가 있다. 총자산순이익률(ROA)에 대한 요소 분해 분석과도 결론이 거의 같다고 할 수 있다.

2. 듀퐁 분석(Du Pont analysis)

다양한 재무비율 상호 간의 관계를 이용하여 이들 세부 비율의 변동 원인을 체계적으로 분석하기 위하여 듀퐁사(社)에서 개발한 기법(Du Pont system)이다. 순이익률, 총자산회전율, 레버리지비율이라 불리는 각 항목으로 ROE를 분류하는데, 각 항목의 분모와 분자가 서로 약분되어 원래의 ROE 수식이 된다. 이처럼 ROE를 나누어 분석하는 것을 우리는 듀퐁 분석(Du Pont analysis)이라 한다. 이러한 수식은 기업의 수익 모델을 심층분석하는 데에 아주 효과적인 체계적 분석 방법으로 전체적으로 [그림 10-3]에 표시한 바와 같다.

그림 10-3 듀퐁 분석(Du Pont analysis) 체계

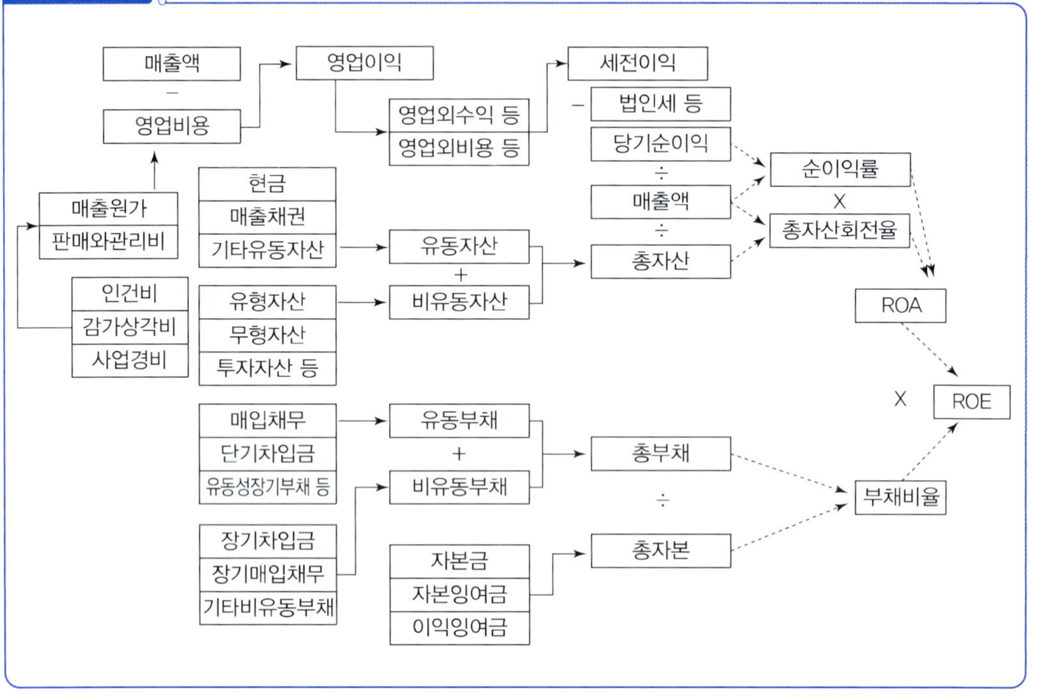

제 5 절 재무분석의 한계

재무제표 등의 핵심 정보에 대하여 비율분석을 통하여 전문적 지식이 없어도 비교적 용이하게 이용이 가능하며, 그 의미를 보다 분명하게 파악할 수 있다. 특히, 과거 실적이나 표준비율 또는 산업평균 및 경쟁기업 등과의 비교를 통하여 기업의 재무상태와 경영실적에 대한 진단이 효과적으로 가능하게 된다. 최근 기업의 경영정보를 표준화하여 내부통제를 위하여 사용하고, 외부에도 공시하는 시스템이 발전하여 다양한 재무비율 분석 정보를 온라인으로 제공하고 있다. 그러나 전통적인 재무비율 분석은 가장 기본적인 분석임에도 다음과 같은 한계점들을 지니고 있기 때문에 보완적인 내부관리통제시스템이 필요하다.

첫째, 재무비율 분석은 회계적 정보에 의존함으로써 회계정보가 지닌 한계점

을 지니고 있다. 역사적 원가인 취득가격 중심으로 평가되는 자산이나 부채는 시장경쟁력, 기술력 등 시간적 흐름에 의한 가치를 제대로 반영하지 못한다.

둘째, 과거 추세 정보를 이용함으로써 미래 예측과 평가에 유용한 수단을 제공하지만, 정보 자체가 보수주의와 객관성이라는 기준에 의해 평가되므로 미래 위험과 수익률, 인적자원 및 기술역량 등 비재무적 요소를 반영하지 못하여 실제 가치와는 상당한 괴리의 우려가 있다.

셋째, 성과평가나 기업 간 비교를 위한 재무제표 정보가 매우 유용한 통제수단을 제공하지만 반대로 특정 기간에 성과를 몰아주거나 기간별로 조정하는 수단이 될 수 있다는 점이다.

넷째, 급격한 상황변화를 반영하기엔 정보의 정확성도 문제이기도 하지만 즉시성이 부족하여 외부 투자자들의 주요 의사결정 시점에 심각한 오판을 초래할 수 있다는 점이다.

다섯째, 기업부실이나 신용평가 등에 필요한 비회계적 정보를 제공하지 못하며, 장부 외적으로 발생하는 주요한 경영정보를 반영하지 못한다.

여섯째, 회계기준과 방법이 기업별로 일관성을 갖고 있지만 기업 간 서로 다른 회계기준을 적용하는 경우 비교가능성에 한계가 있다. 또한 표준화된 정보는 비교가 용이하지만, 기업 간 이질적 요소를 비교하는 데에는 한계가 있다.

핵심정리

1. 수익성 비율(Profitability Ratio)

- $\text{매출총이익률} = \dfrac{\text{매출총이익}}{\text{매출액}} \times 100$

- $\text{영업이익률} = \dfrac{\text{영업이익}}{\text{매출액}} \times 100$

- $\text{매출액순이익률} = \dfrac{\text{당기순이익}}{\text{매출액}} \times 100$

- $\text{자기자본순이익률}(ROE) = \dfrac{\text{당기순이익}}{\text{자기자본}} \times 100$

$$= \dfrac{\text{당기순이익}}{\text{매출액}} \times \dfrac{\text{매출액}}{\text{총자산}} \times \left(1 + \dfrac{\text{총부채}}{\text{자기자본}}\right) \times 100$$

$$= (\text{매출액순이익률}) \times (\text{총자산회전율}) \times (1 + \text{부채비율})$$

- $\text{총자산순이익률}(ROA) = \dfrac{\text{당기순이익}}{\text{총자산}} \times 100$

$$= \dfrac{\text{당기순이익}}{\text{매출액}} \times \dfrac{\text{매출액}}{\text{총자산}} \times 100$$

$$= (\text{매출액순이익률}) \times (\text{총자산회전율})$$

- $\text{투하자본수익률}(ROIC) = \dfrac{\text{조정세후영업이익}}{\text{투하자본}} \times 100$

2. 유동성 비율(Liquidity Ratio)

- $\text{유동비율} = \dfrac{\text{유동자산}}{\text{유동부채}} \times 100$

- $\text{당좌비율} = \dfrac{\text{당좌자산}}{\text{유동부채}} \times 100$

- $\text{이자보상배율} = \dfrac{\text{영업이익}}{\text{이자비용}}$

- $\text{금융비용부담률} = \dfrac{\text{이자비용}}{\text{매출액}} \times 100$

3. 안정성 비율(Safety Ratio)

- $부채비율 = \dfrac{부채}{자기자본} \times 100$

- $부채비중 = \dfrac{부채}{총자산} \times 100$

- $자기자본비율 = \dfrac{자기자본}{총자산} \times 100$

- $비유동비율 = \dfrac{비유동자산}{자기자본} \times 100$

- $비유동 장기적합률 = \dfrac{비유동자산}{비유동부채 + 자기자본} \times 100$

4. 성장성 비율(Growth Rate)

- $매출액성장률 = \dfrac{금년도\ 매출액 - 전년도\ 매출액}{전년도\ 매출액} \times 100$

- $총자산성장률 = \dfrac{금년도\ 총자산 - 전년도\ 총자산}{전년도\ 총자산} \times 100$

- $순이익성장률 = \dfrac{금년도\ 순이익 - 전년도\ 순이익}{전년도\ 순이익} \times 100$

5. 활동성 비율(Activity Ratio, Turnover Ratio)

- $총자산 회전율 = \dfrac{매출액}{평균총자산}$ ※평균 = (기초 + 기말)/2 = (전기말 + 당기말)/2

- $재고자산 회전율 = \dfrac{매출액}{평균\ 재고자산}$

- $유형자산 회전율 = \dfrac{매출액}{평균\ 유형자산}$

- $매출채권 회전율 = \dfrac{매출액}{평균\ 매출채권} = \dfrac{매출액}{평균(외상매출금 + 받을어음)}$

- $매출채권 회전기간 = \dfrac{평균\ 매출채권}{매출액} \times 365일$

6. 생산성 비율(Productivity Ratio)

- 종업원 1인당 부가가치 $= \dfrac{\text{부가가치}}{\text{종업원수}} \times 100$

- 설비 투자효율성 $= \dfrac{\text{부가가치}}{\text{유형자산} - \text{건설가계정}} \times 100$

- 총자본 투자효율성 $= \dfrac{\text{부가가치}}{\text{총자본}} \times 100$

- 부가가치율 $= \dfrac{\text{부가가치}}{\text{매출액}} \times 100$

7. 주가비율(Price Ratio)

- 주가수익비율$(PER) = \dfrac{\text{주가(Price)}}{\text{주당순이익}(EPS)} = \dfrac{\text{시가총액}}{\text{당기순이익}}$

- 주가장부가비율$(PBR) = \dfrac{\text{주가(Price)}}{\text{주당장부가}(BPS)}$

- 시가장부가비율$(MBR) = \dfrac{\text{시가총액(Market Value)}}{\text{자기자본(Book Value)}}$

- 주가현금흐름비율$(PCR) = \dfrac{\text{주가(Price)}}{\text{주당영업현금흐름}(CPS)}$

- 토빈 $Q = \dfrac{\text{자기자본 시장가치} + \text{부채 시장가치}}{\text{자기자본 장부가치} + \text{부채 장부가치}} \times 100$

$$= \dfrac{\text{자기자본 시장가치} + \text{총부채}}{\text{총자산}} \times 100$$

- 배당성향 $= \dfrac{\text{총배당금}}{\text{당기순이익}} \times 100 = \dfrac{\text{주당배당금}(DPS)}{\text{주당순이익}(EPS)} \times 100$

- 배당률 $= \dfrac{\text{총배당금}}{\text{보통주 자본금}} \times 100 = \dfrac{\text{주당배당금}}{\text{액면가}} \times 100$

- 배당수익률 $= \dfrac{\text{주당배당금}}{\text{매입 주가}} \times 100$

8. 종합분석

- EVA = 조정세후영업이익(NOPLAT) − 투하자본비용액
  = [투하자본수익률(ROIC) − 가중평균자본비용(WACC)] × 투하자본(IC)
  = (초과수익률: ROIC − WACC) × 투하자본(IC)

- MVA = 당기 시가총액(주식수 × 주가) − 전기 시가총액(주식수 × 주가)
  = (당기 주가 − 전기 주가) × 주식수

- $MVA = \dfrac{EVA}{WACC}$ (경제적 부가가치의 평가가치)

9. 재무분석의 한계

- 역사적 원가에 의존함으로써 시간적 변화에 따른 실제가치 반영 곤란
- 객관성이 중요한 과거자료로 미래 위험과 비재무적 요소 반영 곤란
- 기간별 성과 비교 수단이 되지만 반대로 기간별로 성과 몰아주기 등 회계 조정
- 사후적인 회계적 성과정보는 적시성, 즉시성 미흡
- 기업부실이나 신용평가 등에 필요한 경영정보 제공 곤란함
- 회계처리 기준과 방법이 다르면 비교가 곤란. 기업 간 이질성 정보 반영 불가

연습문제

1. **핵심용어**

다음의 용어를 요약하여 설명하시오.

- 재무제표
- 포괄손익계산서
- 재무상태표
- 현금흐름표
- 수익성 비율
- ROA/ROE/ROIC
- 유동성 비율
- 유동비율/당좌비율
- 이자보상배율(TIE)
- 금융비용부담률
- 부채비율
- 부채비중/레버리지
- 비유동장기적합률
- 성장성 비율
- 활동성 비율
- 총자산회전율
- 매출채권회전율
- 주가수익비율(PER)
- 주가장부가비율(PBR)
- EBIT, EBITDA
- 토빈 Q(Tobin Q)
- 배당성향/배당률
- 배당수익률
- 주당배당금(DPS)
- 생산성 비율
- 노동생산성
- 1인당 부가가치
- 부가가치율
- 투하자본수익률(ROIC)
- 경제적 부가가치(EVA)
- 조정세후영업이익(NOPLAT)
- 경제적 이익
- 가중평균자본비용
- 시장부가가치(MVA)
- 투자수익률(ROI)
- 듀퐁 시스템
- Du Pont 분해법

2. 재무제표의 종류를 들고 특성을 각각 설명하시오.

3. 재무비율 분석의 장점과 한계를 설명하시오.

4. 경제적 부가가치(EVA: economic value added)에 대하여 설명하시오.
   (1) 산출식을 적고, 절차와 내용을 설명하시오.
   (2) 기업의 수익성 관리 측면에서 EVA관리의 장점과 문제점을 설명하시오.

5. 다음은 현대자동차(주)의 재무정보이다.
   (1) 2019년도 현대자동차(주)의 총자산순이익률(ROA), 총자산회전율, 총자산성장률, 부채비율, 부채비중, 자기자본순이익률(ROE) 및 매출액순이익률을 구하고, 그 의미를 간단히 적으시오.

현대자동차(주) (금액: 억원)

구 분	매출액	총자산	총부채	자기자본	당기순이익
2018	968,126	1,806,558	1,067,597	738,960	16,450
2019	1,057,464	1,945,122	1,181,465	763,658	31,857

(2) Du Pont의 분해법을 이용하여, 위에서 측정한 총자산순이익률(ROA)과 자기자본순이익률(ROE)을 다른 2개 또는 3개의 비율 간 곱으로 나타내고, 그 의미를 적으시오.

(3) 2019년도 현대자동차(주)의 당좌비율, 유동비율, 이자보상배율, EBITDA 마진율 및 투하자본수익률을 구하고, 그 의미를 간단히 적으시오. (EBITDA 마진율 =EBITDA/매출액)

현대자동차(주) (금액: 억원)

구 분	당좌자산	유동자산	유동부채	영업이익	이자비용	EBITDA	NOPLAT	투하자본
2018	258,106	471,435	494,384	24,222	3,071	61,836	9,384	570,989
2019	248,294	459,047	533,141	36,055	3,170	74,374	24,475	601,317

(4) 현대자동차(주)의 자금 측면의 안정성에 대하여 간략히 토론하시오.

(5) 가중평균자본비용 6%를 가정하고, 2019년도 현대자동차(주)의 경제적 부가가치를 구하고, 그 의미를 간단히 적으시오.

6. 다음은 현대자동차(주)와 기아자동차(주)의 재무정보이다.

(1) 다음 표의 빈칸을 채우시오.

(주당: 원, 총액: 억원)

구 분	기아자동차		현대자동차	
	2019	2020	2019	2020
주가수익비율(PER)	6.78	8.47		9.53
주가장부가비율(PBR)	0.42		1.69	2.01
EBITDA	41,391		74,374	75,092
EV/EBITDA	2.43	2.57	10.82	
주당순이익(EPS)	4,506		10,761	9,831
주당장부가(BPS)	72,277	74,512	55,294	
주가(price)	30,550	30,550		112,500

구 분	기아자동차		현대자동차	
	2019	2020	2019	2020
주당배당금(DPS)	1,150		4,000	4,000
배당수익률(%)	3.76	4.00	4.27	
배당률(%)		24.40	80.00	80.00
배당성향(%)	25.52		37.17	40.69
액면가	5,000	5,000	5,000	5,000
주식수(천주)	405,363	405,363	213,668	213,668

(2) 두 기업의 시장가치가 장부가치보다 낮은 이유를 수익성, EPS 등 다른 정보를 이용하여 설명하여 보시오.

(3) 재무제표를 이용한 정보와 주식시장 정보를 이용한 비율분석지표 중에서 두 자동차회사 간 크게 차이가 나는 지표를 찾아내고 그 이유를 적어 보시오.

해 답

1.~ 4. (생략)

5. (1)

총자산순이익률(ROA)	1.70%
총자산회전율	0.56회
총자산성장률	7.67%
부채비율	154.71%
부채비중	60.74%
자기자본순이익률(ROE)	4.24%
매출액순이익률	3.01%

(2) 총자산순이익률(ROA) 1.70%
=매출액순이익률×총자산회전율=3.01%×0.56회=1.70%

※ 의미: 연도별 총자산회전율과 부채구조는 거의 동일하여 2018년도 매출액 대비 순이익률이 기업의 수익성에 절대적으로 큰 영향을 미침.

자기자본순이익률(ROE) 4.24%
=매출액순이익률×총자산회전율×(1+부채비율)=3.01%×0.56회×(1+1.5471)=4.24%

※ 의미: 연도별 총자산회전율과 부채구조는 거의 동일하여 연도별로 매출액 대비 순이익률이 기업의 수익성에 절대적으로 큰 영향을 미침.

(3)

당좌비율	46.57%
유동비율	86.10%
이자보상배율	11.37배
금융비용부담률	0.30%
EBITDA 마진율	7.12%
투하자본수익률	4.07%

(4) (생략)

(5) 경제적 부가가치 −9,199억원
(9,199억원 적자)

6. (1)

(주당: 원, 총액: 억원)

구 분	기아자동차		현대자동차	
	2019	2020	2019	2020
주가수익비율(PER)	6.78	8.47	8.71	9.53
주가장부가비율(PBR)	0.42	0.41	1.69	2.01
EBITDA	41,391	38,893	74,374	75,092
EV/EBITDA	2.43	2.57	10.82	9.51
주당순이익(EPS)	4,506	3,607	10,761	9,831
주당장부가(BPS)	72,277	74,512	55,294	55,970
주가(price)	30,550	30,550	93,680	112,500
주당배당금(DPS)	1,150	1,220	4,000	4,000
배당수익률(%)	3.76	4.00	4.27	4.00
배당률(%)	23.00	24.40	80.00	80.00
배당성향(%)	25.52	33.82	37.17	40.69
액면가	5,000	5,000	5,000	5,000
주식수(천주)	405,363	405,363	213,668	213,668

(2) PER, EPS 등 수익성 차이보다 기업의 장부가치와 시장가치 간 차이가 두드러짐. 즉, PBR에서 두 기업 간 극명한 차이를 보이고 있음. 기아자동차(주)를 가치주라고 평가를 할 수도 있겠지만, 브랜드 가치나 시장 선도기업과 후발기업에 대한 차이 또는 역사적 관점에서 아직까지 기아자동차(주)에 대한 종합적 시장가치를 현대자동차(주)보다 낮게 평가하고 있다고 봄.

(3) (생략)

제 5 부

자본조달과 재무관리

제11장 장기자본조달
제12장 단기자본운용
제13장 배당정책
제14장 특수 재무관리

제 5 부에서는

앞서 재무관리에 대한 다양한 이론과 실무적 적용기법을 소개하는 과정에서 제외된 주제 중에서 최근 중요성이 높아지고 있는 금융시장과 연계한 기업의 자본조달 및 운용과 관련한 내용을 소개하기로 한다. 금융시장에서 자본조달의 주체인 기업을 중심으로 채권과 주식 등 장기자본조달과 단기금융조달 및 운용을 위한 다양한 방법과 관련한 금융상품을 소개한다. 다만, 본서에서는 주식과 채권, 리스금융, 파생상품 등과 관련 핵심 이론 소개에 집중하기로 한다. 보다 깊은 내용이나 다양한 자본조달 방식에 대한 소개는 관련 전문서적을 통하여 익히기를 바란다.

제11장에서는 채권시장과 주식시장을 통한 기업의 장기자본조달과 관련된 금융상품들을 소개하기로 한다. 또한 장기자본조달에 참고가 될 금융시장 정보와 절차 등을 소개한다.

제12장에서는 기업의 신용대출, 단기차입 등 현금관리나 운전자본 관리의 수단이 되는 금융이론이나 기법 또는 상품을 소개한다. 과거와 달리 금융시장이 발전하고 금융상품이 다양화됨에 따라 전통적인 금융이론의 중요성이 상대적으로 낮아지고 있다.

제13장에서는 기업의 투자자들인 주주들에게 수익금을 환원하는 방안으로서, 다양한 형태의 배당정책과 관련한 이론과 다양한 환원 방식들에 대한 시장에서의 반응 등을 검토하기로 한다.

제14장에서는 재무관리에서 다뤄지는 주요한 주제들 중 앞서와 같이 별도의 장으로 소개하기엔 전문적인 영역들인 리스금융, 파생상품 및 기업의 인수합병에 관하여 간략히 정리하여 소개하고자 한다.

CHAPTER 11

장기자본조달

제1절 회사채 발행
제2절 주식 발행

학습목표

본 장에서는 기업이 채권시장과 주식시장을 통하여 투자사업을 위한 장기자본조달 과정을 소개하기로 한다. 이러한 과정에서 금융시장과 관련한 자본시장의 현황과 추세 및 지원제도 등을 살펴보기로 한다. 기업의 자금이 조달방법에 따라 반드시 장기투자나 단기운전자금으로 운용되는 것은 아니지만, 전체적으로 장기자금조달로 상환기한이 없거나 장기적으로 가용할 수 있는 자금원을 확보하는 것이 바람직하다. 기업의 외부시설 자금은 주로 장기부채와 자기자본으로 조달된다. 장기부채는 회사채 발행을 통한 증권시장 조달과 은행권 등 금융기관으로부터의 차입을 통한 자금조달로 구성된다. 자기자본을 통한 조달은 우선적으로 기업의 이익 중에 배당금 등을 지급하고 난 유보이익이나 주식의 발행을 통한 증권시장 조달로 구성된다.

제 1 절 회사채 발행

1. 회사채의 특성

회사채(corporate bond)는 은행 등의 금융기관 차입과 함께 기업의 대표적인 타인자본 조달수단이다. 회사채는 정기적으로 이자를 지급하고 만기에 원금을 상환한다. 자금을 빌린 기업은 차입자 또는 채무자(debtor)라고 하며, 자금을 제공한 사람은 대출자 또는 채권자(creditor)라고 한다.

회사채는 채무자인 기업의 재무상태에 따라 원리금 상환위험이 크게 다르며, 자본조달비용이 달라지게 된다. 채권자는 주주들의 배당보다 우선하여 이자를 변제받게 되며, 기업이 도산하거나 청산할 경우 주주들보다 우선하여 기업의 잔여자산에 대한 청구권을 갖는다. 채권 발행자는 부도위험(default risk)에 노출되어 있어서, 투자시점에서 원리금 상환 또는 투자수익이 반드시 확정되는 것은 아니다.

기업이 정상적인 영업활동이나 성장과정에서 설비자금과 같은 거액의 자금이 필요할 때 자금조달의 수단이 회사채이다. 회사채 발행 기업과 투자자와의 계약조건, 즉 법적 계약내용을 회사채 약정서(bond indenture)라고 하며, 회사채 약정서에는 회사채 및 증권의 형식, 담보물건에 대한 내역, 인가된 회사채 발행액, 채무의 한도, 배당에 대한 제한, 감채기금규정 등의 채권자의 보호조항과 임의상환권 등이 규정되어 있다. 회사채는 대부분 분기별로 이자를 지급하며, 원금을 만기에 지급하는 형태로 3년물 이표채가 일반적이다. 회사채는 기본적으로 만기 이전에는 약속한 이자를 지급하고 또한 만기가 되면 원금 또는 액면금액을 지급하기로 약속한 증권이다. 만기란 채권의 원금이 상환되는 시점까지의 기간을 말한다.

반면, 주주는 채권에 대한 상환이 완료된 후 잔여 자산에 대하여만 청구권(residual claim)을 갖기 때문에 더 큰 위험을 감수한다. 채권과 주식을 전반적으로 비교해보면 <표 11-1>과 같다. 주식과 채권은 자본의 성격이나 소유자의 권리 및 증권의 존속기간 등에 있어서 차이점이 많다. 그러나 최근에는 전환사채

〈표 11-1〉 주식과 채권의 차이점 비교

항 목	주 식	회사채	비 고
자본의 성격	자기자본(투자)	타인자본(채권)	
투자자 성격	주주(소유주)	채권자	
보유자 권리	의결권 및 배당수급권	이자와 원금 법적 보장	부도시 예외
변제 순위	채권자보다 후순위	주주 우선	
만기	영속성	기한적(영구채 제외)	
원금 상환	해당 없음	원금 상환	
자본의 조달형태	출자증권	대부증권	
안정성	낮음	높음(투기등급 채권 예외)	회사채 예외
가격 변동성	높음(1일 ±30% 등락 한도)	낮음	
수입의 구성	(미확정)배당소득+자본이득	(확정) 이자소득+원금 (미확정) 자본이득	
환금성	상대적으로 더 높음	상장 시 높음	상장거래
위험	부도위험: 투자금 소멸 변동위험: 주가변동 상환위험: 해당 없음 최대손실: 투자원금 한도(자금이자 등 기회비용) 최대이익: 무제한	부도위험: 담보 등 회수 변동위험: 시장이자율 변동 상환위험: 발행자 위험 최대손실: 원금 및 이자 최대이익: 제한	

(CB: convertible bonds), 신주인수권부사채(BW: bond with warrants), 교환사채(EB: exchangeable bonds) 등 주식과 채권이 혼합된 증권과 우선주, 무의결권주 등 채권과 유사한 주식의 발행이 증가하는 등 두 증권의 차이를 보완하는 상품들이 많이 개발되고 있다. 기업들이 자기자본과 부채의 특성을 동시에 가지고 있는 증권을 발행하려는 이유는 부채차입으로 지급이자가 비용으로 처리되어 세금절약효과를 볼 수 있으며, 파산위험을 줄일 수 있기 때문이다.

2. 회사채 평가등급 및 투자위험

2.1 신용평가의 의의

신용평가(credit rating)제도는 전문 신용평가기관(credit rating agency)이 특정 기업이나 채권 등 금융상품의 상환 가능성을 중심으로 제반 환경을 평가함으로써 해당 기업이 자금조달목적으로 발행하는 회사채에 대하여 그 원리금을 약정한 기일에 제대로 상환할 수 있는가를 분석하여 등급 또는 점수화하는 제도이다. 신용평가제도는 투자자와 발행자, 금융시장 전체에 존재하는 정보의 비대칭 문제(asymmetric information)를 최소화하기 위하여 독립적이고 전문적인 외부기관을 통하여 투자위험의 불확실성 축소 및 의사결정 비용 절감에 필요한 정보를 제공하는 것이다. 회사채 등을 포함한 다양한 증권의 발행기업의 자본시장에 대한 접근 가능성을 제고하고 기업이 대외 신용도를 감안한 자금조달계획을 수립하게 한다.

2.2 회사채 등급평가의 특성

회사채 등급 평가는 다양한 기준과 원칙을 토대로 진행된다. 첫째, 신용평가는 당초에 정해진 조건대로 이자 또는 원금이 상환되지 못할 채무불이행 위험(default risk)과 채무불이행 시 발생할 것으로 예상되는 손실의 정도인 손실위험(risk of loss)을 중심으로 평가한다. 둘째, 신용평가는 발행자나 투자자와 이해관계나 편향성이 없는 중립적인 위치에서 평가대상의 신용도를 평가한다. 셋째, 차입자 또는 특정 채무의 성격에 따라 신용도에 영향을 주는 요소는 매우 복잡하고 다양하므로, 동일한 척도로 비교가능하도록 하기 위해서 세부 평가요소들을 종합한 최종적인 신용등급 결정에 전문가들의 판단을 반영하는 절차를 도입한다. 넷째, 미래 부실가능성에 대한 척도로서의 신용평가 과정에서 발행기업의 과거실적이나 현재 신용상태 파악에 집중하기보다는 전문가로서 합리적 이성에 기초하여 향후 3년 내지 5년간 변화하는 환경과 경기순환(business cycle)에 의한 발행기업의 사업 및 재무상태 변화나 대처능력을 종합적으로 전망하여 신용등급 결정에 반영한다.

〈표 11-2〉 세계 3대 신용평가기관의 평가등급 비교

Moody's	S&P	Fitch	등급 의미
Aaa	AAA	AAA	최우량(Prime)
Aa1	AA+	AA+	상등급(High grade)
Aa2	AA	AA	
Aa3	AA-	AA-	
A1	A+	A+	중상등급(Upper medium grade)
A2	A	A	
A3	A-	A-	
Baa1	BBB+	BBB+	중하등급(Lower medium grade)
Baa2	BBB	BBB	
Baa3	BBB-	BBB-	
Ba1	BB+	BB+	저투기성(Non-investment grade speculative)
Ba2	BB	BB	
Ba3	BB-	BB-	
B1	B+	B+	고투기성(Highly speculative)
B2	B	B	
B3	B-	B-	
Caa	CCC+	CCC	고위험(Substantial risks)
Ca	CCC		극투기성(Extremely speculative)
C	CCC-		회생곤란부도(In default with little prospect for recovery)
-	D	DDD	부도상태(In default)
-		DD	
-		D	

<표 11-2>에는 국제신용평가사의 회사채 평가등급에 대한 기호를 비교하고 있다. 세계 3대 신용평가사로 무디스(Moody's Investors Services), 스탠더드 앤 푸어스(S&P, Standard and Poor's Corporation), 피치(Fitch Investor Services)가 있다.

2.3 우리나라 회사채 평가제도

신용평가기관(credit rating agency)에 의한 회사채 신용등급은 원리금 회수 가능성에 대한 정보를 제공함으로써 회사채 발행과 금리 결정에 결정적인 영향을 미친다. 1997년도 IMF 금융위기 이후 은행이나 보증기관들도 부실화되면서 회사채에 대한 보증을 기피하게 되자 무보증사채(debentures)가 회사채의 주류가 되었으며, 신용등급이 더욱 중요하게 되었다.

[그림 11-1]에는 회사채의 신용평가에 사용되는 요소들을 나타내고 있다(2020년도 5월 초 기준 NICE 신용평가 자료). 발행기업의 채무상환능력과 그 안정성에 영향을 주는 사업위험과 재무위험을 발행기업의 재무 관련 과거와 현재의 실적뿐만 아니라 발행기업이 속하는 산업의 현황, 영위 사업, 경영, 미래의 현금흐름 창출능력 등을 진단한다.

<표 11-3>에는 회사채의 등급에 관한 정의와 2020년도 5월 초 기준 등급별 분포(NICE 신용평가 자료)를 보여주고 있다. BBB− 등급 이상은 투자등급, 그

그림 11-1 회사채 신용평가 모형

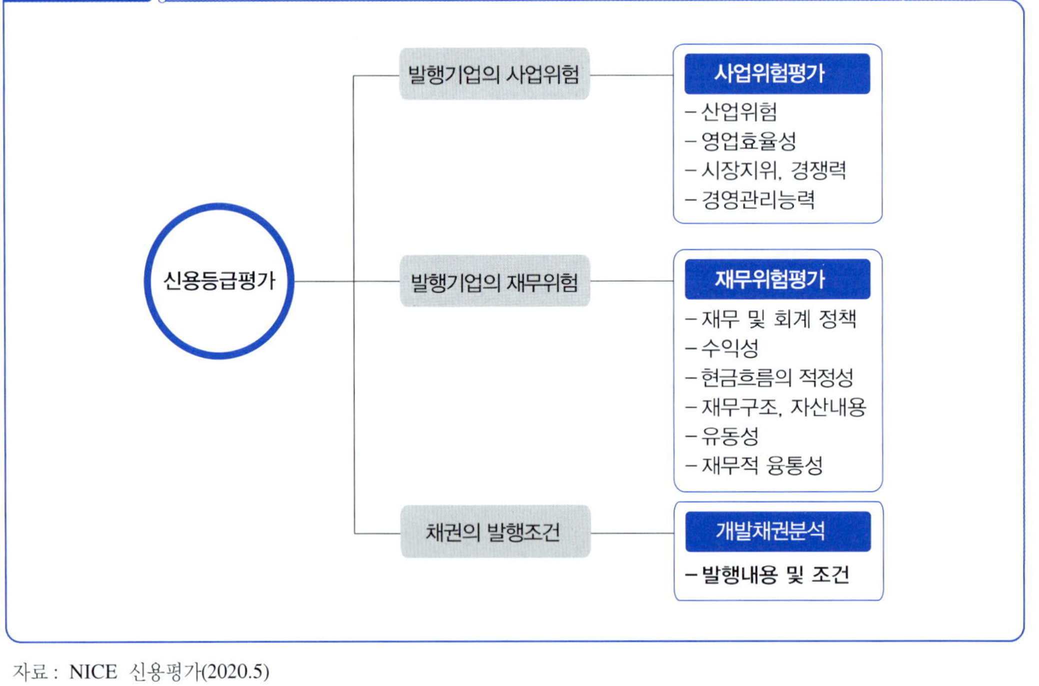

자료 : NICE 신용평가(2020.5)

〈표 11-3〉 국내 회사채 등급 정의 및 등급별 분포

등 급	채권 신용평가		등급 정의
	기업수	구성비(%)	
AAA	58	15.26	최우량 등급
AA+	39	10.26	
AA	44	11.58	우량 등급
AA-	59	15.53	
A+	42	11.05	
A	44	11.58	양호. 제한적
A-	27	7.11	
BBB+	14	3.68	
BBB	6	1.58	양호. 저하 가능
BBB-	1	0.26	
BB+	8	2.11	
BB	7	1.84	보통. 저하 우려
BB-	8	2.11	
B+	4	1.05	
B	5	1.32	보통. 저하 가능
B-	9	2.37	
CCC	5	1.32	보통 이하
CC			매우 낮음
C			최하위
D			신용위험 발생
R			평가유보
합 계	380	100.00	

자료 : NICE 신용평가, 2020.5.2. 현재

리고 BB+ 이하는 투기등급이다. 이렇게 부여된 신용등급은 국내외 투자자에게 합리적인 투자의사결정을 위한 참고자료가 되며, 은행 등 금융기관에게는 여신심사, 이자율 산정에 기초 자료가 된다. 또한 발행기업이 자기 신용을 알고 자금조달을 용이하게 하고, 자금조달비용을 줄이는 수단이 되며, 우량 신용등급은 투자유치, 신사업 및 해외사업 진출 등에 있어 중요한 요인이 될 수 있다. 반대로

기업의 신용등급이 나쁘면 자본조달비용이 상승해 기업의 경쟁력이 악화될 수도 있다.

우리나라의 기업 신용평가기관은 NICE신용평가(주), 한국기업평가(주) 및 한국신용평가(주)로 대표된다. 전체 신용평가 시장은 3대 평가사가 거의 균등분할하고 있다. 기업의 신용평가 의뢰는 기업의 투자성향, 자금조달, 금리 등 경기 관련 지수와 채권의 만기가 집중하는 시기 등에 영향을 받고 있다. NICE 신용평가(주) 기준 신용등급은 AAA부터 D 사이에서 결정되며 AA부터 B까지는 동일 등급 내에서 세부적인 우열 정보를 제공하기 위하여 '+' 또는 '-'의 기호가 부여된다.

3. 회사채 발행

3.1 회사채 발행조건

회사채 발행을 위해서는 발행기업과 채권자 사이에 여러 가지 기본적인 계약 항목들이 신탁증서(indenture)에 반영되어야 하는데, ① 채권 소유자 등록 여부, ② 원리금 상환 보장, ③ 지급 우선순위, ④ 원금 상환방식, ⑤ 수의상환 가능성, ⑥ 방어적/제한적 약정 등을 포함하여야 한다.

① 등록 여부

회사채는 등록 여부에 따라 등록사채(registered bond)와 소지인 사채(bearer bond)로 구분된다. 등록사채는 채권 소유자를 관리하고, 원금과 이자를 지급하는 채권이다. 소지인 사채는 채권 소지인을 관리하지 않으며, 채권 소지인에게 원금과 이자를 지급하는 채권이다.

② 원리금 보장 여부

회사채 발행 시 담보물(collateral)을 제공하거나 저당(mortgage)으로 원리금 상환을 보장하는 경우가 있다. 반면, 무담보부채 또는 무보증채(debenture)는 회사 신용에 의한 발행이다. 담보부채권에 대한 원리금 지급 후에 남은 재산에 대해서만 무담보부 채권자가 청구권을 갖게 된다.

③ 지급 우선순위

채무불이행 상태에서의 채권의 원금과 이자에 대한 지급 우선순위(seniority)에 따라 선순위채(senior bond)와 후순위채(subordinated/junior bond)로 구분한다.

④ 원금 상환방식

만기 이전에도 발행기업이 회사채 원금의 전액 또는 일부를 상환할 수도 있다. 회사채의 원금과 이자를 상환할 목적으로 감채기금(sinking fund)을 운용하는데, 채권 발행기업이 정기적으로 채권수탁인에게 일정의 기금을 지급하면 채권수탁인은 이 기금으로 부채의 일부를 매입하여 조기상환하게 된다.

⑤ 수의상환 조건

발행기업이 특정 기간에 정해진 가격으로 발행채권의 일부 또는 전체를 상환할 수 있는데, 이러한 채권을 수의상환 채권(callable bond)이라 한다. 수의상환 조건은 콜 옵션(call option)처럼 채권의 발행가격을 높이는데, 그 가격 차이를 콜 프리미엄(call premium)이라고 한다. 반대로, 수의상환 청구채(putable bond)는 투자자 요구로 중도상환 가능하다. 이에 따라 표면이자율이 상대적으로 낮으며, 높은 가격(일반채권 가치+풋옵션 가치)을 유지한다. 시장금리가 상승하는 경우에 권리를 행사할 가능성이 커진다.

⑥ 방어적/제한적 약정

채권자에게 잠정적으로 손실을 입힐 수 있는 발행기업의 재무적 행위를 제한하는 조항을 삽입하는 것을 방어적 약정(protective/restrictive covenant)이라고 한다. 기업이 추가적인 대출을 받거나 위험한 투자 등을 못하게 할 수 있으며, 주주들에 대한 과도한 배당이나 다른 기업과의 인수합병을 금지하는 등의 제한적 약정 조항을 둘 수도 있으며, 외부회계 감사제도 도입, 사외이사 등의 지배구조 개선 등의 권고적 약정도 둘 수 있다.

3.2 회사채 발행절차

회사채의 액면가는 통상적으로 100,000원이며, 채권증서에 표시되어 있다. 따라서 100억원의 자금조달에는 최소 10만좌 이상의 회사채를 발행해야 한다. 회사채의 발행방법에는 대중을 대상으로 한 공모 방식과 특정 투자자만을 대상으로 한 사모 방식이 있다. 회사채는 대부분 기관투자자를 통하여 인수되지만, 사모에 의한 회사채는 주로 연기금이나 생명보험회사 등 장기투자자에 의해 소화된다.

회사채의 경우 발행기업은 주간사(주로 증권사)를 선정하고 주간사는 회사채를 대부분 총액방식으로 인수한 후 주간사 책임하에 주로 공모(public offering) 방식에 의해 은행 등 기관투자가를 중심으로 매도한다. 매수자는 거래은행에 매매체결 내용을 통보하고 대금이 지급되면, 발행기업은 매수자의 거래은행으로부터 발행자금을 수령한다. <표 11-4>에는 가장 보편적인 무보증 회사채 공모절

〈표 11-4〉 회사채 공모절차

순서	절 차	관련 법규	주 체	비 고
1	등록기관 지정	공사채 등록법 §4	발행자	발행자 → 한국예탁결제원
2	이사회 결의	상법 §469	발행자	
3	원리금 지급 대행계약 체결		발행자	발행자 ↔ 원리금 지급기관
4	인수단 구성 및 매출계약 체결	인수규정 §10	주간사	
5	증권신고서 제출	자본시장법 §119	발행자	발행자 → 금융위원회
6	청약 안내 공고	인수규정세칙 §21	주간사	
7	투자설명서 제출	자본시장법 §123	발행자	발행자 → 금융위원회
8	상장 신청	상장규정 § 5	발행자	발행자 → 한국거래소
9	청약 및 납입	상법 §474 §476	채권자/주간사	
10	납입완료 증명서 송부	채권등록업무규정 §5	발행자	발행자 → 한국예탁결제원
11	채권 발행내역 통보		발행자	발행자 → 한국예탁결제원
12	납입완료 증명서 송부	채권등록업무규정 §5	발행자	발행자 → 한국예탁결제원
13	등록청구	채권등록업무규정 §5	채권자	발행자 → 한국예탁결제원
14	채권등록발행 및 등록필증 교부	공사채 등록법	등록기관	한국예탁결제원 → 채권자
15	증권발행실적보고서 제출	자본시장법 §128	발행자	발행자 → 금융위원회

※ 한국예탁결제원 채권등록발행절차

차를 나타내고 있다.

그리고 채권의 거래는 증권사가 한국예탁결제원에 개설된 매수자 계좌에 등록함으로써 완료된다. 회사채의 발행금리는 발행기업과 인수기관이 협의를 통해 자율적으로 결정하고 있다. 만기는 일반적으로 1년, 2년, 3년 및 5년이며, 3년물이 대부분을 차지하고 있다.

회사채의 발행조건을 보면 주로 고정금리부, 이표채, 3년만기, 무보증사채가 많은데, 최근에는 보다 다양화된 발행조건을 가진 회사채의 발행이 늘어나는 추세이다. 특히, 주식과 연계된 전환사채, 신주인수권부사채 등의 발행이 늘어나고 있다.

4. 자산유동화증권

자산유동화증권(ABS: asset backed securities)이란 외상매출금, 부동산 등 보유하고 있는 자산을 표준화하고, 증권을 발행한 후 기초자산으로부터의 현금흐름을 이용하여 상환하는 증권이다. ABS에는 자산 보유자가 자산에 묶여있는 현금흐름을 창출하여 자금조달을 조달하는데, 사실상 담보로 자금조달을 하는 관점에서 채무와 동일한 상환의무를 갖고 있다. 증권의 형태는 채권과 주식 또는 수익증권이 있다.

1998년 9월「자산유동화에 관한 법률」이 제정되었으며, 주택저당대출을 담보로 한 증권은 주택저당담보부증권(MBS: mortgage backed securities)이라고 한다. 유동화전문회사(SPC: special purpose company)를 별도로 설립하여, 유동화전문회사가 보유자산을 담보로 증권(ABS)을 매각하여 투자자로부터 자금을 조달하는 금융기법이다. 자산유동화증권 매출을 통해 회수된 자금을 원채권자에게 전달함으로써 유동화 과정이 완결되며, 원채무자가 ABS 투자자에게 채무를 변제함으로써 투자자는 자금을 회수하게 된다. ABS는 자산 보유자의 파산위험에 대비한 담보가 있으므로, 자산 보유자가 직접 발행한 채권보다 안전하기 때문에 신용등급이 높게 평가된다.

금융 선진국에서도 상대적으로 위험이 낮으면서 적정한 수익률이 제공되는 금융상품의 하나로 발행규모가 해마다 증가하고 있다.

그림 11-2 주요 선진국 외부자금 조달 원천별 구성 (단위: %)

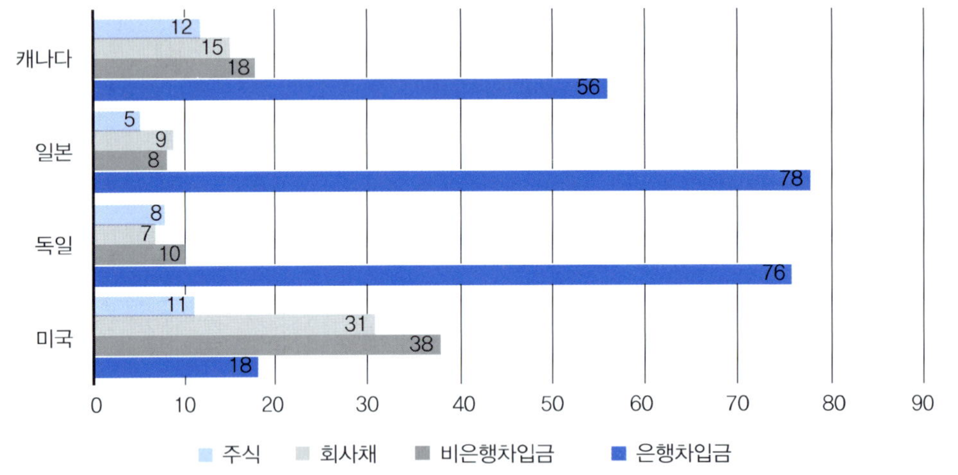

5. 장기차입금

장기차입금은 금융기관 등으로부터 1년 이상 일정한 이자를 지급하고 원금 상환을 약속하고 차입하는 간접금융방식이다. 만기가 장기이기 때문에 차입 자본비용이 낮은 상태로 경영권에 대한 침해 없이 장기적으로 안정된 자본을 조달하는 장점이 있지만, 지나치게 부채수준이 높아지면 지급능력과 재무구조가 나빠지고, 확정채무이기 때문에 채무불이행의 위험이 높아진다. 인플레이션이 높아지면 상대적으로 혜택이 크지만, 경기가 나빠지면 재무고정비의 부담이 문제가 된다.

[그림 11-2]에는 주요 자본시장 선진국에서도 주식이나 회사채를 통한 자본조달이 어려움을 나타내고 있다. 현실적으로 자본시장을 통하여 회사채를 발행할 수 있는 기업의 수가 극히 제한적이며, 더군다나 상장을 통한 자기자본 확충도 쉽지 않은 대부분의 소기업이나 중소기업은 장기차입금을 통한 외부자금조달에 절대적으로 의존할 수밖에 없다.[1)]

---

1) 2010년 현재 우리나라의 시가총액 대비 주식시장 자금조달비율은 0.78%로 미국(1.25%), 일본(1.51%), 중국(3.57%) 등에 비해서 크게 낮은 수준이다(장정모, 2012; 상장협연구 제65호).

제 2 절 주식 발행

1. 자기자본 조달

회사 창업 시 사업에 필요한 자금을 조달할 수 있는 자금은 창업주와 초기 출자자, 벤처자금, 기관투자자 등이 있으나 대부분 창업주와 주변인 등 지극히 소수의 출자로 시작하게 된다. 이처럼 창업에 부족한 자금은 금융기관 등을 통한 차입금 등 타인자본으로 조달하게 된다. 이러한 과정에서 주식회사 형태의 기업은 주식을 발행해야 한다. 수권자본제도를 채택하고 있는 우리나라의 경우 수권자본액의 1/4 이상의 주식을 설립 시에 발행하고, 이후에 이사회의 결의에 의해 잔여분을 증자할 수 있도록 규정하고 있다.

2. 주식의 특징과 종류

2.1 주식의 특징

주식이란 회사가 자기자본(owners' equity)을 조달하기 위하여 발행하는 유가증권이며 주주의 권리를 상징한다. 발행주식의 액면가 총액이 기업의 자본금(capital)이 된다. 자기자본은 납입 자본금과 자본조달과정에서 발생한 자본잉여금과 사업으로 축적된 유보이익으로 구성된다. 주당 하나의 의결권 또는 투표권을 갖고 현금흐름에서부터 잔여현금흐름에 대한 청구권(residual claim)을 가진다. 주주는 투자한 금액만큼 유한책임(limited liability)을 지며, 투자한 범위 내에서만 손실을 보게 된다.

우선주(preferred stock)는 의결권이 없는 대신 이익배당이나 잔여재산의 분배 등에 있어서 보통주보다 우선적 지위가 인정된 주식이다. 의결권을 주지 않기 때문에 경영권 침해 문제가 없는 자본조달방법이다.

2.2 주식의 종류

주식은 권리행사의 우선순위와 의결권 여부, 증자 시 주금의 납입 여부 등에 따라 여러 가지로 분류할 수 있다.

① 보통주, 우선주

주식은 이익배당 청구권과 잔여재산 분배청구권 행사의 우선순위에 따라 우선주, 보통주로 나눌 수 있다. 보통주(common stock)보다 우선적인 권리를 가지는 주식을 우선주(preferred stock)라고 한다.

② 의결권주와 무의결권주

의결권(voting rights)주와 무의결권주로 구분하며, 의결권주는 주주총회에 상정된 안건에 대하여 의결권을 행사할 수 있는 주식으로 보통주는 이러한 유형의 주식이다. 그러나 배당 우선권이 있는 우선주(preferred stocks)는 의결권이 없다. 다만 약정된 배당 우선권이 실현되지 않으면 의결권이 부활된다.

③ 유상주와 무상주

주식배당 등의 이유로 기업이 신주를 발행하는 경우에 주금을 납입하면 유상주이고, 주금의 납입이 없으면 무상주다.

3. 주식의 발행시장

3.1 주식시장

주식시장은 주주권을 표시하는 주식이 거래되는 시장으로서 기업의 장기 자금조달을 지원한다. 한편 투자자에 대해서는 자금운용을 위한 시장이 된다. 회사채 시장과는 달리 기업의 채무의존도를 낮추어 안정성을 높이게 한다. 주식시장은 기업공개 및 유상증자 등을 통해 주식이 새로이 공급되는 발행시장과 이미 발행된 주식이 투자자 상호 간에 거래되는 유통시장으로 나누어진다. 유통시장은 거래주식의 대상에 따라 거래소시장(KOSPI), 코스닥시장(KOSDAQ), 코넥스(KONEX),

제3시장(장외중개시장) 및 ECN(Electronic Communication Network, 인터넷중개시장)으로 구분된다.

3.2 기업공개와 상장

공개모집(public offerings)이란 50인 이상 불특정의 대중을 대상으로 주주를 모집하는 것을 말하며, 일반적으로 공모라고 한다. 특히, 기업이 처음으로 공개모집에 의해 주식을 발행하고 상장(listing)하는 것을 일반적으로 기업공개(IPO: initial public offering)라고 하며, 이때 발행되는 주식을 최초공모주(IPO stocks)라고 한다.

기업공개 과정에서 소수의 주주가 가진 지분이 분산되어 소유지분 구조가 바뀌게 되며, 상장된 주식은 시장성과 양도성을 갖추게 된다. 이에 따라 많은 기업이 기업공개를 통해 자본시장에서 자금을 조달하려고 하며, 성공적인 기업공개를 통하여 얻는 혜택은 다음과 같다.

① 자금조달로 불특정 다수로부터 필요 자금을 일시에 조달할 수 있다.
② 고비용 차입금 상환 등으로 재무구조의 건실화, 차입비용 절감 등으로 경쟁력이 강화된다.
③ 재무고정비 부담 없는 투자자금을 통하여 새로운 투자기회가 모색 가능하다.
④ 소유구조와 지배구조의 투명성과 안정성을 확보할 수 있다.
⑤ 외부의 심사 등 요건을 충족시키려는 과정에서 내부통제시스템이 강화, 개선될 수 있다. 상장을 통하여 동일 업종 내 경쟁기업과 경영실적 비교가 가능하며, 주가를 통하여 경영목표 설정과 관리가 가능하다.
⑥ 상장 후에도 증자를 통한 자금조달이 용이해지며, 다양한 원천의 자금조달이 가능하다. 무의결권 주식, 회사채, 신종사채 등 발행도 가능해진다.
⑦ 기존 주주들에겐 유동성을 제공하고, 새로운 투자자들에게 투자기회를 제공한다.
⑧ 인력의 채용·유지를 위한 인센티브 제공 등을 통하여 인건비를 절감할 수 있다.
⑨ 기업공개 정보가 TV, 신문, 인터넷, SNS 등 홍보매체를 통해 전달되는 과정

〈표 11-5〉 기업공개 절차

구 분	세부 절차	내 용
선행절차	지정감사인 감사	증권선물위원회가 지정하나 회계감사인에 의하여 직전 사업연도에 대한 감사
사전준비	주간사와 계약 체결	주간사 선임 및 계약 체결
	정관 정비	상장회사협의회에서 정한 표준정관 참고
	명의개서 대행계약 체결	한국예탁결제원, 국민은행, 하나은행 중에서 선택 및 계약 체결
	우리사주조합 결성	
	유가증권시장본부 예비접촉	상장요건 및 일정 등에 관하여 협의
상장 예비심사	상장심사 신청	상장 예비심사 신청서 제출
	상장심사	계량적, 비계량적 요건 심사
	유가증권시장상장위원회 심의	상장 적격성 심의
	상장심사결과 통보	상장신청인과 금융위원회에 통보
공모	증권신고서 제출	금융위원회에 제출(수리 후 15일 경과되면 효력발생)
	수요예측 및 발행가격 결정	수요예측 후 인수기관과 협의하여 발행가격 결정
	청약·배정 및 납입	납입 후 등기
	증권발행실적 보고	증권발행실적을 금융위원회에 보고
상장	상장신청	납입일까지 상장신청서 제출
	상장 및 매매거래 개시	

출처: 한국거래소(http://listing.krx.co.kr/contents/LST/04/04010102/LST04010102.jsp), 2020년 5월말 자료.

에서 기업의 이미지를 개선하며, 광고 등에도 긍정적인 효과가 있다.

⑩ 대외적인 신인도를 개선하여 기업의 해외진출이나 합작투자, 인수합병 등 전략적 투자결정에 필요한 신용도를 높일 수 있다.

반면, 기업의 상장이 기업에게 단점이 되는 경우도 있다.

① 치명적인 사업상의 약점이나 영업상의 비밀정보가 누출될 수 있다.
② 내부자거래 감시, 외부회계감사 등 강화된 법과 제도의 통제를 받게 된다.
③ 일시적인 풍부한 자금으로 경영 비효율성이 높아질 수 있다.
④ 인수합병 등 기업사냥의 대상이 될 수 있다.
⑤ 기존 주주와 신규 주주, 내부주주와 외부주주, 내부주주와 채권자 등 이해

관계자 간 갈등이 심화될 수 있다.

⑥ 높아진 위상만큼 사회적 책임기업으로서 다양한 사회공헌 의무가 요구될 수 있다.

⑦ 강화된 기업 이미지와 홍보효과가 오히려 경미한 사항으로 부정적 정보의 효과가 극대화될 우려가 있다.

기업공개는 크게 사전준비, 예비심사, 본심사의 순서로 이루어진다. <표 11-5>에는 기업공개 절차를 상세하게 나타내고 있다.

1) 사전준비 사항

① 금융위원회 등록 ② 지정감사인 감사 ③ 주간사 선정

2) 예비심사

① 수권주식수 조정, 발행주식 종류, 신주인수권 배제 여부, 전환사채(CB) 및 신주인수권부사채(BW) 발행 등과 관련하여 정관 개정

② 명의개서 대행계약 체결

③ 우리사주조합(ESOP: employee stock ownership plan) 결성

3) 본심사

① 신주의 종류와 수, 신주의 발행가액 등에 대한 발행기업 이사회의 결의, 주간사의 인수가액 결정 및 금융위원회에 유가증권신고서 제출

② 주간사는 금융위원회가 유가증권신고서를 수리한 날로부터 15일이 경과하면 발행기업과 협의하여 청약공고, 청약 접수

③ 주금납입

④ 발행기업 자본금 변경등기 및 금융위원회에 유가증권 발행실적 보고

⑤ 한국거래소 또는 증권업협회에 상장 또는 등록 신청

3.3 최초공모주(IPO)의 단기 저평가 및 장기 저성과 현상

1) IPO의 초기 저평가(underpricing)

효율적 시장에서는 공모가격(offer price)과 초기 시장가격(initial price)이 같아야 한다. 그러나 상장 직후의 시장가격이 공모가격보다 상당히 높은데, 이를 최초공모주(IPO)의 저평가 또는 저가발행(underpricing)이라고 한다. 공모가격이 시장전망보다 너무 높으면 공모가 실패하지만, 시장가격보다 너무 낮으면 기존 주주가 손해를 보게 되는 결과가 된다.

이밧슨, 신덜라, 리터(Ibbotson, Sindelar and Ritter, 1994)는 1960년대에서 1990년대까지 최초공모주에 대한 연구에서 수익률이 100%가 되는 달도 있었고, 심지어는 몇 시간 내에 두 배 이상 되는 때도 있었다고 보고하고 있다. 최초공모주의 저평가 크기와 기업공개(IPO)의 수 사이에는 시차를 두고 반복현상(cyclical patterns)이 존재한다. <표 11-6>을 보면, 중국의 경우 초기 수익률이 단순히 100% 이런 차원이 아니라 공모가격의 6.5배(1984년), 1987년 선전거래소의 경우 약 63배 등의 엄청난 초기 수익률이 나타났으며, 2016년에도 평균 32.6%의 막대한 초기 수익률(공모가격의 저평가)이 나타나는 것으로 밝혀졌다.

이밧슨, 신덜라, 리터(1994)의 연구결과는 1990년대 이전 미국시장에만 있는 것이 아니라, 중국과 같이 자본시장이 덜 발전한 나라에서는 더욱 심각하며, 저평가 크기와 기업공개(IPO)의 수 사이에는 시차를 두고 매우 심각한 반복현상(cyclical patterns)이 존재하는 것으로 기업공개를 통하여 기존 주주들이 상당한 손실을 보고 있으며, 공모가격 설정에 많은 문제점이 있음을 의미하고 있다. [그림 11-4]에는 최초공모주의 저평가현상이 전 세계적으로 만연된 현상임을 보여주고 있다.

〈표 11-6〉 IPO기업의 저평가 현상: 중국 IPO기업 분석(1984-2015)

연도	전 체		상하이 거래소		선전 거래소	
	기업 수	초기 수익률*	기업 수	초기 수익률	기업 수	초기 수익률
1984	1	6.500	1	6.500		
1985	3	6.500	3	3.855		
1986	2	10.228	2	10.228		
1987	6	63.517	4	88.983	2	12.585
1988	23	13.089	14	16.200	9	8.250
1989	17	6.525	4	5.789	13	6.751
1990	9	7.005	2	4.642	7	7.680
1991	17	7.538	4	12.249	13	6.089
1992	110	4.390	78	2.951	32	7.899
1993	144	2.630	76	2.789	68	2.452
1994	40	1.018	22	1.117	18	0.898
1995	17	0.914	8	1.392	9	0.489
1996	176	1.093	86	0.970	90	1.210
1997	189	1.385	83	1.380	106	1.388
1998	102	1.196	52	1.258	50	1.132
1999	91	1.128	45	1.105	46	1.151
2000	134	1.505	94	1.546	40	1.409
2001	64	1.398	64	1.398	0	
2002	70	1.253	69	1.267	1	0.291
2003	66	0.680	66	0.680	0	
2004	98	0.685	59	0.699	39	0.662
2005	15	0.455	2	0.579	13	0.436
2006	71	0.779	15	0.367	56	0.889
2007	121	1.900	24	1.212	97	2.070
2008	77	1.000	6	0.384	71	1.051
2009	111	0.614	10	0.413	101	0.634
2010	347	0.387	28	0.364	319	0.389
2011	277	0.194	38	0.157	239	0.200
2012	150	0.253	26	0.322	124	0.238
2013	2	0.369	1	0.537	1	0.200
2014	125	0.221	44	0.238	81	0.212
2015	213	0.326	86	0.353	127	0.308
Total	2,889	1.341	1,117	1.803	1,772	1.050

자료: 1984-2015년 중국 IPO기업 분석. RESSET자료 분석.
주: 단위가 %가 아님에 유의(초기 수익률이 6.5이면 투자원금의 6.5배를 상장 당일 투자이익으로 실현)

그림 11-3 IPO 저평가 현상의 사이클링 현상: 중국 IPO기업 분석(1984-2015)

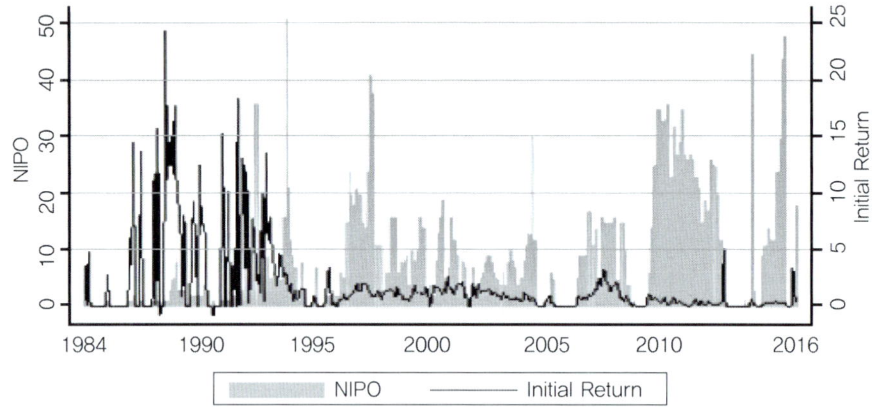

주: NIPO: 월별 IPO기업 수, Initial Return: 저평가율
자료: 1984-2015년 중국 IPO기업 분석. RESSET자료 분석

그림 11-4 IPO 저평가의 국가 간 비교 (초기수익률, %)

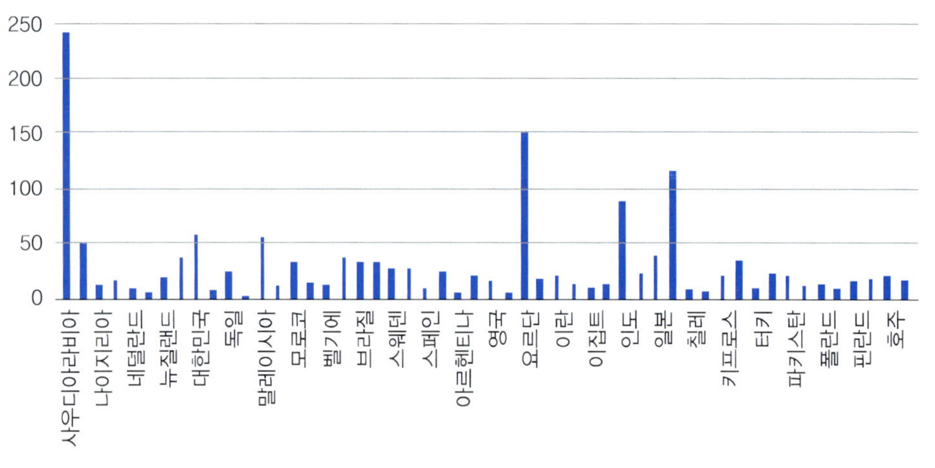

IPO 저평가 현상의 원인은 다음과 같이 요약할 수 있다.

① 상장기업의 대부분은 잘 알려지지 않은 신생기업이다. 발행기업에 대한 정보의 비대칭(information asymmetry)이 심각하다.

② 저평가(저가발행)를 통해 인수기관의 수수료 수익(스프레드)이 결정되고, 실패에 대한 책임을 회피할 수 있다.

③ 발행기업 또한 공개 실패에 대한 두려움을 떨치게 되고, 상환부담이 없는 자본조달을 무이자 외부자금으로 착각하는 현상이 발생한다.

④ 높은 경쟁률로 인하여 청약에 실패한 청약대기자금이 상장된 주식매입에 가담함으로써 초기 주가상승을 주도할 수 있다.

그럼에도 불구하고 과도한 수준의 초기 수익률이 전 세계적으로 지속되는 현상을 설명하기 쉽지 않다.

2) IPO의 장기 저성과(underperformance)

리터(Ritter, 1991)에 따르면 초기 수익률이 높은 IPO 주식이 장기적으로 오히려 누적초과수익률(CAR: cumulative abnormal returns)면에서 더 나쁜 성과를 보이는, 이른바 장기 저성과(long-run underperformance of IPO stocks) 현상이 있다고 보고하였다.[2] 그럼에도 불구하고 기업공개(IPO) 주식의 장기 저성과 현상, 또는 낮은 초과수익률도 거의 모든 국가나 기업에서 공통적으로 발견되는 현상이며, 시장의 비효율성이 지속되고 있다는 점에서 아주 흥미롭고 중요한 이슈이다. 내부자들이나 시장참여자의 왜곡으로 인하여 상장 초기에 매도하는 현상이 발생하여 외부투자자들이 손실을 입을 뿐만 아니라, 장기적으로 저성과를 올림으로써 시장이 크게 왜곡되는 문제가 대두하였다. 부동산 시장과 마찬가지로 단기 투기시장화되는 것은 초기 저평가 현상을 더욱 심화시키고 장기 저성과 현상을 더욱 악화시키는 문제가 발생한다.

이러한 문제를 개선하려고, 세계 각국의 증권 또는 주식시장 감독기관들은 특

---

2) Ritter, Jay(1991), "The Long-run Performance of Initial Public Offerings," *Journal of Finance*, 46(1), pp.3－27.

정한 유형의 투자자들을 대상으로 매도금지협정(lockup agreements)을 체결하도록 하였다. 이 제도는 기업공개(IPO) 이후에 내부자들에 대한 주식매각을 제한함으로써 외부투자자를 보호하기 위하여 내부자들의 이익 실현을 방지하는 기간을 지정하는 협정이지만 강제성은 없다. 우리나라에서도 1999년과 2000년에 코스닥시장과 거래소시장에 매도금지규정이 도입되었다. 그러나 매도금지기간(통상 180일) 종료시점에 다시 주가가 하락할 가능성이 높으며, 벤처캐피털이 투자한 기업의 주가 하락폭이 가장 크다. 우리사주조합원에 대하여는 보통 1년간 매도가 제한되어 있다. 경영진 등 내부인들에 대한 보상적 차원의 주식에 대하여는 별도의 약정에 따라 1년, 2년 등 매도금지기간을 달리하는 경우가 많다.

3.4 인수기관의 역할

기업공개를 통해 상장을 하는 경우, 대부분의 발행기업은 투자자를 직접 공개모집하지 않고, 증권회사, 은행, 투자신탁회사 등 전문기능을 가진 금융기관을 통하여 공개모집에 의한 주식발행업무를 대행하게 한다. 인수기관의 선정은 공개경쟁이나 수의입찰을 통해서 이루어지지만 대부분 수의입찰에 의하여 진행된다. 공개경쟁이 수의입찰보다 가격면에서는 유리하지만 수많은 경쟁조건들을 사전에 제시하고, 제시된 요소들만을 기준으로 평가하기가 어렵고, 수의계약을 통한 비가격 혜택들과 비교하기 어렵기 때문으로 판단된다.

주식발행 대행 행위를 인수(underwriting)라고 하며, 인수하는 금융기관을 인수기관(underwriter)이라 부른다. 인수기관의 기능을 총괄하며, 대표하는 인수기관을 주간사(managing underwriter)라고 부른다. 인수기관은 ① 주식발행 방법 설계, ② 발행주식의 가격 결정 및 판매, ③ 시장조성자의 역할을 한다.

인수기관이나 인수단(underwriting syndicate)은 발행된 신주가 투자자에게 매출되는 시장조성기간(aftermarket) 동안 시장에서 일시적인 가격하락 압박으로 주가가 공모가 밑으로 하락하지 않도록 주식을 매수함으로써 가격을 안정시키며, 시장조성기간 이후에 판매되지 않고 남은 주식도 매입하는 역할도 한다.

이와 반대로 시장조성자에게 혜택을 주는 것으로 초과배정옵션(overallotment option)이 있다. 이는 인수기관이 발행기업으로부터 추가로 주식을 발행가격으로 매입할 수 있는 권리(옵션)를 말한다. 보통 30일 기간 내에 15% 이내의 주식을 추가로 매입할 수 있게 하는 계약조항이 있는데, 1963년 그린슈(Green Shoe) 회사에서 처음으로 도입된 바가 있어 그린슈 조항(Green Shoe provision)이라고 한다.

일반공모에 의한 주식발행은 발행업무를 담당하는 인수기관(underwriter)의 위험부담 정도에 따라 총액인수, 잔액인수 및 모집주선으로 나누어진다.

① 총액인수(firm-commitment underwriting)

인수기관이 발행주식 전부를 매입하여 투자자들에게 공모가격으로 다시 판매하는 것을 말한다. 인수기관은 공모가격과 매입가격 간의 차이(spread)를 주요 수입으로 한다. 대부분의 공개기업의 신주발행은 총액인수방식으로 이루어진다. 인수기관들은 보통 공모가격 결정을 위해 판매가능가격을 조사한다. 주식 발행 규모가 클 경우 금융기관들이 공동인수단(underwriting syndicate)을 구성하여 인수하기도 한다.

② 잔액인수(stand-by underwriting)

공개모집 결과 미판매 주식을 인수기관이 책임, 인수하는 경우를 말한다. 이 경우 발행기업은 인수 및 모집수수료를 추가로 부담해야 한다.

③ 모집주선(best-efforts underwriting)

인수기관이 단순히 판매업무의 주선 등 발행사무만을 담당하는 것을 말한다. 미판매분은 발행기업에게 반환되며, 발행기업은 모집수수료를 인수기관에 지급한다.

3.5 발행가격 결정방법

주식발행 방법에 따라 발행가격이 결정되는데, 북 빌딩 방식, 경매 방식 및 고정가격 방식이 있다.

① 북 빌딩(book building) 방식

주간사가 기관투자가 등을 통하여 공모희망가격과 수량 등에 대한 북 빌딩 방식(book building)으로 수요예측을 실시한 후 100% 물량이 소화가능한 수준에서 최종 공모가를 결정한다. 대부분의 투자자가 공모희망가격보다 낮은 수준에서 주식을 배정받는 장점이 있다.

② 경매(auction) 방식

경매(Dutch auction)는 발행기업이 제시한 공모주의 최소가격과 공모수량에 대하여 투자자들이 공모가격과 청약 희망물량을 입찰하는 방식이다. 발행가격이 높은 순서부터 물량을 소화하고 전체 공모수량을 소화하는 지점에서 공모가격(offer price)이 결정된다. 대부분의 투자자가 공모가격보다 높은 수준에서 주식을 배정받는 단점이 있다.

③ 고정가격(fixed price) 방식

미리 정해진 공모가와 공모수량을 대상으로 청약을 받는 방식이다. 청약수량이 공모수량을 초과할 경우, 모든 청약자를 대상으로 청약희망 물량에 대하여 비례배정(pro rata allocation)한다.

우리나라에서는 20% 선배정되는 우리사주조합 몫을 제외하고, 기관투자자를 대상으로 북 빌딩 방식에 의한 수요예측을 바탕으로 공모가격을 결정한다. 기관투자가를 대상으로 한 배정 물량을 제외하고, 일반투자가를 대상으로 일반공모를 한다. 일반공모에는 미리 결정된 고정된 공모가격으로 청약을 받고, 초과청약 발생시 비례배정한다.

3.6 주식 배정/모집 방식

사모(private placement)는 발행기업에 의한 직접모집 발행(direct offering)이며, 발행기업이 직접 기존 주주, 기관투자가, 관계자 등에게 주식을 배정하는 방식으로 주주 배정, 우리사주조합 배정, 그리고 제3자 배정(연고자 배정)으로 구분된다. 공모 또는 공개모집발행(public offering)은 발행기업이 일반투자자를 대상으

〈표 11-7〉 주식발행 방법

배정방식		내 용
사모	주주 배정 (구주주 할당)	우리사주조합에 발행주식의 20%를 배정하고, 잔여분을 기존 지분에 따라 배정
	제3자 배정 (연고자 할당)	정관이나 주주총회의 특별결의로 지정한 제3자에게 배정
공모	주주우선실권주 공모	주주와 우리사주조합에 배정한 후 신주인수권 포기로 인한 실권주를 주간사가 인수한 후 일반대중을 대상으로 공모
	일반 공모	불특정 다수 일반대중을 상대로 모집 혹은 매출하는 방법. 주주총회의 특별결의에 관한 규정이 있는 경우에 시행

로 주식을 공개적으로 매도하는 방식으로 주주우선공모방식, 일반공모방식으로 구분된다. <표 11-7>에는 주식 배정 또는 모집 방식을 정리하고 있다.

1) 사모(private placement, direct offering)

① 주주 배정방식(구주주 할당: rights offering)

기존 주주의 지분비율에 신주인수권(preemptive right)을 주는 방식이다. 만약 구주주가 포기한 실권주가 발생하면 일반대중에 공개모집한다.

② 우리사주조합 배정

우리나라의 경우 발행주식의 20% 한도 내에 종업원으로 구성된 우리사주조합에 우선 배정하도록 규정되어 있다.

③ 제3자 배정(연고자 할당)

발행기업과 특별한 관계에 있는 종업원, 관계회사, 거래처 등 소수의 투자자에게 신주를 매출하는 것을 사모라고 하며, 금융감독원에 유가증권발행신고서를 제출할 필요가 없다. 정관에 명확한 규정이 있어야 하며, 아니면 주주총회의 특별결의가 필요하다.

2) 공개모집발행(public offering)

① 주주우선실권주 공모

주주 배정방식과 동일한 방식이나 실권주가 발생할 경우에 일반투자자를 대상으로 실권주 공모청약을 받고, 만일 청약이 미달되면 이사회의 결의에 따라 그 처리방침을 결정한다는 점에서 주주 배정방식과 차이가 있다.

② 일반공모

기존 주주 대신 일반투자자를 대상으로 발행 신주인수권에 대한 청약을 받는다. 참고로, 제3자 배정방식이나 일반공모방식은 기존 주주에 대한 신주인수권을 배제함으로써 이해관계에 중대한 영향을 미치는 행위이기 때문에 정관에 명시되어 있지 않으면 주주총회의 특별결의가 필요하다.

4. 증자에 의한 주식발행

4.1 유상증자

초기 기업공개 이후 기업은 자본금을 확충하는 증자를 통하여 자본조달을 하게 된다. 일반적으로 증자과정에서 추가로 주금납입을 받는 경우를 유상증자(SEO: seasoned equity offering)라고 한다. 주주 배정방식의 경우 ① 발행기업 이사회의 신주발행 결의 → ② 금융위원회에 유가증권신고서 제출 → ③ 신주발행 및 신주배정 기준일 공고 → ④ 신주인수권자에 신주배정 통지 → ⑤ 신주청약 접수 → ⑥ 실권주 처리 → ⑦ 주금의 납입 및 신주 발행등기 → ⑧ 신주상장 신청 또는 등록 신청의 순서로 진행된다.

주식발행초과금, 자산재평가적립금 등 주로 자본잉여금을 자본금에 전입하는 절차인데, 이러한 과정에서 기존 주주들을 대상으로 신주 1주당 일정금액을 납입받는 경우를 유상증자라고 한다. 반면, 신주를 액면가 기준으로 무상 발행, 교부하는 경우를 무상증자라고 하며, 주식배당 형태로 진행되기 때문에 주금납입이나 유가증권신고서 제출 등이 필요하지 않다.

4.2 신주 발행가액 결정

유상증자 과정에서 주주에게 가장 중요한 것이 신주의 발행가격의 결정인데, 액면가 기준, 시가 기준 그리고 시가할인 기준이 있다. 대부분의 경우에 사용되는 시가할인 발행가격은 시가에 일정 할인율을 적용하여 산출한다.

$$\text{신주 발행가격} = \text{기준주가} \times (1 - \text{할인율}) \tag{1}$$

시가할인율은 일반공모 30% 이하, 제3자 배정 10% 이하이며, 주주배정 유상증자의 경우에는 할인율에 제한이 없어 30% 이상 할인하여도 된다.

① 주주 배정/주주우선공모 발행가액

기준 주가: 아래 기준으로 산출된 2개의 종가 중 높은 값 선택

Max [(이전 1개월 평균종가+이전 1주일 평균종가+기산일 종가)/3, 기산일 종가]

* 기산일: 신주배정기준일 전 제3거래일
* 할인율: 상장법인이 한도 내에서 임의로 정할 수 있음
[한도: 일반공모방식 30%, 제3자 배정방식 10%, 주주배정 제한 없음]

② 일반공모방식 기준주가

아래 기준으로 산출된 3개의 종가 중 최댓값 선택

Max (기산일 이전 1개월 평균종가, 기산일 이전 1주일 평균종가, 기산일 종가)

* 기산일: 청약일 전 제5거래일

③ 제3자 배정방식 기준주가

아래 기준으로 산출된 2개의 종가 중 낮은 값 선택

Min [(기산일 이전 1개월 평균종가+최근일 종가)/2, 최근일 종가]

* 기산일: 이사회 결의 전일

4.3 증자에 의한 권리락 주가

이론적으로 무상증자는 실제 기업가치에 변동을 주는 요인이 없는 상태에서 주식수량이 늘어나기 때문에 무상증자 후 권리락 주가(P_N^*)는 다음과 같다.

$$\text{권리락 주가}(P_N^*) = \frac{P_0}{1+\gamma} = \frac{\text{기준주가}}{1+\text{증자비율}} \tag{2}$$

P_N^*: 권리락 주가　P_1: 증자 전 기준주가　γ: 증자 비율(%)

식 (2)는 증자 전 총시장가치와 증자 후 총시장가치와 같기 때문에 다음 식 (2-1)을 P_N^*에 대하여 정리한 결과다.

$$P_1 \times Q_1 = P_N \times Q_0(1+\gamma) \tag{2-1}$$

무상증자 전 기업가치＝무상증자 후 기업가치

Q_1: 증자 전 주식 수　Q_N: $Q_1(1+\gamma)$. 증자 후 주식 수

반면, 실제 유상증자는 주식수량이 늘어나는 만큼 주당납입금이 들어오기 때문에 유상증자 후 권리락 주가(P_N^*)는 다음과 같다.

$$\text{권리락 주가}(P_N^*) = \frac{\text{기준주가}+\text{주당 납입금}}{1+\text{증자비율}} = \frac{P_1 + P_{pay}\times\gamma}{1+\gamma} \tag{3}$$

$$= \frac{\text{기준주가}+\text{증자 신주 발행가격}\times\text{증자비율}}{1+\text{증자비율}}$$

P_{pay}: 증자 신주 발행가격　γ: 무상증자 비율

유상증자 전 기업가치와 총납입금액의 합이 유상증자 후 기업가치와 같기 때문에 다음의 식이 성립하며, 이를 권리락 주가(P_N^*)에 대해 푼 결과이다.

$$P_1 \times Q_1 + P_{pay} \times \gamma \times Q_1 = P_N^* \times Q_1(1+\gamma) \tag{3-1}$$

무상증자 전 기업가치＋유상증자 납입금＝유상증자 후 기업가치

Q_N: $Q_1(1+\gamma)$. 유상증자 후 주식 수

예제 11-1

K기업의 배당 전 주가(기준주가)는 24,000원이며, 주식수는 1백만주이다.

① 1주당 0.2주의 비율로 무상증자를 하는 경우 권리락 주가를 산출하시오.

$$권리락주가 = P_N^* = \frac{기준주가}{1 + 증자비율} = \frac{24,000}{1+0.2} = 20,000원$$

② 무상증자 전·후의 기업가치를 산출하시오.

증자 전: $P_1 \times Q_1 = 24,000 \times 1백만 = 240억원$

증자 후: $P_N \times Q_N = 20,000 \times 1백만(1+0.2) = 240억원$

③ 1주당 0.25주의 유상증자에 대하여 신주 주당 발행가액을 20,000원을 설정하였다면 권리락 주가를 산출하시오.

$$권리락주가 = \frac{기준주가 + 주당발행가격 \times 증자비율}{1 + 증자비율}$$

$$P_N^* = \frac{24,000 + 20,000 \times 0.25}{1 + 0.25} = 23,200원$$

④ 유상증자 전·후의 기업가치를 산출하시오.

증자 전: $P_1 \times Q_1 = 24,000 \times 1백만 = 240억원$

증자 납입금: $P_N \times 증자비율 \times Q_1 = 20,000 \times 0.25 \times 1백만 = 50억원$

증자 후: $P_1 \times Q_1 + 증자납입금 = 24,000 \times 1백만 + 50억원 = 290억원$

$P_N^* \times Q_N = 23,200 \times 1백만(1+0.25) = 290억원$

핵심정리

1. 회사채: 금융기관 차입금과 함께 대표적인 타인자본조달수단

2. 주식과 회사채 차이

항 목	주 식	회사채	비 고
자본의 성격	자기자본(투자)	타인자본(채권)	
투자자 성격	주주(소유주)	채권자	
보유자 권리	의결권 및 배당수급권	이자와 원금 법적 보장	부도시 예외
변제 순위	채권자보다 후순위	주주 우선	
만기	영속성	기한적(영구채 제외)	
원금 상환	해당 없음	원금 상환	
자본의 조달형태	출자증권	대부증권	
안정성	낮음	높음(투기등급 채권 예외)	회사채 예외
가격 변동성	높음(1일 ±30% 등락 한도)	낮음	
수입의 구성	(미확정)배당소득+자본이득	(확정) 이자소득+원금 (미확정) 자본이득	
환금성	상대적으로 더 높음	상장시 높음	상장거래
위험	부도위험: 투자금 소멸 변동위험: 주가변동 상환위험: 해당 없음 최대손실: 투자원금 한도 (자금이자 등 기회비용) 최대이익: 무제한	부도위험: 담보 등 회수 변동위험: 시장이자율 변동 상환위험: 발행자 위험 최대손실: 원금 및 이자 최대이익: 제한	

3. 신용등급

전문 신용평가기관이 특정 기업이나 채권 등 금융상품의 상환능력 평가

4. 회사채 발행조건

① 채권 소유자 등록 여부, ② 원리금 상환 보장, ③ 지급 우선순위,
④ 원금 상환방식, ⑤ 수의상환 가능성, ⑥ 방어적/제한적 약정 등

5. 자산유동화증권

ABS(asset backed securities)는 금융기관이 보유하고 있는 자산을 표준화하고, 증권

발행 후 기초자산으로부터의 현금흐름을 이용하여 상환. 일종의 차입금

6. 장기차입금 : 1년 이상 만기로 차입. 대부분 기업의 자금조달 수단

7. 주식 : 이익배당 청구권과 잔여재산 분배청구권 보유
    - 우선주, 보통주
    - 의결권주, 무의결권주

8. 주식시장 : 발행시장, 유통시장(KOSPI, KOSDAQ, KONEX, 장외시장)

9. 기업공개(IPO)
    - 최초공모주(IPO)의 단기 저평가 및 장기 저성과 현상
    - 전 세계적인 이상현상
    - 매도금지협정, 초과배정옵션, 그린슈 조항

10. 인수기관 : 주간사, 인수기관, 인수단
    - 인수기관(underwriter) : 위험부담 정도에 따라 총액인수, 잔액인수 및 모집주선
    - 발행가격 : 북 빌딩 방식, 경매 방식 및 고정가격 방식

11. 주식 배정/모집 방식
    - 사모(private placement)
      ① 주주 배정방식(구주주 할당)
      ② 우리사주조합 배정
      ③ 제3자 배정(연고자 할당)
    - 공모(public offering)
      ① 주주우선실권주 공모
      ② 일반공모

12. 증자 : 자본을 자본금으로 전환
    - 유상증자 : 주금납입을 통한 자본금 전환(신주발행+주금납입)

$$권리락주가 = \frac{기준주가 + 주당납입금}{1 + 증자비율} = \frac{기준주가 + 주당발행가격 \times 증자비율}{1 + 증자비율}$$

      – 액면가 기준, 시가 기준, 시가할인 기준

- 시가할인 신주 발행가격 = 기준 주가 × (1 - 할인율)

• 무상증자 : 주금납입 없이 자본금 전환(신주만 발행)

$$\text{권리락주가} = \frac{\text{기준 주가}}{1 + \text{증자비율}}$$

연습문제

1. 핵심용어

다음의 용어를 요약하여 설명하시오.

- 장기자본조달
- 타인자본조달
- 자기자본조달
- 회사채
- 부도위험
- 상환위험
- 회사채약정서
- 전환사채
- 신주인수권부 사채
- 만기
- 신용평가
- 정보의 비대칭
- 잔여재산 청구권
- 채무불이행 위험
- 채권등급
- 등록/소지인 사채
- 담보물
- 저당
- 무보증채
- 선순위/후순위채
- 감채기금
- 수의상환채권
- 콜/풋 프리미엄
- 방어적/제한적 약정
- 자산유동화증권(ABS)
- 주택저당담보부증권(MBS)
- 유한책임
- 우선주/보통주
- 의결권주/무의결권주
- 유상주/무상주
- 기업공개
- 저평가/저가발행
- 장기 저성과
- 주간사
- 매도금지약정(락업)
- 그린슈/초과배정옵션
- 인수기관
- 인수단(syndicate)
- 총액인수
- 잔액인수
- 모집주선
- 북 빌딩
- 경매(옥션)
- 고정가격
- 공모가격
- 주주 배정/구주주 할당
- 비례(pro rata)배정
- 공모/공개모집
- 사모
- 제3자/연고자 할당
- 신주인수권
- 일반공모
- 실권주
- 유상/무상 증자
- 권리락
- 시가할인율/할인발행
- 증자비율
- 주당납입금

2. 주식과 회사채의 차이를 비교하시오.

3. 회사채 발행 관련 신용등급의 중요성을 설명하시오.

4. 자산유동화증권의 개념을 설명하고, 부채로서의 특성을 설명하시오.

5. 기업공개(IPO)에서 단기 저평가 및 장기 저성과 현상을 설명하시오.

6. 매도금지협정, 초과배정옵션(그린슈 조항)에 대하여 설명하시오.

7. 우리나라 기업의 상장을 위한 가격결정과 신주 배정과정을 설명하시오.

8. 유상증자와 무상증자의 개념을 구분하여 설명하시오.

9. JK기업의 배당 전 주가(기준주가)는 22,000원이며, 주식수는 1백만주이다.
   ① 1주당 0.1주의 비율로 무상증자를 하는 경우 권리락 주가를 산출하시오.
   ② 무상증자 전·후의 기업가치를 산출하시오.
   ③ 1주당 0.2주의 유상증자에 대하여 신주 할인발행가액을 18,000원으로 설정하였다면 권리락 주가를 산출하시오.
   ④ 유상증자 전·후의 기업가치를 산출하시오.

해 답

1.~ 8. (생략)

9. ① 권리락주가 $= P_N^* = \dfrac{\text{기준주가}}{1+\text{증자비율}} = \dfrac{22{,}000}{1+0.1} = 20{,}000$원

② 증자 전: $P_1 \times Q_1 = 22{,}000 \times 1$백만 $= 220$억원

증자 후: $P_N \times Q_N = 20{,}000 \times 1$백만$(1+0.1) = 220$억원

③ 권리락주가 $= \dfrac{\text{기준주가} + \text{주당 발행가격} \times \text{증자비율}}{1+\text{증자비율}}$

$$P_N^* = \frac{22{,}000 + 18{,}000 \times 0.2}{1+0.2} = 21{,}333\text{ 원}$$

④ 증자 전: $P_1 \times Q_1 = 22{,}000 \times 1$백만 $= 220$억원

증자 납입금: $P_N \times$ 증자비율 $\times Q_1 = 18{,}000 \times 0.2 \times 1$백만 $= 36$억원

증자 후: $P_1 \times Q_1 +$ 증자납입금 $= 22{,}000 \times 1$백만 $+ 36$억원 $= 256$억원

$P_N^* \times Q_N = 21{,}333 \times 1$백만$(1+0.2) = 256$억원

CHAPTER 12

단기자본운용

제1절 운전자본관리
제2절 현금관리
제3절 신용관리
제4절 재고자산관리

학습목표

이제까지 주로 자본예산과 관련하여 장기 자본조달과 자본비용 관점에서 기업의 재무관리 문제를 다루어왔다. 본 장에서는 단기적 관점에서의 재무관리에 관한 문제를 다루기로 한다. 1년 이내에 매출 목적의 원자재 등 매입으로 인한 매입채무, 미판매 재고자산과 제품판매로 인한 매출채권, 매출채권의 회수로 인한 현금유입, 매입채무의 상환으로 인한 현금유출 등 기업의 본질적인 경영활동으로 인한 일상적인 현금흐름을 운전자본의 관점에서 살펴보기로 한다. 세부적으로 운전자본(working capital), 현금(cash), 재고자산(inventory) 등 유동자산 또는 순운전자본(net working capital) 관리 및 신용(credit) 관리에 관한 중요한 이론과 실무적 문제들을 살펴보기로 한다.

제 1 절 운전자본관리

1. 운전자본관리의 개념

단기재무는 운전자본관리와 현금관리가 중심을 이룬다. 운전자본(working capital)은 기업이 일상적인 원활한 영업활동에 필요로 하는 자본이며, 일반적으로 운영자금이라고도 한다. 운전자본은 크게 두 가지 의미로 사용된다. 일반적으로, 운전자본은 유동자산(current assets)을 뜻하기도 하며, 학술적으로 유동자산에서 유동부채(current liabilities)를 뺀 순운전자본(net working capital)을 의미하기도 한다.

$$순운전자본 = 유동자산 - 유동부채$$

운전자본의 정의에 따라 운전자본관리(working capital management)의 대상이 바뀌는데, 넓은 관점에서 유동자산으로 정의하면, 운전자본관리의 대상은 현금과 예금, 매출채권, 시장성 유가증권, 재고자산 등을 포함하며, 운전자본을 순운전자본이라 정의하면 유동자산에서 유동부채를 차감하기 때문에 유동자산의 관리뿐만 아니라 매입채권, 단기부채, 미지급비용 등 유동부채 관리까지 포함된다. [그림 12-1]에서는 운전자본관리의 대상을 구분하여 표시하고 있다.

그림 12-1 운전자본관리

현 금	유동부채
유동자산(현금 제외)	비유동부채
비유동자산	자기자본

(순)운전자본관리 : 유동자산(현금 포함), 유동부채 관리

2. 운전자본관리의 중요성

운전자본(working capital)은 기업의 생산과 영업 등 사업을 원활하게 수행할 수 있도록 하는 자본으로서, 기업의 지급능력과 신용도 유지에 매우 중요한 역할을 하며, 구체적인 기능은 다음과 같다.

① 운전자본은 기업에 적정한 수준의 유동성을 확보하여 지급불능위험을 감소시킨다.

② 유동자산과 유동부채는 규모나 비중 면에서도 전체 기업 경영 효율성에 큰 영향을 미친다.

③ 충분한 운전자본을 확보하여야 정상적인 사업을 지속할 수 있다. 인건비, 재료비 미지급으로 제품 생산이나 판매를 중단하는 경우가 많다.

④ 충분한 여유자금이 있으면, 심각한 경쟁상황이나 불황기에도 핵심 원재료나 인력 등의 확보가 가능하고, 경쟁기업보다 유리한 가격이나 시기에 확보할 수 있다.

⑤ 충분한 운전자본이 있으면 현금구매나 선지급을 통하여 저렴하게 원재료를 확보할 수 있다.

⑥ 신용판매를 하거나 유리한 지급조건 제시를 통하여 거래처 확충에 충분한 운전자금이 필요할 수 있다.

⑦ 거래처와 신용을 지키게 하며, 높은 신용도로 기업의 차입능력을 개선한다.

3. 운전자본관리의 목표

운전자본관리의 목표는 기업의 상황에 따라 다를 것이다. 개인기업이나 중소기업은 금융기관으로부터 필요한 시점에 충분한 자금을 조달하기가 어려운 것이 현실이다. 중소기업보다는 낫지만, 기업의 재무구조나 사업환경 등에 따라 대기업도 자금조달에 문제가 발생할 수도 있다. 기업은 만기가 긴 장기부채 조달을 통하여 안정적인 사업자금을 마련하려고 할 것이다. 그러나 기간구조이론에 따르면, 장기 자금조달은 단기보다 상대적으로 금융비용이 높다는 단점이 있다.

기업의 운전자본관리 목표는 다음과 같이 3가지로 요약할 수 있다.

① **충분한 유동성**: 기업은 기본적으로 채무불이행 상황을 방지하기 위하여 충분한 유동성을 확보하거나 그러한 방안을 보유하고 있어야 한다.

② **낮은 금융비용**: 기업 운영자금도 낮은 조달비용으로 안정적으로 조달되어야 한다.

③ **높은 수익성 확보**: 대부분의 유동자산이 저수익성 자산이기 때문에 유동자산 투자 확대로 수익성이 저하될 수 있다. 그럼에도 불구하고, 현금이나 시장성 유가증권 관리 등을 통하여 단기자금의 수익성을 높일 수도 있다.

운전자본관리의 핵심 목표는 유동성 확보, 금융비용 절감이다. 기업의 정상적인 운영을 위한 자금의 일부를 이용하여 수익성 증대를 위하여 부수적인 노력을 하는 경우도 있다.

4. 운전자본 정책

기업의 운전자금 투자정책과 조달정책은 매출액, 순현금흐름 등 기업 내부자본조달(internal financing) 능력과 연계되어 있으며, 경쟁상황이나 경기변동에 따른 매출액 변동이나 순현금흐름 등의 변동성에 크게 의존한다. 운전자본은 기본적으로 기업의 안정성과 관련이 있고, 높을수록 낮은 수익성 문제에 봉착할 가능성이 크기 때문에 안정성과 수익성의 상충관계(trade-off)를 고려하여 최적 수준을 선택할 필요가 있다.

운전자본 투자 및 조달정책은 신축적 정책, 제약적 정책 및 절충적 정책 등 3가지 유형으로 구분할 수 있는데, 이러한 정책 결정은 ① 기업의 재무구조 및 자금 상황, ② 최고경영진의 위험에 대한 태도, ③ 미래 현금흐름과 변동성, ④ 금융기관과의 관계, ⑤ 금융시장 접근성, ⑥ 장단기 금융상품의 활용 가능성, ⑦ 정부의 재정 및 금융정책 등에 의존한다.

4.1 운전자본 투자정책

운전자본에 대한 투자정책은 기업의 매출액 변동이나 자금수요에 대응하기 위한 유동자산 보유전략이라고 할 수 있다. 기업의 총자산을 비유동자산(non-current asset)과 유동자산 중 반드시 보유해야 하는 항구적 유동자산을 포함한 항구자산(permanent asset)과 임시자산(temporary asset) 또는 일시적 유동자산(temporary current asset)으로 구분한다.

총자산조달액 = 항구자산 + 임시자산(일시적 유동자산)
총자산 = 비유동자산 + 항구적 유동자산 + 일시적 유동자산

임시자산에 대한 수요는 경기나 계절적 요인에 의하여 변동하는데, 이러한 변동성에 대비하기 위하여 유동자산의 보유수준에 대한 조절이 필요하다. 이러한 의사결정은 단기차입금의 조달규모와 관련하여 제약적(restrictive) 정책, 신축적(flexible) 정책, 절충적(compromise) 정책으로 구분한다. [그림 12-2]에는 기업 자금의 변동성에 따른 운전자본에 대한 기업의 정책을 나타내고 있다.

제약적(restrictive) 정책은 수익성이 낮은 유동자산을 최대한 적게 보유하도록 현금, 유가증권, 재고자산의 보유수준을 낮추고, 신용판매를 억제하여 매출채권을 최소화한다. 반면, 신축적(flexible) 정책은 유동성을 중시하여 최대한 유동자

그림 12-2 운전자본 투자 및 조달전략

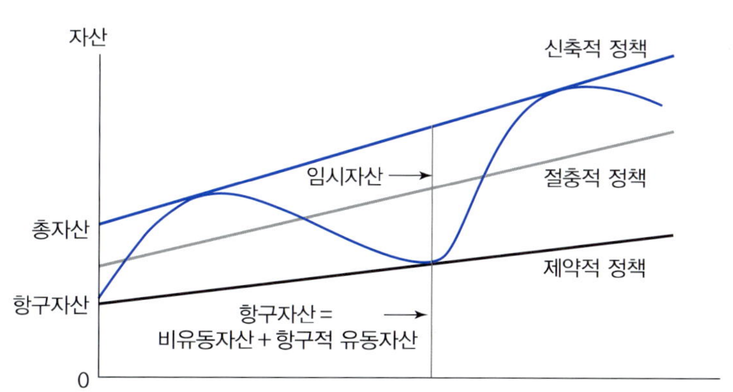

산을 확보하게 하며, 대부분의 기업은 두 극단적인 정책을 절충하는 수준에서 운전자본에 투자한다.

4.2 운전자본 조달정책

운전자금 조달정책도 매출액과 순현금흐름 등의 변동성을 고려하여 수익성과 위험 간에 조화를 이루어야 한다. 운전자본 조달정책도 운전자본의 투자수준에 맞춰 다음과 같이 세 가지 유형으로 구분할 수 있다.

① **제약적(restrictive) 정책** : 필요한 단기자금은 단기부채로 조달함으로써 유휴자금을 최소화하는 정책으로 헷징(hedging) 또는 만기 대응(maturity matching) 방법이라고도 한다. 이 정책에 의하면 유동자산은 유동부채로 조달하게 된다. 그러나 금융비용을 절감할 수 있지만 예기치 못한 상황에 대비하기가 어렵다.

② **신축적(flexible) 정책** : 장기자본을 중심으로 유동성 부족에 대비하여 최대한 자금을 조달하고, 채무불이행 상황을 최소화한다. 안정성을 높이는 대신 기업의 수익성에는 부정적인 효과가 나타날 수 있다. 장기차입금은 상대적으로 금융비용이 높고, 풍부한 장기자금은 상대적으로 낮은 수익성의 사업에 대한 투자를 늘릴 가능성이 크다.

그림 12-3 최적 운전자본 조달결정

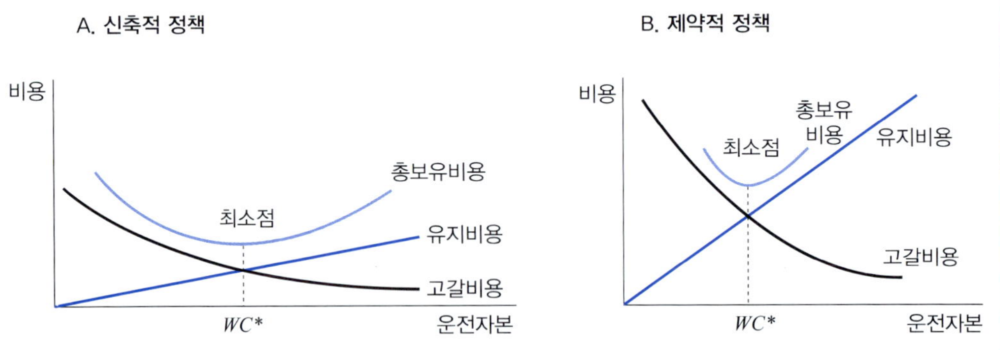

③ 절충적(compromise) 정책 : 두 극단적인 정책을 적정하게 절충하는 방법이 보편적으로 사용된다. 위험과 수익성 관계에 대한 재무담당의 판단과 대응 능력이 중요한 정책방안이다.

4.3 최적 운전자본 정책

운전자본 정책에는 운전자본을 보유함으로써 발생하는 총비용을 최소화하는 수준에서 최적 운전자본 수준(WC^*)이 결정된다. 두 가지 비용이 상충하는데, 유동자산 또는 운전자본 증가에 따라 비례로 상승하는 유지비용(carrying costs)과, 이에 점차 감소하는 고갈비용(shortage costs)의 합으로 총비용이 결정된다.

$$총보유비용 = 유지비용 + 고갈비용$$

유지비용은 운전자본을 유지관리하기 위한 실제 지출과 수익성이 낮은 유동자산 보유로 인하여 발생하는 높은 기회비용을 포함하며, 고갈비용은 보유 운전자본의 부족으로 발생하는 영업상의 손실이나 재무적 손실 등을 포함한다. [그림 12-4]에는 제약적(WC_1), 신축적(WC_2) 운전자본 정책과 두 극단적 정책의 절충적인 점에서 총보유비용이 최소화되는 최적 운전자본 수준(WC^*)을 보여주고 있다.

그림 12-4 최적 운전자본

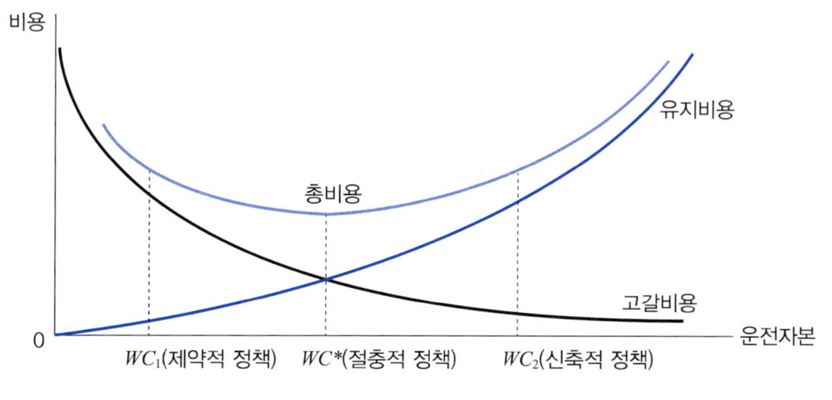

4.4 운전자본의 조달

운전자본의 조달은 대부분 단기차입금의 조달과 관련성이 크다. 현금관리에서 신축적 조달정책은 기업의 재무적 곤경(financial distress)의 가능성을 줄이지만 투자성과(ROE)도 줄일 수 있다. 제약적인 만기 헷징전략은 단기차입금으로 장기 투자자산을 보유하기 때문에 단기 금리의 변동성이 높아지면 위험이 커진다. 기간구조이론상 장기차입금은 평균적으로 단기차입금보다 이자율이 높다. 단기자금조달은 무담보 신용대출, 담보차입 등 다양한 방법이 있다.

1) 단기 금융상품의 활용

단기 금융시장은 일반적으로 만기 1년 이내의 금융상품이 거래되는 화폐시장 또는 자금시장(money market)이다. 기업이 활용할 수 있는 주요한 단기금융상품을 소개하면, 기업어음(CP: commercial paper), 양도성예금증서(CD: certificate of deposit), 환매조건부채권(RP: repurchase agreement) 등이 있다.

① 기업어음

기업어음(CP: commercial paper)은 기업이 C등급 이상의 신용을 바탕으로 단기자금을 조달하기 위해 발행하는 만기 1년 이내의 융통어음으로서, 2개 이상의 신용평가기관에서 일정수준 이상의 평가등급(현재 B등급 이상)을 받은 기업만 발행할 수 있다. 이사회의 결의가 필요하지 않기 때문에 대표이사의 직권발행이 가능하며, 금융감독원에 신고할 필요도 없다. 일반적으로 상거래와 관련하여 발행되는 상업어음(CB: commercial bill)과는 구분이 되는 금융상품이다. 상대적으로 낮은 등급의 기업이 발행하는 경우가 많으며, 위험이 따르는 투자상품으로 볼 수 있다. 의뢰인과 발행인의 신용도에 따라 은행은 대출절차에 따라 할인 여부와 할인율을 결정하게 된다. 신용도 부족이나 그에 따라 요구하는 담보를 제공하지 못하는 기업어음은 할인업을 영위하는 대부업자를 통하여 할인을 받을 수 있다. 만기 액면가에서 할인액을 뺀 현재가치로 발행하는 단기 자금융통형 금융상품으로 할인금액은 대출 관점에서 보면 선급이자라고 볼 수 있다.

② 양도성예금증서

양도성예금증서(CD: certificate of deposit)는 은행이 기업의 정기예금에 대하여 발행하는 무기명의 예금증서로 기업이 이를 금융시장에서 자유로이 매매할 수 있다. 즉, 양도가 가능한 무기명 정기예금증서이다. 1,000만원 이상 최소 30일 이상 270일까지 이내의 만기로 발행하며, 투자자 측면에서는 대규모 자금의 단기투자에 적합하며, 발행시장보다 수익률이 높아 유리하다.

③ 환매조건부채권

환매조건부채권(RP: repurchase agreement)은 발행자가 일정 기간 후에 약정한 가격으로 다시 매수·매도할 것을 조건으로 자금수요자가 단기자금을 조달하는 금융거래방식이다. 단기 금융시장과 채권 유통시장을 연결하여 장기 채권시장을 안정시키는 역할을 하며, 채권이 담보의 성격을 지닌다는 점에서 다른 단기 금융상품과는 차이가 있다. 자금 수요자 입장에서는 유동성 때문에 보유채권을 매각하는 불이익 없이 손쉽게 단기자금을 조달할 수 있고, 단기 여유자금을 보유하고 있는 투자자로서도 직접 채권투자에 따른 위험부담 없이 비교적 높은 금리로 자금을 운용할 수 있게 된다.

2) 거래처 신용의 활용

거래처와의 관계를 이용하여 운전자본(유동자산)을 조달할 수 있다. 우선, 인건비, 지급임차료, 이자 등 비용 지출을 지연함으로써 일시적 자금의 부족을 다소나마 해소할 수 있다. 대부분의 거래 신용(trade credit)은 일시적으로 이자부담이 없는 장점도 있다. 다만, 연체를 하거나 지나치게 의존하는 경우, 매입대금의 인상이나 거래단절의 위험도 도사리고 있다.

3) 은행 단기 대출상품

은행을 통한 다음과 같이 다양한 단기 대출이 있다. 단기차입금의 경우, 이자율의 변동이 심하고 때로는 이자율이 매우 높은 경우가 발생한다. 무엇보다 단기부채에 대한 의존도가 높은 경우, 높은 부채상환에 대한 압력에 시달리고, 부채

자금 조달이 힘들 가능성이 있다. 약속어음을 발행하여 조달하는 어음대출, 차용증서를 이용한 증서대출, 당좌계정을 이용한 당좌대월(overdrafts) 약정에 의한 대출, 상거래로 취득한 어음의 할인 등 다양한 방법이 있다.

제 2 절 현금관리

1. 현금관리의 필요성

기업은 지출에 대비해서 적절한 수준의 현금을 보유하고 있어야 한다. 충분한 현금이 없으면 부도를 맞을 수도 있으며, 기업의 신용이 급격히 떨어질 뿐만 아니라 정상적인 운영이 불가능하거나 기업이 도산할 수도 있다. 그러나 기업이 적정한 수준 이상의 현금을 보유하면 기회비용을 발생시킨다. 이에 따라 현금지출 수요를 충족시키면서도 과도하지 않은 수준의 현금보유가 필요한데, 이를 현금관리(cash management)라고 하며, 유동성관리(liquidity management)라고도 한다. 실무적으로 현금관리의 대상이 되는 것은 현금(cash)만이 아니라 현금성 자산인 요구불예금(demand deposit) 등도 포함하며, 넓게는 수익성을 목표로 단기 수익성 목적의 시장성 유가증권도 포함한다.

기업 내에서는 영업활동과 재무활동 등에 의하여 조직 외부와의 관계에서 현금의 유출입이 발생하며, 내부 조직 간, 기능 간 내부 현금흐름도 발생하는데, 이러한 과정을 현금순환과정이라 한다. 현금관리는 현금순환과정을 원활히 하도록 지원하는 목적으로 설계되고 관리되어야 한다.

2. 현금보유의 필요성

경제학자 케인즈(John M. Keynes)는 기업이나 개인 등이 현금을 보유하는 동기를 ① 거래적 동기, ② 투기적 동기, ③ 예비적 동기 등 세 가지로 정리하였다.

① 거래적 동기

상거래를 원활히 수행하기 위하여 현금을 보유하는 것을 거래적 동기(transaction motive)의 현금보유라 한다. 기업에 있어서 거래를 통한 현금의 유입과 유출 시점이 일치하지 않기 때문에 일정 수준 이상의 현금을 보유하고 있어야 한다.

② 투기적 동기

수익을 위한 투자 또는 투기의 기회를 노리고 현금을 보유하는 것을 투기적 동기(speculative motive)의 현금보유라고 한다. 가령, 원재료, 주식, 부동산 등 가격폭락이나 폭등을 예상하고, 높은 수익률을 목적으로 투자하는 경우를 말한다.

③ 예비적 동기

현금 또는 유동성 부족으로 생길 수 있는 상황에 대비하기 위한 보유를 예비적 동기(precautionary motive)의 현금보유라고 한다. 최근 금융기법의 발달과 금융상품의 다양화로 예비적 동기에 의한 현금수요가 크게 줄어들고 있다.

3. 현금관리 모형

현금의 보유수준의 결정은 보유 동기나 거래 규모 등에 의하여 크게 달라질 것이다. 그러나 이론적으로는 거래 목적의 보유현금 결정 모형이 개발되어 있다. [그림 12-5]에서는 보몰(Baumol) 모형과 밀러-오어(Miller-Orr) 모형을 나타내고 있다. 최근에는 현금관리를 위한 패키지나 다양한 기법이 소개되고 있지만, 이론적 측면에서 두 모형의 특징과 장단점을 이해할 필요가 있다.

3.1 보몰 모형

보몰(Baumol, 1952) 모형은 재고관리 측면에서 개발된 경제적 주문수량(EOQ: economic order quantity) 모형을 기본으로 현금관리 모형을 개발하였다.[1] [그림

---

1) Baumol, W. J.(1952), "The Transactions Demand for Money: An Inventory Theoretic Approach," *Quarterly Journal of Economics* 66(4), pp.545-556.

그림 12-5 현금관리 모형

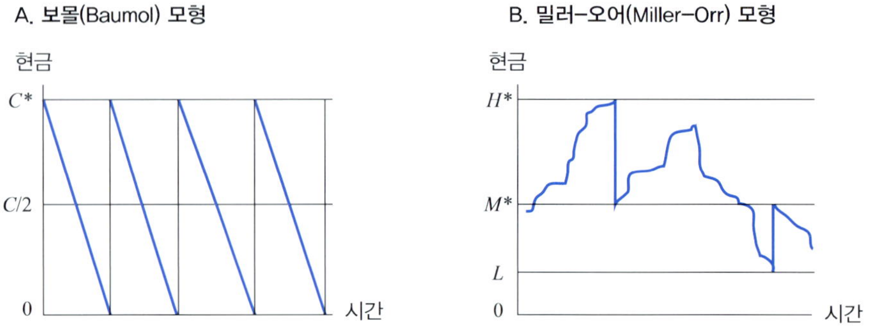

12-5] A는 아래와 같은 보몰(Baumol) 모형의 주요한 가정을 그림으로 보여주고 있다.

① 일정속도 유출: 시간의 흐름에 따른 현금유출의 속도는 동일하다.
② 일정금액 조달: 보유현금이 고갈되면 기업은 일정액의 현금을 조달한다.
③ 현금조달을 위하여 보유 중인 유가증권을 매도한다.

현금보유 비용은 보유현금의 기회비용이나 조달에 따른 비용 지출이 발생한다. 만일 현금조달을 위하여 유가증권을 매도하면 현금보유로 인한 기회비용(차입비용)이 발생한다. 현금조달에 따라 보유기간 동안 k의 자본비용이 필요하고, 현금 C를 조달한다면, 보유비용(기회비용)은 $k\times\frac{C}{2}$이 된다. 또한 연간 총자금 소요액 M을 1회 조달액 C로 나누면 연간 조달횟수(M/C)가 된다. 그리고 매회 발생 자금조달비용 P를 곱하면 현금조달에 따라 발생하는 거래비용은 $P\times\frac{M}{C}$가 된다. 결과적으로 현금보유로 발생하는 기회비용($k\times\frac{C}{2}$)과 현금조달에 따른 거래비용($P\times\frac{M}{C}$)의 합계액인 총비용(TC)은 다음과 같다.

$$TC = k\times\frac{C}{2} + P\times\frac{M}{C} \tag{1}$$

C: 현금보유 수준($C/2$: 평균 현금보유 수준)
k : 유가증권 매도로 인한 손실, 자본이자율(보유기간 이자율)

P: 1회당 자금조달비용
M: 총현금 수요(M/C: 현금조달 횟수)

식 (1)을 C에 대하여 미분하여 식 (2)처럼 0으로 두고 C에 대해서 풀면, 총비용이 최소가 되는 최적 현금보유 수준 C^*가 도출된다.

$$\frac{k}{2} - P \times \frac{M}{C^2} = 0 \tag{2}$$

$$C^* = \sqrt{\frac{2M \times P}{k}} \tag{3}$$

보몰 모형에 의하면, 현금조달이나 보유액은 연간 총소요자금(M), 1회 자금조달비용(P)과는 양(+)의 관계에 있으며, 현금을 보유하기 위한 기회비용(k) 또는 차입이자율과는 음(−)의 관계에 있다. 연간 현금 소요액이 많고 거래비용이 높을수록 더 많은 현금을 보유해야 하지만, 현금보유를 위하여 매도해야 할 유가증권의 투자수익이 높을수록 더 적은 현금을 보유해야 한다.

예제 12-1

JK기업의 1년간 총현금 소요액을 10억원, 1회 현금조달 시 발생되는 거래비용이 50만원이고, 현금조달의 기회비용을 4%라고 하면, 최적 현금조달액은 얼마인가?

$$C^* = \sqrt{\frac{2M \times P}{k}} = \sqrt{\frac{2 \times 10\text{억원} \times 50\text{만원}}{4\%}} = 5\text{천만원}$$

위 예제의 경우, 기업의 평균 현금보유액은 최적 현금조달액의 1/2인 2,500만원이 된다.

3.2 밀러-오어(Miller-Orr) 모형

밀러-오어(Miller and Orr, 1968) 모형은 현금의 유입과 유출이 정규분포에 따라 불규칙 행보(random walk)한다고 가정하였다. 최적 현금보유액 수준(M^*) 이상으로 현금잔고가 증가하여 상한(H^*)에 이르면 유가증권을 매입하고, 최저 안전보유액(safety level, L)에 이르면 보유자산을 매도하여 현금잔고를 M^*에 맞춘다. 최적 보유액 수준과 상한, 평균 현금보유액($\overline{M}$)은 다음과 같으며, [그림 12-5] B에 기본적인 모습을 보여주고 있다.

최적 현금보유액 : $M^* = L + \sqrt[3]{(3P \times \sigma^2 / 4k)}$

현금보유 상한액 : $H^* = 3M^* - 2L$

평균 현금보유액 : $\overline{M} = (4M^* - L)/3$

k : 보유현금에 대해 발생하는 기회비용
P : 1회당 현금조달비용
L : 최저 안전 현금보유액
σ^2 : 현금잔고의 변동성(분산)

보몰(Baumol) 모형은 경제 주체의 미래 현금 유입과 유출이 규칙적이며, 확정적으로 예측가능하다는 단순한 가정을 바탕으로 하고 있다. 그러나 기업들이 이처럼 정확하게 미래 현금흐름의 패턴을 추정하기 힘들 수 있다. 반면, 밀러-오어(Miller and Orr) 모형은 현금의 유입과 지출이 불규칙 행보(random walk)를 한다는 가정하에 최적 현금 보유수준을 측정하고자 하였다. 밀러-오어 모형에 의하면 현금 보유수준은 지출(잔고)의 변동성, 자금 소요량, 안전재고 수준, 회당 현금조달 거래비용 등에 비례하고, 이자비용에 반비례한다. 두 모형 모두 현금보유에 따른 기회비용과 거래비용의 합을 최소화하는 보유수준을 도출한 것은 공통적이다.

예제 12-2

JK기업의 회당 유가증권 거래비용(P)이 10만원, 유가증권 매도로 인한 연간 자본(기회)비용(k) 4%, 1일 최저 안전보유액 2,000만원(L), 현금잔고의 일(日) 단위 표준편차(σ)는 1,000만원이다. 이 기업의 최적 현금보유액(M^*), 보유현금의 상한액(H^*), 평균 현금보유액($\overline{M}$)을 구하시오.

① 최적 현금보유액 :

$M^* =$ 2,000만 $+ \sqrt[3]{(3 \times 10\text{만} \times (1{,}000\text{만})^2 / (4 \times 4\% / 365)} =$ 6,090만원

② 보유현금 상한액 :

$H^* = 3M^* - 2L = 3 \times (6{,}090\text{만}) - 2 \times (2{,}000\text{만}) =$ 14,271만원

③ 평균 현금보유액 :

$\overline{M} = (4M^* - L)/3 = (4 \times 6{,}090\text{만} - 2{,}000\text{만})/3 =$ 7,454만원

4. 회수기간 지체관리

기업의 거래에 따른 매출·매입과 실제 현금의 입출금 시기가 다를 수 있다. 대금을 수표 등으로 받으면 회수기간 지체(collection period delay or collection float)가 발생한다. 반대로 대금지급 시에도 지불지체(disbursement float)가 일어난다. 은행 지체(bank float)는 입출금된 기업 자금이 은행 거래계좌에 입출금되고 최종 청산되는 시점까지 걸리는 시간이다.

지체관리(float management)는 기업이 관리하는 장부의 현금잔고와 은행 계좌의 현금잔고를 관리하는 과정에서, 회수는 가능하면 빨리하고 지출은 늦추려는 노력을 말한다. 현금관리 측면에서 지체관리는 매우 중요하지만 이자수익 극대화를 위한 대금 지불 지체나 무리한 조기 수취 노력은 부작용의 소지가 있으므로 주의하여야 한다.

5. 단기 현금성 금융상품의 활용

5.1 시장성 유가증권의 활용

과도한 현금보유나 과소보유로 인한 문제를 방지하기 위하여 높은 유동성을 가진 투자자산이 필요하다. 증권시장이 발달함에 따라 주식, 채권 등에 대한 단기투자를 통하여 높은 유동성과 수익성을 확보하는 방안이 될 수 있다. 현금이 부족하면 유가증권을 처분하고, 현금에 여유가 있으면 단기 투자를 통해 유동성 관리와 투자수익 확보가 가능할 수도 있다. 그러나 키코(KIKO: kick-in kick-out) 사태 등에서 보듯이 금융기관 판매자의 권유만을 믿고 투자하다간 위험하므로 보수적인 투자와 위험관리가 중요하다.

5.2 현금성 투자(MMF, CMA, MMDA) 계좌의 활용

단기자금을 수익성이 낮은 현금으로 보유하는 대신 유동성에 대한 위험부담이 거의 없이, 보다 높은 수익성을 제공하는 금융상품을 활용할 필요가 있다.

① MMF

단기금융상품펀드(MMF: money market fund)는 자산운용회사가 고객의 자금을 모아 펀드를 구성하여 기업어음(CP), 양도성예금증서(CD) 등 만기 1년 미만의 단기 금융상품 중심으로 운영하는 만기 30일 이내의 초단기 금융상품이다. 최저 지축금액에 제한이 없으며 은행의 보통예금처럼 수시로 입출금이 가능한데다가 시중 금리 수준의 수익을 올릴 수 있어 이자가 없는 보통예금에 자금을 묶어 두는 것보다 훨씬 유리하다. 그러나 실적배당상품이기 때문에 예금자보호가 되지 않으며, 환매도 당일에 불가능하다. MMF의 운용회사는 자산운용회사이며, 판매회사로는 은행, 증권회사 및 보험회사가 있다.

② CMA

종합자산관리계좌(CMA: cash management account)는 증권회사에서 운영하는 고객의 자산관리계정이다. 기업어음(CP)이나 양도성예금증서(CD), 국·공채, 환매조건부채권(RP) 등에 투자하고 벌어들인 운용수익을 지급하는 단기 저축상품이며, 예금자보호가 되지 않는다. CMA는 은행의 보통예금처럼 수시 입출금이 가능하며, 신용카드 등의 결제기능까지 있다.

③ MMDA

금융상품투자예금(MMDA: money market deposit account)은 보통예금처럼 입출금이 자유롭고 각종 이체와 결제도 할 수 있으며, 예금자보호도 가능하다. 단기 시장금리에 의한 수익률을 얻을 수 있는 것이 보통예금과 다른 점이다. 단기금융상품펀드(MMF)와의 차이점은 운용대상, 환매제한 등의 제한이 없는 은행 요구불예금이라는 점이다. MMDA는 원래 미국의 은행이 자산운용회사의 MMF에 대응하기 위해 도입한 수익형 예금으로, 우리나라에는 1974년에 도입되었다.

최근에는 현금, 주식, 펀드 등 다양한 포트폴리오를 종합적으로 관리할 수 있는 랩(wrap) 계좌 운영이 도입되고 있다.

제 3 절 신용관리

1. 신용매출 관리의 의의

신용매출(credit sales)은 제품 매도 시에 현금을 즉시 받는 대신 지불시기를 일정기간 유예하는 외상판매(sales on credit)이다. 신용매출은 매출을 늘리고 수익을 확보하는 유용한 수단이지만 회수에 위험이 존재하는 일종의 투자행위이다. 신용매출이 경기 부진이나 매출 부진 등의 돌파구가 될 수 있지만, 회계장부상 영업이익, 순이익보다 실제 현금유입이 낮을 가능성이 적지 않다. 이처럼 신용판매 후 현금흐름의 악화는 기업의 상황이나 회수 가능성에 따라 심각한 경영위험으로 이어질 수 있다.

이처럼 신용매출이 너무 많거나 회수기간이 길어지면 운전자금에 문제가 생기고, 너무 짧으면 매출 확대나 고객관리에 문제가 생길 수도 있다. 신용관리(credit management)는 이러한 상황에서 적절한 신용매출 기간을 설정하고, 자금을 회수하는 활동이다. 반대로 신용매입의 경우에도 지급시점이 너무 빠르면 자금회전에 문제가 생길 수도 있지만, 너무 늦으면 적정한 시점에 물량 확보나 저렴한 구매가 어려울 수 있다. 기업의 신용매출은 영업정책과 내부 자금사정 등 다음과 같은 요인들을 고려하여 결정하여야 한다.

① 기업의 자금 사정과 재무구조
② 신용매출로 인한 추가 매출 및 이익의 규모
③ 평균 회수기간, 회수 가능성 및 회수불능 시 발생하는 기업의 손실
④ 신용매출의 대안과 기회비용
⑤ 고객사의 신용등급(credit rating)

2. 신용판매와 현금판매

기업의 신용매출로 인한 매출채권 관리가 중요한데, 무엇보다 이러한 신용정책 결정과 관련한 요인들을 살펴볼 필요가 있다. 신용정책의 고려요인으로 매출조건, 신용등급 및 현금회수 가능성 등이 중요하다. 기업이 제품이나 서비스를 제공할 때 제시하는 매출조건에는 신용기간, 현금할인, 조기결제 할인, 신용수단 등이 포함된다. 가령, 제품 매출 물량이나 가격에 따라 30일, 60일 등 결제할 수 있는 신용기간을 주기도 하고, 약정된 신용기간보다 빠르게 10일 이내에 결제하면 일정한 비율로 할인해 주는 등의 조건을 결정하는 것이다.

신용판매를 할 때 고객의 신용분석 등을 통하여 회수 가능성을 사전에 진단하는 것이 매우 중요하다. 회수 가능성이 낮으면, 계약조건이나 장부상의 매출, 이익이 의미가 없으며, 무엇보다 제품과 서비스 제공이 고스란히 손실로 이어질 가능성이 높기 때문이다. 마지막으로, 실제 회수작업을 위한 방안이 강구되어 있어야 한다. 규모가 큰 중요한 신용매출에 관련하여 회수 가능성과 금액, 시기 등을 고려하여 자본예산의 관점에서 대안별로 현재가치를 추정하여 신용판매, 신용기간, 조기결제 할인율을 결정할 필요가 있으며, 신용판매와 현금판매로 인한 순현재가치를 산출하여 비교하고 상대적으로 큰 것을 선택한다.

$$\text{신용판매}: NPV^F = -cQ + [\alpha p + (1-\alpha)L]Q/(1+r) \tag{4}$$

$$\text{현금판매}: NPV^C = -cQ + pQ \tag{5}$$

α: 현금회수 가능성 p: 제품가격 Q: 매출량
c: 제품 단위원가 r: 자본비용 L: 회수 현물가치

예제 12-3

신용판매와 현금판매 비교

JK기업은 고객 B에게 개당 5만원에 주문수량 2천개를 팔려고 한다. 제품당 원가는 4만원이다. B사의 신용판매 회수가능성은 95%이다. JK기업의 자본비용은 5%이다. 연도말 회수 자산의 가치는 개당 3만원이다. 신용판매와 현금판매로 인한 순현재가치를 비교하시오.

신용판매: $NPV = -cQ + [\alpha p + (1-\alpha)L]Q/(1+r)$
= −(4만원)(2천개) + [(0.95)(5만원) + (0.05)(3만원)](2천개)/(1 + 5%) = 13,333천원

현금판매: $NPV = -cQ + pQ$
= −(4만원)(2천원) + (5만원)(2천원) = 20,000천원

현재가치 기준으로 현금판매가 신용판매보다 유리하다.

3. 매출채권 회수기간

기업이 매출채권의 회수를 위하여 영업사원 방문, 문서나 이메일, 전화 등을 이용하여 부실채권이 되지 않도록 노력한다. 평균회수기간(ACP: average collection period)을 이용하여 경과일이 지나지 않도록 한다. 경과기간표는 신용을 제공한 시점부터 경과일수에 따라 매출채권을 분류한 것인데, 경과기간에 따라 회수정책을 달리할 필요가 있기 때문이다.

$$\text{평균 회수기간}(ACP) = \frac{\text{매출채권}}{\text{일 평균 매출액}} = \frac{\text{매출채권}}{\text{매출액}/365}$$

제 4 절 재고자산관리

1. 재고자산관리의 의의

전통적으로 재고자산관리(inventory management)는 재무관리에 있어 매우 중요한 과제였었다. 재고자산이란 기업이 생산, 판매를 위하여 일시적으로 보유하고 있는 자산으로 원재료, 가공품 및 완제품으로 구분된다. 재고관리는 최근 공급망관리(SCM: supply chain management)로 분화되어 부각되고 있다. 일반적으로 제조업체에서는 재고자산이 차지하는 비중이 총자산의 15% 이상이라고 하고, 매출단가 또는 단위 원가에서 차지하는 원재료비 등의 비중은 훨씬 높은 통상적으로 30% 이상을 차지한다는 점에서 그 중요성이 잘 나타낸다고 할 수 있다.

2. 최적 재고수준

2.1 재고관리비용

재고자산 관리비용은 주문비용(ordering cost), 유지비용(carrying costs), 재고고갈에 따른 기회비용(shortage cost) 등이 있다. 주문비용은 재고자산의 주문과 관련하여 발생하는 운송비, 선적 및 하역비 등이 있다. 유지비용은 재고자산의 유지, 보관에 소요되는 비용으로 창고비용, 보험료, 그리고 재고자산의 멸실, 훼손 등 진부화 비용 등이 있다. 고갈비용은 재고 고갈로 인한 제품 생산의 차질, 생산원가의 상승, 대기 중인 고객의 다른 경쟁사로의 이탈 등 기회비용까지 포함한다. [그림 12-6]에는 총비용이 최소화되는 경제적 주문량(Q^*)을 보여주고 있다.

$$총비용 = 주문비용 + 유지비용 + 고갈비용$$

그림 12-6 경제적 주문량(EOQ)

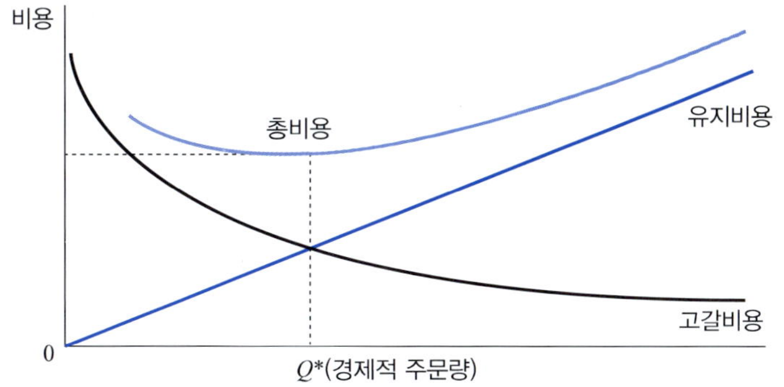

2.2 경제적 주문수량 모형

원재료 주문에서부터 완제품 판매 전 재고자산 관련으로 발생하는 주문비용, 유지비용, 고갈비용 등의 총비용을 최소화하는 경제적 주문수량(EOQ: economic order quantity)을 결정한다. 경제적 주문량 모형(EOQ)은 재고관리비용을 최소화하기 위하여 1회 주문량에 대한 의사결정을 내리는 것이다.

총재고관리비용 = 유지비용 + 조달비용 + 고갈비용 + 자본비용

만일, 고갈비용과 자본비용이 없다고 가정하면, 총재고관리비용(TC)은 다음과 같다.

$$TC = C \times \frac{Q}{2} + P \times \frac{M}{Q} \tag{6}$$

TC: 총재고관리비용 Q: 1회 주문량 $Q/2$: 평균 재고량
C: 단위당 재고유지비 P: 1회 주문비용
M: 연간 소요량 M/Q: 연간 주문횟수

1회 주문량이 Q라면, $Q/2$는 평균 재고수준이 된다. 단위당 재고유지비를 C라고 하면 전체 재고유지비용은 $C \times \frac{Q}{2}$가 된다. 또한 연간 소요량 M을 회당

주문량 Q로 나누면 연간 주문횟수($\frac{M}{Q}$)가 되고, 1회당 주문비용 P를 곱하면 연간 재고조달비용 $P\times\frac{M}{Q}$ 이 된다. 총비용(TC)은 재고보유로 발생하는 유지비용($C\times\frac{Q}{2}$)과 주문에 따른 조달비용($P\times\frac{M}{Q}$)의 합한 식 (6)이 된다. 2차식 (6)을 Q에 대하여 비용을 최소화하는 조건으로 물량 Q에 대하여 풀면 식 (7)과 같다.

$$\text{경제적 주문수량}: \ Q^* = \sqrt{\frac{2P\times M}{C}} = \sqrt{\frac{2\times \text{회당주문비용}\times\text{연간소요물량}}{\text{단위당 유지비}}} \tag{7}$$

예제 12-4

JK기업의 연간 총재고 소요물량 10만개, 1회 주문비용 80만원, 단위당 유지비가 4,000원이라고 하면, 경제적 주문수량(EOQ), 평균 재고량 및 연간 주문횟수는 얼마인가? 단, 고갈비용과 자본비용은 무시한다.

$$\text{EOQ}: \ Q^* = \sqrt{\frac{2P\times M}{C}} = \sqrt{\frac{2\times 80\text{만원}\times 10\text{만개}}{4,000\text{원}}} = 2\text{만개}$$

평균 재고량: $Q^*/2=1$만개

연간 주문횟수: $M/Q=$10만개/2만개$=5$회

2.3 재주문 시점의 결정

재고물량이 점차 줄어들면, 평균 조달 소요일수(lead time)를 추정한 후 안전재고량(safety stock, L)을 유지하도록 재주문수량을 파악하게 된다. [그림 12-7]에서는 보몰(Baumol) 모형에서의 재주문수량을 나타내고 있다. 주문시점에서 예정된 도착시간까지의 기간이 평균 조달 소요일수(lead time, T)가 된다. 평균 조달 소요일수를 기준으로 안전 재고량 이상 머물 수 있도록 하는 재주문시점(A)과

그림 12-7 재주문수량 모형

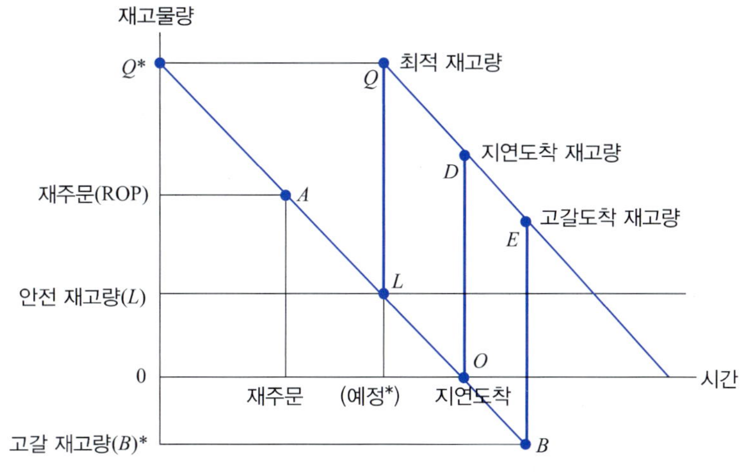

그 시점의 재고량 수량(ROP: reorder point)은 다음과 같이 결정된다.

재주문수량(ROP) = 조달기간의 소진량(D) + 안전 재고량(L)
　　　　　　　　= 1일 평균 소진량(d) × 조달 소요일수(T) + 안전 재고량(L)

1일 평균 소진량과 조달 소요일수를 곱하면 조달주문시점부터 납품시점까지 평균 소진량이 산출되는데, 실제 조달기간에 따라 재고량이 안전재고량(L) 이하로 내려가면, 기업은 재고통제를 개시한다. 지연도착(O)으로 재고량이 0 이하로 내려가면, 해당 기업은 재고 고갈로 인한 조업중단 등 심각한 문제를 안게 되고, 거래기업들도 마찬가지일 수 있다. 재주문시점(ROP)과 물량 결정($\overline{QL}$)에서 고려할 요인은 다음과 같다.

① 주문기간: 재고를 주문하여 도착하는 시점까지의 기간
② 조달 가능성: 공급업자가 주문 물량과 기간을 맞출 가능성
③ 안전재고량 수준: 고갈비용과 관련하여 결정할 최소 보유 물량
④ 재고소진의 속도: 기간당 평균 재고 소진량과 변동성
⑤ 재고유지비용 등

핵심정리

1. 운전자본관리

- 운전자본 : 유동자산. 운영자금(현금과 예금, 매출채권, 재고자산 등)
- 순운전자본 : 유동자산 − 유동부채 ※ 유동부채 관리 포함
- 목표 : 충분한 유동성, 경영 효율성, 재무적 성과
- 운전자본 정책 : 안정성과 수익성의 상충관계(trade-off)
  - 일시적 매출액 변동이나 자금수요에 대응하기 위한 유동자산 보유정책
  - 신축적 정책 : 장기차입금으로 단기 유동자산 보유
  - 제한적 정책 : 수익성이 낮은 유동자산 보유 최소화. 만기 헷징전략
  - 절충적 정책 : 두 극단적인 정책을 절충
- 총보유비용 = 유지비용 + 고갈비용
- 운전자본 조달 : 금융상품 활용, 거래처 신용, 금융권 차입 등

2. 현금관리

- 현금 보유 동기 : ① 거래적 동기 ② 투기적 동기 ③ 예비적 동기
- 총보유비용 = 현금보유 기회비용 + 현금조달비용
- 보몰(Baumol) 모형 : 확정적 현금흐름 ① 일정속도 유출 ② 일정금액 조달

총 현금보유비용 : $TC = k \times \frac{C}{2} + P \times \frac{M}{C}$

최적 현금조달액 : $C^* = \sqrt{\frac{2M \times P}{k}}$

C : 현금 보유 수준($C/2$: 평균 현금보유 수준)

k : 유가증권 매도로 인한 손실, 자본이자율(보유기간 이자율)

P : 회당 차입비용 M : 총현금수요(M/C: 현금조달 횟수)

- 밀러-오어(Miller-Orr) 모형
  - 현금 유입과 유출이 정규분포에 따라 불규칙 행보(random walk)
  - 최저 안전 수준(L)과 최고한도액에 이르면 보유자산을 매도/매입

최적 현금보유액 : $M^* = L + \sqrt[3]{(3P \times \sigma^2/4k)}$

k : 보유현금에 대해 발생하는 기회비용

P: 1회당 현금조달 거래비용

L: 최저 안전 현금보유액

σ^2: 현금잔고의 변동성(분산)

- 회수기간 지체관리 : 지급은 지연, 입금은 조기
- 자산운용사 MMF, 증권회사 CMA, 은행 MMDA 계좌 등 활용

3. 신용관리 : 신용판매와 현금판매 중 순현재가치(NPV) 비교우위 방안 선택

• 신용판매 : $NPV^F = -cQ + [\alpha p + (1-\alpha)L]Q/(1+r)$

• 현금판매 : $NPV^C = -cQ + pQ$

α: 현금회수 가능성　p: 제품가격　Q: 매출량

c : 제품 단위원가　r : 자본비용　L: 회수 현물가치

4. 재고자산관리

• 재고자산 : 원재료, 재공품, 완제품

• 총재고관리비용 = 유지비용 + 조달비용 + 고갈비용 + 자본비용

$$TC = C \times \frac{Q}{2} + P \times \frac{M}{Q}$$

TC: 총재고관리비용　Q: 1회 주문량　$Q/2$: 평균 재고량

C: 단위당 재고유지비　P: 1회 주문비용

M: 연간 소요량　M/Q: 연간 주문횟수

• 경제적 주문수량(EOQ) : $Q^* = \sqrt{\frac{2P \times M}{C}}$

$$= \sqrt{\frac{2 \times \text{회당 주문비용} \times \text{연간 소요물량}}{\text{단위당 유지비}}}$$

• 재주문수량(ROP) = 조달기간 소진량 + 안전 재고량

= 1일 평균 소진량 × 조달 소요일수 + 안전 재고량

• 재주문 시점 고려 요인 : ① 주문기간 ② 주문물량의 확보 가능성 ③ 안전재고량 수준 ④ 재고소진의 속도 ⑤ 재고유지비용 등

연습문제

1. 핵심용어

다음의 용어를 요약하여 설명하시오.

- 운전자본/운영자금
- 순운전자본
- 단기재무
- 유동자산
- 지급불능위험
- 신축적/제약적 정책
- 투자정책
- 조달정책
- 헷징
- 만기 대응
- 항구자산
- 임시자산
- 일시적 유동자산
- 채무불이행 위험
- 유지비용
- 주문비용
- 고갈비용
- 화폐시장
- 기업어음
- 양도성예금증서
- 환매조건부채권
- 거래처 신용
- 현금관리
- 보몰 모형
- 밀러-오어 모형
- 최적 현금보유
- 안전보유액
- 거래적/투기적/예비적 현금보유
- 기회비용/거래비용
- 회수기간
- 지체관리
- 시장성 유가증권
- 금융상품펀드
- 종합자산관리계좌
- 금융상품투자예금
- 신용매출
- 신용관리
- 재고자산관리
- 유지비용/주문비용
- 고갈비용
- 경제적 주문수량
- 재주문수량
- 안전 재고량

2. 운전자본의 개념과 운전자본의 정책을 설명하시오.

3. 현금관리의 개념과 최적 현금보유의 개념을 설명하시오.

4. 보몰 현금관리 모형의 가정을 정리하고, 최적 현금조달액을 설명하시오.

5. 밀러-오어 현금관리 모형에서 최적 현금보유액에 미치는 영향 요소를 설명하시오.

6. 회수기간 지체관리 개념과 주의사항을 설명하시오.

7. 기업의 신용판매에 있어서 주요 고려사항을 정리하시오.

8. 최적 현금조달액: 보몰(Baumol) 모형

LK기업의 연간 현금 관련 정보가 다음과 같다면, 최적 현금조달액은 얼마인가?

• 총 현금소요액(M) : 80억원	• 1회 현금조달비용(P) : 50만원
• 연간이자율(k) : 연간 5%	

9. 최적 현금조달액: 밀러-오어(Miller-Orr) 모형

LK기업의 연간 현금 관련 정보가 다음과 같다. 이 기업의 최적 현금보유액(M^*), 보유현금의 상한액(H^*), 평균 현금보유액($\overline{M}$)을 구하시오.

• 1회 유가증권거래비용(P) : 40만원	• 유가증권 연평균 이자율(k) : 6%
• 현금잔고의 일 표준편차(σ) : 300만원	• 1일 최저 안전보유액(L) : 500만원

10. 경제적 주문수량(EOQ) 및 재주문수량(ROP)

LK기업의 연간 재고 관련 정보가 다음과 같다. 이 기업의 경제적 주문수량(EOQ) 및 재주문수량(ROP)은 얼마인가?

• 연간 총재고 소요물량(M) : 2,500개	• 1회 주문비용(P) : 50만원
• 단위당 유지비(C) : 40,000원	• 평균 조달일수(T) : 15일
• 1일 소진 재고량(d) : 6.85개/일	• 안전 재고량(L) : 500개

해 답

1.~7. (생략)

8. 최적 현금조달액: 보몰(Baumol) 모형

$$C^* = \sqrt{\frac{2M \times P}{k}} = \sqrt{\frac{2 \times 80\text{억원} \times 50\text{만원}}{5\%}} = 4\text{억원}$$

9. 최적 현금조달액: 밀러-오어(Miller-Orr) 모형

최적 현금보유액: $M^* = 500\text{만} + \sqrt[3]{(3 \times 40\text{만} \times 300\text{만})^2 / (4 \times 6\%/365)} = 3{,}042\text{만원}$

보유현금 상한액: $H^* = 3M^* - 2L = 3 \times (3{,}042\text{만}) - 2 \times (2{,}000\text{만}) = 5{,}126\text{만원}$

평균 현금보유액: $\overline{M} = (4M^* - L)/3 = (4 \times 3{,}042\text{만} - 2{,}000\text{만})/3 = 3{,}389\text{만원}$

10. 경제적 주문수량(EOQ)과 재주문수량(ROP)

EOQ: $Q^* = \sqrt{\frac{2P \times M}{C}} = \sqrt{\frac{2 \times 50\text{만원} \times 2{,}500\text{개}}{40{,}000\text{원}}} = 250\text{개}$

ROP: Q=평균 조달일수×1일 소진량+안전 재고량

=15일×6.85개+500개 = 602.75개(약 603개)

CHAPTER 13

배당정책

제1절 배당정책
제2절 배당이론과 기업가치
제3절 불완전시장에서의 배당정책
제4절 특수 배당정책

학습목표

기업은 내부자금 조달, 외부자금 조달 등 크게 2가지 방법으로 사업 초기 투자자금이나 운영자금 및 확장을 위한 자금을 조달한다. 사업으로부터 발생한 이익을 통하여 자금을 조달하는 것을 내부자금 조달이라 하고, 배당 후 남겨진 이익을 내부유보라 하며, 이익잉여금으로 보고된다. 이러한 내부자금 조달을 통하여 기업확장이나 신규 사업진출 등을 위하여 재투자되거나 다른 기업활동에 사용된다. 이익 중에서 내부유보를 제외하고, 남은 부분을 주주에게 환원하는데, 이러한 행위를 배당이라 한다. 이익 중 주주에게 배당으로 지급하는 비율과 방식을 결정하는 것을 배당정책(dividend policy)이라 한다. 본 장에서는 기업이 주주들에게 이익을 환원하는 다양한 방법과 배당정책의 의미와 관련한 시장에서의 반응 등을 살펴보기로 한다.

제 1 절 배당정책

1. 배당정책의 의의

자본조달의 주체인 기업은 주로 채권과 주식 등을 이용하여 외부로부터 자본을 조달하는데 이를 외부금융(external financing)이라고 한다. 채권자에겐 이자, 주주에겐 배당(dividend)이나 주가상승을 통한 자본이득(capital gains)을 통하여 보상하려고 한다. 배당은 기업의 순이익 중 내부에 유보하고, 나머지를 주인인 투자자에게 환원하는 것을 말한다. 이익 중 주주에게 배당으로 지급하는 비율을 배당성향(DPR: dividend payout ratio)이라 하고, 재투자를 위하여 내부에 남겨두는 순이익을 유보이익(retained earnings)이라고 하며, 그 비율을 내부유보율(retention ratio)이라 한다. 간단히 말하면, 배당정책(dividend policy)은 순이익을 배당과 유보이익으로 나누는 결정이다.

$$순이익 = 배당금 + 내부유보$$
$$배당금 = 순이익 \times 배당성향 = 순이익 \times (1 - 내부유보율)$$

이에 따라 배당성향은 (배당금/순이익)이고, 내부유보율은 (내부유보액/순이익)이 된다.[1] 배당정책이 결정되면 내부유보를 통한 내부자금 조달 규모가 결정되고 전체 자금조달 규모에서 외부에서 조달해야 할 금액이 정해진다. 결과적으로 배당정책에 따라 기업의 내부자금 조달과 외부에서 자금을 제공한 투자자에 대한 보상이 결정되는 것이다.

기업이 사업을 통하여 번 순이익은 기본적으로 자기자본 항목이며, 주주에게 귀속될 이익이기 때문에 사내에 유보하거나 전부 배당해도 된다. 그러나 대부분 기업은 순이익 중 일부만 배당하고 나머지는 유보하여 재투자자원으로 사용하는데, 이를 내부자금 조달 또는 내부금융(internal financing)이라 말한다. 내부금융은 기업의 자본조달 결정에서 가장 기본적이고 중요한 수단이 된다.

---

1) 유사한 정의로 배당수익률은 (주당배당금/주가)이며, 배당률은 (주당배당금/액면가)이다.

2. 배당정책의 중요성

기업의 배당정책은 주주에게나 기업에게 매우 중요하다. 배당정책을 통하여 기업이 주주들에게 배당할 몫과 내부에 유보하여 다른 투자사업에 사용할 것인지를 결정하기 때문이다. 즉, 배당은 주주의 몫인 이익을 언제 지급하는가를 결정하는 것으로 미래를 위한 재투자 또는 환원에 관한 의사결정이다. 기본적으로 투자자에게 이익이 되는 방법으로 배당정책을 결정함으로써 기업가치 또는 주주의 부를 극대화해야 하는 것이 중요한 과제이다.

① 미래를 위한 재투자를 위한 내부자금 조달 규모를 결정한다.
② 투자자인 기존 주주에 대한 보상을 통해 유동성을 제공한다.
③ 주식시장에 대하여 기업의 현금흐름이나 미래가치에 대한 신호를 준다.

배당정책은 이론적인 측면에서 자본구조이론과 매우 유사하다. 배당정책에 많은 요인들이 서로 복잡하게 영향을 미치기 때문에, 고차방정식을 푸는 것보다 더 어렵다. 또한 이를 체계적으로 이론적으로 설명하는 데에도 한계가 있다. 배당을 하는 이유나 하지 않는 이유, 많이 하거나 적게 하는 이유, 다양한 배당방법에 대한 이유가 있으며, 어느 것이 맞다라고 주장하는 것은 어렵다. 이에 따라 기업은 나름대로의 내외부 환경, 특히 자금 사정, 경기 상황 등 다양한 요인들을 토대로 내부유보와 배당에 대한 비율, 장기적인 관점에서의 고유한 배당정책을 결정한다.

3. 배당의 유형과 절차

3.1 배당의 유형

① 배당 시점에 의한 분류

배당은 배당하는 시점과 이유에 따라 정기배당(regular dividend), 추가배당(extra dividend), 특별배당(special dividend), 그리고 청산배당(liquidation dividend)으로 구분할 수 있다.

미국의 기업은 분기 1회 정기배당을 한다. 우리나라에서는 회계연도 말을 기준으로 주주명부가 확정하고, 그 주주들을 대상으로 매년 1회 현금으로 정기배당한다. 엄청난 이익을 얻거나 비정상적인 수준의 현금이 내부에 축적된 경우에는 추가배당을 할 수 있다. 또한 특별한 이유로 임시주주총회의 의결을 거쳐 정기배당 외에 특별배당을 한다. 또한 기업이 청산되어 잔여재산이 남으면 배당을 하는데, 이를 청산배당이라 한다.

② 배당지급 방식에 의한 분류

배당수단에 따라 현금배당(cash dividend), 주식배당(stock dividend) 및 자사주 매입(stock repurchase)이 있으며, 배당은 아니지만 비슷한 형태로 주식분할(stock split) 또는 주식병합(stock consolidation)이 있다.

현금배당은 가장 일반적인 유형의 배당이며, 대부분의 정기배당은 현금배당이다. 반기나 분기에 지급되는 비정기배당, 추가배당, 특별배당도 현금배당이 일반적이다. 주식배당은 기존 주주들을 대상으로 보유비율에 따라 배분하며, 유상증자 또는 무상증자의 형태로 진행된다. 증자는 기본적으로 자기자본에 포함된 잉여금을 자본금에 편입하는 과정인데, 주식 배분 시 추가로 주금을 납입받으면 유상증자, 무상으로 주식만 배부하는 경우를 무상증자라고 한다.

자사주 매입은 시장에서의 거래 주식 수를 줄이기 위하여 자기 회사의 주식을 사들이는 방법에 의하여 주식가격을 올림으로써 주주에게 보상하는 방식이다. 주식분할은 1주당 주가가 지나치게 높은 경우 1주당 다수의 주식을 배분함으로써 단순히 주식 수를 늘리는 과정으로 배당과는 무관하지만 자사주 매입 등과 유사하여 유사배당이라고 한다. 주식병합은 주식분할과 반대의 이유 등으로 다수의 주를 1주로 병합, 교환하는 절차이다.

3.2 배당절차

일반적으로 미국의 현금배당을 기준으로 본 배당 일정은 [그림 13-1]에 나타내고 있으며, 구체적으로는 다음과 같다.

① 배당 공시일(date of declaration) : 이사회가 배당결정을 발표한 날이다.

그림 13-1 배당절차(배당 일정): 미국의 경우

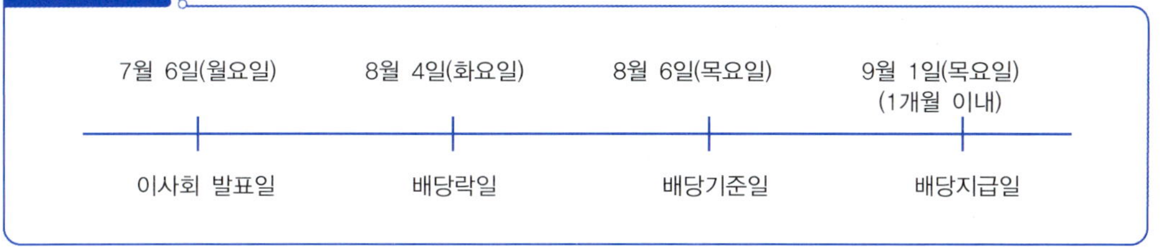

② 배당락일(ex-dividend date) : 배당금 수령자격 여부가 확정되는 날이다. 보통 배당기준일로부터 2영업일 전이지만 사전에 미리 공지된다.

③ 배당기준일(date of record) : 배당기준일에 배당받을 권리를 가진 주주명부를 확정한다.

④ 배당지급일(date of payment) : 실제 배당금이 지급되는 날짜로 배당락일로부터 1개월 이내의 날이다.

우리나라의 경우 [그림 13-2]에서 보듯이 연말 결산일이 배당기준일이 되고, 배당에 대한 최종 결정이 결산일 기준 3개월 이내 주주총회에서 이루어지기 때문에 미국의 경우와 전혀 다르다. 기본적으로 12월 결산 기업인 경우, 연도말 기준으로 주주명부가 확정되며, 1일 전이 배당락일이 되기 때문에 연도 말 최종 거래일 2일 이전까지 주식을 보유하고 있는 주주에게 배당금 수령권이 있다.

따라서 12월 결산 기업인 경우, 일반적으로 주주총회일로부터 30일 이내인 2월 중에 결산 이사회를 하고, 3월 중에 주주총회를 개최한다. 주주총회에서 결산보고서와 배당에 대한 의결이 있고 난 후, 1개월 이내인 통상 4월 중에 전년도 사업에 대한 결산으로 확정된 이익금을 기준으로 배당금을 지급하게 되는

그림 13-2 배당절차(배당 일정): 한국의 경우

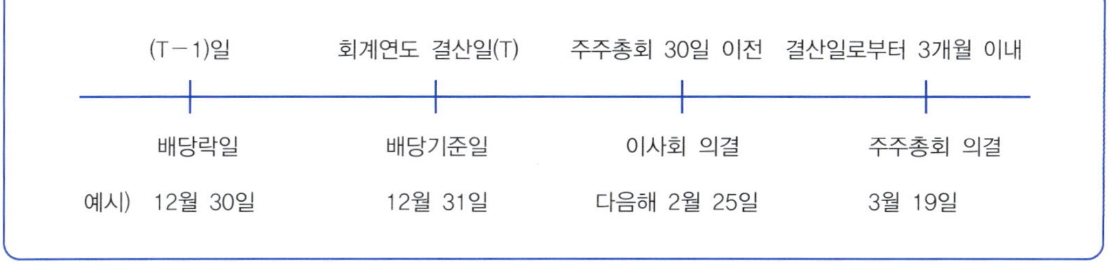

것이다.

이러한 배당절차 때문에 신규 투자 주주는 배당에 대한 정확한 정보가 없이 배당부(cum-dividend) 또는 배당락(ex-dividend) 주식을 거래하는 결정을 하게 된다. 배당정책의 결정이 구주주의 이익이나 현금 유동성 극대화 등 이해상충의 가능성이 있다.

3.3 배당기준일과 배당락

만일 12월 29일(목요일)이 배당자격을 결정하는 기준일이 된다면 12월 27일(화요일)이 배당락일(ex-dividend date)이 되며, 배당락일 12월 27일(화요일)부터 주식을 매입한 주주는 배당금 수령자격이 없다. 따라서 배당금을 받고 싶으면 12월 26일(월요일) 폐장 이전에 해당 주식을 매입해야 한다. 이론적으로 세금이 없는 효율적 시장이라면 배당금이 주당 $10이면, 배당락 이전에는 배당부 주가(cum-dividend or with dividend price) $120로 거래되던 주식이 배당락일부터는 배당락 주가(ex-dividend price)인 $110에 거래된다는 의미이다. 배당소득세가 없는 효율적 자본시장에서는 배당락일이 되면 주가는 주당배당금(DPS: dividend per share)만큼 하락할 것이다. 그러나 실제로는 배당락 주가는 이론과 같지 않다. 배당을 통하여 기업의 미래에 대하여 시장에 주는 신호가 다르고, 주식시장에서의 반응도 산술적인 계산처럼 단순하지 않다. 이러한 내용을 정리하면 [그림 13-3]과 같다.

그림 13-3 주당배당금(DPS)과 배당락 주가

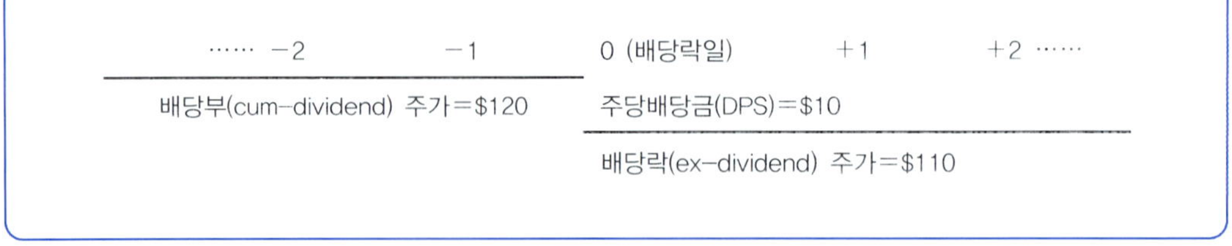

제 2 절 배당이론과 기업가치

기업의 가치는 미래에 창출될 현금의 현재가치의 합이며, 배당모형에서는 주가는 미래 배당흐름의 현재가치로 평가할 수 있다. 어떤 면에서는 이익금이 모두 주주의 몫이기 때문에 배당을 하거나 안 하거나 차이가 없는 것처럼 판단할 수 있다. 그러나 현실적으로는 기업이 배당해야 하는지, 아니면 배당 대신 미래를 위하여 수익성이 높은 투자사업에 재투자하는 것은 상당한 차이가 있을 것이다. 이처럼 배당정책은 주주에게 환원시기에 대한 결정이며, 어느 쪽이 기업가치 극대화에 더 큰 도움이 될 것인가 하는 판단의 문제이다. 간단히 말하자면 재투자 기회가 많아 예상수익률이 높으면 재투자하고, 그렇지 않으면 배당을 많이 하는 것이 좋을 것이다. 물론 기업의 자본비용과 관계가 있기 때문에 중요성만큼 명확한 판단기준이 존재하지 않는다.

1. M&M의 명제 1: 배당의 무관련이론

밀러와 모딜리아니(M&M, 1961)는 완전시장에서 기업의 배당 여부가 기업가치와 무관하다는 배당의 무관련이론(theory of irrelevance)을 주장하였다.[2] 주요한 가정은 다음과 같다.

1) 가정

① 완전자본시장이 존재한다. 거래비용, 정보획득비용, 세금, 기타 경비가 없다.
② 현금배당과 자본이득에 대하여 투자자들의 평가는 동질적이다.
③ 미래의 영업이익과 배당은 일정하며, 확실한 예측이 가능하다.
④ 배당세율과 자본이득에 대하여 동일한 세율이 적용된다.
⑤ 투자자는 자신의 선호에 따라 자가배당(homemade dividend)이 가능하다.

---

2) Miller, M. and F. Modigliani(1961), “Dividend Policy, Growth and the Valuation of Shares,” *The Journal of Business*, 34(4), pp.411－433.

2) 수학적 증명

기업의 가치는 미래 현금흐름의 현재가치로 산출된다. 1사업기간을 기준으로 현재 주가는 1기 후 배당과 주가의 합으로 구성되며, 그 할인된 현재가치이다. 이에 따라 식 (1)이 성립한다.

$$P_0 = \frac{D_1 + P_1}{1+r} \tag{1}$$

P_o : 기초 주가 D_1 : 주당배당금
P_1 : 기말 주가 r: 할인율(요구수익률)

기존 주식수가 n이고, 신주를 m만큼 주가 P_1에 발행하면, 기업의 가치는 식 (2)와 같다.

$$MV_0 = nP_0 = \frac{nD_1 + (n+m)P_1 - mP_1}{1+r} \tag{2}$$

MV_0: nP_0, 기초 기업가치 n: 기존 발행 주식수
m: 신주 발행 주식수 mP_1 : 신주 발행총액

한편, 신주 발행총액 mP_1는 전체 투자금액 I에서 배당금을 지급하고 남은 유보이익 $E-nD_1$을 차감한 금액이다. 이에 따라 신주 발행총액의 가치는 식 (3)과 같다.

$$mP_1 = I - (E - nD_1) \tag{3}$$

I: 총 투자자금 E: 당기순이익 nD_1: 1기 중 구주 배당금 총액

식 (3)을 식 (2)에 대입하고, 정리하면, 식 (4)와 같다.

$$MV_0 = nP_0 = \frac{(n+m)P_1 - I + E}{1+r} \tag{4}$$

MV_1: $(n+m)P_1$, 기말 기업가치

식 (4)에 $(n+m)P_1$ 대신 MV_1를 대입하면 식 (4-1)과 같다.

$$MV_0 = \frac{MV_1 - I + E}{1+r} \qquad (4\text{-}1)$$

식 (4-1)에서 기업의 배당이 기업가치와 무관함을 알 수 있다. 결국 기업의 시장가치는 투자안의 실제 현금흐름에 의하여 결정되며, 현재나 미래 배당에 대한 기업의 의사결정과는 무관하다는 것이다.

2. M&M의 자가배당이론: 배당 무관계론

M&M은 자본구조이론에서 도입한 가정처럼 배당이론에도 자가배당조정(homemade dividend) 개념을 적용하였다. 투자자의 입장에서 보면 배당수익률(dividend yield)이 증가하는 대신에 주가수익률이 감소하는 것이나, 배당수익률이 감소하는 대신에 주가상승에 의한 자본이득률(capital gains yield)이 같기 때문에, 배당정책이 기업가치에 영향이 없다는 것이다. 자가배당조정이란 기업으로부터 지급되는 배당수준에 관계없이 주주들이 원하는 배당수준을 유지할 수 있다고 설명하는 것이다. 투자자들이 바라는 수준에 미달하면 보유주식을 완전자본시장에서 비용부담 없이 매도하여 원하는 배당금액을 유지하고, 배당수준이 원하는 수준 이상이면 초과금액으로 주식을 매입하여 투자자들이 원하는 배당금액을 유지할 수 있다는 설명이다.

3. M&M의 고객이론: 배당 무관계론

M&M은 주식시장에서 고객효과(clientele effect) 때문에 완전자본시장에서의 가정이 성립하지 않더라도 배당정책이 주가에 아무런 영향을 미치지 못한다고 주장하였다. 기본적으로 시장에는 배당성향이 다른 많은 다른 주식들이 거래되고 있는데, 투자자들은 자신의 배당선호도에 따라 배당성향이 다른 각 주식에 투자할 수 있다. 연기금과 같은 대형 기관투자자들은 높은 배당을 선호하기 때문에 배당성향이 높은 주식을 선택하고, 높은 자본이득을 선호하는 투자자는 배당

성향이 낮은 주식을 선택하여 미래에 주가상승으로 인한 높은 수익률을 기대한다. 그렇기 때문에 배당성향의 높고 낮음이 기업의 가치에는 전혀 상관이 없다는 주장이다.

투자자들은 자신의 배당선호도를 만족시킬 수 있는 배당성향의 주식에 투자하기 때문에 시장이 배당선호도에 따라 분리되는 현상을 고객효과라 한다. 따라서 그 기업이 배당정책을 바꾸면 배당선호도에 따라 주주의 구성이 바뀐다는 것이며, 기업의 본질적인 가치는 바뀌지는 않는다는 주장이 배당무관계론이다.

4. 배당성장모형: 배당 유관계론

배당평가모형은 주식으로부터의 현금흐름에 대한 현재가치이다. 배당성장률은 재투자수익률과 내부유보율의 곱, 즉 $g = fR$로 정의된다. 따라서

$$P_0 = \frac{D_0(1+g)}{r-g} = \frac{E_1(1-f)}{r-fR} \tag{5}$$

D_0: 1기말 주당순이익(EPS)　　R: 재투자수익률(ROE)
r: 요구수익률(자기자본비용)　　f: 내부유보율(f = 1 − 배당성향)
g: 배당성장률($g = fR$)

결과적으로 내부유보율이 기업가치에 미치는 영향은 식 (6)이 된다.

$$\frac{\partial P_0}{\partial f} = \frac{-E_1(r-fR)+E_1R(1-f)}{(r-fR)^2} = \frac{E_1(R-r)}{(r-fR)^2} \tag{6}$$

즉, 재투자수익률 R보다 요구수익률 r이 크면, 내부유보를 통하여 기업가치를 증가시킬 수 있다는 것이다. 이에 따라 배당이나 내부유보가 기업가치에 영향을 미치고 있음을 배당성장모형에서 확인하였다. 기업은 내부유보를 통하여 주주의 요구수익률보다 높은 수익률이 예상되는 투자기회가 있다면 배당을 줄임으로써 기업가치를 높일 수 있다는 것이다.

제 3 절 불완전시장에서의 배당정책

시장에는 배당성향이 다른 수준의 기업들과 배당성향에 대한 선호도가 다른 투자자들이 존재한다. 배당성향이 높은 기업을 선호하는 투자자들 집단과 상대적으로 자본이득률이 높을 것으로 예상되는 기업을 선호하는 투자자 집단 간에는 서로 다른 특성이 존재할 수도 있다.

1. 고배당 선호론

확실한 현재 소득과 세금혜택 등은 높은 배당을 선호하는 요인들에 대해 살펴보자.

① 확실한 현재 소득 선호

일반적으로 주주에게는 주식투자로 배당소득이나 자본이득이 발생한다. 자본이득은 불확실성이 높은 반면 배당소득은 확실성이 높다. 따라서, 투자자 분포를 고려하여 고배당을 약속하는 기업도 많다는 것이다. 연금소득으로 생활하는 투자자와 연기금 등은 고배당 기업을 선호하는 투자자라 할 수 있다.

② 정액 소득의 선호

많은 투자자들은 배당이 일정한 수입원이 되길 바라는 경우가 있다. 투자자금에 대하여 정기적인 이자지출이 존재하는 경우 그럴 가능성이 더욱 크다. 이처럼 안정적인 배당을 하는 기업을 선호하는 투자자 집단이 존재한다. 연금소득자는 매기 일정한 수준의 소득을 보장하는 고배당 기업을 선호할 것이다.

③ 미래 불확실성의 제거

투자자 입장에서 보면 부분적으로 안정된 소득을 보장하는 주식은 위험소득과 저위험 수입원 간 포트폴리오 효과를 거두게 함으로써 전체 투자에 대한 자본비용을 낮추는 효과가 있다. 이에 따라 안정된 현금흐름을 보장하는 고배당 주식은 미래 불확실성을 줄임으로써 자본이득이 크지 않더라도 상대적으로 높은 가치를 지닌 주식으로 평가될 수 있다.

④ 배당소득의 세금효과

투자자에 따라 배당소득에 대한 세금이 자본이득에 대한 세금보다 높은 경우가 일반적인데, 이 경우 투자자는 저배당 기업에 대한 투자를 선호할 것이다. 반대로, 배당소득에 대하여 세금효과가 존재하는 경우 고배당 정책을 초래하는 요인이 되기도 한다. 미국의 경우, 기업에는 배당소득의 70% 이상이 비용처리될 수 있는 반면 자본이득에 대해서는 소득공제 대상이 되지 않는다. 우리나라의 경우, 소득세 14%에 소득세의 10%인 지방소득세 1.4%를 더하여 15.4%가 배당소득세율이다. 100만원의 배당소득에 대하여 154,000원의 소득세가 부과되며, 2,000만원 이상의 배당소득은 다른 소득에 합산되는 종합소득세의 대상이 된다.

⑤ 배당의 신호효과

높은 배당을 하게 되면 투자자로서는 상대적으로 많은 현금의 내부유보에 따른 불안감이 높아진다. 높은 내부유보율은 이처럼 정보의 비대칭(asymmetric information)에 따른 투자자들의 불신을 높이기 때문에 높은 배당을 통해 정보의 비대칭에 의한 부정적인 영향을 줄인다. 정보의 비대칭에 대한 긍정적인 요소로 높은 배당성향은 미래 현금흐름에 대한 경영진의 확신을 나타내며, 경영인의 현금창출 또는 경영능력에 대한 긍정적인 신호효과(signaling effect)를 제공한다.

⑥ 배당의 케이터링 효과

버글러와 베이커(Wurgler and Baker, 2004)는 기업의 배당정책은 배당에 대한 투자자들의 수요에 의하여 결정된다는 케이터링 이론(catering theory)을 제시하였다.[3] 이 이론에 따르면 일반적으로 고배당 기업의 프리미엄이 높은데, 기업은 배당에 대한 프리미엄이 높은 시기에 배당성향을 높이고, 낮은 시기에 배당성향을 낮추는 경향이 있다는 것이다. 즉, 기업의 배당성향은 시장에서의 배당에 대한 수요를 충족하기 위하여 높아지거나 낮아진다는 이론이다.

---

3) Wurgler, Jeffrey & Baker, Malcolm(2004), “A Catering Theory of Dividends,” *Journal of Finance*, 59. pp.1125 – 1165. 10.2139/ssrn.342640.

⑦ 대리인 비용

정보의 비대칭 효과와 비슷한 의미이기도 하지만 많은 내부유보이익은 경영진의 방만한 경영이나 특권적 소비 등의 원인이 되기도 한다. 이에 상대적으로 높은 배당성향은 대리인 비용을 낮추는 효과를 거둘 수 있다.

⑧ 기타 요인들

첫째, 기업의 성장률이나 수익성이 낮아지는 상황은 기업이 고배당을 하게 하는 요인이 될 수도 있다. 기업이 고배당 정책을 하는 이유로는 산업별 특성이라고 판단되는 동료효과, 고배당 기업이 현금창출 능력 등이 우수할 것이라는 신호효과 등 여러 가지 요인이 존재한다. 둘째, 연기금, 공기관의 출연기금, 그리고 신탁기금 등은 무배당 기업의 주식을 매입하지 못하게 하거나 원금손실을 방지하려는 수탁의무(fiduciary responsibility)가 부여된 경우가 많다. 이런 투자자들은 위험이 큰 자본이득 위주의 기업보다 안정적인 배당을 주는 기업이나 고배당 주식을 선호하게 된다.

2. 자본이득 선호론 또는 저배당 선호론

여러 가지 현실적인 측면에서 기업에 대한 투자로 높은 자본이득률을 선호한다는 주장이 있으며, 그러한 선호이론의 바탕에는 다음과 같은 요인이 존재한다.

① 배당금 지출로 인한 재투자기회의 감소

배당금 지출은 자금부족으로 인하여 기업의 재투자기회를 막는 부정적인 영향을 줄 수 있다. 이런 경우, 유보이익으로 배당을 하면 성장기회가 사라지기 때문에 저배당 기업을 선택하는 것이 유리한 경우이다.

② 높은 재투자수익률

국가나 경제환경 등에 따라 고배당을 하는 국가가 있고, 상대적으로 낮은 배당을 하는 나라가 있다. 우리나라의 경우 상대적으로 낮은 배당을 하는 나라에 속하는데, 상대적으로 오랫동안 고도성장을 하는 과정에서 기업이 상대적으로 높은 자금압박에 시달리는 반면 재투자로 인한 높은 성장률과 수익률을 보장한 결과라고 할 수 있다.

③ 낮은 자본이득 세율

국가나 투자자에 따라 배당소득에 대한 세금이 자본이득에 대한 세금보다 높은 경우가 일반적인데, 이런 경우 투자자는 저배당 기업에 대한 투자를 선호할 것이다. 우리나라의 경우, 주식에 대하여 거래대금의 1,000분의 5의 비율(0.5%)로 거래세만 부과하여 왔다. 자본이득에 대한 낮은 세금정책은 자본이득을 위한 주식투자를 촉진시키는 효과가 있다.

④ 높은 자본조달비용 또는 발행비용의 절감

많은 중소기업에게 자본시장을 통한 외부 자본조달(external financing)은 원천적으로 불가능할 수도 있으며, 자본비용이 높은 기업은 불가피하게 내부자금 조달에 대한 의존도가 높아진다. 자본조달 순위이론(pecking order theory)에 따르면, 기업이 신호효과를 고려하여 내부자금, 차입금 그리고 주식발행 조달의 순서를 따른다고 하였으나, 많은 기업에서는 차입금과 주식발행 조달이 불가능한 경우가 많다. 또한 회사채나 주식발행에 발생하는 높은 발행비용(flotation costs)을 부담할 수가 없어 배당을 줄여 내부금융을 높일 수 있다.

3. 불완전시장에서의 배당정책

배당정책에서 가장 중요한 요인이 주주의 배당에 대한 선호도와 기업의 자금상황과 변동성 등이다. 내부적으로는 배당의 대안이 되는 재투자 기회와 재투자를 통한 수익률의 수준이다. 이러한 요인들과 정책적 대안을 다음과 같이 정리한다.

3.1 배당정책 결정요인: 이론적 고려사항

완전자본시장에서의 기업의 가치는 현금흐름이 동일한 경우에는 배당과 무관하다. 그러나 불완전자본시장에서는 배당으로 인하여 기업가치에 영향을 미칠 수 있다. 기업가치에 영향을 줄 수 있는 불완전시장의 영향요소에 대해서 살펴보기로 한다.

① 투자기회와 자금조달의 기회

이익금을 유보할 것인가의 가장 중요한 기준은 전체 투자기회에 대한 자금조달 가능성과 여력 등에 달려 있다. 재투자 기회가 많아 수익성이 높은 사업이 많다면 당연히 재투자를 통하여 성장동력을 키울 것이다. 이런 과정에서 외부자금조달이 용이하고, 저렴하다면 굳이 배당금을 줄일 이유가 없다. 또한 미래 현금흐름이 좋다고 판단되면, 과감한 배당을 통하여 주주들에게 확실한 보상을 해 줌으로써 기업가치를 증가시킬 수 있다.

② 신호효과

일반적으로 배당수준은 기업의 미래 수익성과 현금 동원능력 및 재무적 건전성에 대한 정보를 투자자들에게 줄 수 있다. 배당수준의 증가는 투자자들에게 기업가치를 증대시키는 긍정적 효과(positive effect)를 유발한다. 투자자들은 배당이론에 근거하여 고배당 기업을 우량한 기업, 저배당 기업을 상대적으로 비우량기업으로 평가하는 경향이 있다. 주식시장에서는 배당금의 지급결정이나 배당수준에 대한 정보보다는 배당 중지, 감소 또는 증가시킬 때 배당으로 전달하고자 하는 신호효과(signaling effect)가 중요하다.

③ 대리인 비용

현금배당을 늘리는 경우에 외부 자본조달이 높아지고, 그에 따른 발행비용을 증가시키지만 대리인 비용을 감소시킨다. 외부금융 과정에서 기업에 대한 신용평가, 가치평가 및 심사를 하게 되며, 감시(monitoring)효과가 발생한다. 발행비용의 증가와 감시비용의 감소로 인한 상충효과를 통하여 최적 배당정책이 존재할 수 있다.

④ 거래비용

현실에서는 이론과 달리 배당을 지급하고 다시 필요한 자금을 조달하기 위해 주식이나 채권을 발행하는 경우 상당한 자본조달비용을 부담하게 된다. 따라서 거래비용을 고려한다면 고배당 기업의 가치가 낮게 평가될 수도 있다.

⑤ 세금

세금이 없는 완전자본시장에서는 동일한 투자처에 투자한 경우 배당소득과 자본이득의 합이 언제나 일정하므로 배당 여부나 배당수준에 관계없이 주주들의 총소득은 변하지 않는다. 만일 두 소득에 대한 세율이 동일하다면, 마찬가지로 주주들은 배당에 대해 무차별할 것이다. 그러나 자본이득과 배당소득은 별도로 과세대상이며 일반적으로 자본이득에 대한 세율이 배당소득에 대한 세율보다 낮다. 결과적으로 주주들은 배당을 적게 주고 자본이득을 높게 받는 것이 유리하므로 저배당 기업을 선호하며, 저배당 기업의 가치가 높아지게 된다.

이러한 요인들을 종합해 볼 때, 기업의 배당정책은 신호효과나 기업가치 측면에서 고배당이 유리한 면도 있고 불리한 면도 있다. 전체적으로 시장의 반응은 고객으로서의 주주의 분포와 상대적 유불리에 대한 주식시장의 반응에 달려 있다고 할 수 있다.

3.2 배당정책 결정요인: 실무적 고려사항

기업의 배당수준 결정은 상법상 주주총회의 의결사항이다. 실무적으로는 이익잉여금의 처분안이 기업의 이사회 의결과정상 내부적으로 미리 결정되고, 주주총회에서 원안 가결되는 경우가 많기 때문에 배당정책은 경영자들이 내부적으로 결정한다고 보면 된다. 이러한 배당정책을 결정할 때 기업 내부에서 실무적으로 고려할 사항은 다음과 같다.

① 당기순이익

당기순이익은 배당 재원의 규모를 결정하기 때문에 배당의 가장 중요한 고려사항이다. 이익에 따라 주주들의 배당수요도 늘고, 기업의 배당 여력도 커지기 때문이다. 누적 잉여금이나 결손금도 함께 고려할 사항이다.

② 유동성

기업의 유동성이 충분해야 당기순이익도 배당할 수 있다. 전체적인 현금보유

수준과 충분한 유동성이 확보되어 있어야 한다.

③ 채무상환, 상환/차입 역량 및 자본구조

부채상환자금을 고려한 후 배당 재원을 결정하여야 할 것이다. 또한 자본구조가 취약한 기업은 배당을 억제하고 자기자본을 늘리는 데 우선순위를 두어야 한다. 기업의 전반적인 차입역량과 자본비용도 중요한 고려요인이 된다. 우리나라 상법에서는 재무상태표의 순재산액을 배당의 지급한도로 제한하고 있다.

④ 동종/비교기업 배당수준

배당은 업종별로, 비슷한 규모의 기업끼리, 경쟁이 심한 업종일수록 기업 간 배당수준을 평준화하는 경향이 강한 것으로 알려져 있다.

⑤ 소유구조/지배구조

주식이 일부 대주주 중심으로 집중되어 있으면, 대주주들이 세금, 현금 유동성 등을 고려하여 배당정책을 결정할 가능성이 크며, 배당보다는 내부유보의 가능성이 크다. 내부유보 자금을 대주주가 집행할 권한이 있는 경우, 배당소득보다는 기업내부 자금을 활용할 가능성이 커지는 문제도 있다. 반면, 소액주주가 많은 기업에서는 기업의 성장이나 미래 불확실한 성과보다는 단기적인 고배당 선호도가 높다.

⑥ 성장 가능성

성장 가능성과 투자기회는 자금차입 수요를 상징하므로 추가적인 투자자금 확보를 위하여 사내유보를 통한 내부금융이 용이하며 상대적으로 저렴하다. 주주들도 재투자하여 성장기회를 살림으로써 많은 미래의 높은 배당수익과 자본이득을 기대할 수 있기 때문에 단기적으로 낮은 배당률도 수용가능하며, 미래가치를 고려한 높은 주가로 보상받을 수 있다.

⑦ 기타

국가 경제적 측면이나 산업에서의 요인도 중요하다. 배당수익률은 투자자 입장에서는 요구수익률이 되는데, 금리수준, 물가상승률, 시중의 유동성, 대체투자안이나 대체소득의 존재도 고려하여야 한다. 시장금리가 낮으면 주식시장으로의 자금이 유입되고, 주식투자수익률도 높아지기 때문에 배당수준이 낮아지는 경향이 있다. 반면, 시중금리가 올라가면 높은 배당률로 시중금리를 보상하는 측면도 강하다. 물가상승률도 마찬가지다. 주주의 실질소득을 보장해주는 측면에서 물가상승률이 높아지면 배당률도 높아지는 것으로 알려져 있다.

3.3 실무적 배당정책 결정

실무적으로 배당정책은 다음과 같은 4가지가 있다. ① 무배당정책(no dividend policy), ② 잔여배당정책(residual dividend policy), ③ 안정배당정책(stable dividend policy), ④ 약정배당정책(committed dividend policy)이 있다.

1) 무배당정책

무배당정책(no dividend policy)은 설립 초기단계 기업이나 수익성이 낮은 기업이 배당할 여력이 없을 때 채택하는 배당정책이다. 배당을 지속하지 못하기 때문에 여건이 될 때까지 배당을 유보하는 정책이다. 재투자수익률이 높은 기업이나 투자를 위한 투자자금 부족에 시달리는 기업도 무배당정책을 채택하기도 한다. 구글(Google)이나 아마존(Amazon)은 창사 이래 배당이 없었으며, 성장을 추구하는 한 배당 계획이 없다고 한다.

2) 잔여배당정책

잔여배당정책(residual dividend policy)은 배당무관련성 이론을 기반으로 한다. 투자자는 배당수익률이나 자본이득률을 무차별적으로 받아들인다. 이에 따라 투자자 입장을 고려하지 않고, 기업 내부의 필요에 의하여 배당정책을 결정하게 된다. 먼저 수익성이 높은 투자사업($NPV \geq 0$)에 필요한 투자를 하고 난 뒤의 잔여이익을 기준으로 배당을 하는 것으로 가정한다. 투자안 중에서 재투자수익률이 요구수익률보다 큰지 여부에 따라 배당수준이 주가에 영향을 미치기 때문에 그러한 투자사업을 많이 찾게 되면, 배당가능 재원이 줄어들게 된다. 다만, 배당금이 일정하지 않고 예측가능성이 낮다는 문제가 발생한다. 절차 측면에서

① 목표 자본구조의 결정, ② 자기자본 조달의 결정, ③ 내부유보액 및 배당성향의 결정 등의 순으로 이어진다.

잔여배당정책은 투자하고 남은 자금을 배당하기 때문에 단순하고 제약을 받지 않는 장점이 있다. 그러나 투자기회에 따라 배당의 변동성이 크고 배당의 불확실성이 높아 주가에 악영향을 주어 투자자에게는 부정적이다. 배당정책에서 경영자가 안정된 배당을 가장 중요한 요인으로 삼기 때문에 잔여배당정책을 실시하는 것은 바람직하지 않다.

우선, 목표 자본구조가 D/E 또는 $D/(D+E)$로 결정되어 있으면, 목표 자본구조에 따라 자기자본 조달액의 규모를 결정한다.

$$\text{자기자본 조달액} = \text{전체 조달액} \times \frac{\text{자기자본}}{\text{부채} + \text{자기자본}} = I \times \frac{E}{D+E} \qquad (7)$$

I: 투자자금 규모　　E: 자기자본　　D: 부채(타인자본)

예를 들어, D/E가 50%로 결정되어 부채와 자기자본이 1 : 2라는 의미가 된다. 전체의 1/3을 부채로 조달하고, 2/3를 자기자본으로 조달한다는 의미이다. 만일 투자사업 규모가 150억원이라면 50억원을 부채로, 100억원을 자기자본으로 조달하게 된다.

다음으로, 순이익 중 자기자본 조달액을 차감하여 배당액을 결정한다.

배당액 = 순이익 − 자기자본 조달액
배당성향 = 배당액/순이익
내부유보율 = 1 − (배당액/순이익)

예제 13-1

JK기업의 목표 자본구조(D/E)는 2이다. 배당재원으로 2×20년도 당기순이익 50억원, 요구수익률을 상회하는 신규 투자사업의 규모는 모두 30억원이다. 잔여배당정책에 의한 배당성향을 산출하시오.

① 목표 자본구조(D/E)는 2이다. 따라서 부채와 자기자본의 비율이 2:1이다.

자기자본 조달액 = 전체 조달액 × 자기자본 비중
= 30억원 × (2/3) = 20억원

② 배당금과 배당성향
배당금 = 순이익 − 자기자본 조달액 = 50억원 − 20억원 = 30억원
배당성향 = 배당금/순이익 = 30억원/50억원 = 60% 유보성향 = 40%

3) 안정배당정책

안정배당정책(stable dividend policy)은 기업의 배당정책은 쉽게 바꾸지 못하기 때문에 배당수익률이나 배당금액을 일정하게 하는 배당정책을 실시한다. 일반적으로 기업과 주주들은 다양한 현실적인 이유로 안정배당정책을 선호한다. 실무적으로 주당배당금을 고정하는 방식이 가장 쉽고, 많이 사용된다. 배당성향을 고정시키는 방법(고정배당성향정책)도 있으나 기업의 이익금에 변동성이 크기 때문에 안정배당정책이라 보기 어렵다. 삼성전자가 1997년 외환위기 이후에 사용한 적이 있다는 보고가 있다. 배당수익률(= 배당금/주가)을 고정하는 방안도 주가의 안정성이 상대적으로 낮기 때문에 엄밀한 기준에서는 안정배당정책의 의미가 퇴색된다고 할 수 있다.

기업에서는 현실적으로 이해하기 쉽고 적용하기도 쉬운 배당금액 안정배당정책을 시행하고 있다. 장기간 안정적인 수준에서 배당금을 지급하고, 배당금을 장기적으로 유지할 확신이 있을 때에 배당금을 증가시킨다. 투자자도 안정적인 소득원을 어느 정도 보장받을 뿐만 아니라 유동성 위험과 투자위험이 줄어들기 때문에 선호하는 정책이다.

4) 약정배당정책

약정배당정책(committed dividend policy)은 비현실적으로 엄격한 안정배당정책을 수정하여 중요도에 따라 단계별로 기준을 정해 배당을 결정하는 정책이다. 이러한 기준과 순서도 무조건적이 아니라 필요하면 단기적으로 유연하게 조정하는 것이다. 예를 들어, 배당이 이익의 증가추세를 점진적으로 따르도록 일시적으

로 목표 부채비율을 적용하지 않거나 배당금 수준도 일시적으로 조정하는 정책이다.

① 모든 양(+)의 NPV 투자사업 지원
② 배당 감소안 배제
③ 신주발행 배제
④ 목표 부채비율(target D/E ratio) 유지
⑤ 목표 배당성향(target payout ratio) 유지

본서에서 예를 들어 사용한 K자동차의 경우에는 점차적으로 배당을 올리는 추세이긴 하지만 배당률과 배당수익률의 안정적 추세를 고려한 방법을 상황에 따라 탄력적으로 적용하는 것으로 판단되었다. 해당 기업도 목표 재무구조가 있긴 하지만 사업실적과 주식시장 상황 등을 고려하여 주주를 케이터링(catering)하는 배당정책을 채택하는 것으로 판단된다. 약정배당정책은 일종의 절충배당정책(hybrid dividend policy)이라고 할 수 있다.

예제 13-2

MK기업의 전기 자본구조(D/E)는 장부가 기준 부채비율이 200%이다. 배당재원으로 2×20년도 당기순이익 50억원이며, 목표 주당배당금 2,000원이다. 액면가는 5,000원, 현재 주가는 50,000원이고 주식수는 100만주이다. 현재 총자산은 시장가치 500억원이다. 내년도 투자사업 중 요구수익률을 상회하는 투자기회는 모두 60억원이다.

① 목표 주당배당금을 지키려는 경영진의 약정배당정책에 의한 배당성향, 배당률 및 배당수익률을 구하시오.

배당금 총액 = 주당배당금 × 주식수 = 2,000원 × 100만주 = 20억원
배당성향 = 배당금/순이익 = 20억원/50억원 = 40% (유보성향 = 40%)
배당률 = 주당배당금/액면가 = 2,000원/5,000원 = 0.4
배당수익률 = 주당배당금/주가 = 2,000원/50,000원 = 0.04

② 당기순이익만큼만 자기자본이 증가하고 다른 변동이 없다고 가정하고, 현재 자본구조(D/E)를 유지하려는 경영진의 약정배당정책으로 외부 차입자금 규모를 산출하시오.

부채 조달 필요액 = 전체 조달액 × 목표 부채비중
= 60억원 × (2/3) = 40억원

목표 자본구조에 따라 투자자금 60억원 중 20억원을 내부자금으로 조달이 필요한데, 실제로 30억원이 내부유보된다. 이에 따라 실제 외부차입금 규모는 30억원이 된다.

약정배당정책의 가장 중요한 약정은 안정적인 배당이다. 이익이 충분하면 이익으로 배당하고, 새로운 투자기회는 내부유보이익으로 충당하고, 부족분을 외부차입에 의존하면 된다. 주당배당금 2,000원을 지급해도, 목표 자본구조보다 더 안정적인 재무상태를 유지하면 되기 때문에 소요액 40억원보다 적은 30억원을 차입하면 되며, 목표를 지키려고 굳이 불필요한 수준인 40억원을 차입할 이유가 없다.

제 4 절 특수 배당정책

일반적으로 배당이라 하면 정기적 현금배당을 의미한다. 앞서 제1절에서 살펴본 바와 같이 여러 가지 유형의 배당이 있다. 주식배당, 자사주 매입, 주식분할 또는 주식병합 등이 있다. 주식 분할이나 병합은 배당과 무관하지만, 비슷한 특징이 있어서 여기에서 함께 소개한다.

1. 주식배당

주식배당(stock dividend)은 현금의 유출이나 유입이 없이 자기자본 중 이익잉여금을 자본금으로 전환하는 것이며, 신주를 발행하여 주주들에게 배분하는 것이다. 현금배당 대신 주식배당을 하게 되면, 현금의 사외유출을 막고, 유보이익이 자본금계정으로 대체된 것에 불과하며, 기업의 자기자본 가치는 이론적으로 변화가 없다. 현금배당과 같은 절차를 따르며, 배당소득세가 부과된다.[4] 주식배당은 무상증자와 거의 같으며, 실제 기업가치에 변동을 주는 요인이 없는 상태에서 주식수량이 늘어나기 때문에 주식배당 후 주가는 다음과 같이 하락한다.

$$P_0 \times Q_0 = P_1 \times Q_0(1+\gamma) \tag{8}$$

배당 전 기업가치 = 배당 후 기업가치

P_0: 배당 전 주가　　Q_0: 배당 전 주식 수　　γ: 주식배당비율(%)
P_1: 배당 후 주가　　Q_1: 배당 후 주식 수[$= Q_0(1+\gamma)$]

식 (8)을 P_1에 대하여 풀면, 배당 후 주가는 식 (9)가 된다.

$$\text{배당 후 주가}: P_1 = \frac{P_0}{1+\gamma} = \frac{\text{배당 전 주가}}{1+\text{주식배당비율}} \tag{9}$$

가령, 배당 전 주가가 24,000원이라면, 1주당 0.2주의 비율로 주식배당을 하는 경우, 배당 후 주가는 24,000원/(1+20%)=20,000원이다.

2. 자사주 매입

M&M(1961)은 세금의 영향이 없는 완전자본시장에서는 자사주 매입(stock repurchase)과 현금배당(cash dividend)이 주주의 부에 대하여 무관하다고 하였다. 그러나 현실에서는 자본시장이 불완전하며, 세율도 소득의 유형에 따라 다르다. 자사주 매입은 형식과 절차상 주식배당과 매우 흡사하나 신주를 발행하는 대신 기존 주식을 회사가 매입하는 것이므로 반대의 유형이다. 발행 주식수가 감소하

---

4) 참고로 무상증자는 당해 연도 이익보다는 이익잉여금을 중심으로 자본금계정으로 대체하는 과정인데, 결산 이사회나 주주총회 시점만이 아닌 언제든지 가능하며, 배당소득세가 부과되지 않는다.

는 만큼 주가가 상승한다.

자사주 매입은 이론상 기업가치에 영향을 미칠 요소는 없다. 다만, 자사주 매입에 따라 투자자는 배당소득 대신 자본이득을 얻게 된다. 결과적으로 투자자들은 세율이 높은 배당소득세보다 세율이 낮은 자본이득세를 내게 된다. 미국의 경우, 경영상의 이유나 다른 정당한 이유가 있으면 자사주 매입이 가능하다.

엄격한 상법 규정에도 불구하고 최근에는 자사주 매입을 하는 기업들이 많다. 주식 수가 줄어들기 때문에 주당순이익 등이 외형상 증가하는 착시현상을 유발할 수 있다. 자사주 매입이 있게 되면 주식수가 감소하여 결과적으로 주당순이익이 증가하고, 주가도 상승하여 자본이득을 얻을 수 있는 장점이 있으니 조삼모사이건 말건 유용한 주가관리 수단이 되는 것은 분명하다. 투자자에 대한 세제도 자사주 매입에 의한 시세차익 소득이 더 선호된다. 또한 사채발행자금으로 자사주를 매입하면 부채사용의 세금효과도 얻을 수 있다. 시장에 대하여 현 경영층이 현 주가가 저평가된 것으로 판단하고 있다는 긍정적 신호효과를 줄 수도 있다.

기업의 자사주 재매입 방법으로는 다음의 두 가지 방법이 사용되는데, 미리 정해진 가격과 수량만큼 주식시장에서 공개매수(tender offer)하는 방법과 주식시장에서 형성되는 시장가격으로 매입하는 방법이 있다. 시장에 주는 효과는 공개매수에 의한 방법으로 하면 그 효과가 더 크다. 시장가격 매입으로 인한 자사주 매입 전후 이론적 주가변동은 다음과 같다.

$$P_0 \times Q_0 = P_1 \times Q_0(1-\gamma) \quad (10)$$

매입 전 기업가치 = 매입 후 기업가치

P_0: 매입 전 주가 Q_0: 매입 전 주식 수 γ: 자사주 매입비율(%)

P_1: 매입 후 주가 Q_1: 매입 후 주식 수$[=Q_0(1-\gamma)]$

식 (10)을 P_1에 대하여 풀면, 매입 후 주가 식 (11)이 된다.

$$\text{자사주 매입 후 주가}: P_1 = \frac{P_0}{1-\gamma} = \frac{\text{매입 전 주가}}{1-\text{자사주 매입비율}} \quad (11)$$

가령, 배당 전 주가가 24,000원이라면, 20%의 자사주를 매입하는 경우, 배당 후 주가는 24,000원/(1 - 20%) = 30,000원이다. 결과적으로 매입비율 20%에 대하여, 25%의 주가상승 효과를 얻는 등 다각적인 착시현상이 존재한다고 볼 수 있다. 한편, 자사주 매입 공시에 대한 기업의 매입 의무가 없으며, 주주도 매도할 의무가 없기 때문에 공시효과만 있을 수 있으므로 공시로 인한 발행주식수의 감소효과가 실제로 나타날지에 대해서도 주의해야 한다.

3. 주식분할과 주식병합

주식분할(stock split)은 자기자본의 변동 없이 단순히 주식 수를 증가시키는 것이다. 우리나라에서는 고정된 액면가를 분할하므로 액면분할이라고도 한다. 통상 1 : 10, 1 : 5 등 1 : n으로 표시하며, 기존 1주 대신에 액면이 분할된 10주 또는 5주를 준다는 의미이다. 1 : 10 주식분할의 경우 자본금에 표시된 5,000원 1주를 액면가 500원인 주식 10주와 교환하게 되는데, 자본금 총액은 동일하지만 액면가가 $(1/n)$로 줄고 주식수가 n배 늘어나는 것이다.

$$P_0 \times Q_0 = P_1 \times nQ_0 \tag{12}$$

분할 전 기업가치 = 분할 후 기업가치

P_0: 분할 전 주가　　Q_0: 분할 전 주식수　　n: 자사주 분할비율(1 : n)
P_1: 분할 후 주가　　Q_1: 분할 후 주식수$[= nQ_0]$

식 (12)를 P_1에 대하여 풀면, 분할 후 주가는 식 (13)이 된다.

$$\text{주식분할 후 주가}: P_1 = \frac{P_0}{n} = \frac{\text{분할 전 주가}}{\text{분할비율}} \tag{13}$$

주식배당이나 무상증자는 당기순이익이나 누적된 잉여금을 자본금 계정으로 전환하지만, 주식분할은 발행 주식수와 액면가 등 숫자만 바뀌고, 자본금은 불변이다.

주식병합(stock consolidation, reverse stock split)은 주식분할과 반대로 자기자

본의 변동 없이 병합비율 1 : m에 따라 주식 수를 $(1/m)$로 감소시키는 것이다. 가령 100 : 1로 병합하게 되면 기존 주식 100주 대신에 액면이 m배로 늘어난 1주를 준다는 의미이다. 따라서 주식병합 후 주가는 m배가 된다. 시중 주가가 주당 50원인 경우, 부도기업이나 생존가능성이 낮은 부정적인 이미지를 주게 된다. 이 경우 100 : 1 주식병합으로 주가는 1주당 5,000원이 되고 주식수가 줄어든 대신 정상적인 기업으로 인식되는 효과를 거둘 수 있다.

$$\text{주식병합 후 주가}:\ P_1 = mP_0 = \text{병합비율} \times \text{분할 전 주가}$$

▨ 주식분할과 주식병합의 신호효과

이론적으로 자본시장이 완전하다면 주식분할이나 주식병합도 기업가치에 영향을 미치지 못한다. 현실에서는 주식분할은 고가로 거래가 힘들 주식을 다수의 저가 주식으로 전환함으로써 유통시장에서 유동성을 증가시킨다고 알려져 왔으나, 주식거래의 유동성을 감소시켜 기업가치를 하락시킨다는 연구도 있다. 예를 들어, 1:10 주식분할의 경우 주식거래의 유동성이 10배로 증가해야 하나 실제로는 10배 증가에 훨씬 못 미친다는 것이다. 주식병합의 경우도 마찬가지로 병합으로 인하여 주주들에게 좋은 이미지를 갖도록 시도하지만 주식시장의 반응은 뚜렷하지 않다는 것이다. 결과적으로 기업경영에 있어서 본질적인 개선노력 없이 단순히 액면을 분할하거나 병합하여 주가를 내리거나 올리는 행위는 발행비용만 증가시키며, 기업가치 증가에 별 도움이 안 된다는 것이다.

사례 삼성전자의 주식분할: 예고된 축복인가?

삼성전자는 2018년 1월 31일 이사회를 열고 1 : 50 주식분할(액면분할)을 비롯한 기업가치 제고 방안을 발표했다. 삼성전자의 주가는 글로벌 금융위기 이후 지속적으로 높아져서 1주당 250만원을 오르내리도록 주가가 높아 일반투자자들이 주식을 매입하기에 부담이 된다는 의견이 꾸준히 제기되었다. 2017년도에 삼성전자 주가는 경영실적 개선과 함께 적극적인 자사주 매입에 힘입어 크게 상승하였다. 그럼에도 삼성전자는 많은 이들이 저평가되었다는 주장을 하였고, 경영진들도 저평가 판단에 동조하고 주식분할을 시도하였다. 주식분할로 더 많은 사람들이 삼성전자 주식을 보유할 기회를 갖게 되고, 2018년부터 배당도 확대하게 되면 배당과 함께 주식분할로 투자자 저변확대가 거래 활성화에 기여하고, 장기적으로 기업가치도 증대될 것이라고 전망하였다.

2018년 4월 30일 기준으로 주당 5,000원인 삼성전자 액면가가 분할 후 100원이 되었다. 분할 후 주가도 주당 265만원에서 5만 3,000원이 되었다. 이후 삼성전자의 주가는 3만원대까지 지속적으로 하락하였다.

시가	54,200	배당수익률	2.60%
최고	54,700	전일 종가	53,800
최저	54,100	52-주 최고	62,800
시가총액	363.90조	52-주 최저	42,300
주가수익률	17.36		

2019년 이후 삼성전자의 주가는 다시 상승하였고, 코로나 바이러스가 창궐하기 전에는 최고 62,800원까지 상승하였으며, 거래량도 늘고 있다. 과연 2018년 4월 말일 시행된 삼성전자의 주식분할은 성공한 것인가?

핵심정리

1. 배당정책: (내부금융+주주 환원) 비율 결정

배당금 = 순이익 × 배당성향 = 순이익 × (1 − 내부유보율)

2. 배당의 유형

- 정기배당, 추가배당, 특별배당, 청산배당
- 현금배당, 주식배당, 자사주 매입

※ 유사배당 : 무상증자, 유상증자, 주식분할, 주식병합

3. 배당 절차

① 배당 공시 ② 배당락(기준일 2일전) ③ 배당기준일 ④ 배당지급

※ 한국의 경우 : 연도말 기준으로 주주명부가 확정(배당락일은 기준일로부터 1일 전)
2월 결산 이사회, 3월 주주총회, 4월 배당금 지급

4. M&M의 명제 1: 배당의 무관련이론(밀러와 모딜리아니, 1961)

- 배당을 하거나 안 하거나 기업가치에는 영향이 없다는 배당의 무관련이론
- 배당수익률과 자본이득 간 완전대체관계
- 자가배당, 고객효과
- M&M의 고객이론 : 주주 특성에 따라 배당선호도가 다름. 기업가치는 배당결정과 무관

5. 배당성장모형

배당 유관련성 : 투자수익률 R보다 요구수익률 r이 크면 배당을 줄임.

$$P_0 = \frac{D_0(1+g)}{r-g} = \frac{E_1(1-f)}{r-fR}$$

D_0: 1기말 주당순이익(EPS)　　R: 재투자수익률(ROE)

r : 요구수익률(자기자본비용)　　f: 내부유보율($f=1-$배당성향)

g : 배당성장률($g=fR$)

6. 불완전시장의 배당정책

① 고배당 선호론 : 확실한 현재 소득 선호, 정액 소득의 선호, 미래 불확실성의 제거, 배당소득의 세금효과, 배당의 신호효과, 배당의 케이터링 효과, 대리인 비용, 기타 요인들

② 자본이득 선호론 또는 저배당 선호론 : 배당금 지출로 인한 재투자기회의 감소, 낮은 자본이득세율, 높은 재투자수익률, 자본조달비용 또는 발행비용의 절감

7. 배당정책 고려요인: 이론

① 투자기회와 자금조달의 기회 ② 신호효과 ③ 대리인 비용 ④ 거래 비용 ⑤ 세금

8. 배당정책 고려요인: 실무

① 당기순이익 ② 유동성 ③ 채무상환, 상환/차입 역량 및 자본구조 ④ 동종 타기업의 배당수준 ⑤ 소유구조/지배구조 ⑥ 성장가능성 ⑦ 금리수준, 물가상승률, 시중의 유동성, 대체 투자안이나 대체 소득의 존재 등

9. 배당정책 결정

① 무배당정책 ② 잔여배당정책 ③ 안정배당정책 ④ 약정배당정책

10. 약정배당정책

주요한 목표를 탄력적으로 적용. 상황에 따라 일시적 목표 미달 허용
① 모든 +NPV 투자 지원 ② 배당 감소안 배제 ③ 신주발행 배제 ④ 목표 부채비율 유지 ⑤ 목표 배당수준 유지

11. 특수배당정책

① 주식배당 : $P_1 = \dfrac{P_0}{1+\gamma} = \dfrac{\text{배당 전 주가}}{1+\text{주식배당비율}}$

② 자사주 매입 : $P_1 = \dfrac{P_0}{1-\gamma} = \dfrac{\text{매입 전 주가}}{1-\text{자사주 매입비율}}$

③ 주식(액면)분할 : $P_1 = \dfrac{P_0}{n} = \dfrac{\text{분할 전 주가}}{\text{분할비율}}$

④ 주식병합 : $P_1 = mP_0 = \text{병합비율} \times \text{분할 전주가}$ (주가 m배 상승, 주식수 $1/m$)

연습문제

1. 핵심용어

다음의 용어를 요약하여 설명하시오.

- 배당정책
- 배당성향
- 배당수익률
- 자사주 매입
- 배당 무관련이론
- 고배당/저배당 선호
- 재투자수익률
- 배당 케이터링 이론
- 신호효과
- 안정배당정책
- 목표 배당성향
- 내부유보/주주환원
- 주당배당금
- 정기/추가/특별 배당
- 주식 분할/병합
- 자기배당
- 배당 유관련이론
- 요구수익률
- 수탁의무
- 무배당정책
- 약정배당정책
- 특수 배당
- 내부금융/외부금융
- 배당률
- 현금/주식 배당
- 배당락일/배당기준일
- 고객효과
- 배당성장률
- 배당 신호효과
- 자본이득
- 잔여배당정책
- 목표 자본구조

2. 배당정책을 내부금융과 외부금융의 관점에서 설명하시오.

3. 배당의 유형을 간단히 설명하시오.

4. 우리나라의 배당절차와 미국의 배당절차의 차이를 설명하시오.

5. M&M의 배당의 무관련이론(밀러와 모딜리아니, 1961)을 설명하시오.

6. 배당성장모형을 통하여 배당 유관련성을 설명하시오.

7. 고배당과 저배당을 선호하는 요인을 구분하여 설명하시오.

8. 이론상 배당정책 고려요인과 실무상 요인을 구분하여 설명하시오.

9. 현실적인 배당정책을 구분하여 설명하고, 실무적인 배당정책 결정과정을 설명하시오.

10. 약정배당정책의 의미를 적고, 주요한 기준을 설명하시오.

11. 현금배당, 주식배당, 자사주 매입, 주식분할/병합의 의미를 적고, 주가에 미치는 영향을 설명하시오.

12. 자사주 매입이 현금배당 및 주식배당과 같은 점과 다른 점을 설명하시오.

13. 삼성전자의 주식분할의 사례를 살펴보고, 기업가치 측면에서 그 효과를 기술하시오.

14. **유무상 증자: 주식수와 권리락 주가**

JK기업의 배당 전 주가(기준주가)는 55,000원이며, 주식수는 1백만주이다.

① 1주당 0.1주의 비율로 무상증자를 하는 경우 권리락 주가를 산출하시오.

② 무상증자 전·후의 기업가치를 산출하시오.

③ 1주당 0.1주의 유상증자에 대하여 신주 할인발행가액을 44,000원으로 설정하였다면 권리락 주가를 산출하시오.

④ 유상증자 전·후의 기업가치를 산출하시오.

15. **잔여배당정책: 자본구조와 배당성향**

SL기업의 목표 자본구조(D/E)는 1 : 1이다. 배당재원으로 2×20년도 당기순이익 100억원, 요구수익률을 상회하는 신규 투자사업의 규모는 모두 80억원이다. 잔여배당정책에 의한 배당성향을 결정하라.

① 목표 자본구조(D/E)에서 자기자본 조달액을 산출하시오.

② 배당금과 배당성향을 구하시오.

16. **약정배당정책: 자본구조와 배당성향**

MJ기업의 전기 자본구조(D/E)는 장부가 기준 부채비율이 100%이다. 배당재원으로 2×20년도 당기순이익 600억원이며, 목표 주당배당금 2,000원이다. 액면가는 5,000원, 현재 주가는 80,000원이고 주식수는 1,000만주이다. 내년도 투자사업 중 요구수익률을 상회하는 투자기회는 모두 800억원이다.

① 목표 주당배당금을 지키려는 경영진의 약정배당정책에 의한 배당성향, 배당률 및 배당수익률을 구하시오.

② 당기순이익만큼만 자기자본이 증가하고 다른 변동이 없다고 가정하고, 현재 자본구조(D/E)를 유지하려는 경영진의 약정배당정책으로 외부 차입자금 규모를 산출하시오.

17. 특수배당정책: 주식수와 배당락 주가

KN기업의 2×20년도 배당 전 주가자료 및 배당방식(유사배당)별 배당비율을 나타내고 있다.

구 분	배당 전 주식수 (Q_0)	배당 전 주가 (P_0)	주당 배당금액(비율) (γ)	배당 후 주식수 (Q_1)	배당락 주가 (P_1)
현금배당	10,000	55,000	5,000		
주식배당	10,000	55,000	10%		
자사주 매입	10,000	55,000	10%		
주식분할	10,000	55,000	1 : 10		
주식병합	10,000	55,000	10 : 1		

① 배당 후 주식수(Q_1)를 산출하시오.

② 배당(유사배당) 후 주가(P_1)를 산출하시오.

해 답

1.~ 13. (생략)

14. 유무상 증자: 주식 수와 권리락 주가

① 무상증자의 권리락 주가

$$P_N^* = \frac{\text{기준주가}}{1+\text{증자비율}} = \frac{55{,}000}{1+0.1} = 50{,}000\text{원}$$

② 무상증자 전·후의 기업가치

증자 전: $P_1 \times Q_1 = 55{,}000 \times 1\text{백만} = 550\text{억원}$

증자 후: $P_N \times Q_N = 50{,}000 \times 1\text{백만}(1+0.1) = 550\text{억원}$

③ 유상증자의 권리락 주가

$$P_N^* = \frac{55{,}000 + 44{,}000 \times 0.1}{1+0.1} = 54{,}000\text{원}$$

④ 유상증자 전·후의 기업가치

증자 전: $P_1 \times Q_1 = 55{,}000 \times 1\text{백만} = 550\text{억원}$

증자 납입금: $P_N \times \text{증자비율} \times Q_1 = 44{,}000 \times 0.1 \times 1\text{백만} = 44\text{억원}$

증자 후: $P_1 \times Q_1 + \text{증자납입금} = 55{,}000 \times 1\text{백만} + 44\text{억원} = 594\text{억원}$

$P_N^* \times Q_N = 54{,}000 \times 1\text{백만}(1+0.1) = 594\text{억원}$

15. 잔여배당정책: 자본구조와 배당성향

① 자기자본 조달액=전체 투자액×자기자본 비중=80억원×(1/2)=40억원

② 배당금과 배당성향

배당금=순이익-자기자본 조달액=100억원-40억원=60억원

배당성향=배당금/순이익=60억원/100억원=60% (유보성향=40%)

16. 약정배당정책: 자본구조와 배당성향

① 배당성향, 배당률 및 배당수익률

배당금 총액=주당배당금×주식수=2,000원×1,000만주=200억원

배당성향=배당금/순이익=200억원/600억원=33.3% (유보성향=66.7%)

배당률=주당배당금/액면가=2,000원/5,000원=40%

배당수익률=주당배당금/주가=2,000원/80,000원=2.5%

② 외부 차입자금 규모

부채 조달 필요액=전체 조달액×목표 부채비중=800억원×(1/2)=400억원

실제 외부차입금 규모는 400억원 (800억 소요: 내부유보 400억원+외부조달 400억)

17. 특수배당정책: 주식수와 배당락 주가

구 분	배당 전 주식수 (Q_0)	배당 전 주가 (P_0)	주당 배당금액(비율) (γ)	배당 후 주식수 (Q_1)	배당락 주가 (P_1)
현금배당	10,000	55,000	5,000	10,000	50,000
주식배당	10,000	55,000	10%	11,000	50,000
자사주 매입	10,000	55,000	10%	9,000	61,111
주식분할	10,000	55,000	1 : 10	100,000	5,500
주식병합	10,000	55,000	10 : 1	1,000	550,000

① 현금배당: $Q_1 = Q_0 = 10{,}000$주

주식배당: $Q_1 = Q_0(1+\gamma) = 10{,}000(1+10\%) = 11{,}000$주

자사주 매입: $Q_1 = Q_0(1-\gamma) = 10{,}000(1-10\%) = 9{,}000$주

주식분할: $Q_1 = Q_0/\gamma = 10{,}000/10\% = 100{,}000$주

주식병합: $Q_1 = \gamma Q_0 = 10\% \times (10{,}000) = 1{,}000$주

② 현금배당: $P_1 = P_0 - \gamma = 55{,}000 - 5{,}000 = 50{,}000$원

주식배당: $P_1 = \dfrac{P_0}{1+\gamma} = \dfrac{55{,}000}{1+10\%} = 50{,}000$원

자사주 매입: $P_1 = \dfrac{P_0}{1-\gamma} = \dfrac{55{,}000}{1-10\%} = 61{,}111$원

주식분할: $P_1 = \dfrac{P_0}{n} = \dfrac{55{,}000}{10} = 5{,}500$원

주식병합: $P_1 = mP_0 = 10 \times 55{,}000 = 550{,}000$원

CHAPTER 14

특수 재무관리

제1절 리스금융

제2절 파생상품과 위험관리

제3절 기업의 인수합병

학습목표

본 장에서는 재무관리에서 다뤄지는 주요한 주제들 중 앞서와 같이 별도의 장으로 소개하기엔 상대적으로 전문적인 영역들인 리스금융(lease financing), 파생상품(derivative assets), 기업 인수합병(M&A)에 대한 내용을 간략히 소개함으로써 재무관리의 개념과 이론들을 종합적으로 응용하는 데 이해를 돕고자 한다. 기업의 위험관리는 주로 헤지(hedge)를 통해 이루어지는데 자산의 가격이나 수익률의 변화에 대응하여 위험의 노출을 감소시키는 것을 의미한다. 수동적 의미에서 리스금융도 과도한 설비자산에 대한 투자로 초기투자로 인한 기업의 부실을 방지하는 수단이 될 수도 있다. 최근에는 위험관리를 위한 금융수단으로서 금융공학(financial engineering)을 이용한 다양한 파생금융상품(derivative assets)이 활용되고 있다. 마지막으로 기업의 성장발전을 위한 인수합병의 개념과 형태 등을 소개하고, 적대적 인수합병에 대항하기 위한 전략도 소개한다.

제 1 절 리스금융

1. 리스금융의 개념

구입자금 없이 필요로 하는 기계 · 설비 등 자산을 구입하지 않고 약정된 임차료를 지급하고 사용하는 것을 리스(lease)라고 한다. 리스금융(lease financing)이란 재무관리 측면에서는 불확실한 상황에서 과도한 시설투자와 그 목적으로 막대한 차입, 금융비용과 부실위험을 회피하기 위하여 리스를 자금조달의 수단으로 사용하는 것을 말한다. 리스의 가장 큰 이유는 자금의 융통에 있으며, 비용적인 측면에서 임차인의 법인세 절감효과가 낮고, 임대인의 법인세 절감효과가 큰 경우 상호 유리한 계약이 성립할 수 있다.

리스계약의 당사자를 임차인(리스이용자 : leasee)과 임대인(리스회사 : leasor)이라 부른다. 리스계약(lease)은 임차인이 자산을 사용하고, 그 대가로 소유자인 임대인에게 일정한 임차료(리스료)를 지급하는 형식의 계약이며, 크게 운용리스(operating lease)와 금융리스(financial lease)로 나눈다. 운용리스는 임차인이 일정기간 자산을 임차, 사용하다가 필요가 없을 경우는 되돌려주고 계약을 종료하는 리스이며, 금융리스는 기간 내에 중도해지가 되지 않으며, 기간이 종료되면 임차인이 저렴한 가격으로 리스자산을 구입할 수 있도록 하는 계약이다. 기업입장에서는 단순히 계약형태만 다른 것으로 보이지만 세법이나 기업회계기준에서는 상당한 차이가 있으므로 계약상이나 실제 운용 측면에서도 명확히 구분할 필요가 있다.

2. 리스금융의 장단점

리스금융의 장점은 ① 거액의 자금 투입 없이 필요로 하는 설비 등을 사용하고, 장기적으로 해당 설비 등을 구입할 수도 있게 하는 금융수단의 제공, ② 자산의 진부화와 기술적 진부화로 인한 위험의 회피, ③ 자산 구입과 매도에 따른 비용과 손실위험의 회피, ④ 세금 절감효과 등이 있다.

반면, 단점으로는 ① 차입비용보다 높은 리스료, ② 효율적 자산관리의 어려움 등이 있다.

3. 리스의 종류

1) 운용리스

운용리스(operating lease)는 빌리는 임차인이 일정기간 동안 임차료를 지불하고, 리스자산을 사용하다가 더 이상 해당 자산을 이용할 필요가 없는 경우에는 계약을 종결시킬 선택권이 부여된 계약이다. 운영리스는 리스자산의 소유권과 필요한 유지 및 보수, 그리고 보험료 등 지출에 따른 비용과 이익의 효과를 리스회사가 갖는 형태의 리스를 말한다. 이에 따라 임차인인 기업은 지급임차료만 비용처리하면 된다. 기술적 진부화가 심한 경우, 위험부담을 임차료에 포함하기 때문에 금융리스에 비하여 높은 임차료가 책정될 수 있다.

2) 금융리스

금융리스(financial lease)는 리스자산의 소유권과 이와 관련된 비용지출과 이익효과를 임차인이 갖게 되는 형태의 리스이다. 통상적으로 취소가 불가능하며, 임차인이 임대인에게 손실을 보상하는 경우에만 취소가 가능하다. 따라서 금융리스의 임대료는 구입한 자산의 가격과 부대비용을 충분히 보상할 수 있도록 하여야 한다. 소유권과 관련한 대부분의 위험과 비용도 실질적으로 임차인이 부담한다. 리스자산 유지관리를 임차인이 수행하고, 리스계약 종료 후에 계약을 갱신하여 그 리스자산을 계속 사용하거나 구입할 수 있는 권한을 가진다. 이에 따라 금융리스는 차입한 후 구입한 것으로 2가지의 회계처리를 동시에 한다. 이에 따라 금융리스는 사실상 기업의 고정자산으로 감가상각 등 회계처리도 해야 한다. 계약이나 운용에서 세법상 문제가 되지 않도록 계약조건과 실제 운용을 명확하게 할 필요가 있다. 목적상 다음과 같이 주로 3가지 형태의 금융리스가 있다.

① 절세형 리스

임차인이 소유자가 되는 경우 세금공제용 감가상각이나 그 밖의 세금우대혜택(tax-credit)을 얻지 못할 때, 세금혜택이 큰 임대인이 자산을 취득하여 낮은 임대료 혜택을 누리기 위하여 맺는 절세형 리스(tax-oriented lease)계약이며, 세금리스(tax lease)라고도 한다.

② 레버리지 리스

레버리지 리스(leveraged lease)는 임대인이 자금을 차입하여 리스자산을 구입한 후 그 자산을 임차인에게 리스하여 주는 계약이다. 따라서 임차인, 임대인, 그리고 대출자 등 3자가 개입하는 계약이며 일반적인 리스와 마찬가지로 임차인은 임대료를 지급한다. 이 경우 임대인은 리스자산을 담보로 차입하고, 임대료 수입과 지급이자에 대한 법인세 절감효과도 동시에 누릴 수 있다.

③ 매각 후 재리스

매각 후 재리스(sales and leaseback agreement)는 보유자산을 매도하고, 매도한 그 자산을 구입자로부터 다시 임대하여 사용하는 것을 말한다. 이로써 임차회사는 자산의 매각으로 필요한 자금을 확보하고, 해당 자산을 계속 이용할 수 있다. 임대인은 구입대금과 부대비용을 충당하고도 남을 수준의 장기임대료 수입을 얻을 수 있다.

4. 리스금융의 경제성 분석

임차인의 입장에서는 리스금융의 대안은 해당 자산의 구입이다. 구입과 리스간 현금흐름에 대한 차이분석을 통하여 보다 저렴한 대안을 선택한다. 즉, 구입할 경우의 순현재가치 식 (1)과 리스할 경우의 순현재가치 식 (2)의 차이가 되는 식 (3)을 적용하면 된다.

경제성 분석에 대응하는 할인율은 현금흐름에 상응하는 자본비용이어야 한다. 사업으로부터의 현금흐름은 기업의 가중평균자본비용이 적용되어야 하고, 리스를 통한 지출과 절세효과는 정해진 현금흐름이므로 기업의 무위험자본비용이 되는 것이 바람직할 수 있다. 기업의 무위험자본비용에 대하여 정해진 이론이 없다. 기업의 단기 담보채권의 세전 수익률 등 가장 낮은 세전 차입이자나 채권 수익률을 적용할 것을 권고한다.

1) 구입하는 경우 순현재가치

$$NPV_P = \sum_{t=1}^{n} \frac{CF_t(1-\tau_C)+\tau_C D_t}{(1+r)^t} - I_0 \quad (1)$$

NPV_P: 구입 자산의 순현재가치　CF_t: t기의 현금흐름
D_t: t기의 감가상각비　τ_C: 한계법인세율
$\tau_C D_t$: 감가상각비 절세효과　I_0: 자산 구입대금
r: 할인율

2) 리스하는 경우 순현재가치

$$NPV_L = \sum_{t=1}^{n} \frac{CF(1-\tau_C)}{(1+r)^t} - \sum_{t=1}^{n} \frac{L_t(1-\tau_C)}{(1+r)^t} \quad (2)$$

NPV_L: 리스자산의 순현재가치　L_t: t기 리스(임차)료

3) (리스－구입) 순현재가치의 차이

$$NPV_{LMP} = NPV_L - NPV_P = I_0 - \sum_{t=1}^{n} \frac{L_t(1-\tau_C)+\tau_C D_t}{(1+r)^t} \quad (3)$$

NPV_{LMP}: (리스자산－구입자산)의 순현재가치($NPV_L - NPV_P$)

이는 간단한 자본예산의 문제이며, 리스와 구입 결정에 따른 순현재가치의 차이가 양(+)이면, 리스금융이 구입보다 바람직한 의사결정이 된다. 리스회사는 개별기업과는 달리 구입조건이나 관리비용 등을 고려하여 훨씬 유리한 측면이 있을 것이나, 자본비용 측면에서는 무위험비용이 아닌 가중평균자본비용을 적용하여야 할 것이다. 리스계약 조건도 개인 간 자금거래만큼이나 표준화하지 못할 부분이 있다.

예제 14-1

경제성 분석: 구입 대 리스금융

JK기업은 새로운 제조설비를 도입하려고 한다. 이 설비의 구입가격은 10억원이며, 내용연수는 5년이다. 새로운 설비를 사업에 투입하여 매년 연간 1.5억원의 순현금유입이 5년간 지속된다. 설비는 정액법에 의하여 완전 감가상각된다. 5년 후 잔존가치는 없으며, 법인세는 30%이다. 한편 리스회사로부터 임차한 설비를 연간 리스료 2억 5천만원으로 5년간 사용이 가능하다. JK기업의 세후 무위험자본비용은 4%이다.

① 구입하는 방안과 리스를 하는 방안 중 보다 바람직한 방안을 제시하시오.

(리스－구입) 순현재가치의 차이 :

$$NPV_{LMP} = I_0 - \sum_{t=1}^{n} \frac{L_t(1-\tau_C) + \tau_C D_t}{(1+r)^t}$$

$$= 100,000 - \sum_{t=1}^{5} \frac{25,000(1-30\%) + (30\%)(20,000)}{(1+4\%)^t}$$

우선, 새로운 설비를 사업에 투입하여 매년 연간 1.5억원의 현금유입의 순증이 일어나는 것은 임차하는 방안이나 직접 구입하는 것이나 차이가 없기 때문에 무시해도 된다. 연간 세후 리스료는 1억 7,500만원[＝2억 5천만원×(1－30%)]이며, 연간 감가상각 2억원으로 인한 세금 절감액(현금유입)은 연간 6,000만원(＝2억원×30%)이다. 즉, 매년 2억 3,500만원의 순현금흐름의 차이가 발생한다.

$$NPV_{LMP} = 100,000 - \sum_{t=1}^{5} \frac{23,500}{(1+4\%)^t}$$

$$= 100,000 - \frac{23,500}{4\%}\left[1 - \frac{1}{(1+4\%)^5}\right]$$

$$= -4,618(\text{만원})$$

EXCEL 이용 : ＝100,000－PV(4%,5,23500,0)＝－4,618(만원)

결과적으로 리스료가 높아 리스 대신 직접 구입을 하는 것이 바람직하다.

② 구입하는 방안과 리스를 하는 방안이 무차별적인 연간 리스료를 구하시오.

$$NPV_{LMP} = 0;\ 100{,}000 = \frac{A}{4\%}\left[1 - \frac{1}{(1+4\%)^{5}}\right]$$

A =22,463(만원)

EXCEL 이용 : PMT(4%,5,100000,0) = −22,463(만원)

연간 2억 2,463만원 이상의 리스계약은 설비를 구입하는 것보다 못하다.

제 2 절 파생상품과 위험관리

1. 파생상품의 개념

파생상품(derivatives)은 통화, 채권, 주식 등 기초자산(underlying assets)의 가치변동에 의하여 가치가 결정되는 상품이다. 파생상품은 일반적으로 선도계약, 선물, 옵션, 스왑 등으로 구분되며, 기초자산의 유형에 따라 통화, 금리, 주식 관련 상품 등으로 구분된다. 또한 거래시장에 장내 및 장외 상품으로 분류된다.

파생상품은 위험을 관리해야 하는 기업과 금융기관에게는 효과적인 위험관리 수단을 제공함으로써 상거래 등에서의 위험을 줄이고, 재무적 관점에서 장기 투자 등을 위한 대안을 제시한다. 그러나 정확한 위험관리 능력이나 이해가 없는 상태에서의 파생상품에 대한 무리한 투자는 오히려 기업의 자금관리에 심각한 문제를 유발할 수 있다.

최근 금융시장에서는 기업 경영의 위험이 종전보다 더욱 획기적으로 높아지면서 위험을 관리하기 위한 수단인 금융공학의 필요성이 날로 증대되고 있다. [그림 14-1]에서는 산업생산의 가장 중요한 요소의 하나인 원유시장에서의 가격변동 위험을 보여주고 있다.

그러므로 기업의 최대 과제 중의 하나는 이러한 환경에서 기업의 경영위험을

그림 14-1 **금융시장의 변동성 : WTI(서부텍사스유 선물)**

출처 : https://kr.investing.com/commodities/crude-oil: WTI 1995-2020 일별종가기준 자료

줄이고 안정적으로 조달하느냐 하는 문제이다. 여기서는 파생금융상품을 통한 각종 헤지기법과 금융공학의 기초개념을 살펴본다.

위험관리 기법은 기업재무의 가장 새로운 영역이라 할 수 있다. 기업의 위험관리는 주로 헤지(hedge)를 통해 이루어진다. 헤지란 각종 자산의 가격이나 수익률의 변화에 대응하여 위험의 노출을 감소시키는 것을 의미하며, 이것을 면역화(immunization)라 부르기도 한다. 기업이 어떤 특정 위험을 헤지하기 위해서는 하나의 수단뿐만 아니라 여러 가지 다양한 수단을 결합할 수도 있다. 특히 최근에는 위험관리를 위한 금융수단으로서 다양한 파생금융상품(derivative securities)이 활용되고 있다. 파생금융상품이란 다른 기초적인 금융상품에 대한 청구권을 나타내는 금융자산이다. 가령 주식 옵션(stock option)은 이것을 보유함으로써 기초자산인 주식을 사거나 팔 수 있는 권리를 획득하므로 일종의 파생금융상품이라 할 수 있다. 파생금융상품을 비롯한 여러 가지 다양한 금융수단을 결합하여 위험을 관리하거나 새로운 형태의 금융수단을 개발하는 것을 금융공학(financial engineering)이라 한다.

2. 위험의 헷징 vs. 위험의 확대

헤징(hedging)이란 상품 및 금융을 포함한 존재하는 현물에서 가격의 불리한 변동 위험을 방지하기 위하여 상쇄하는 거래로 파생상품이 유용한 수단으로 사용될 수 있다. 한편, 파생상품투자는 기초자산에 투자하는 것보다 소액의 증거금 또는 프리미엄만으로 훨씬 규모가 큰 기초자산을 사실상 구입하는 효과를 가지기 때문에 고수익을 원하는 투자자에게는 레버리지가 큰 투자수단을 제공한다. 투기적 위험요소가 크고 효과적인 내부통제가 어려워 관리가 잘못되면 채무불이행을 통하여 대형 금융기관이나 금융시장 전체도 일시에 붕괴할 수 있는 가능성이 있다.

최근 전 세계적으로 금융상품과 실물 상품의 가격 변동폭이 확대됨에 따라 위험을 헤지(hedge)하려는 수요가 증가하고, 인터넷과 컴퓨터 기술의 급속한 발전 등에 힘입어 기초자산에 수반되는 위험의 평가관리 기법의 개발로 파생상품 시장이 빠르게 성장하고 있다.

3. 선도계약과 선물거래

1) 선도계약

선도계약(forward contract)은 기초자산을 미래 특정 시점에 특정 가격으로 사고팔기로 약정하는 확정계약이다. 선도계약이 장외시장에서 거래당사자 간에 직접 거래되거나 딜러나 브로커를 통해 거래가 이루어지는 데 비해, 선물(futures)은 정형화된 거래소를 통해 거래가 이루어진다는 점에서 차이가 있다.

선도거래(forward transaction)는 사과 생산자와 사과 유통업자의 입장과 같다. 사과 생산자는 사과가격이 내리는 위험에 노출되어 있다. 반면 사과 유통업자는 현지에서 사과가격이 폭등하거나 적정 수준 이상이면, 사과를 사 두더라도 더 비싼 가격으로 팔 방법이 없게 된다. 사과 생산자의 입장에서도 너무 비싼 가격으로 파는 것도 좋지만 수확기에 안 팔리면 보관도 어렵고 냉해나 병충해, 재난을 맞을 위험도 생길지 모르기 때문에 계속 기다릴 수가 없다는 것이다. 매도,

그림 14-2 **현물거래와 선물거래**

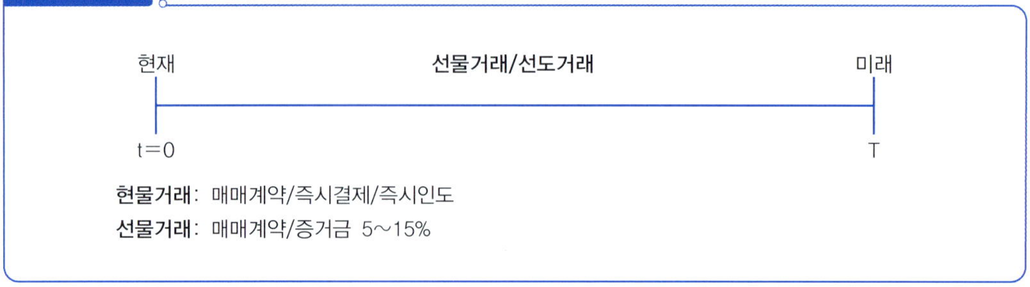

매수 예정자 모두 수확기가 임박하여 발생할 가격위험을 피해 일정한 가격에 일정한 양을 사전에 거래하기로 계약을 맺는 것을 선도거래라고 한다. 선도거래는 기본적으로 매도자와 매수자 중 한쪽에 이득이 생기면 상대방에게는 동일한 금액의 손실이 발생하는 이른바 제로 섬(zero sum) 게임이다. 두 당사자 간 현금결제와 청산은 매도인과 매수인이 합의한 날에 이루어지지만 거래 상대방이 계약을 불이행할 가능성이 높다.

2) 선물거래

선물거래(futures contract)는 사실상 선도거래와 동일하다. 선도거래는 거래 당사자 간 임의의 계약인 반면, 선물거래는 조직화된 거래소에서 표준화된 약관에 따라 진행된다. 선물거래는 거래소가 개입하므로 신용위험이 거의 없으며, 청산일 이전에 쌍방간 일일정산(daily settlement)제도에 의해 정산된다. 선물거래자는 만기일에 계약대로 실물을 인도하거나 혹은 변동된 가치의 차액만큼 현금결제(cash settlement)를 할 수 있고, 만기 전 다른 포지션을 구입하는 반대매매(reversing trade)로 청산할 수 있다.

[그림 14-2]는 현물거래와 선물거래의 차이를 보여주고 있다. 매매를 위한 증거금이 5%라면, 현물보다 20배의 선물계약을 할 수 있다는 점이다. 만일 현물을 보유하고 있다면, 반대거래를 통해 가격하락의 위험을 줄일 수 있지만, 현물 보유 없이 현물가격이 상승 또는 하락할 것이라는 판단하에 선물을 매수 또는 매도할 수도 있다는 것이다. 이런 경우, 예상과 반대로 시세가 움직이면 투자금의 손실이 상당할 수 있다.

예제 14-2

선물거래 가격상승 위험방지

JK상사가 해외에서 원유를 10만 배럴을 6개월 뒤 사기로 했다. 이 기업은 원/달러 환율상승 이외에도 현물시장 원유가격 상승위험에 놓여 있다. 현재 원유가격이 배럴당 60달러이다.

① 거래약정일에 예상가격이 80달러가 된다면 현물거래를 통한 추가 부담액을 산출하시오.

추가 부담액 : (80 − 60)달러×10만 배럴 = 200만 달러

② 거래약정일에 예상가격이 40달러가 된다면 현물거래를 통한 부담 감소액을 산출하시오.

예상 절감액 : (60 − 40)달러×10만 배럴 = 200만 달러

③ 만일 지금 65달러로 선물계약을 해 둔다면 6개월 뒤 80달러로 가격이 오를 때 예상 추가 부담액을 산출하시오.

추가 부담액 : (65 − 60)달러×10만 배럴 = 50만 달러

위 예제의 경우, 원유 사용자가 원유가격 상승위험에 놓여 있다. 가격상승을 통제하기 위하여 배럴당 65달러에 선물계약을 하게 되면 그 이상의 비용부담이 사라지게 된다. 그러나 반대로 원유가가 배럴당 40달러로 하락한다면 $(40 − 65)×10만 배럴, 즉 250만 달러의 이익이 발생할 기회가 사라졌다. 즉, 선물계약이 없었다면 더 낮은 가격으로 매입할 기회를 상실하게 된 것이다.

[그림 14-3] A.에는 자산매수 예정자인 JK상사의 경우처럼 자산가격 상승에 따른 손실위험을 보여주고 있다. 그림 B.에는 선물계약 매수를 통하여 가격상승 위험에 대비하고, 가격하락에 따른 이익기회가 선물계약으로 상쇄됨을 보여주고 있다. 결론적으로 보면, 실물가격 인상의 위험에 대비해야 하는 JK상사로서는 선물거래를 통하여 위험을 방지할 수 있다.

그림 14-3 자산매수 예정자의 위험 헷징

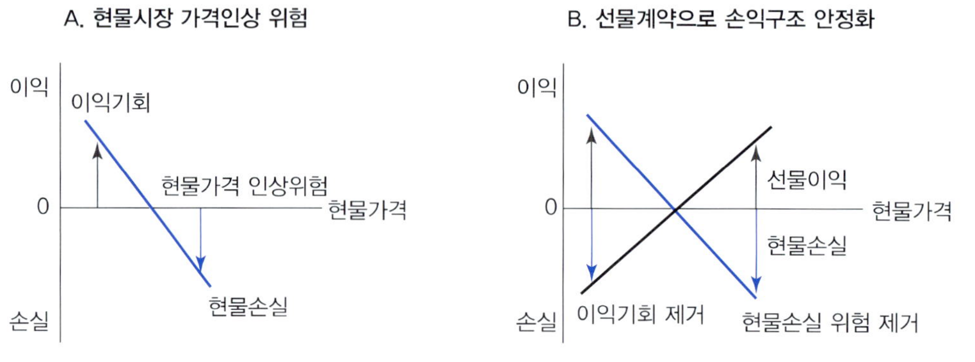

4. 옵 션

4.1 옵션의 개념

옵션(options)은 기초자산을 미래 특정 시점 또는 그 이전에 특정 행사가격으로 매수(call)하거나 매도(put)할 수 있는 권리를 매매하는 계약이다. 옵션의 행사는 만기일에만 행사할 수 있는 유럽형 옵션(European option)과 만기일 이전 어느 때라도 행사할 수 있는 미국형 옵션(American option)이 있다.

거래 시점에 프리미엄을 지급하는 점에서 선도계약이나 선물거래와는 다르며, 기초자산 가격의 변화에 대하여 비대칭적 손익구조(asymmetric payoffs)를 가진다. 일정한 가격에 매수할 권리를 콜옵션(call option)이라 하고, 매도할 권리를 풋옵션(put option)이라 한다. 매수 혹은 매도를 위해 미리 정해진 가격을 행사가격(exercise price, or strike price)이라 한다.

옵션은 기초자산에 따라 그 종류를 구분할 수 있는데, 크게 상품옵션과 금융옵션으로 구분할 수 있다. 상품옵션에는 농산물(밀, 옥수수, 돈육, 목재 등), 광산물(금, 은, 알루미늄 등), 에너지(에탄올, 난방유, 천연가스, 휘발유 등)가 포함되며, 금융옵션은 주식옵션, 주가지수옵션, 금리옵션, 미국 달러 등 통화옵션, T-Note 선물옵션 등이 포함된다.

그림 14-4 콜옵션 매수/매도 위험 헷징

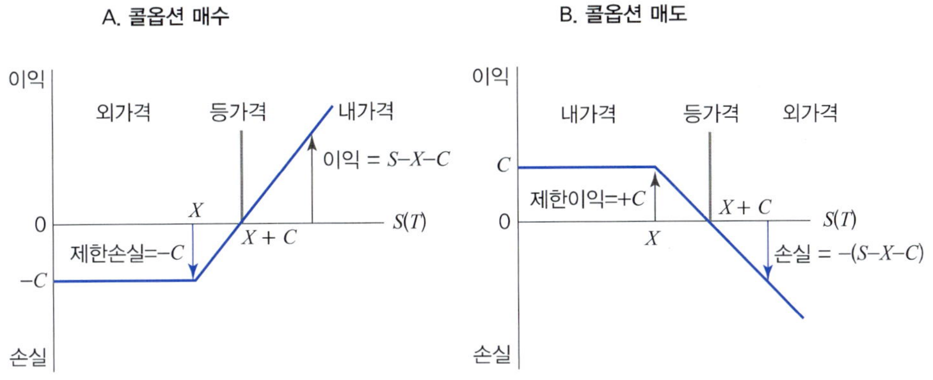

4.2 옵션의 손익

기초자산을 매수, 매도할 권리는 옵션 발행자에게 대가를 지불하고 매수하는데 그 대가를 옵션 프리미엄(premium)이라고 한다. 현재 가격보다 옵션 행사가격이 높아 이익이 발생하지 않는 옵션을 외가격(OTM: out of the money) 옵션, 현재가격이 옵션 행사가격보다 높아 이익이 발생하는 옵션을 내가격(ITM: in the money) 옵션이라 한다. 두 가격이 같아서 옵션을 행사하여도 손익이 0인 옵션을 등가격(ATM: at the money) 옵션이라 한다.

[그림 14-4] A.에는 콜옵션 매수로 기초자산 가격하락에 따른 손실위험을 제한($-C$)하는 상황을 보여주고 있다. 그림 B.에는 콜옵션 매도로 기초자산 가격하락에서는 제한적 이익($+C$)을 보다가 기초자산 가격상승에서는 무제한적 손실위험[$-(S-X-C)$]에 노출되는 상황을 보여주고 있다. 실물가격 하락위험을 막기 위한 기업에서는 콜옵션 매수가 필요하다.

[그림 14-5] A.에는 풋옵션 매도로 기초자산 가격이 상승하면 제한적 이익($+P$)을 보고, 가격이 하락하면 무제한 위험[$-(S-X-P)$]에 노출되는 상황을 보여주고 있다. 그림 B.에는 풋옵션 매수로 기초자산 가격이 상승하면 제한적 손실($-P$)을 보다가 기초자산 가격이 하락하면 무제한적 이익($S-X-P$) 기회를 얻게 되는 상황을 보여주고 있다. 실물가격의 하락위험을 막기 위한 상황에서는

그림 14-5 풋옵션 매도/매수 위험 헷징

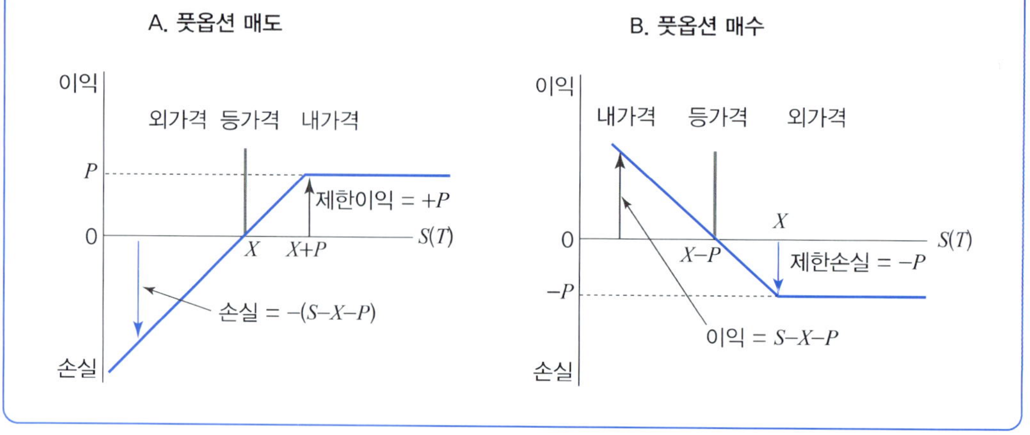

풋옵션 매수가 필요하다.

위와 같이 콜옵션과 풋옵션을 통하여 상방, 또는 하방 위험을 최소화하는 방안을 살펴보았다. 이러한 콜옵션과 풋옵션을 혼합하게 되면 다양한 상황에서 위험을 줄이는 방안을 마련할 수 있다.

4.3 옵션을 이용한 헷지전략

선도 및 선물거래와 마찬가지로 기초상품과 옵션거래를 적절히 결합함으로써 헤지를 달성할 수 있다. 미래에 현물을 매수할 예정인 기업은 가격상승 위험에 노출되어 있다. 앞서 선물에서 설명한 바와 같이 선물을 매수해 두면 가격상승에 미리 대비하는 상황([그림 14-3] B.)이 된다. 또한 [그림 14-5] B.에서처럼 풋옵션을 매수($+P$)하는 헷지전략이 필요하다.

[그림 14-6] A.에는 현물($+S$)을 매수할 예정인 기업이 현물을 매도($-S$)[1]하고 콜옵션을 매수($+C$)하는 콜옵션매수 헷지를 통하여 합성 풋옵션 매수($+P=-S+C$) 포지션을 생성해 내고 있다. 이에 따라 현물가격 상승에 따른 손실은 합성

1) 보유하지 않은 현물을 매도하는 것을 공매(short selling)라고 한다.

그림 14-6 옵션을 이용한 헷지전략

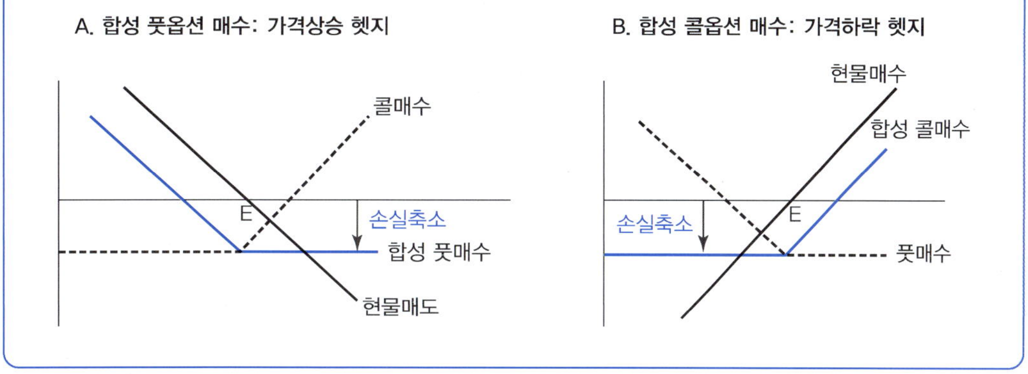

풋 매수 구성을 위한 콜옵션 매수가격이 최대 손실이 되는 헷지전략이 되는 것이다.

반대로 미래에 현물을 매도($-S$)할 예정인 기업은 미래 가격하락 위험에 노출되어 있다. 앞서 선물에서 설명한 바와 같이 선물을 이용해 매도($-F$)해 두면 가격하락에 미리 대비하는 상황([그림 14-3] B.)이 된다. 또한 [그림 14-4] A.와 같은 상황과 같이 단순히 콜옵션을 매수($+C$)하는 상황을 도출해내는 헷지전략이 필요하다.

[그림 14-6] B.에는 미래에 현물을 매도할 기업이 가격하락에 대응하기 위하여 현물을 매수($+S$)하고, 풋옵션을 매수($+P$)하는 헷지를 통하여 합성 콜옵션 매수($+C$) 포지션을 생성해 내고 있다. 이에 따라 현물가격이 하락하는 경우, 손실은 합성 콜옵션 매수($+C=+S+P$)에 따른 풋옵션 매수가격이 최대 손실이 되는 헷지전략을 구현해 내고 있으며, 이를 방어적 풋옵션 전략(protective put)이라고 한다. 이는 마치 손실위험에 대비하기 위하여 보험을 들어두는 것과 마찬가지다. 이처럼 기초자산의 가격이 미래에 불리한 방향으로 변화하는 위험에 대응하기 위하여 위험을 최소화하는 방향으로 콜옵션이나 풋옵션에 대한 매수, 매도 전략을 강구할 수 있다. 이러한 과정에서 보유하거나 매수예정인 자산에 대한 선물거래나 현물과 선물, 옵션의 매수, 매도를 합성하여 다양한 포지션의 헷지전략을 구성해 낼 수 있다.

5. 스왑을 이용한 헷지전략

스왑(swap)은 두 거래 주체 간에 정해진 현금흐름을 교환하기로 한 거래를 말한다. 통화(currency) 스왑, 이자율(interest rate) 스왑, 상품(commodity) 스왑으로 구분된다. 통화스왑은 두 기업 간 특정 금액의 외환을 교환하기로 한 약정이다. 가령 한국의 삼성전자가 미국에 현지법인을 가지고 있고, 미국 GM자동차는 한국에 현지 지사를 가지고 있다고 하자. 그런데 이때 미국에 있는 삼성전자 현지법인은 달러 자금이 필요하고, 한국에 있는 GM 한국지사는 원화 자금이 필요하다고 하자. 만일 이때 한국의 삼성전자와 미국의 GM이 상대국 통화를 매입한다면 외환수수료뿐만 아니라 외국환 보유에 따른 환율변동 위험에 노출된다. 결과적으로 각자 해당국의 화폐로 조달하는 것이 서로 간 위험도 줄고 비용도 줄이는 방안이 된다. 이에 따라 한국의 삼성전자 본사에서 GM 한국지사에 원화로 송금하고, 미국 GM 본사는 삼성전자 미국 현지법인에 미화를 송금해 주면 된다. 상호 간 통화스왑을 통하여, 외환수수료와 환율위험 등을 줄이는 효과를 거둘 수 있다.

이자율 스왑은 고정금리부(fixed rate) 이자율과 변동금리부(floating rate) 간에 이자율을 교환하는 것이다. 금리 변동에 따라 고정금리나 변동금리 차입에 유리하거나 불리하게 작용하는데, 기업 간 상호 입장을 바꿔서 금지지급 의무를 바꿈으로써 각자 상대적으로 유리한 입장에서 자금조달을 할 수 있다. 가령 JK상사가 고정금리로 차입을 하였는데, 시장금리가 급격하는 상황에서 변동금리로 자금을 차입하면 금리위험에 직면한다. 만일 반대상황에 있는 기업이 있다면, JK상사는 고정금리로 차입하고, 상대방 회사는 유리한 변동금리로 차입을 하도록 서로 차입계약시 금리 계약의무를 교환하면 양사에 모두 유리한 차입조건이 될 수 있다. 이외에도 상품스왑이 있으며, 비슷한 기준과 방식 및 절차로 기업 간 스왑이 진행된다.

사례 인수합병의 귀재: SK가문의 영광

M&A 승부사 최태원 회장 20년… SK, 혁신 DNA로 재계 3위 부상

SK, 오직 큰손으로 등장

선경직물이 모태인 SK그룹은 1953년 故 최종건 회장이 창업한 지 올해 창립 65주년인 2018년도는 최종현 SK그룹 선대 회장이 타개한 지 20주기이고, 최태원 SK그룹 회장 취임 20년째 되는 해다. 1998년 9월 최태원 회장 부임 이후 그룹은 체급도, 체질도 몰라보게 달라졌다. 최 회장 부임 첫해 1998년 32조원이던 자산이 지난해 기준 192조원으로 6배 불어났다. 이에 따라 자산 기준 재계 순위는 5위에서 3위로 두 계단 올라섰다. 매출은 36조원에서 158조원으로 증가했고 1,000억원에 불과했던 순이익은 17조원으로 무려 170배 늘었다. 그룹 상장사 시가총액은 2018년 7월 말 기준 130조원에 달한다. 지난해보다 30% 이상 증가해 시가총액 기준 재계 2위에 안착했다.

1973년 창업주인 형 최종건 회장 뒤를 이어 취임한 최종현 선대 회장은 1980년 대한석유공사(현 SK이노베이션)와 1994년 한국이동통신(현 SK텔레콤)을 인수하였다. 이를 기반으로 삼아 직물회사에 불과했던 SK그룹을 석유화학과 정보통신 양대 축으로 키워냈다.

최태원 회장 역시 M&A 승부사라고 할만 했다. 대표적인 성공사례가 SK하이닉스 인수다. SK하이닉스 전신은 1983년 설립된 현대전자주식회사. 1984년 국내 최초로 16Kb S램 시험생산에 성공한 이후 1995년 세계 최초로 256Mb SD램 개발에 성공하며 10년이라는 짧은 기간 동안 대한민국 반도체를 성장시켰다. 1999년 당시 김대중 정부는 재벌그룹 중복 투자를 막겠다며 '빅딜'을 주도했고, 현대전자는 LG반도체를 흡수합병했다. 그러나 2000년대 초반 반도체는 사상 최악의 불경기에 시달렸다. 현대전자는 메모리 반도체만 남기고 다 팔고 난 뒤 사명을 '하이닉스'로 바꿨다. 이후 온갖 구조조정을 단행했으나 경영은 나아지지 않았다. 과다한 금융비용으로 휘청거리다 2001년 채권금융기관 공동관리(워크아웃)에 들어갔다. 설상가상 2008년 반도체 공급과잉과 미국발 금융위기가 덮쳤다.

위기의 하이닉스를 건져낸 구세주는 최 회장이었다. 당시만 해도 반도체는 매력적인 사업이 아니었다. 반도체는 공장 하나 짓는 데 3조~4조원이 필요하다. 자칫 모기업까지 위태로운 상황에 빠질 수 있었다. 대기업이 주저하는 사이 '새 주인 찾기'는 몇 년간 멈춰섰다. SK그룹 임원들은 "기존 그룹 포트폴리오와 사업연관성이 없다"며 인수에 부정적이었다. 주력 사업인 에너지, 화학, ICT가 안정적인 사이클을 보이는 것과 달리, 반도체 변동성이 너무 크고, 수 조원대의 막대한 자금이 필요하다는 이유에서다.

불과 7년 전 재계에서 거들떠보지 않았던 '골칫덩어리' SK하이닉스는 '화려한 백조'로 거듭났다. SK하이닉스는 2017년도 연 매출 30조원, 영업이익 13조 7,000억원, 순이익 10조 6,000억원으로 사상 최대 실적을 냈다. 영업이익률은 45%나 된다. SK하이닉스 시가총액은 58조원대로 삼성전자에 이어 국내 2위다. 재계에서는 SK하이닉스의 선전이 아니었더라면 SK그룹은 물론 한국 경제가 위기를 맞았을 것이라는 평가를 낼 만큼 그 위상이 대단해졌다. (매일경제, 2018.8.31., 일부 자구 수정)

제 3 절 기업의 인수합병

1. 인수합병의 의의

합병과 인수(M&A: merger and acquisition)는 기업이 다른 기업을 취득하여 외적인 성장을 도모하는 것이다. 기업은 인수합병을 통하여 성장·발전하거나 비효율적인 사업구조를 개선한다. 기업이 매출, 이익, 자산을 늘리고 이익을 유보시켜서 내적 성장(internal growth)을 도모할 수도 있지만 다른 기업을 취득함으로써 외적 성장(external growth)을 도모할 수도 있다. 기업의 성장 전략 중에서 기업이 노력을 통하여 발전하는 방법도 있지만, 많은 기업이 다른 기업을 합병(merger)하거나 인수(acquisition)한다. 합병(merger)은 한 기업이 다른 기업을 흡수하여 하나의 기업이 되는 것이다. 이러한 과정에서 두 기업이 결합하여 새로운 신설기업이 탄생하는 것을 기업의 통합(consolidation)이나 신설합병이라고 한다.

기업의 인수합병(M&A)은 기업이 환경변화에 능동적으로 신속하게 대처하는 가장 극적이면서 획기적인 수단이며, 기업 성장과 발전전략에 가장 핵심적인 수단이라고 할 수 있다. 또한 주주의 이익을 보호하는 외부통제제도로서 기업의 인수합병은 궁극적으로 주주의 이익을 보호하는 최후의 장치라 할 수 있다. 주주를 위해 일하지 않는 경영자를 위임장 투쟁(proxy fight)이나 적대적 인수방법에 의하여 경영자를 교체할 수 있다. 위임장 투쟁은 위임받은 주주의 투표권을 이용하여 경영자를 교체하기 위한 노력이라 할 수 있다.

경영능력의 부족이나 다른 여건의 제약으로 기업가치가 제대로 평가받지 못하는 경우, 해당 기업은 적대적 인수합병의 대상이 될 수 있다. 적대적 인수(hostile takeover)란 잠재적으로 양호한 성과를 낼 기업이 경영상의 문제로 일시적으로 부진한 상황에서 다른 기업이 경영권을 넘겨받는 것을 의미한다. 경영권 인수를 제의하는 투자자가 대상기업의 경영자가 동의하는 것과 상관없이 직접 인수 대상기업의 주주들에게 보유 주식을 본인에게 매도하도록 공개적으로 제안하는 것을 공개매수(tender offer)라고 한다. 이러한 과정에서 경영진들은 적대적 인수를 피하고자 기업가치를 높이려고 노력하게 된다.

2. 인수합병의 유형

2.1 취득 방식에 따른 분류

인수합병은 합병 혹은 통합(merger or consolidation), 주식의 취득(acquisition of stock) 또는 자산의 취득(acquisition of assets)의 형태로 진행된다.

① 합병(merger) : 하나의 기업이 다른 기업을 완전히 흡수하여 하나의 기업이 되는 경우를 말한다. 합병추진기업(acquiring firm)은 그 이름과 실체를 그대로 유지하면서, 합병 대상기업(acquired firm)의 자산과 부채를 모두 취득하여 없애버리는 합병이다.

② 통합 또는 신설합병(consolidation) : 두 기업이 결합하여 새로운 신설기업이 탄생하는 것을 의미한다. 통상적으로 보통 의결권 있는 주식의 2/3 이상의 동의를 획득해야 진행되며, 사전 합의를 바탕으로 통합되기 때문에 추진이 쉽고 비용도 적게 든다.

③ 주식의 취득(acquisition of stocks) : 기업이 다른 기업 주식의 전부 또는 일부를 취득하는 것이다. 대상기업 주주로부터 직접 주식을 매입하는 공개

매수(tender offer)를 포함한다. 주식취득 후에도 양사가 개별 기업으로 존재한다.

④ 자산의 취득(acquisition of assets) : 두 기업 간 협약에 따라 한 기업이 매각하는 자산을 취득하는 방법이다. 취득 후에도 매각하는 기업이 존속하며, 지배구조나 소유권은 영향을 받지 않는다.

2.2 기능적 보완 관계에 따른 분류

인수합병 주체와 대상기업들이 시장에서 기능적 보완 관계에 따라서 수평적 합병, 수직적 합병 또는 복합적 합병으로 구분할 수 있다.

① 수평적 합병(horizontal M&A) : 동종 산업에서의 기업 간 합병을 말한다. 합병을 통하여 비용을 절감하거나 경쟁을 완화하고, 기업의 규모를 키워 시장 독점력을 높이며, 생산과 시장 관리 면에서 서로 보완적 기능을 높이기 위해서 추진된다.

② 수직적 합병(vertical M&A) : 제품 간 대체, 보완 관계 등 서로 관련성이 높은 제품을 생산하거나 기능적 보완 관계에 있는 기업과의 결합이다. 가령, 자동차회사가 자동차 부품기업, 첨단 연구개발 기능을 가진 기업, 광범위한 유통망을 가진 기업을 인수하는 것이다. 합병을 통하여 제품원가를 절감하거나 관련 제품 생산능력이나 품질관리의 강화, 제품시장에서의 경쟁력 강화를 도모할 수 있다.

③ 복합적 합병(conglomerate M&A) : 우리나라의 재벌(conglomerate, chaebol)과 같이 서로 관련성이 낮은 이종업종 간의 합병을 말한다. 관련성이 낮은 업종끼리의 복합적 합병은 단기적으로 자금관리 측면에서 포트폴리오 효과나 장기적 관점에서 사업다각화를 통한 시너지 효과를 얻을 수 있다. 포트폴리오 이론 측면에서 현금흐름의 변동성을 최소화하는 다각화 전략이라고 볼 수도 있다.

2.3 협조 관계에 따른 분류

관련 기업과의 인수합병 추진단계에서 서로 우호적 인수합병과 적대적 인수합병으로 구분할 수도 있다.

① **우호적 합병(friendly M&A)** : 합병대상 기업 경영자가 서로 합의에 따라 추진되는 인수합병을 우호적 합병이라고 한다.

② **적대적 합병(hostile M&A)** : 합병대상 기업의 의사와 관계없이 해당 기업 주주를 대상으로 직접 공개매수 제의(tender offer)나 주식매수를 통한 인수합병을 적대적 합병이라고 한다. 공개매수가 성공적으로 끝나지 않고 충분한 지분을 확보하지 못하면 공개매수가 실패로 끝난다.

3. 적대적 인수합병 방어전략

기업들의 적대적 인수(hostile takeover)로부터의 경영권 방어전략(defensive tactics)들을 정리해 보면 다음과 같다.

① **지분확보 전략** : 적극적인 투자자 활동(IR: investors relations)을 통해 우호 지분(friendly ownership)이나 신임을 확보해 두어야 한다. 자사주 펀드를 설치하거나 전환 우선주를 발행하고, 필요시 전환 우선주를 보통주로 전환하여 지분율을 높인다.

② **백기사 전략** : 다른 우호적인 기업이 인수에 참여하도록 주선하여 경영권을 유지하는 것이 백기사(white knight) 전략이다.

③ **역 공개매수 전략** : 인수제의 기업의 주주를 대상으로 역으로 공개매수를 제의함으로써 자기방어하느라 인수를 포기하도록 하는 것이 역 공개매수(pac-man strategy) 전략이다.

④ **할증 재매입** : 매입가격보다 높은 가격을 지불하고 재매입하겠다고 적대적 인수자에게 역제안(greenmail)하는 전략이다.

⑤ **독약처방법** : 인수자가 인수 후에 엄청난 손실을 보거나 망하도록 사전에 온갖 적대적 행위를 미리 해두는 것을 독약처방법(poison pill)이라고 한다.

⑥ **황금알, 황금 낙하산(golden parachute) 전략** : 경영진이 퇴진할 때 고용계약상 엄청난 금전적, 비금전적 보상을 받도록 규정을 둠으로써 인수 의지를 사라지게 하는 전략이다.

⑦ **특정 자산 매각규정** : 제3의 기업이 인수경쟁에 참여하거나 더 높은 인수가격을 제시하면 보유자산이나 일부 사업을 시가보다 저렴하게 매입할 권리를 부여하는 계약(lock-up provision)을 해 둠으로써 적대적 인수에 대응하는 전략이다.

⑧ **핵심사업 정리** : 인수제의 기업이 가장 매력적인 것으로 평가하고 있는 자산이나 사업(crown jewel)을 팔아버리는 방어전략이다.

⑨ **경영방해 행위** : 정관에 임원 임명조건(terms of directors)을 힘들게 하거나, 임원해임을 주총 특별결의 조항(super-majority provision)으로 어렵게 만드는 전략이다.

4. 인수합병, 기업인수 및 기업분리

4.1 기업인수

인수합병과 유사한 의미에서 기업인수(takeover)란 용어를 대신하여 사용되는데, 기업인수는 통제권의 이전을 의미한다. 따라서 기업인수는 인수합병(M&A)보다는 좀 더 광의의 개념이며, 위임장 대결(proxy contest)과 사기업화(going private) 등의 개념을 포함한다. 위임장 대결은 이사회 장악에 필요한 이사 수를 확보하기 위한 경쟁이며, 사기업화(buy-out)는 경영진이나 외부주주 등이 기업의 모든 지분을 취득하는 것을 말한다. 사기업화 과정에서 부족한 자금을 금융기관이나 회사채를 발행하여 마련하는데, 이를 레버리지 사기업화(LBO: leveraged buy-out)라 하고, 현직 경영자에 의한 사기업화를 경영자 사기업화(MBO: management buy-out)라 한다. 사기업화는 공개상장 모집과 반대 과정으로 해당 기업은 상장이 폐지된다.

4.2 기업의 분리

기업 인수합병의 목적이 기업의 성장·발전이듯이, 기업분리(divestiture)도 기업 일부를 분리하여 처분함으로써 장기적으로 기업의 생존력이나 경쟁력을 높여 성장·발전하려는 선택과 집중 전략이다.

기업매각은 주로 분리매각(sell-offs)이나 분리설립(spin-offs)으로 구분된다. 기업의 분리매각을 통하여 자금을 확보하고, 자금이나 사업 측면에서 남은 사업에 집중하는 효과를 거둔다. 분리설립은 기업이 해당 제품이나 기능의 성장·발전을 위하여 별도의 기업으로 분리하는 절차이다.

5. 인수합병의 목적과 효과

5.1 인수합병의 목적

인수합병을 위한 기업의 목적은 크게 효율성 개선, 시장지배력 강화, 기업가치 제고 그리고 경영자의 사적 욕구로 구분할 수 있다.

① 효율성 개선

인수합병의 시너지 효과를 통하여 효율성(efficiency)을 개선한다. 무능한 경영진의 교체, 영업·관리·재무분야에서의 비효율성을 줄이기 위한 목적으로 추진된다는 주장이다. 공동시설 활용 등을 통해서 생산원가를 줄일 수 있다. 관련 제품시장으로의 진출이 상대적으로 저렴하고 효율적인 방법으로 추진될 수도 있다. 비효율적으로 사용되고 있는 인력, 시설 그리고 유통망 등에 대한 개선이 가능하다.

② 시장지배력 강화

동종 업종 기업 간 인수합병을 통하여 제품 개발, 생산, 품질 개선, 유통망 확충, 고객서비스 강화 등을 통하여 시장지배력(market power)을 강화한다. 제품시장 내 출혈경쟁 회피, 가격결정권 강화, 규모의 경제를 통한 원가경쟁력 향상 등이 가능하지만 반독점 규제에 저촉이 되지 않도록 미리 확인하여야 한다. 이종

제품 간 합병을 통해서 제품 믹스(product mix)를 다양화함으로써 고객의 선택권을 높이고, 보완하고, 취약한 유통망, 광고능력, 서비스 등을 개선하는 등 마케팅 역량을 개선할 수 있다. 이처럼 수직적, 수평적 결합을 통하여 제품시장 전반에 대한 경쟁력을 높이고, 복합적 결합을 통하여 재무적 안정성을 개선할 수 있다. 결과적으로 인수합병을 통하여 기업의 수익성을 개선할 수 있다. 또한 특정한 사업 진출이나 방어를 위하여 독점적 기술을 보유한 기업을 인수함으로써 신사업 진출의 교두보를 확보하거나 신기술이 적용된 신제품을 독점생산함으로써 전략적 경쟁우위를 확보할 수 있다.

③ 기업가치 제고

잠재적 가치를 제대로 구현하지 못하여 저평가된 기업을 인수한다면 저평가 이득과 함께 효율성 격차를 통하여 기업가치를 높일 수 있다. 특히, 경영능력이 떨어진 기업을 매수하여 경영하면 합병기업의 수준 또는 그 이상으로 기업가치가 제고될 수 있을 것이다.

④ 경영자의 사적 이익 추구

대리인 비용(agency costs) 관점에서 주주의 이익보다는 경영자 자신의 효용을 증대시키기 위하여 기업 규모를 늘리는 경우가 있다. 이러한 목적의 인수합병은 통제되어야 한다.

5.2 인수합병의 시너지 효과

인수합병을 통하여 합병 전보다 합병 후 두 기업의 보완적 관계가 단순한 통합보다 더 큰 경제적, 비경제적 효과를 거두는 것을 시너지(synergy) 효과라고 한다. 이러한 효과는 영업적 측면, 관리적 측면, 재무적 측면에서 나타난다.

① 영업적 시너지(operating synergy)

기업 결합을 통하여 영업적 측면에서 기업 능력이 제고되는 것을 말한다. 유통경로의 단축이나 유통비용의 절감, 통합마케팅을 통한 시장과 고객 장악력의 강화, 신제품 개발과 품질관리 능력의 개선, 고객서비스 개선 및 고객 충성도의 제고, 제품군의 다양화 등 여러 측면에서 효율성이 개선될 수 있다.

② 관리적 시너지(managerial synergy)

기업 결합을 통하여 경영관리적 측면에서 기업 능력이 제고되는 것을 말한다. 유휴인력의 재배치, 유휴시설의 활용, 각종 복지시설의 공동활용 등 개별 기업으로 불가능하던 사업관리 측면에서 효율성이 개선될 수 있다.

③ 재무적 시너지(financial synergy)

대규모 기업으로 결합이 되면, 가용재원이 늘고, 자본비용이 줄어드는 효과가 나타날 수 있다. 결합을 통하여 기술력과 자금이 통합됨으로써 개별적으로 못하던 고수익 사업을 추진할 수도 있다. 외부로부터 매입하거나 직접 개발하는 것보다 기술과 특허권을 저렴한 가격으로 취득하고, 개발 및 운영 인력을 확보함으로써 기업가치가 증가할 가능성이 크다. 새로운 창업기업이나 중소기업은 자금한계를 극복함으로써 일시에 대기업으로 성장할 발판을 마련할 계기가 되기도 한다.

핵심정리

1. 리스금융

- 운용리스 : 임차 사용하다가 필요가 없으면 되돌려주고 계약 종료
- 금융리스 : 중도해지가 되지 않으며, 기간이 종료되면 저렴한 가격으로 구입 가능

2. 리스금융의 장점

① 시설자금 투입 회피 및 관련 자금융통

② 자산의 진부화와 기술적 진부화로 인한 위험의 회피

③ 자산 구입 및 매도에 따른 비용과 손실위험의 회피

④ 세금 절감효과 등

3. 리스금융의 단점

① 차입비용보다 높은 리스료 ② 효율적 자산관리의 어려움 등

4. 리스금융의 경제성 분석

$$NPV_L - NPV_P = I_0 - \sum_{t=1}^{n} \frac{L_t(1-\tau_C) + \tau_C D_t}{(1+r)^t} \geq 0 \qquad \text{(리스 선택 조건)}$$

NPV_P: 구입자산의 순현재가치 NPV_L: 리스자산의 순현재가치

L_t: t기 리스(임차)료 D_t: t기의 감가상각비

τ_C: 한계법인세율 I_0: 자산 구입대금 r: 할인율

5. 파생상품의 개념

통화, 채권, 주식 등 기초자산의 가치변동에 의하여 가치 결정

- 파생상품 : 선도계약, 선물, 옵션, 스왑 등으로 구분
- 위험관리를 위한 금융수단

6. 선도계약

기초자산을 미래 특정 시점에 특정 가격으로 사고팔기로 약정하는 확정계약

- 청산 : 만기일. 제로섬 게임

7. 선물거래

내용은 선도계약과 동일. 거래소에서 표준화된 약관에 따라 거래

- 청산일 이전에 쌍방간 일일정산(daily settlement) 또는 반대거래

8. 옵션

기초자산을 특정 행사가격으로 매도/매수할 수 있는 권리

- 유럽형 옵션(European option) : 만기일에만 권한 행사 가능
- 미국형 옵션(American option) : 만기일 이전에 권한 행사 가능

9. 콜옵션의 손익(매수자 기준)

- 콜옵션 프리미엄(premium) : 콜옵션 매매가격(C)
- 외가격(OTM) : 현재가격(S)보다 높은 옵션 행사가격(X)
  이익 < 0 ; $-(S-X-C)$
- 내가격(ITM) : 현재가격(S)보다 낮은 옵션 행사가격(X)
  이익 > 0 ; $(S-X-C)$
- 등가격(ATM) : 현재가격(S) = 옵션 행사가격(X)
  이익 $= 0$; $S=X+C$

10. 풋옵션의 손익(매수자 기준)

- 풋옵션 프리미엄(premium) : 풋옵션 매매가격(P)
- 외가격(OTM) : 현재가격(S)보다 낮은 옵션 행사가격(X)
  이익 < 0 ; $-(S-X-P)$
- 내가격(ITM) : 현재가격(S)보다 높은 옵션 행사가격(X)
  이익 > 0 ; $(S-X-P)$
- 등가격(ATM) : 현재가격(S) = 옵션 행사가격(X)
  이익 $= 0$; $S=X+P$

11. 위험 헷지전략

- 현물 미보유 : (가격상승 헷지) 선물 매수(+F). 풋옵션 매수(+P)
  (합성 풋 헷지) 현물 매도(−S) & 콜옵션 매수(+C) $(+P=-S+C)$

- 현물 보유 : (가격하락 헷지) 선물 매도(−F). 콜옵션 매수(+C)
  (합성 콜 헷지) 현물 매수(+S) & 풋옵션 매수(+P) $(+C=+S+P)$

12. 스왑을 이용한 헷지 전략

두 거래 주체 간에 정해진 현금흐름을 교환

- 통화(currency) 스왑, 이자율(interest rate) 스왑, 상품(commodity) 스왑
- 예) A사 미국본사, B사 미국 현지법인 ($정산); A사 한국지사, B사 한국본사 (₩정산)

13. 인수합병

합병(merger)하거나 인수(acquisition). 외적 성장전략

- 무능한 경영진 교체 : 위임장 투쟁(proxy fight), 적대적 인수방법
- 합병 : 하나의 기업이 다른 기업을 완전히 흡수하여 하나의 기업이 되는 경우
- 통합/신설합병 : 두 기업이 신설기업으로 통합. 의결권 주식의 2/3 이상 동의
- 주식의 취득 : 상대기업 주식 매수. 공개매수(tender offer) 포함. 개별 기업으로 존속
- 자산의 취득 : 상대기업의 자산의 전체 또는 일부를 취득. 개별 기업으로 존속

14. 입수합병의 형태

- 기능적 관계 : 수평적 합병, 수직적 합병 또는 복합적 합병
- 합의 여부 : 우호적 합병(friendly M&A), 적대적 합병(hostile M&A)

15. 적대적 인수합병 방어전략

① 지분확보 전략	② 백기사 전략	③ 역 공개매수 전략
④ 할증 재매입	⑤ 독약 전략	⑥ 황금알, 황금 낙하산 전략
⑦ 특정 자산 매각규정	⑧ 핵심사업 정리	⑨ 경영방해 행위

16. 인수합병의 목적과 효과

- 목적 : 효율성 개선, 시장지배력 강화, 기업가치 제고, 경영자의 사적 이익 추구
- 시너지 효과 : 영업적/관리적/재무적 시너지

연습문제

1. 핵심용어

다음의 용어를 요약하여 설명하시오.

- 리스금융
- 파생상품
- 인수합병
- 운용리스/금융리스
- 절세형 리스/세금리스
- 레버리지 리스
- 매각 후 재리스
- 구입 순현재가치
- 리스 순현재가치
- 증액현금흐름
- 기초자산
- 헷징
- 면역화
- 금융공학
- 선도계약
- 선물계약
- 청산일
- 반대매매
- 일일정산
- 선도계약
- 선물거래
- 옵션
- 콜옵션/풋옵션
- 행사가격/현물가격
- 내가격(ITM)
- 외가격(OTM)
- 등가격(ATM)
- 가격상승 위험
- 가격하락 위험
- 합성
- 합성 콜옵션 매수
- 합성 풋옵션 매수
- 방어적 풋옵션
- 공매도
- 스왑

2. 리스금융과 구매의 차이를 설명하시오.

3. 운용리스와 금융리스의 차이를 비교 설명하시오.

4. 선물계약을 이용하여 가격 상승위험과 하락위험을 방지할 방안을 설명하시오.

5. 콜옵션의 매도/매수인의 손익구조를 설명하시오.

6. 풋옵션의 매도/매수인의 손익구조를 설명하시오.

7. 옵션을 이용하여 가격상승 위험을 통제하기 위한 방안을 설명하시오.

8. 옵션을 이용하여 가격하락 위험을 통제하기 위한 방안을 설명하시오.

9. 인수합병의 형태별로 기대하는 효과를 설명하시오.

10. 인수합병의 목적과 효과를 설명하시오.

11. 적대적 인수합병의 의미를 설명하고, 방어하기 위한 전략을 설명하시오.

12. 리스금융 경제성 분석: 구입 대 리스금융

DS병원이 새로운 진료장비를 도입하려고 한다. 이 장비의 구입가격은 5억원이며, 내용연수는 5년이다. 새로운 장비를 진료에 투입하여 매년 연간 2억원의 순현금유입이 예상되며, 5년간 지속된다. 장비는 정액법에 의하여 완전 감가상각된다. 5년 후 잔존가치는 1억원이다. 법인세는 25%이다. 한편 리스회사로부터 임차한 설비를 연간 리스료 1.2억원으로 5년간 사용이 가능하다. DS병원의 세후 무위험자본비용은 4%이다.

① 구입하는 방안과 리스를 하는 방안 중 보다 바람직한 방안을 제시하시오.
② 구입하는 방안과 리스를 하는 방안이 무차별적인 연간 리스료를 구하시오.

13. 선물거래 가격상승 위험방지

JK상사가 해외에서 원유를 100만 배럴을 6개월 뒤 사기로 했다. 이 기업은 원/달러 환율상승 이외에도 현물시장 원유가격 상승 위험에 놓여 있다. 현재 원유가격이 배럴당 40달러이다.

① 거래약정일에 예상가격이 75달러가 된다면 현물거래를 통한 추가 부담을 산출하시오.
② 거래약정일에 예상가격이 25달러가 된다면 현물거래를 통한 부담 감소액을 산출하시오.
③ 만일 지금 45달러로 선물계약을 해 둔다면 6개월 뒤 75달러로 가격이 오를 때 예상 추가 부담을 산출하시오.

14. 파생상품 손익구조

다음 표를 보고 손익을 계산하시오.

(단위: 1주, 원)

포지션	옵션가격 (C,P)	행사가격 (X)	현재현물 (S0)	6개월후 (S6)	손익 (Profit)
현물매수			56,000	70,000	(1)
현물매도			56,000	70,000	(2)
선물매수		60,000	56,000	70,000	(3)
선물매도		60,000	56,000	70,000	(4)
콜 매수	3,000	80,000	56,000	70,000	(5)
콜 매도	3,000	80,000	56,000	70,000	(6)
콜 매수	4,000	60,000	56,000	70,000	(7)
콜 매도	4,000	60,000	56,000	70,000	(8)
풋 매수	5,000	45,000	56,000	50,000	(9)
풋 매도	5,000	45,000	56,000	50,000	(10)
풋 매수	6,000	40,000	56,000	30,000	(11)
풋 매도	6,000	40,000	56,000	30,000	(12)

해 답

1.~ 11. (생략)

12. 리스금융 경제성 분석: 구입 대 리스금융

① 연간 세후 리스료는 9,000만원[=1억 2천만원×(1－25%)]이며, 연간 감가상각 1억원으로 인한 세금 절감액(현금유입)은 연간 2,500만원(=1억원×25%)이다. 즉, 매년 1억 1,500만원의 순현금흐름의 차이가 발생한다.

(리스－구입) 순현재가치의 차이 :

$$NPV_{LMP} = I_0 - \sum_{t=1}^{n} \frac{L_t(1-\tau_C) + \tau_C D_t}{(1+r)^t}$$

$$= 500,000 - \sum_{t=1}^{5} \frac{12,000(1-25\%) + (25\%)(10,000)}{(1+4\%)^t}$$

$= -1,196$만원 $<$ 0 (구입안 채택)

$$NPV_{LMP} = 50,000 - \frac{11,500}{4\%}\left[1 - \frac{1}{(1+4\%)^5}\right] = -1,196\text{만원} < 0 \quad (\text{리스안 기각})$$

EXCEL 이용: =50,000－PV(4%,5,11500,0)=－1,196만원

결과적으로 리스료가 높아 리스 대신 직접 구입을 하는 것이 바람직하다.

② $NPV_{LMP} = 0;\ 50,000 = \dfrac{A}{4\%}\left[1 - \dfrac{1}{(1+4\%)^5}\right]$

A=14,100만원

EXCEL 이용: PMT(4%,5,50000,0)=－14,100만원

연간 1억 4,100만원 이상의 리스 계약인 경우 장비를 구입하는 것이 낫다.

13. 선물거래 가격상승 위험방지

① 추가 부담액: (75－40)달러×100만 배럴=3,500만 달러

② 예상 절감액: (25－40)달러×100만 배럴=－1,500만 달러

③ 추가 부담액: (75－45)달러×100만 배럴=3,000만 달러

14. 파생상품 손익구조

(단위: 1주, 원)

포지션	옵션가격 (C,P)	행사가격 (X)	현재현물 (S0)	6개월후 (S6)	손익 (Profit)
현물매수			56,000	70,000	(1) +14,000
현물매도			56,000	70,000	(2) −14,000
선물매수		60,000	56,000	70,000	(3) +10,000
선물매도		60,000	56,000	70,000	(4) −10,000
콜 매수	3,000	80,000	56,000	70,000	(5) −3,000
콜 매도	3,000	80,000	56,000	70,000	(6) +3,000
콜 매수	4,000	60,000	56,000	70,000	(7) +6,000
콜 매도	4,000	60,000	56,000	70,000	(8) −6,000
풋 매수	5,000	45,000	56,000	50,000	(9) −5,000
풋 매도	5,000	45,000	56,000	50,000	(10) +5,000
풋 매수	6,000	40,000	56,000	30,000	(11) +4,000
풋 매도	6,000	40,000	56,000	30,000	(12) −4,000

(1) 현물매수 손익: S6 − S0 = 70,000 − 56,000 = +14,000원
(2) 현물매도 손익: S0 − S6 = 56,000 − 70,000 = −14,000원
(3) 선물매수 손익: S6 − F6 = 70,000 − 60,000 = +10,000원
(4) 선물매도 손익: F6 − S6 = 60,000 − 70,000 = −10,000원

(5) 콜 매수 손익 : Max(S6 − X, 0) − C = Max(70,000 − 80,000, 0) − 3,000 = −3,000원
(6) 콜 매도 손익 : −[Max(S6 − X, 0) − C] = −[Max(70,000 − 80,000, 0) − 3,000] = +3,000원
(7) 콜 매수 손익 : Max(S6 − X, 0) − C = Max(70,000 − 60,000, 0) − 4,000 = +6,000원
(8) 콜 매도 손익 : −[Max(S6 − X, 0) − C] = −[Max(70,000 − 60,000, 0) − 4,000] = −6,000원

(9) 풋 매수 손익 : Max(X − S6, 0) − P = Max(45,000 − 50,000, 0) − 5,000 = −5,000원
(10) 풋 매도 손익 : −[Max(X − S6, 0) − P] = −[Max(45,000 − 50,000, 0) − 5,000] = +5,000원
(11) 풋 매수 손익 : Max(X − S6, 0) − P = Max(40,000 − 30,000, 0) − 6,000 = +4,000원
(12) 풋 매도 손익 : −[Max(X − S6, 0) − P] = −[Max(40,000 − 30,000, 0) − 6,000] = −4,000원

부록

부록 : 〈표 1〉 미래가치계수
〈표 2〉 연금의 미래가치계수
〈표 3〉 현재가치계수
〈표 4〉 연금의 현재가치계수
〈표 5〉 표준정규분포표
〈표 6〉 표준정규누적분포표

〈표 1〉 미래가치계수(FVIF)

$FVIF_{r,t} = (1+r)^t$

기간(t)	이 자 율(r)								
	1%	2%	3%	4%	5%	6%	7%	8%	9%
1	1.0100	1.0200	1.0300	1.0400	1.0500	1.0600	1.0700	1.0800	1.0900
2	1.0201	1.0404	1.0609	1.0816	1.1025	1.1236	1.1449	1.1664	1.1881
3	1.0303	1.0612	1.0927	1.1249	1.1576	1.1910	1.2250	1.2597	1.2950
4	1.0406	1.0824	1.1255	1.1699	1.2155	1.2625	1.3108	1.3605	1.4116
5	1.0510	1.1041	1.1593	1.2167	1.2763	1.3382	1.4026	1.4693	1.5386
6	1.0615	1.1262	1.1941	1.2653	1.3401	1.4185	1.5007	1.5869	1.6771
7	1.0721	1.1487	1.2299	1.3159	1.4071	1.5036	1.6058	1.7138	1.8280
8	1.0829	1.1717	1.2668	1.3686	1.4775	1.5938	1.7182	1.8509	1.9926
9	1.0937	1.1951	1.3048	1.4233	1.5513	1.6895	1.8385	1.9990	2.1719
10	1.1046	1.2190	1.3439	1.4802	1.6289	1.7908	1.9672	2.1589	2.3674
11	1.1157	1.2434	1.3842	1.5395	1.7103	1.8983	2.1049	2.3316	2.5804
12	1.1268	1.2682	1.4258	1.6010	1.7959	2.0122	2.2522	2.5182	2.8127
13	1.1381	1.2936	1.4685	1.6651	1.8856	2.1329	2.4098	2.7196	3.0658
14	1.1495	1.3195	1.5126	1.7317	1.9799	2.2609	2.5785	2.9372	3.3417
15	1.1610	1.3459	1.5580	1.8009	2.0789	2.3966	2.7590	3.1722	3.6425
16	1.1726	1.3728	1.6047	1.8730	2.1829	2.5404	2.9522	3.4259	3.9703
17	1.1843	1.4002	1.6528	1.9479	2.2920	2.6928	3.1588	3.7000	4.3276
18	1.1961	1.4282	1.7024	2.0258	2.4066	2.8543	3.3799	3.9960	4.7171
19	1.2081	1.4568	1.7535	2.1068	2.5270	3.0256	3.6165	4.3157	5.1417
20	1.2202	1.4859	1.8061	2.1911	2.6533	3.2071	3.8697	4.6610	5.6044
21	1.2324	1.5157	1.8603	2.2788	2.7860	3.3996	4.1406	5.0338	6.1088
22	1.2447	1.5460	1.9161	2.3699	2.9253	3.6035	4.4304	5.4365	6.6586
23	1.2572	1.5769	1.9736	2.4647	3.0715	3.8197	4.7405	5.8715	7.2579
24	1.2697	1.6084	2.0328	2.5633	3.2251	4.0489	5.0724	6.3412	7.9111
25	1.2824	1.6406	2.0938	2.6658	3.3864	4.2919	5.4274	6.8485	8.6231
30	1.3478	1.8114	2.4273	3.2434	4.3219	5.7435	7.6123	10.063	13.268
40	1.4889	2.2080	3.2620	4.8010	7.0400	10.286	14.974	21.725	31.409
50	1.6446	2.6916	4.3839	7.1067	11.467	18.420	29.457	46.902	74.358
60	1.8167	3.2810	5.8916	10.520	18.679	32.988	57.946	101.26	176.03

〈표 1〉 계속

이 자 율(r)										
10%	12%	14%	15%	16%	18%	20%	24%	28%	32%	36%
1.1000	1.1200	1.1400	1.1500	1.1600	1.1800	1.2000	1.2400	1.2800	1.3200	1.3600
1.2100	1.2544	1.2996	1.3225	1.3456	1.3924	1.4400	1.5376	1.6384	1.7424	1.8496
1.3310	1.4049	1.4815	1.5209	1.5609	1.6430	1.7280	1.9066	2.0972	2.3000	2.5155
1.4641	1.5735	1.6890	1.7490	1.8106	1.9388	2.0736	2.3642	2.6844	3.0360	3.4210
1.6105	1.7623	1.9254	2.0114	2.1003	2.2878	2.4883	2.9316	3.4360	4.0075	4.6526
1.7716	1.9738	2.1950	2.3131	2.4364	2.6996	2.9860	3.6352	4.3980	5.2899	6.3275
1.9487	2.2107	2.5023	2.6600	2.8262	3.1855	3.5832	4.5077	5.6295	6.9826	8.6054
2.1436	2.4760	2.8526	3.0590	3.2784	3.7589	4.2998	5.5895	7.2058	9.2170	11.703
2.3579	2.7731	3.2519	3.5179	3.8030	4.4355	5.1598	6.9310	9.2234	12.166	15.917
2.5937	3.1058	3.7072	4.0456	4.4114	5.2338	6.1917	8.5944	11.806	16.060	21.647
2.8531	3.4785	4.2262	4.6524	5.1173	6.1759	7.4301	10.657	15.112	21.199	29.439
3.1384	3.8960	4.8179	5.3503	5.9360	7.2876	8.9161	13.215	19.343	27.983	40.037
3.4523	4.3635	5.4924	6.1528	6.8858	8.5994	10.699	16.386	24.759	36.937	54.451
3.7975	4.8871	6.2613	7.0757	7.9875	10.147	12.839	20.319	31.691	48.757	74.053
4.1772	5.4736	7.1379	8.1371	9.2655	11.974	15.407	25.196	40.565	64.359	100.71
4.5950	6.1304	8.1372	9.3576	10.748	14.129	18.488	31.243	51.923	84.954	136.97
5.0545	6.8660	9.2765	10.761	12.468	16.672	22.186	38.741	66.461	112.14	186.28
5.5599	7.6900	10.575	12.375	14.463	19.673	26.623	48.039	86.071	148.02	253.34
6.1159	8.6128	12.056	14.232	16.777	23.214	31.948	59.568	108.89	195.39	344.54
6.7275	9.6463	13.743	16.367	19.461	27.393	38.338	73.864	139.38	257.92	468.57
7.4002	10.804	15.668	18.822	22.574	32.324	46.005	91.592	178.41	340.45	637.26
8.1403	12.100	17.861	21.645	26.186	38.142	55.206	113.57	228.36	449.39	866.67
8.9543	13.552	20.362	24.891	30.376	45.008	66.247	140.83	292.30	593.20	1178.7
9.8497	15.179	23.212	28.625	35.236	53.109	79.497	174.63	374.14	783.02	1603.0
10.835	17.000	26.462	32.919	40.874	62.669	95.396	216.54	478.90	1033.6	2180.1
17.449	29.960	50.950	66.212	85.850	143.37	237.38	634.82	1645.5	4142.1	10143.
45.259	93.051	188.88	267.86	378.72	750.38	1469.8	5455.9	19427.	66521.	*
117.39	289.00	700.23	1083.7	1670.7	3927.4	9100.4	46890.	*	*	*
304.48	897.60	2595.9	4384.0	7370.2	20555.	56348.	*	*	*	*

〈표 2〉 연금의 미래가치계수(FVIFA)

$$FVIFA_{r,t} = \frac{1}{r}\left[(1+r)^t - 1\right]$$

기간(t)	이 자 율(r)								
	1%	2%	3%	4%	5%	6%	7%	8%	9%
1	1.0000	1.0000	1.0000	1.0000	1.0000	1.0000	1.0000	1.0000	1.0000
2	2.0100	2.0200	2.0300	2.0400	2.0500	2.0600	2.0700	2.0800	2.0900
3	3.0301	3.0604	3.0909	3.1216	3.1525	3.1836	3.2149	3.2464	3.2781
4	4.0604	4.1216	4.1836	4.2465	4.3101	4.3746	4.4399	4.5061	4.5731
5	5.1010	5.2040	5.3091	5.4163	5.5256	5.6371	5.7507	5.8666	5.9847
6	6.1520	6.3081	6.4684	6.6330	6.8019	6.9753	7.1533	7.3359	7.5233
7	7.2135	7.4343	7.6625	7.8983	8.1420	8.3938	8.6540	8.9228	9.2004
8	8.2857	8.5830	8.8932	9.2142	9.5491	9.8975	10.260	10.637	11.028
9	9.3685	9.7546	10.159	10.583	11.027	11.491	11.978	12.488	13.021
10	10.462	10.950	11.464	12.006	12.578	13.181	13.816	14.487	15.193
11	11.567	12.169	12.808	13.486	14.207	14.972	15.784	16.645	17.560
12	12.683	13.412	14.192	15.026	15.917	16.870	17.888	18.977	20.141
13	13.809	14.680	15.618	16.627	17.713	18.882	20.141	21.495	22.953
14	14.947	15.974	17.086	18.292	19.599	21.015	22.550	24.215	26.019
15	16.097	17.293	18.599	20.024	21.579	23.276	25.129	27.152	29.361
16	17.258	18.639	20.157	21.825	23.657	25.673	27.888	30.324	33.003
17	18.430	20.012	21.762	23.698	25.840	28.213	30.840	33.750	36.974
18	19.615	21.412	23.414	25.645	28.132	30.906	33.999	37.450	41.301
19	20.811	22.841	25.117	27.671	30.539	33.760	37.379	41.446	46.018
20	22.019	24.297	26.870	29.778	33.066	36.786	40.995	45.762	51.160
21	23.239	25.783	28.676	31.969	35.719	39.993	44.865	50.423	56.765
22	24.472	27.299	30.537	34.248	38.505	43.392	49.006	55.457	62.873
23	25.716	28.845	32.453	36.618	41.430	46.996	53.436	60.893	69.532
24	26.973	30.422	34.426	39.083	44.502	50.816	58.177	66.765	76.790
25	28.243	32.030	36.459	41.646	47.727	54.865	63.249	73.106	84.701
30	34.785	40.568	47.575	56.085	66.439	79.058	94.461	113.28	136.31
40	48.886	60.402	75.401	95.026	120.80	154.76	199.64	259.06	337.88
50	64.463	84.579	112.80	152.67	209.35	290.34	406.53	573.77	815.08
60	81.670	114.05	163.05	237.99	353.58	533.13	813.52	1253.2	1944.8

〈표 2〉 계속

이 자 율(r)										
10%	12%	14%	15%	16%	18%	20%	24%	28%	32%	36%
1.0000	1.0000	1.0000	1.0000	1.0000	1.0000	1.0000	1.0000	1.0000	1.0000	1.0000
2.1000	2.1200	2.1400	2.1500	2.1600	2.1800	2.2000	2.2400	2.2800	2.3200	2.3600
3.3100	3.3744	3.4396	3.4725	3.5056	3.5724	3.6400	3.7776	3.9184	4.0624	4.2096
4.6410	4.7793	4.9211	4.9934	5.0665	5.2154	5.3680	5.6842	6.0156	6.3624	6.7251
6.1051	6.3528	6.6101	6.7424	6.8771	7.1542	7.4416	8.0484	8.6999	9.3983	10.146
7.7156	8.1152	8.5355	8.7537	8.9775	9.4420	9.9299	10.980	12.136	13.406	14.799
9.4872	10.089	10.730	11.067	11.414	12.142	12.916	14.615	16.534	18.696	21.126
11.436	12.300	13.233	13.727	14.240	15.327	16.499	19.123	22.163	25.678	29.732
13.579	14.776	16.085	16.786	17.519	19.086	20.799	24.712	29.369	34.895	41.435
15.937	17.549	19.337	20.304	21.321	23.521	25.959	31.643	38.593	47.062	57.352
18.531	20.655	23.045	24.349	25.733	28.755	32.150	40.238	50.398	63.122	78.998
21.384	24.133	27.271	29.002	30.850	34.931	39.581	50.895	65.510	84.320	108.44
24.523	28.029	32.089	34.352	36.786	42.219	48.497	64.110	84.853	112.30	148.47
27.975	32.393	37.581	40.505	43.672	50.818	59.196	80.496	109.61	149.24	202.93
31.772	37.280	43.842	47.580	51.660	60.965	72.035	100.82	141.30	198.00	276.98
35.950	42.753	50.980	55.717	60.925	72.939	87.442	126.01	181.87	262.36	377.69
40.545	48.884	59.118	65.075	71.673	87.068	105.93	157.25	233.79	347.31	514.66
45.599	55.750	68.394	75.836	84.141	103.74	128.12	195.99	300.25	459.45	700.94
51.159	64.440	78.969	88.212	98.603	123.41	154.74	244.03	385.32	607.47	954.28
57.275	72.052	91.025	102.44	115.38	146.63	186.69	303.60	494.21	802.86	1298.8
64.002	81.699	104.77	118.81	134.84	174.02	225.03	377.46	633.59	1060.8	1767.4
71.403	92.503	120.44	137.63	157.41	206.34	271.03	469.06	812.00	1401.2	2404.7
79.543	104.60	138.30	159.28	183.60	244.49	326.24	582.63	1040.4	1850.6	3271.3
88.497	118.16	158.66	184.17	213.98	289.49	392.48	723.46	1332.7	2443.8	4450.0
98.347	133.33	181.87	212.79	249.21	342.60	471.98	898.09	1706.8	3226.8	6053.0
164.49	241.33	359.79	434.75	530.31	790.95	1181.9	2640.9	5873.2	12941.	28172.3
442.59	767.09	1342.0	1779.1	2360.8	4163.2	7343.9	22729.	69377.	*	*
1163.9	2400.0	4994.5	7217.7	10436.	21813.	45497.	*	*	*	*
3034.8	7471.6	18535.	29220.	46058.	*	*	*	*	*	*

〈표 3〉 현재가치계수(PVIF)

$$PVIF_{r,t} = \frac{1}{(1+r)^t}$$

기간(t)	이 자 율(r)								
	1%	2%	3%	4%	5%	6%	7%	8%	9%
1	0.9901	0.9804	0.9709	0.9615	0.9524	0.9434	0.9346	0.9259	0.9174
2	0.9803	0.9612	0.9426	0.9246	0.9070	0.8900	0.8734	0.8573	0.8417
3	0.9706	0.9423	0.9151	0.8890	0.8638	0.8396	0.8163	0.7938	0.7722
4	0.9610	0.9238	0.8885	0.8548	0.8227	0.7921	0.7629	0.7350	0.7084
5	0.9515	0.9057	0.8626	0.8219	0.7835	0.7473	0.7130	0.6806	0.6499
6	0.9420	0.8880	0.8375	0.7903	0.7462	0.7050	0.6663	0.6302	0.5963
7	0.9327	0.8706	0.8131	0.7599	0.7107	0.6651	0.6227	0.5835	0.5470
8	0.9235	0.8535	0.7894	0.7307	0.6768	0.6274	0.5820	0.5403	0.5019
9	0.9143	0.8368	0.7664	0.7026	0.6446	0.5919	0.5439	0.5002	0.4604
10	0.9053	0.8203	0.7441	0.6756	0.6139	0.5584	0.5083	0.4632	0.4224
11	0.8963	0.8043	0.7224	0.6496	0.5847	0.5268	0.4751	0.4289	0.3875
12	0.8874	0.7885	0.7014	0.6246	0.5568	0.4970	0.4440	0.3971	0.3555
13	0.8787	0.7730	0.6810	0.6006	0.5303	0.4688	0.4150	0.3677	0.3262
14	0.8700	0.7579	0.6611	0.5775	0.5051	0.4423	0.3878	0.3405	0.2992
15	0.8613	0.7430	0.6419	0.5553	0.4810	0.4173	0.3624	0.3152	0.2745
16	0.8528	0.7284	0.6232	0.5339	0.4581	0.3936	0.3387	0.2919	0.2519
17	0.8444	0.7142	0.6050	0.5134	0.4363	0.3714	0.3166	0.2703	0.2311
18	0.8360	0.7002	0.5874	0.4936	0.4155	0.3503	0.2959	0.2502	0.2120
19	0.8277	0.6864	0.5703	0.4746	0.3957	0.3305	0.2765	0.2317	0.1945
20	0.8195	0.6730	0.5537	0.4564	0.3769	0.3118	0.2584	0.2145	0.1784
21	0.8114	0.6598	0.5375	0.4388	0.3589	0.2942	0.2415	0.1987	0.1637
22	0.8034	0.6468	0.5219	0.4220	0.3418	0.2775	0.2257	0.1839	0.1502
23	0.7954	0.6342	0.5067	0.4057	0.3256	0.2618	0.2109	0.1703	0.1378
24	0.7876	0.6217	0.4919	0.3901	0.3101	0.2470	0.1971	0.1577	0.1264
25	0.7798	0.6095	0.4776	0.3751	0.2953	0.2330	0.1842	0.1460	0.1160
30	0.7419	0.5521	0.4120	0.3083	0.2314	0.1741	0.1314	0.0994	0.0754
40	0.6717	0.4529	0.3066	0.2083	0.1420	0.0972	0.0668	0.0460	0.0318
50	0.6080	0.3715	0.2281	0.1407	0.0872	0.0543	0.0339	0.0213	0.0134

〈표 3〉 계속

이 자 율(r)										
10%	12%	14%	15%	16%	18%	20%	24%	28%	32%	36%
0.9091	0.8929	0.8772	0.8696	0.8621	0.8475	0.8333	0.8065	0.7813	0.7576	0.7353
0.8264	0.7972	0.7695	0.7561	0.7432	0.7182	0.6944	0.6504	0.6104	0.5739	0.5407
0.7513	0.7118	0.6750	0.6575	0.6407	0.6086	0.5787	0.5245	0.4768	0.4348	0.3975
0.6830	0.6355	0.5921	0.5718	0.5523	0.5158	0.4823	0.4230	0.3725	0.3294	0.2923
0.6209	0.5674	0.5194	0.4972	0.4761	0.4371	0.4019	0.3411	0.2910	0.2495	0.2149
0.5645	0.5066	0.4556	0.4323	0.4104	0.3704	0.3349	0.2751	0.2274	0.1890	0.1580
0.5132	0.4523	0.3996	0.3759	0.3538	0.3139	0.2791	0.2218	0.1776	0.1432	0.1162
0.4665	0.4039	0.3506	0.3269	0.3050	0.2660	0.2326	0.1789	0.1388	0.1085	0.0854
0.4241	0.3606	0.3075	0.2843	0.2630	0.2255	0.1938	0.1443	0.1084	0.0822	0.0628
0.3855	0.3220	0.2697	0.2472	0.2267	0.1911	0.1615	0.1164	0.0847	0.0623	0.0462
0.3505	0.2875	0.2366	0.2149	0.1954	0.1619	0.1346	0.0938	0.0662	0.0472	0.0340
0.3186	0.2567	0.2076	0.1869	0.1685	0.1372	0.1122	0.0757	0.0517	0.0357	0.0250
0.2897	0.2292	0.1821	0.1625	0.1452	0.1163	0.0935	0.0610	0.0404	0.0271	0.0184
0.2633	0.2046	0.1597	0.1413	0.1252	0.0985	0.0779	0.0492	0.0316	0.0205	0.0135
0.2394	0.1827	0.1401	0.1229	0.1079	0.0835	0.0649	0.0397	0.0247	0.0155	0.0099
0.2176	0.1631	0.1229	0.1069	0.0930	0.0708	0.0541	0.0320	0.0193	0.0118	0.0073
0.1978	0.1456	0.1078	0.0929	0.0802	0.0600	0.0451	0.0258	0.0150	0.0089	0.0054
0.1799	0.1300	0.0946	0.0808	0.0691	0.0508	0.0376	0.0208	0.0118	0.0068	0.0039
0.1635	0.1161	0.0829	0.0703	0.0596	0.0431	0.0313	0.0168	0.0092	0.0051	0.0029
0.1486	0.1037	0.0728	0.0611	0.0514	0.0365	0.0261	0.0135	0.0072	0.0039	0.0021
0.1351	0.0926	0.0638	0.0531	0.0443	0.0309	0.0217	0.0109	0.0056	0.0029	0.0016
0.1228	0.0826	0.0560	0.0462	0.0382	0.0262	0.0181	0.0088	0.0044	0.0022	0.0012
0.1117	0.0738	0.0491	0.0402	0.0329	0.0222	0.0151	0.0071	0.0034	0.0017	0.0008
0.1015	0.0659	0.0431	0.0349	0.0284	0.0188	0.0126	0.0057	0.0027	0.0013	0.0006
0.0923	0.0588	0.0378	0.0304	0.0245	0.0160	0.0105	0.0046	0.0021	0.0010	0.0005
0.0573	0.0334	0.0196	0.0151	0.0116	0.0070	0.0042	0.0016	0.0006	0.0002	0.0001
0.0221	0.0107	0.0053	0.0037	0.0026	0.0013	0.0007	0.0002	0.0001	*	*
0.0085	0.0035	0.0014	0.0009	0.0006	0.0003	0.0001	*	*	*	*

〈표 4〉 연금의 현재가치계수(PVIFA)

$$PVIFA_{r,t} = \frac{1}{r}\left[1 - \frac{1}{(1+r)^t}\right]$$

기간(t)	이 자 율(r)								
	1%	2%	3%	4%	5%	6%	7%	8%	9%
1	0.9901	0.9804	0.9709	0.9615	0.9524	0.9434	0.9346	0.9259	0.9174
2	1.9704	1.9416	1.9135	1.8861	1.8594	1.8334	1.8080	1.7833	1.7591
3	2.9410	2.8839	2.8286	2.7751	2.7232	2.6730	2.6243	2.5771	2.5313
4	3.9020	3.8077	3.7171	3.6299	3.5460	3.4651	3.3872	3.3121	3.2397
5	4.8534	4.7135	4.5797	4.4518	4.3295	4.2124	4.1002	3.9927	3.8897
6	5.7955	5.6014	5.4172	5.2421	5.0757	4.9173	4.7665	4.6229	4.4859
7	6.7282	6.4720	6.2303	6.0021	5.7864	5.5824	5.3893	5.2064	5.0330
8	7.6517	7.3255	7.0197	6.7327	6.4632	6.2098	5.9713	5.7466	5.5348
9	8.5660	8.1622	7.7861	7.4353	7.1078	6.8017	6.5152	6.2469	5.9952
10	9.4713	8.9826	8.5302	8.1109	7.7217	7.3601	7.0236	6.7101	6.4177
11	10.3676	9.7868	9.2526	8.7605	8.3064	7.8869	7.4987	7.1390	6.8052
12	11.2551	10.5753	9.9540	9.3851	8.8633	8.3838	7.9427	7.5361	7.1607
13	12.1337	11.3484	10.6350	9.9856	9.3936	8.8527	8.3577	7.9038	7.4869
14	13.0037	12.1062	11.2961	10.5631	9.8986	9.2950	8.7455	8.2442	7.7862
15	13.8651	12.8493	11.9379	11.1184	10.3797	9.7122	9.1079	8.5595	8.0607
16	14.7179	13.5777	12.5611	11.6523	10.8378	10.1059	9.4466	8.8514	8.3126
17	15.5623	14.2919	13.1661	12.1657	11.2741	10.4773	9.7632	9.1216	8.5436
18	16.3983	14.9920	13.7535	12.6593	11.6896	10.8276	10.0591	9.3719	8.7556
19	17.2260	15.6785	14.3238	13.1339	12.0853	11.1581	10.3356	9.6036	8.9501
20	18.0456	16.3514	14.8775	13.5903	12.4622	11.4699	10.5940	9.8181	9.1285
21	18.8570	17.0112	15.4150	14.0292	12.8212	11.7641	10.8355	10.0168	9.2922
22	19.6604	17.6580	15.9369	14.4511	13.1630	12.0416	11.0612	10.2007	9.4424
23	20.4558	18.2922	16.4436	14.8568	13.4886	12.3034	11.2722	10.3741	9.5802
24	21.2434	18.9139	16.9355	15.2470	13.7986	12.5504	11.4693	10.5288	9.7066
25	22.0232	19.5235	17.4131	15.6221	14.0939	12.7834	11.6536	10.6748	9.8226
30	25.8077	22.3965	19.6004	17.2920	15.3725	13.7648	12.4090	11.2578	10.2737
40	32.8347	27.3555	23.1148	19.7928	17.1591	15.0463	13.3317	11.9246	10.7574
50	39.1961	31.4236	25.7298	21.4822	18.2559	15.7619	13.8007	12.2335	10.9617

〈표 4〉 계속

이 자 율(r)									
10%	12%	14%	15%	16%	18%	20%	24%	28%	32%
0.9091	0.8929	0.8772	0.8696	0.8621	0.8475	0.8333	0.8065	0.7813	0.7576
1.7355	1.6901	1.6467	1.6257	1.6052	1.5656	1.5278	1.4568	1.3916	1.3315
2.4869	2.4018	2.3216	2.2832	2.2459	2.1743	2.1065	1.9813	1.8684	1.7663
3.1699	3.0373	2.9137	2.8550	2.7982	2.6901	2.5887	2.4043	2.2410	2.0957
3.7908	3.6048	3.4331	3.3522	3.2743	3.1272	2.9906	2.7454	2.5320	2.3452
4.3553	4.1114	3.8887	3.7845	3.6847	3.4976	3.3255	3.0205	2.7594	2.5342
4.8684	4.5638	4.2883	4.1604	4.0386	3.8115	3.6046	3.2423	2.9370	2.6775
5.3349	4.9676	4.6389	4.4873	4.3436	4.0776	3.8372	3.4212	3.0758	2.7860
5.7590	5.3282	4.9464	4.7716	4.6065	4.3030	4.0310	3.5655	3.1842	2.8681
6.1446	5.6502	5.2161	5.0188	4.8332	4.4941	4.1925	3.6819	3.2689	2.9304
6.4951	5.9377	5.4527	5.2337	5.0286	4.6560	4.3271	3.7757	3.3351	2.9776
6.8137	6.1944	5.6603	5.4206	5.1971	4.7932	4.4392	3.8514	3.3868	3.0133
7.1034	6.4235	5.8424	5.5831	5.3423	4.9095	4.5327	3.9124	3.4272	3.0404
7.3667	6.6282	6.0021	5.7245	5.4675	5.0081	4.6106	3.9616	3.4587	3.0609
7.6061	6.8109	6.1422	5.8474	5.5755	5.0916	4.6755	4.0013	3.4834	3.0764
7.8237	6.9740	6.2651	5.9542	5.6685	5.1624	4.7296	4.0333	3.5026	3.0882
8.0216	7.1196	6.3729	6.0472	5.7487	5.2223	4.7746	4.0591	3.5177	3.0971
8.2014	7.2497	6.4674	6.1280	5.8178	5.2732	4.8122	4.0799	3.5294	3.1039
8.3649	7.3658	6.5504	6.1982	5.8775	5.3162	4.8435	4.0967	3.5386	3.1090
8.5136	7.4694	6.6231	6.2593	5.9288	5.3527	4.8696	4.1103	3.5458	3.1129
8.6487	7.5620	6.6870	6.3125	5.9731	5.3837	4.8913	4.1212	3.5514	3.1158
8.7715	7.6446	6.7429	6.3587	6.0113	5.4099	4.9094	4.1300	3.5558	3.1180
8.8832	7.7184	6.7921	6.3988	6.0442	5.4321	4.9245	4.1371	3.5592	3.1197
8.9847	7.7843	6.8351	6.4338	6.0726	5.4509	4.9371	4.1428	3.5619	3.1210
9.0770	7.8431	6.8729	6.4641	6.0971	5.4669	4.9476	4.1474	3.5640	3.1220
9.4269	8.0552	7.0027	6.5660	6.1772	5.5168	4.9789	4.1601	3.5693	3.1242
9.7791	8.2438	7.1050	6.6418	6.2235	5.5482	4.9966	4.1659	3.5712	3.1250
9.9148	8.3045	7.1327	6.6605	6.2463	5.5541	4.9995	4.1666	3.5714	3.1250

〈표 5〉 표준정규분포표

$$P(Z<z=\frac{x-\mu}{\sigma})=\int_0^z f(z)dz=\frac{1}{\sqrt{2\pi}}\int_0^z e^{-\frac{1}{2}z^2}dz$$

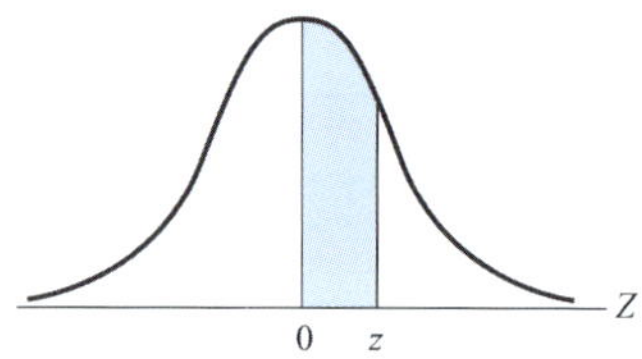

z	.00	.01	.02	.03	.04	.05	.06	.07	.08	.09
0.0	.0000	.0040	.0080	.0120	.0160	.0199	.0239	.0279	.0319	.0359
0.1	.0398	.0438	.0478	.0517	.0557	.0596	.0636	.0675	.0714	.0754
0.2	.0793	.0832	.0871	.0910	.0948	.0987	.1026	.1064	.1103	.1141
0.3	.1179	.1217	.1255	.1293	.1331	.1368	.1406	.1443	.1480	.1517
0.4	.1554	.1591	.1628	.1664	.1700	.1736	.1772	.1808	.1844	.1879
0.5	.1915	.1950	.1985	.2019	.2054	.2088	.2123	.2157	.2190	.2224
0.6	.2258	.2291	.2324	.2357	.2389	.2422	.2454	.2486	.2518	.2549
0.7	.2580	.2612	.2642	.2673	.2704	.2734	.2764	.2794	.2823	.2852
0.8	.2881	.2910	.2939	.2967	.2996	.3023	.3051	.3078	.3106	.3133
0.9	.3159	.3186	.3212	.3238	.3264	.3289	.3315	.3340	.3365	.3389
1.0	.3413	.3438	.3461	.3485	.3508	.3531	.3554	.3577	.3599	.3621
1.1	.3643	.3665	.3686	.3708	.3729	.3749	.3770	.3790	.3810	.3830
1.2	.3649	.3869	.3688	.3907	.3925	.3944	.3962	.3980	.3997	.4015
1.3	.4032	.4049	.4066	.4082	.4099	.4115	.4131	.4147	.4162	.4177
1.4	.4192	.4207	.4222	.4236	.4251	.4265	.4279	.4292	.4306	.4319
1.5	.4332	.4345	.4357	.4370	.4382	.4394	.4406	.4418	.4429	.4441
1.6	.4452	.4463	.4474	.4484	.4495	.4505	.4515	.4525	.4535	.4545
1.7	.4554	.4564	.4573	.4582	.4591	.4599	.4608	.4616	.4625	.4633
1.8	.4641	.4649	.4656	.4664	.4671	.4678	.4686	.4693	.4699	.4709
1.9	.4713	.4719	.4726	.4732	.4738	.4744	.4750	.4756	.4761	.4767
2.0	.4772	.4778	.4783	.4788	.4793	.4798	.4803	.4808	.4812	.4817
2.1	.4821	.4826	.4830	.4834	.4838	.4842	.4846	.4850	.4854	.4857
2.2	.4861	.4864	.4868	.4871	.4875	.4878	.4881	.4884	.4887	.4890
2.3	.4893	.4896	.4898	.4901	.4904	.4906	.4909	.4911	.4913	.4916
2.4	.4918	.4920	.4922	.4925	.4927	.4929	.4931	.4932	.4934	.4936
2.5	.4938	.4940	.4941	.4943	.4945	.4946	.4948	.4949	.4951	.4952
2.6	.4953	.4955	.4956	.4957	.4959	.4960	.4961	.4962	.4963	.4964
2.7	.4965	.4966	.4967	.4968	.4969	.4970	.4971	.4972	.4973	.4974
2.8	.4974	.4975	.4976	.4977	.4977	.4978	.4979	.4979	.4980	.4981
2.9	.4981	.4982	.4982	.4983	.4984	.4984	.4985	.4985	.4986	.4986
3.0	.4987	.4987	.4987	.4988	.4988	.4989	.4989	.4989	.4990	.4990
3.1	.4990	.4991	.4991	.4991	.4992	.4992	.4992	.4992	.4993	.4993
3.2	.4993	.4993	.4994	.4994	.4994	.4994	.4994	.4995	.4995	.4995
3.3	.4995	.4995	.4995	.4996	.4996	.4996	.4996	.4996	.4996	.4997
3.4	.4997	.4997	.4997	.4997	.4997	.4997	.4997	.4997	.4997	.4998
3.5	.4998	.4998	.4998	.4998	.4998	.4998	.4998	.4998	.4998	.4998
3.6	.4998	.4998	.4999	.4999	.4999	.4999	.4999	.4999	.4999	.4999
3.7	.4999	.4999	.4999	.4999	.4999	.4999	.4999	.4999	.4999	.4999
3.8	.4999	.4999	.4999	.4999	.4999	.4999	.4999	.4999	.4999	.4999
3.9	.5000	.5000	.5000	.5000	.5000	.5000	.5000	.5000	.5000	.5000

〈표 6〉 표준정규누적분포표

$$P(Z<z=\frac{x-\mu}{\sigma})=\int_{-\infty}^{z} f(z)dz=\frac{1}{\sqrt{2\pi}}\int_{-\infty}^{z} e^{-\frac{1}{2}z^2}dz$$

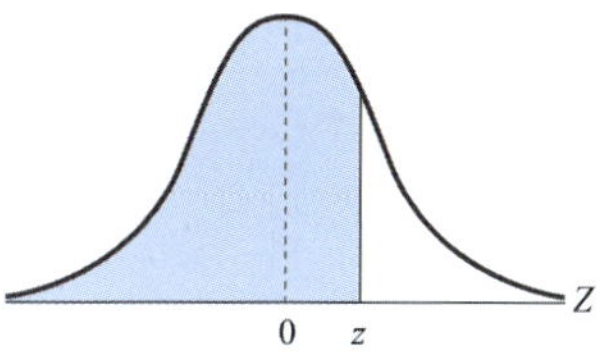

z	0.00	0.01	0.02	0.03	0.04	0.05	0.06	0.07	0.08	0.09
−3.0	0.001	0.001	0.001	0.001	0.001	0.001	0.001	0.001	0.001	0.001
−2.9	0.002	0.002	0.002	0.002	0.002	0.002	0.002	0.001	0.001	0.001
−2.8	0.003	0.002	0.002	0.002	0.002	0.002	0.002	0.002	0.002	0.002
−2.7	0.003	0.003	0.003	0.003	0.003	0.003	0.003	0.003	0.003	0.003
−2.6	0.005	0.005	0.004	0.004	0.004	0.004	0.004	0.004	0.004	0.004
−2.5	0.006	0.006	0.006	0.006	0.006	0.005	0.005	0.005	0.005	0.005
−2.4	0.008	0.008	0.008	0.008	0.007	0.007	0.007	0.007	0.007	0.006
−2.3	0.011	0.010	0.010	0.010	0.010	0.009	0.009	0.009	0.009	0.008
−2.2	0.014	0.014	0.013	0.013	0.013	0.012	0.012	0.012	0.011	0.011
−2.1	0.018	0.017	0.017	0.017	0.016	0.016	0.015	0.015	0.015	0.014
−2.0	0.023	0.022	0.022	0.021	0.021	0.020	0.020	0.019	0.019	0.018
−1.9	0.029	0.028	0.027	0.027	0.026	0.026	0.025	0.024	0.024	0.023
−1.8	0.036	0.035	0.034	0.034	0.033	0.032	0.031	0.031	0.030	0.029
−1.7	0.045	0.044	0.043	0.042	0.041	0.040	0.039	0.038	0.038	0.037
−1.6	0.055	0.054	0.053	0.052	0.051	0.049	0.048	0.047	0.046	0.046
−1.5	0.067	0.066	0.064	0.063	0.062	0.061	0.059	0.058	0.057	0.056
−1.4	0.081	0.079	0.078	0.076	0.075	0.074	0.072	0.071	0.069	0.068
−1.3	0.097	0.095	0.093	0.092	0.090	0.089	0.087	0.085	0.084	0.082
−1.2	0.115	0.113	0.111	0.109	0.107	0.106	0.104	0.102	0.100	0.099
−1.1	0.136	0.134	0.131	0.129	0.127	0.125	0.123	0.121	0.119	0.117
−1.0	0.159	0.156	0.154	0.152	0.149	0.147	0.145	0.142	0.140	0.138
−0.9	0.184	0.181	0.179	0.176	0.174	0.171	0.169	0.166	0.164	0.161
−0.8	0.212	0.209	0.206	0.203	0.200	0.198	0.195	0.192	0.189	0.187
−0.7	0.242	0.239	0.236	0.233	0.230	0.227	0.224	0.221	0.218	0.215
−0.6	0.274	0.271	0.268	0.264	0.261	0.258	0.255	0.251	0.248	0.245
−0.5	0.309	0.305	0.302	0.298	0.295	0.291	0.288	0.284	0.281	0.278
−0.4	0.345	0.341	0.337	0.334	0.330	0.326	0.323	0.319	0.316	0.312
−0.3	0.382	0.378	0.374	0.371	0.367	0.363	0.359	0.356	0.352	0.348
−0.2	0.421	0.417	0.413	0.409	0.405	0.401	0.397	0.394	0.390	0.386
−0.1	0.460	0.456	0.452	0.448	0.444	0.440	0.436	0.433	0.429	0.425
−0.0	0.500	0.496	0.492	0.488	0.484	0.480	0.476	0.472	0.468	0.464

〈표 6〉 계속

z	0.00	0.01	0.02	0.03	0.04	0.05	0.06	0.07	0.08	0.09
0.0	0.500	0.504	0.508	0.512	0.516	0.520	0.524	0.528	0.532	0.536
0.1	0.540	0.544	0.548	0.552	0.556	0.560	0.564	0.567	0.571	0.575
0.2	0.579	0.583	0.587	0.591	0.595	0.599	0.603	0.606	0.610	0.614
0.3	0.618	0.622	0.626	0.629	0.633	0.637	0.641	0.644	0.648	0.652
0.4	0.655	0.659	0.663	0.666	0.670	0.674	0.677	0.681	0.684	0.688
0.5	0.691	0.695	0.698	0.702	0.705	0.709	0.712	0.716	0.719	0.722
0.6	0.726	0.729	0.732	0.736	0.739	0.742	0.745	0.749	0.752	0.755
0.7	0.758	0.761	0.764	0.767	0.770	0.773	0.776	0.779	0.782	0.785
0.8	0.788	0.791	0.794	0.797	0.800	0.802	0.805	0.808	0.811	0.813
0.9	0.816	0.819	0.821	0.824	0.826	0.829	0.831	0.834	0.836	0.839
1.0	0.841	0.844	0.846	0.849	0.851	0.853	0.855	0.858	0.860	0.862
1.1	0.864	0.867	0.869	0.871	0.873	0.875	0.877	0.879	0.881	0.883
1.2	0.885	0.887	0.889	0.891	0.893	0.894	0.896	0.898	0.900	0.901
1.3	0.903	0.905	0.907	0.908	0.910	0.911	0.913	0.915	0.916	0.918
1.4	0.919	0.921	0.922	0.924	0.925	0.926	0.928	0.929	0.931	0.932
1.5	0.933	0.934	0.936	0.937	0.938	0.939	0.941	0.942	0.943	0.944
1.6	0.945	0.946	0.947	0.948	0.950	0.951	0.952	0.953	0.954	0.954
1.7	0.955	0.956	0.957	0.958	0.959	0.960	0.961	0.962	0.962	0.963
1.8	0.964	0.965	0.966	0.966	0.967	0.968	0.969	0.969	0.970	0.971
1.9	0.971	0.972	0.973	0.973	0.974	0.974	0.975	0.976	0.976	0.977
2.0	0.977	0.978	0.978	0.979	0.979	0.980	0.980	0.981	0.981	0.982
2.1	0.982	0.983	0.983	0.983	0.984	0.984	0.985	0.985	0.985	0.986
2.2	0.986	0.986	0.987	0.987	0.987	0.988	0.988	0.988	0.989	0.989
2.3	0.989	0.990	0.990	0.990	0.990	0.991	0.991	0.991	0.991	0.992
2.4	0.992	0.992	0.992	0.992	0.993	0.993	0.993	0.993	0.993	0.994
2.5	0.994	0.994	0.994	0.994	0.994	0.995	0.995	0.995	0.995	0.995
2.6	0.995	0.995	0.996	0.996	0.996	0.996	0.996	0.996	0.996	0.996
2.7	0.997	0.997	0.997	0.997	0.997	0.997	0.997	0.997	0.997	0.997
2.8	0.997	0.998	0.998	0.998	0.998	0.998	0.998	0.998	0.998	0.998
2.9	0.998	0.998	0.998	0.998	0.998	0.998	0.998	0.999	0.999	0.999
3.0	0.999	0.999	0.999	0.999	0.999	0.999	0.999	0.999	0.999	0.999

찾아보기

ㄱ

가중평균 수익성지수(WAPI)법 229
가중평균자본비용(WACC: weighted average cost of capital) 257, 355
가치요인(HML: high minus low) 158
간접 파산비용 296
간접금융시장(indirect financial market) 17
간접비용(overhead costs) 320
감시비용(monitoring cost) 297
감시(monitoring)효과 453
감채기금(sinking fund) 383
강형 효율적 시장가설(strong form EMH) 161
거래적 동기(transaction motive) 421
결산 이사회 443
결합 레버리지도(DCL: degree of combined leverage) 285
결합 레버리지 효과 285
경과년수 28
경매(auction) 방식 398
경상수익률 62
경상적 지출 182
경성제약(hard constraint) 230
경영권 방어전략 493
경영자 사기업화(MBO: management buy-out) 494
경제적 부가가치(EVA: economic value added) 354
경제적 주문수량(EOQ: economic order quantity) 421, 431
고갈비용(shortage costs) 417
고객효과(clientele effect) 307, 447
고든의 배당성장모형(Gordon's dividend growth model) 75
고유위험(idiosyncratic risk) 125
고정가격(fixed price) 방식 398
고정비(FC: fixed costs) 221, 283
공개매수(tender offer) 462, 491
공개모집(public offerings) 389
공급망관리(SCM: supply chain management) 430
공매(short selling) 486
공모(public offering) 384
공모가격(offer price) 392
공분산(covariance) 115
공헌이익(contribution margin) 240
과소투자 300
과잉투자 298
관리적 시너지(managerial synergy) 497
교환사채(EB: exchangeable bonds) 377
국제신용평가사 379
군집효과(clustering) 164
권리락 주가 402
규모요인(SMB: small minus big) 158
균형수익률 152
그린슈 조항(Green Shoe provision) 397
금융(finance) 5
금융공학(financial engineering) 480
금융리스(financial lease) 474, 475
금융비용(financial expenses) 219
금융비용부담률(financial cost burden rate) 332
금융상품투자예금(MMDA: money market deposit account) 427
금융옵션 484
기대수익률(expected return) 105
기대이론(expectation theory) 71

기업가치의 극대화 9
기업공개(IPO: initial public offering) 389
기업분리(divestiture) 495
기업어음(CP: commercial paper) 418
기업의 사회적 책임(CSR) 8, 13
기업의 자산가치(enterprise value) 10
기업재무(corporate finance) 5
기업지배구조(corporate governance) 15
기초자산(underlying assets) 479
기회비용(opportunity cost) 219, 259, 430

ㄴ

내가격(ITM: in the money) 485
내부금융(internal financing) 440
내부수익률(IRR: internal rate of return)법 188
내부유보 322
내부유보율(retention ratio) 82, 440
내부자본조달 414
내부주주 302
노동생산성 비율(labor productivity ratio) 345
누적초과수익률(CAR: cumulative abnormal returns) 395

ㄷ

다단계 배당성장모형 79
단기금융상품펀드(MMF: money market fund) 426
단리(simple interest rate) 27
담보물(collateral) 382
당기순손익(net income) 320
당좌비율(quick ratio) 331
대리인 딜레마(agency dilemma) 297
대리인 문제(agency problem) 15
대리인 비용(agency cost) 297, 451
대출포트폴리오(lending portfolio) 132
독약처방법(poison pill) 493
동료효과(peer effect) 164
듀퐁 분석(Du Pont analysis) 361
등가격(ATM: at the money) 485
등록사채(registered bond) 382

ㄹ

랜덤워크(random walk) 현상 162
랩(wrap) 계좌 427
레버리지 리스(leveraged lease) 476
레버리지 비율(leverage ratio) 332
레버리지 사기업화(LBO: leveraged buy-out) 494
리스(lease) 474
리스금융(lease financing) 474
리스이용자(leasee) 474
리스회사(leasor) 474

ㅁ

만기수익률(YTM: yield to maturity) 61, 63, 263
매각 후 재리스(sales and leaseback agreement) 476
매도금지협정(lockup agreements) 396
매몰비용(sunk cost) 219
매출액성장률(sales growth rate) 336
매출액순이익률(net income to sales ratio) 327
매출원가(cost of sales) 320
매출채권 429
매출채권 평균 회수기간(ACP: average collection period) 339
매출채권회전율(receivable turnover) 338
매출총이익률(sales margin, gross margin) 326
면역화(immunization) 480
명목가치(nominal value) 233
명목이자율(nominal interest rate) 30, 234
모멘텀(MOM: momentum) 159, 164
모집주선(best-efforts underwriting) 397
무관련 이론(theory of irrelevance) 288, 289
무배당정책(no dividend policy) 456
무보증사채(debentures) 380
무상주 388
무위험자산 127

무의결권주 388
무투자 · 차익거래 155
묵시적 비용(implicit expenses) 259
미국형 옵션(American option) 484
미래가치(future value) 28
미래가치이자인자(FVIF: future value interest factor) 29, 38
미래 불확실성 449
민감도 분석(sensitivity analysis) 237
밀러-오어(Miller-Orr) 모형 424

ㅂ

반대매매(reversing trade) 482
발행비용(flotation expenses) 259
방어적 약정(protective/restrictive covenant) 383
방어적 풋옵션 전략(protective put) 487
배당공시일(date of declaration) 442
배당기준일(date of record) 443
배당락(ex-dividend) 444
배당락일(ex-dividend date) 443, 444
배당률(dividend ratio) 343, 440
배당부(cum-dividend) 444
배당성장률(dividend growth rate) 82, 448
배당성장모형 266
배당성향(DPR: dividend payout ratio) 82, 343, 440
배당소득의 세금효과 450
배당수익률(dividend yield) 344, 440
배당의 무관련이론(theory of irrelevance) 445
배당의 신호효과 450
배당의 케이터링 효과 450
배당정책(dividend policy) 7, 440
배당지급일(date of payment) 443
배당평가모형(dividend model) 75
백기사(white knight) 전략 493
베타계수(beta coefficient) 146
변동계수(CV: coefficient of variation) 128
변동비(VC: variable costs) 221, 283
변동성(volatility) 282
변동성보상률(RVOL: reward to volatility ratio) 152
보몰(Baumol) 모형 421, 424
보상체계(compensation scheme) 15
보통주(common stock) 388
복리(compound interest rate) 28
복합적 합병(conglomerate M&A) 492
부가가치율(gross value added to sales ratio) 346
부도위험(default risk) 376
부수적 효과 218
부채(liabilities) 322
부채비율(debt ratio) 333
부채비중(DAR: debt to assets ratio) 333
부채의 레버리지 효과(leverage effect of debt) 280
북 빌딩(book building) 방식 398
분리매각(sell-offs) 495
분리설립(spin-offs) 495
분산(variance) 105
분산가능 위험(diversifiable risk) 125
분산불가능 위험(non-diversifiable risk) 125
분산투자 125
불규칙 배당모형 79
불규칙 행보(random walk) 424
불확실성(uncertainty) 104
비례배정(pro rata allocation) 398
비유동부채 412
비유동비율(non-current ratio) 334
비유동자산 412
비유동 장기적합률(non-current long-term suitability) 335
비율분석(ratio analysis) 325
비체계적 위험(non-systematic risk) 125
비현금지출비용(non-cash outflow expenses) 218

ㅅ

사기업화(buy-out) 494
사모(private placement) 398

산업 평균비율(industrial average ratio) 325
상관계수(correlation coefficient) 115
상대적 표준편차(RSD: relative standard deviation) 128
상업어음(CB: commercial bill) 418
상충이론(trade-off theory) 295
상품(commodity) 스왑 488
상품옵션 484
생산성 비율(productivity ratio) 344
샤프 비율(Sharpe ratio) 128
샤프-린트너(Sharpe-Lintner)의 시장모형 158
선도거래(forward transaction) 481
선도계약(forward contract) 481
선도이자율(forward rate) 71
선물거래(futures contract) 482
선불연금(annuity due) 37
선불연금의 현재가치이자인자(PVIFAD) 37
선순위채(senior bond) 383
선형계획법(LP: linear programming) 233
설비투자효율성 비율(equipment efficiency ratio) 346
성장기회(growth opportunity) 85
성장기회 이익의 순현재가치(NPVGO: NPV of growth opportunity) 85
성장성 비율(growth rate) 335
성장연금 41
세금리스(tax lease) 476
세금절감효과(tax shield effect) 222
세전 영업이익(before-tax operating profit) 221
세전 영업현금흐름(EBITDA: earnings before interests, taxes, depreciation and amortization) 221
세후 영업이익(after-tax operating profit) 220
소비자물가지수 234
소유구조 455
소지인 사채(bearer bond) 382
손익분기점(BEP: break-even point) 239, 240
수의상환 채권(callable bond) 383
수의상환 청구채(putable bond) 383
수익률 곡선(yield curve) 68
수익성 비율(profitability ratio) 326
수익성지수(PI: profitability index)법 193
수입원 잡식 218
수정내부수익률(MIRR: modified internal rate of return) 204
수직적 합병(vertical M&A) 492
수평적 합병(horizontal M&A) 492
순수할인채(pure discount bond) 60
순운전자본(net working capital) 412
순이익성장률(net income growth rate) 336
순현재가치(NPV: net present value) 185
순현재가치(NPV)법 185
스왑(swap) 488
스톡옵션(stock option) 15
스프레드(spread) 68
시가(market value) 258
시가장부가비율(MBR: market-to-book ratio) 341
시장가치(market value) 10
시장가치 비율(market ratios) 339
시장부가가치(MVA: market value added) 356
시장분할이론(market segmentation theory) 71, 73
시장요인(market factor) 158
시장위험(market risk) 125, 148
시장조성기간(aftermarket) 396
시장포트폴리오(market portfolio) 132
신설합병 490
신용관리(credit management) 427
신용등급(credit rating) 428
신용매출(credit sales) 427
신용판매 428
신용평가기관(credit rating agency) 380
신주인수권부사채(BW: bond with warrants) 377
신축적(flexible) 정책 415
신호효과(signaling effect) 304, 453
실물옵션(real option) 237
실질가치(real value) 233
실질이자율 234

실효법인세율(effective tax rate) 258

ㅇ

안전 재고량(safety stock) 432
안정배당정책(stable dividend policy) 458
안정성 비율(safety ratio) 332
안정성과 수익성의 상충관계(trade-off) 414
액면가채권(par bond) 67
약정배당정책(committed dividend policy) 458
약형 효율적 시장가설(weak form EMH) 161
양도성예금증서(CD: certificate of deposit) 418, 419
역 공개매수(pac-man strategy) 전략 493
역사적 원가 12
역제안(greenmail) 493
연간균등가(EAV: equivalent annuity value)법 228
연간 유효이자율(EAR: effective annual rate) 42
연간 이자율(APR: annual percentage rate) 42
연금(annuity) 33
연금 납부액(payment) 46
연금의 미래가치 38
연금의 미래가치이자인자(FVIFA) 38
연금의 현재가치 33
연금의 현재가치이자인자(PVIFA) 35
연성제약(soft constraint) 230
영구성장연금(perpetual growth annuity) 40
영구연금(perpetuities, perpetual annuities, console) 34
영업과 재무 현금흐름의 분리 217
영업 레버리지(operating leverage) 283
영업 레버리지도(DOL: degree of operating leverage) 284
영업비용(operating expenses) 320
영업수익(operating revenues) 320
영업위험(operating risk) 282
영업이익(operating profit) 320
영업이익률(operating profit ratio) 327
영업적 시너지(operating synergy) 496
예비적 동기(precautionary motive) 421
옵션(options) 484
옵션 프리미엄(premium) 485
외가격(OTM: out of the money) 485
외부금융(external financing) 440
외부주주 302
외상판매(sales on credit) 427
요구불예금(demand deposit) 420
요구수익률(RRR: required rate of return) 84, 152, 256
우리사주조합(ESOP: employee stock ownership plan) 391
우리사주조합 배정 399
우선주(preferred stock) 387
우선주의 자본비용(cost of preferred stocks) 264
우세한 투자(dominant investment) 112
우호적 합병(friendly M&A) 493
운용리스(operating lease) 474, 475
운전자본(working capital) 218, 329, 412
운전자본관리(working capital management) 412
위임장 투쟁(proxy fight) 491
위험(risk) 104
위험감소효과(危險減少效果; portfolio effect) 117
위험관리(risk management) 8, 479
위험담당임원(CRO) 20
위험보상률(RVAR: reward to variability ratio) 128, 153
위험선호자(risk lover) 110
위험자산 127
위험전가(risk transfer) 298
위험중립형(risk neutral) 투자자 109
위험회피도(risk aversion) 111, 131
위험회피자(risk averter) 110
유동부채(current liabilities) 412
유동비율(current ratio) 330
유동성 비율(liquidity ratio) 330
유동성 프리미엄이론(liquidity premium theory) 71, 74
유동성관리(liquidity management) 420

유동자산(current assets) 412
유동화전문회사(SPC: special purpose company) 385
유럽형 옵션(European option) 484
유보이익(retained earnings) 440
유상주 388
유상증자(SEO: seasoned equity offering) 400
유지비용(carrying costs) 417, 430
유한책임 387
유형자산회전율(tangible asset turnover) 338
윤리적 경영 8
은행 지체(bank float) 425
의결권(voting rights)주 388
의사결정나무(decision tree) 237
이상현상(anomalies) 163
이익 승수(earnings multiplier) 88
이익잉여금(earnings surplus) 322
이익평가모형 267
이자보상배율(TIE: times interest earned, interest coverage ratio) 331
이자율(interest rate) 27, 28
이자율(interest rate) 스왑 488
이표(coupon) 60
이표채(coupon bond) 61
이해관계자(stakeholders) 13
인수(acquisition) 490
인수(underwriting) 396
인수기관(underwriter) 396
인수단(underwriting syndicate) 396
인플레이션 220
일반공모 400
일일정산(daily settlement)제도 482
임시자산(temporary asset) 415

ㅈ

자가배당(homemade dividend) 445
자금시장(money market) 18, 418
자기자본(equity financing) 322
자기자본비용(cost of equity capital) 84, 266
자기자본비율(equity ratio) 333
자기자본순이익률(ROE: return on equity) 328, 359, 360
자기자본의 극대화 13
자본(equities or owners' capital) 322
자본구조(capital structure) 278
자본금(capital) 322
자본배분선(CAL: capital allocation line) 128, 136, 145
자본비용(cost of capital) 256
자본손실(capital loss) 63
자본시장(capital market) 18
자본시장선(CML: capital market line) 127, 145
자본예산(capital budgeting) 7, 182
자본이득(capital gain) 63
자본이득률(capital gains yield) 447
자본잉여금(capital surplus) 322
자본자산가격결정모형(CAPM: capital asset pricing model) 144
자본적 지출 182
자본조달 결정 7
자본조달 순위이론(pecking order theory in financing) 304, 452
자본환원율(capitalization rate) 256
자사주 매입(stock repurchase) 442, 461
자산(assets) 322
자산의 취득(acquisition of assets) 492
자산화(assetization) 회계처리 12
잔액인수(stand-by underwriting) 397
잔여배당정책(residual dividend policy) 456
잔여손실(residual loss) 297
잔존가액(salvage value) 219
잔차위험(residual risk) 148
장기 저성과 현상 395
장기차입금 386
장부가치(book value) 10, 258, 340
장애율(hurdle rate) 256

재고자산관리(inventory management) 430
재고자산회전율(inventory turnover) 338
재무경제학 144
재무관리(financial management) 4
재무구조(financial structure) 278
재무 레버리지도(DFL: degree of financial leverage) 284
재무분석(financial analysis) 325
재무비율 분석 362
재무상태표(statement of financial position) 322
재무위험(financial risk) 282
재무적 곤경(financial distress) 295
재무적 시너지(financial synergy) 497
재무제표(financial statements) 320
재원운용관리 7
재주문수량(ROP) 433
재투자기회 451
재투자수익률(ROE) 82, 451
저PBR주 163
저PER주 163
저가발행(underpricing) 392
저당(mortgage) 382
적대적 인수(hostile takeover) 491
적대적 합병(hostile M&A) 493
전사적통합재원관리(ERP) 21
전염효과(contagion effect) 164
전환사채(CB: convertible bonds) 376
절사율(cut-off rate) 256
절세형 리스(tax-oriented lease) 476
절세효과 282
절충배당정책(hybrid dividend policy) 459
절충적(compromise) 정책 415
정규분포(normal distribution) 105
정기배당(regular dividend) 441
정보의 비대칭(information asymmetry) 304, 378, 395, 450
정상연금(ordinary annuity) 35
정액소득의 선호 449
제3자 배정(연고자 할당) 399
제로성장 배당모형(zero growth dividend model) 75
제약적(restrictive) 정책 415
제한적 이익 485
조정세후영업이익(NOPLAT: net operating profit less adjusted taxes) 329
종합자산관리계좌(CMA: cash management account) 426
주가수익비율(PER: price-to-earnings ratio, P/E ratio) 88, 340
주가장부가비율(PBR: price-to-book ratio, P/B ratio) 89, 340
주가현금흐름비율(PCR: price-to-cash flow ratio, P/C ratio) 90, 341
주간사(managing underwriter) 396
주당배당금(DPS: dividend per share) 444
주당순이익(EPS: earnings per share) 85
주당영업현금흐름(CPS: cash flow per share) 341
주문비용(ordering cost) 430
주식 387
주식배당(stock dividend) 442, 460
주식병합(stock consolidation, reverse stock split) 442, 463
주식분할(stock split) 442, 463
주식의 취득(acquisition of stocks) 491
주주 배정방식(rights offering) 399
주주 부의 극대화 9
주주우선실권주 공모 400
주주총회 443
주택저당담보부증권(MBS: mortgage backed securities) 385
준강형 효율적 시장가설(semi-strong form EMH) 161
증권시장선(SML: security market line) 145, 152, 267
증권특성선(SCL: security charaterristic line) 146
증분기준 217
증분 내부수익률(incremental IRR) 201

증분현금흐름 201
지배구조 455
지배원리(principles of dominance) 112
지분확보 전략 493
지불지체(disbursement float) 425
지체관리(float management) 425
직접금융시장(direct financial market) 17
직접파산비용 296

ㅊ

차익거래(arbitrage transaction) 289
차익거래가격결정모형(APM: arbitrage pricing model) 155
차입 포트폴리오(borrowing portfolio) 132
채권시장 균형이론(equilibrium theory in debt market) 305
채권의 기간구조 68
채권자(creditor) 376
채무자(debtor) 376
청구권(residual claim) 376, 387
청산배당(liquidation dividend) 441
체계적 위험(systematic risk) 125
초과배정옵션(overallotment option) 396
초과수익률(excess return) 354
총괄재무담당(CFO: chief financial officer) 328
총액인수(firm-commitment underwriting) 397
총자본 투자효율성 비율(total capital efficiency ratio) 346
총자산성장률(total asset growth rate) 336
총자산순이익률(ROA: return on assets) 328, 359
총자산회전율(total asset turnover) 337
최고재무담당(CFO) 6
최소공배수(minimum multiples)법 226
최소분산 포트폴리오(MVP: minimum variance portfolio) 118
최적 자본구조(optimal capital structure) 7, 278, 283, 302
최적자본예산(optimal capital budgeting) 269
최초공모주 389
추가배당(extra dividend) 441
추정오류(estimation errors) 267

ㅋ

카하트(Carhart)의 4요인 모형 159
케이터링 이론(catering theory) 450
콜옵션(call option) 484, 486
콜옵션매수 헷지 486
콜 프리미엄(call premium) 383

ㅌ

타인자본(debt financing) 322
타인자본비용 262
토빈 Q(Tobin's Q) 비율 342
토빈의 분리정리(Tobin's separation theorem) 133
통합재원관리시스템(IFMS) 8, 20
통화(currency) 스왑 488
투기등급 381
투기적 동기(speculative motive) 421
투자 결정(investment decision) 7
투자기회선(IOS: investment opportunity schedule) 268
투자등급 380
투자세액공제(ITC: investment tax credit) 222
투자수익률(ROI: return on investment) 198
투자심리(sentiment) 164
투하자본(IC: invested capital) 329
투하자본수익률(ROIC: return on invested capital) 329, 350
트레이너 비율(Treynor ratio) 152
특별결의 조항(super-majority provision) 494
특별배당(special dividend) 441

ㅍ

파마-프렌치(Fama-French)의 3요인 모형 158
파마-프렌치(Fama-French)의 5요인 모형 160

파산비용(bankruptcy cost) 295
파산위험(default risk) 281
파생금융상품(derivative securities) 480
파생상품(derivatives) 479
파생상품시장(derivative market) 18
평가등급 379
평균・분산기준(mean-variance criterion) 111
평균 조달 소요일수(lead time) 432
평균회수기간(ACP: average collection period) 429
포괄손익계산서(statement of comprehensive income) 320
포터(Michael E. Porter)의 5요인 모형 236
포트폴리오(portfolio) 114
포트폴리오 선택이론 144
포트폴리오 이론 20
포트폴리오 효과(portfolio effect) 117, 121
표면이자율(coupon rate) 60, 62
표준비율 362
표준편차(standard deviation) 105
풋옵션(put option) 484, 486
피셔의 R(피셔 수익률 또는 Fisher's R) 201
피셔의 효과(Fisher effect) 233

ㅎ

한계세율(marginal tax rate) 217
한계자본비용(MCC: marginal cost of capital) 268
할인율(discount rate) 256
할인채(discount bond) 60, 67
할인회수기간(discounted payback period)법 198
할증 재매입 493
할증채권(premium bond) 67
합병(merger) 490
합병과 인수(M&A: merger and acquisition) 490
항구자산(permanent asset) 415
핵심성과지표(KPI: key performance indicator) 237
행사가격(exercise price, or strike price) 484
허딩(herding) 164
헤지(hedge) 480
현금결제(cash settlement) 482
현금관리(cash management) 420
현금배당(cash dividend) 442, 461
현금유입(cash inflow) 216
현금유출(cash outflow) 216
현금판매 429
현금회수 가능성 428
현금흐름 217
현금흐름표(statement of cash flows) 324
현물이자율(spot rate) 71
현재가치(present value) 28
현재 소득 선호 449
화폐시장 418
화폐의 시간가치 26
확증비용(bonding cost) 297
환매조건부채권(RP: repurchase agreement) 418, 419
활동성 비율(activity ratio) 337
황금 낙하산(golden parachute) 전략 494
회계적 이익 극대화 11
회계적 이익률(ARR: accounting rate of return)법 198
회사채(corporate bond) 376
회사채 약정서(bond indenture) 376
회수기간(PP: payback period)법 196
회수기간 지체 425
효율적 시장가설(EMH: efficient market hypothesis) 161
효율적 프론티어(efficient frontier) 113, 130, 144, 145
후순위채(subordinated/junior bond) 383

* * * *

2단계 배당성장모형 80
Controller 20
EBIT(earnings before interests and taxes) 221, 328
EBITDA(Earnings before interests, taxes, depreciation and amortization) 328
EBITDA마진율 328

ESG 평가 14
MBR(market-to-book ratio, M/B 비율) 89
M&M의 기본명제 Ⅰ 289
M&M의 명제 Ⅱ 290
M&M의 명제 Ⅲ 291
M&M의 수정 명제 Ⅰ 292
M&M의 수정 명제 Ⅱ 293
M&M의 수정 명제 Ⅲ 293
M&M의 수정이론 292
M&M의 초기 이론 288
ROI(return on investment) 분석 359
Treasurer 20
VaR(Value at Risk) 105

[저자소개]

김성환
현 경북대학교 경영학부 교수 (금융/재무관리 전공)
(email: indianak@knu.ac.kr Tel: 053-950-5441)

경북대학교 경영학과 졸업
University of Missouri-Columbia (경영학 석사; 재무관리 전공)
Indiana University-Bloomington (경제학 박사, 경제학 석사)
University of Missouri-Columbia 연구교수
한국선물(Futures)포럼 회장
한국재무학회 부회장
한국재무관리학회 상임이사
한국경영교육학회 부회장 등
LH 기술심사평가위원
대구도시공사 성과관리위원 등
㈜케이티 경영경제연구소/마케팅전략연구소 시장분석부장 등
㈜케이티 기획조정실 재원조정팀장, 예산기획부장
㈜케이티 재무실 재무회계/결산 과장, 원가회계 과장

[주요 연구논문]
"Do Higher-rated or Enhancing ESG of Firms Enhance Their Long-term Sustainability? Evidence from Market Returns in Korea" (*Sustainability*, 2020)
"The Korean Financial Crisis and the Soft Budget Constraint" (*Journal of Economic Behavior and Organization*, 2008)
"Lenders' Reputation and the Soft Budget Constraint" (*Economics Letters*, 2004)

「창업기업의 연구개발 투자와 지적재산권 취득이 은행 차입금 및 차입비용에 미치는 영향에 관한 연구」(한국창업학회지, 2018)
「기부금과 접대비가 기업성과에 미치는 영향: 이론과 실증연구」(경영학연구, 2011)
「혁신형 중소기업 정책금융에 대한 금융기관 지원금 결정모형」(한국경영과학회지, 2009)
「기회주의적 유통망에 대한 네거티브 관리 전략: 게임이론적 접근」(마케팅연구, 2008)
「금융기관의 불량고객 관리전략 연구: 구전 및 경쟁의 효과」(경영학연구, 2007)

실무자가 알아야 할 **재무관리**

초판인쇄| 2020년 9월 8일
초판발행| 2020년 9월 15일

지 은 이| 김성환
펴 낸 이| 김광범
펴 낸 곳| 도서출판 시대가치
출판등록| 2017년 3월 23일 제2018-000088호
주　　소| 서울특별시 마포구 토정로 222, 422-1호(한국출판콘텐츠센터)
전　　화| 02)3152-2620 / 팩스 02)6442-2621

ISBN 979-11-89607-35-7 93320

* 이 도서의 국립중앙도서관 출판예정도서목록(CIP)은 서지정보유통지원시스템 홈페이지(http://seoji.nl.go.kr)와 국가자료종합목록 구축시스템(http://kolis-net.nl.go.kr)에서 이용하실 수 있습니다. (CIP제어번호 : CIP2020037051)

가격 32,000원